## 이 책을 손에 든 당신께

권해효 (조선학교와 함께하는 사람들 몽당연필 대표)

　1945년 8월 15일. 당시 일본에는 강제징용과 일제의 수탈로 황폐해진 고향을 떠나 대부분 일본 산업화의 노동력으로 소비된 약 230만 명의 '조선인'이 있었습니다. 귀향을 서두른 이들도 있었지만 여러 상황으로 60여만 명의 조선인이 결국 일본에 남게 됩니다. 그들에게는 일본에서 나고 자란 자녀들에게 우리 말과 글, 역사를 가르치는 '교육'이 가장 시급했습니다. 이들이 각지에 만든 '국어강습소'는 1948년까지 500여 개로 늘어납니다. 오로지 재일조선인의 힘만으로 만든 학교입니다. 뿌리 깊은 조선인 차별의 악조건 속에 싹을 틔운 '재일조선인의 민족교육' 역사는 기적입니다.

　1948년, 연합군사령부(GHQ)와 일본 정부는 '취학 의무제'(모든 취학 연령 아동은 일본 정부가 인가한 사립 및 공립학교에 취학해야 한다)를 명분으로 조선학교 폐쇄에 나섭니다. 자신들의 전쟁범죄를 상기시키고, 미국이 그리는 동북아 질서에는 잠재적 불안 요소였던 재일동포 사회의 구심점 조선학교는 눈엣가시였습니다. 탄압은 재일조선인들의 큰 저항을 불러와 '4·24 한신교육투쟁'을 비롯한 대규모 시위로 번집니다. 1949년 '조선학교 폐쇄령'으로 학교가 일제히 폐쇄되자 수만 명의 조선인 아이들은 일본학교로 흩어졌고, 일부 일본학교에 설치된 <민족학급> <특설학급> <야간학급> <분교>에서 방과 후에 우리말을 가르친 사실상 민족교육의 암흑기였습니다.

　이 시기 도쿄도에서는 '잠정적 조치'로 기존 조선학교에 일본인 교장과 교사를 파견해 기형적으로 운영한 조선학교가 15개교(초13, 중1, 고1)였습니다. 이곳이 바로 '도쿄도립 조선인학교'입니다. 이 책은 23세의 2년 차 교사 카지이 노보루 씨가 '조선인 중학교'에 첫 출근을 하며 시작되는데, 그가 이 학교에서 보낸 5년간의 기록이자 재일조선인의 민족교육을 지키는 일이 일본의 교육을 지키는 일이라는 신념으로 연대했던 일본인·조선인 교사들의 투쟁기입니다. 부임 후 첫 수업 날, 카지이 선생은 떠드는 학생들을 다그쳤고 순간 한 학생이 차갑게 되묻습니다. "선생님은 조선말을 아십니까? 조선말도 모르면서 조선 사람을 가르칠 수 있다고 생각하세요?" 카지이 선생은 그날 이후 아이들과 함께 조선어 공부를 시작합니다.

지난 12년간 <조선학교와 함께하는 사람들 몽당연필>의 대표라는 직함으로 수없이 자문한 '우리는 어디까지 알아야 잘 안다고 할 수 있을까? 이해한다는 것, 상대의 입장이 되는 일은 정말 가능할까?'라는 물음에 카지이 선생님은 "그저 곁에서 함께해 달라."라고 답하십니다. '돕는다는 것은 우산을 들어주는 것이 아니라 함께 비를 맞는 것입니다'(신영복)

재일조선인의 민족교육 역사에는 수많은 일본 시민이 함께했고, 현재도 조선학교 차별정책을 규탄하는 현장에서 그들을 만납니다. 이 책은 <조선학교와 함께하는 사람들 몽당연필>이 펴내는 첫 책입니다. 번역에서 출판까지 마음을 다해 주신 정미영 님, 박소영 님, 그리고 이 책을 이해하는데 세세한 해설로 도움 주신 다나카 히로시 교수님께 깊은 감사를 전합니다.

카지이 노보루 선생님!
당신이 사랑했던 조선어로 이제야 저희가 『조선인학교의 일본인 교사』를 펴냅니다.
고맙습니다.

# 추천의 말

정영환 (재일조선인 3세, 메이지가쿠인대학 교수)

일본인에게 '조선어'란 무엇인가.
이 물음을 평생 추구했던 조선어·조선문학 연구자 카지이 노보루의 원점은 도쿄도립조선인중학교다. 1949년 10월과 11월에 내려진 조선학교 폐쇄령으로 재일조선인들의 피땀의 결정인 조선학교가 폐쇄되어 약 4만 명의 학생들이 배움터를 잃게 되는데, 일부는 '공립화'를 통해 살아남는다. 그 가운데 하나가 바로 이 책의 무대인 도립조선인중학교이다. 카지이는 '선생들의 쓰레기장'이라고 불린 이 학교에 신임 교원으로 부임해 학생들의 '달아매기'를 겪고 당혹해하면서도 결국은 학생들과 함께 조선말을 배우며 차별대우를 받는 조선인 강사들과 교원노조를 설립, 한국전쟁을 배경으로 한 일본 정부의 탄압에 맞서며 민족교육에 대한 이해를 한 걸음씩 다져간다.
도립조선인학교는 폐교 조치로 인해 1955년 3월에 막을 내리게 되지만, 카지이와 '동지'들의 4년 반의 분투를 담은 이 책은 재일조선인의 민족교육과 전후 일본의 차별정책 역사에 관심 있는 사람이라면 꼭 읽어야 할 필독서이다.

## 추천의 말

후지시로 류스케(藤代隆介)

(홋카이도 조선학교에서 1998년~2016년까지 축구 교사로 근무.
현재 홋카이도 축구협회 FA코치)

　본래 조선과 일본은 오랫동안 우호적인 관계였고, 불행한 역사를 새긴 것은 불과 100년 남짓이다. 그리고 이 시기에 우리가 존재한다. 이 책은 언젠가는 북도 남도 없이 당연히 하나가 될 미래를 위해, 같은 역사를 반복하지 않기 위한 하나의 바이블이 되어 줄 것이다.
　또한 18년간 조선학교와 인연을 맺어온 한 사람의 일본인으로서, 모든 재일조선인에게도 슬프고 괴롭고 애초에 일어나지 않았어야 할 일들이 벌어지고 만 것이 나로서도 괴롭다. 그렇기에 카지이 노보루 씨를 비롯해 조선인학교에서 근무했던 분들이 교육투쟁 등을 통해 어떻게든 학교를 지키려 했고, 여기에 함께한 일본인이 당시부터 많았음도 동시에 알아주시면 좋겠다.
　본문에는 소학교 6학년 음악 시간 장면이 나온다. 일본 창가를 부르려는 조선인 여학생에게 '그렇게 일본 노래가 좋으면 일본학교로 가버려!'라고 말하는 조선인 남학생, 이 학생에게 일본인 교사는 '그런 말을 하려면 네가 조선으로 가버려!'라고 다그친다. 카지이 씨는 이 교사의 인성, 학생에 대한 인식이야말로 지배자 일본의 윤리적 토대가 된 것 같다고 했다.
　여전히 계승되고 있는 나쁜 풍습이자 70년이 흘렀음에도 달라지지 않는 현실에 나 또한 아연할 수밖에 없었다. 올바른 역사 인식과 더불어 당시 무슨 일이 일어났는지 제대로 후세에 전하지 않으면 미래로 나아갈 수 없다.

# 조선인학교의 일본인 교사
1950-1955

# 목 차

들어가며 - 나와 조선을 잇는 아득한 작은 기억  8

**1장 '도립都立' 조선인학교  15**

평범한 중학교 교사 17  /  일본인 교사 모집 20  /  면접시험 '합격' 23
조선인학교에 부임 26  /  싸늘한 시선에 둘러싸여 30
일본인 선배 교사들의 충고 37  /  '달아매기'를 통한 자격 심사 45
『조선어 입문』을 만들다 49  /  도립조선인학교의 모순 54
조선인학교 교직원조합 설립을 위한 호소 58  /  적개심과 증오의 한복판에서 60

**2장 한국전쟁 당시 조선인학교  65**

도쿄도립조선인학교 교직원조합 결성대회 67  /  감히 국가 권력에 불만을 품어? 72
조선인학교를 폐쇄하려는 권력 집단의 집념 78  /  교단을 내팽개친 일본인 교사 79
민족교육을 둘러싼 고난 81  /  제자의 강제송환 사건 84
사립 이관을 반대하는 운동 87

**3장 사립 이관이 의미하는 것  95**

두터운 '민족'의 벽 97  /  빨갱이 조선인학교 99
'네가 조선으로 돌아가!'라는 말의 의미 106  /  고립 속의 환상 108
교육에 있어서 '조선인'이란 무엇인가 111  /  밤을 지새운 보고서 만들기 118
긴박했던 도쿄 대표 선출 회의 122

**4장 폐교로 가는 길  127**

조선학교 사립화의 정치적 내막 129  /  보고서 발표에 대한 집념  130
단상에서의 감격  133  /  민족교육에 힘쓰는 교사들  137
고립에서 작은 연대로  140  /  재일조선인 교육에 대한 구상 142
교육받을 권리를 부정하는 당국 144  /  혼란 속 교사와 학생 150
폐교로 향하는 초기의 미동 154  /  6개 항목 문제의 경과 158
눈물을 머금고 6개 항목 수락 162  /  도쿄도 교육위원회의 재공격 164
권력이 그리는 조선인학교의 모습  168  /  폐교 결정 통고 173

**5장 조선인학교의 자립에 대한 고뇌  177**

자율신경 기능 이상 179  /  버팀목이 되어 준 동료들의 우정 184
조선인학교 교직원조합의 마지막 정기대회 186  /  새로이 깨달은 차별 189
조선인 교사의 고통  192  /  교육자로서의 원점 196
교육과 민족의 근원적 물음 200  /  단순명료한 저항의 근거 204
역경 속의 낙천성  207  /  난항을 겪는 교사 전원의 신분보장 211
조선인에 협력한 일본인 교사 추방 214  /  고뇌 끝에 나온 조선인 교사들의 진정서 217

**마지막 장 조선어를 공부하다  223**

**나가며  234**

[연표] 조선인학교를 둘러싼 내외 정세  237
[해설]－전후 일본의 조선인 교육정책과 도립조선학교  241
[한국어판 출간에 부쳐]  262
[한국어판 부록] 「민족의 아이(民族の子)-조선인학교 문제」 전문  269

# 들어가며

## 나와 조선을 잇는 아득한 작은 기억

언제부터인가 저널리즘을 중심으로 '이제는 말할 수 있다'라는 표현을 자주 쓰는 것 같다. 이른바 사건의 내막이나 사적인 이야기를 털어놓기 위해 일종의 운을 떼는 말 같은 것이리라. 그러나 역시 어떤 시기가 되어야만 공공연히 말할 수 있는 일과 그렇지 않은 일이 있는 것 같다.

내가 지금 쓰고자 하는 도립조선인학교에 관한 얘기는 대부분 나의 생각을 바탕으로 한 회상이기에 그리 대단한 것은 아니다. 하지만 일정한 시간을 들여서라도 빈약한 내 사고를 정리해두지 않으면 결코 책임 있는 발언이 될 수 없다는 의미에서 책 제목을 이렇게 붙여도 그리 빗나가지는 않을 것 같다.

도립조선인학교가 '도립'에서 '사립'으로 바뀐 지 올해로 꼭 18년째다.[1] 내가 그 학교에서 근무한 기간은 불과 5년뿐[2]이지만 그 기간에 상당히 많은 사건이 있었다.

조선인에게는 딱히 새롭거나 대단치 않은 일상적인 일들이 나 같은 풋내기(?) 일본인 교사의 눈에는 말도 안 되는 일로 보이기도 하고,[3] 너무나 큰 짐처럼 느껴져서 밤마다 괴로움에 잠들지 못한 적도 많았다.

---

1   이 책의 일본어 원서는 1966년에 일본조선연구소에서 초판이 간행되었고, 1974년에 아키쇼보(亜紀書房) 출판사에서 개정판이 출간되었다.

2   조선학교는 연합국군최고사령부(GHQ)에 의해 1948년 1월 24일(1차), 1949년 10월 13일(2차)에 전국적으로 강제 폐쇄된다. 폐쇄 후 조선학교는 공립학교, 공립학교의 분교, 일본학교 내 특별학급(민족학급)의 형태로 존재하게 되는데, 도쿄도의 경우 15개 조선학교가 모두 '도립' 형태로 유지되었다. 저자인 카지이 노보루는 도쿄도립조선인학교에서 1950년부터 1955년까지 근무했다.

3   재일조선인과 도립조선인학교에 가해지는 일상적인 탄압과 차별이 일본인 교사의 눈에 이렇게 비쳤음을 의미한다.

"이봐, 10년쯤 후에 이 학교에서 겪은 일을 소설로 써보는 건 어때?" 친한 동료와 이렇게 농담을 하기도 했고, 침대에 누워 '조선인학교 이야기를 영화로 만들면 어떨까?' 이런 실없는 생각에 빠져 시나리오와 캐스팅을 썼다 지우느라 밤을 새우기도 했다.

10년 후라는 기간에 특별한 의미가 있는 것은 아니었다. 다만 언젠가는 그 학교에서 겪은 우리의 이야기를 써야 한다고 생각했고 또 쓰고 싶었다. 그리고 이제 드디어 그때가 온 것 같다.

당시 조선인학교에서 근무한 일본인 교사 중에는 아직도 많은 이들이 현직교사로 근무하고 있을 것이다. 외국인을 가르친 불과 5년간의 경험이지만, 모두가 그 경험의 의미를 똑같이 느끼지는 않았을 것이다. 이 기록이 아무리 나의 주관을 토대로 한 회상이라 해도 '지금 와서 그때 일을 왜 들추느냐'라며 못마땅해하는 사람도 있을지 모른다. 그러니 더더욱 나는 이 기록을 개인의 기억 속에만 가둬서는 안 된다고 생각한다.

내가 교사가 된 후에 만난 조선인에 대해 본격적으로 얘기하기 전에 조금 샛길로 빠지지만 소년 시절의 아득한 기억을 소개하고 싶다.

나는 도쿄제1사범학교 생물과를 졸업하고 중학교 교원 자격 면허인 2급 보통면허를 취득했는데, 담당 과목은 이과였다.

소학교 4학년 무렵부터 어쩐지 교육자가 되고 싶었던 나는 6학년 졸업 후 소학교고등과[4]를 거쳐 도쿄 아오야마青山사범학교에 진학했다. 사범학교 재학 중 학제가 개편[5]되어 교명이 도쿄제1사범학교로 바뀌고 전

---

4    1946년까지 일본은 소학교(의무교육) 6년을 졸업하면 2년제 소학교고등과로 진학하거나 시험을 거쳐 5년제 구제 중등학교로 진학했다. 구제 고등학교 3년, 대학 3년까지 6.3.3.3 학제였는데, 1949년 GHQ(연합국군총사령부)의 교육개혁으로 현재의 6.3.3.4 학제가 되었다.

5    '도쿄 아오야마 사범학교'가 '도쿄제1사범학교'로 개편된 것은 1943년이며, 본과 3년, 예과 2년의 5년제 전문학교가 되었다. 1943년 4월 사범교육령이 개정되면서다. 전쟁 전에 소학교고등과에서 사범학교로 진학한 경우 1년을 다녀서 교원 자격을 받았다.

문학교가 된 이 학교에서 생물을 공부했다. 당시로서는 교사가 되는 전형적인 코스를 밟았다.

교사가 되고 싶기는 했어도 처음부터 이런 코스를 생각한 것은 아니었다. 어렸을 때 구체적인 계획을 세우지는 못했는데, 일단 중등학교에 진학하고 고등학교와 대학을 졸업한 후 가능하면 교원면허도 고교 교사까지 할 수 있는 면허를 취득하고 싶었다.[6]

그랬던 내가 사범학교로 진로를 바꾸게 된 근본적인 원인은 집안 형편이 어려운 사정도 있었고, 또 직접적으로는 정작 중요한 중등학교 입시를 완전히 망친 것이 원인이기도 하다.

뱃사람이던 아버지는 전쟁이 일어날 것을 예견하고 육지로 돌아온 후에 대부분 임시 고용직으로 일했기에 한 직장에 오래 있지 못했다. 어머니의 수입인 생명보험 영업 수당을 보태도 생활은 빠듯하기만 했다.

우리 집은 내가 소학교에 다닐 때 세 번이나 이사했다. 매번 밀린 집세를 못 내어 마치 야반도주나 다름없었다. 나의 경우 학교에서 월사금 납부용 봉투를 받으면 독촉하는 선생님을 피하기 위해 2~3일은 하는 수 없이 결석해야 했다.

이런 형편이었으니 애초에 대학 진학은 불가능한 꿈이었는지도 모른다. '우리 형편에 맞는 진로를 선택하라'라며 소학교만 졸업하면 곧바로 취직하라고 강경했던 아버지를 뿌리치면서까지 어머니는 나를 몇 군데 중등학교에 시험을 치게 했다. 하지만 설령 합격했다 해도 나는 아마 진학하지 못했을 것이다. 내가 진학하면 나를 포함한 8명의 가족에게 얼마나 큰 희생을 강요하게 될지 어린 마음에도 잘 알았기 때문이다. 어쨌거나 나는 입시에 실패해 중등학교 진학의 꿈을 포기해야만 했다.

---

6   카지이 노보루가 진학을 고민했을 당시는 일본의 패전 전이다. 당시 고교 교원면허는 '고등사범학교'를, 소·중학교 교원면허는 '사범학교'를 졸업해야 했다. 고등사범학교는 중학교를 졸업하고 입시를 통해 입학해야 했다. 저자는 '고등사범학교'를 '대학'이라 칭하고 있다. 일본 패전 후 교육개혁을 통해 고등사범학교는 대학이 된다. 고등사범학교와 사범학교는 학비가 무료다.

아버지는 여전히 나를 취직시킬 생각이었지만 나는 그때부터 사범학교 진학으로 마음이 굳어갔다.

당시의 소학교고등과는 2년제 의무교육 과정이었다. 아이들 대부분은 소학교 6학년부터 중등학교(5년제)로 진학했는데, 형편이 어려워 공부시키지 못하는 집이나 성적이 나빠 중등학교에 가지 못하는 아이들이 2년제 소학교고등과로 모여들었다.

어머니는 내 마음을 헤아리시고 일부러 멀리 떨어진 소학교의 부속 고등과로 나를 전학시켜 주었다. 그리고 이 학교에서 '가네모토金本(金씨 성을 가진 조선인)'라는 소년을 알게 되었다.

그를 알게 되었다고 했는데, 사실 그의 존재는 이미 소학교 5학년 무렵부터 잘 알고 있었다.

내가 들어간 소학교고등과는 히라즈카平塚소학교(시나가와구品川區 소재)부속이었는데, 그는 소학교 시절부터 '히라즈카平塚의 가네모토金本'라 불릴 정도로 그 지역에서는 애어른 가리지 않고 유명했다.

만약 어른들의 세계에 빗대어 말한다면 '술, 도박, 여자'를 즐긴다고 해야 할까. 출입이 금지된 업소에 거리낌 없이 드나들고, 도박과 담배는 물론 여자아이들에게 못된 짓도 서슴지 않은 가네모토金本는 이른바 불량소년의 표본이었다. 아이들뿐만 아니라 또래 자녀를 둔 학부모와 선생들 사이에서도 그는 악명이 높았던 듯하다.

게다가 내가 직접 본 적은 없지만, 그는 싸움질도 보통내기가 아니라는 소문이 자자했다. 그런데 이전부터 그를 잘 알았던 이유는 가네모토金本가 나처럼 스모를 잘해서 동네 스모대회에 나가는 소년들 모두 그를 겁냈기 때문이다. 또 그가 이른 아침에 낫토[7]를 팔러 다니는 것을 보고 어머니는 다른 이에게 사느니 학생인 가네모토金本가 파는 낫토를 사줘야겠다며 두세 번 사주기도 했다.

---

7   納豆, 일본 전통 발효식품. 청국장과 흡사하며 발효시킨 콩을 휘저어 주로 밥에 얹어 먹는다.

8월 중순이 되면 여름 마쓰리[8] 행사 중 하나로서 사흘 연속으로 지역 청소년스모대회가 개최되었는데, 전투 의욕 향상에 열을 올린 군국주의자들이 장려한 탓인지 당시에는 어른들까지 몰려가 떠들썩하게 응원하는 대회였다.

여하튼 '용감무쌍의 투쟁 정신'이 어디에나 다 통하는 시절이었다.

스모대회는 주로 5전승 혹은 10전승의 대결이다. 누구나 중간에 끼어들 수 있고, 끈질기게 공격해 상대를 모래판 바깥으로 밀어내야만 승리로 인정되는 방식이었다. 이러한 대결은 소년들에게 무척 힘든 싸움이었지만, 나와 가네모토金本는 10명의 상대를 모두 물리쳤다.

우리는 둘 다 시합에서 이기고 있을 때는 절대 중간에 끼어들지 않았다. 10명을 물리치는 것이 목표였기에 다칠 확률이 높은 대결에 끼어들면 불리하다는 것을 서로 잘 알았기 때문이다.

그런 가네모토金本와 친하거나 별로 친하지 않은 애들도 그를 부를 때는 반드시 이름 뒤에 '군君'을 붙여 '가네모토 군'이라 불렀다. 그런데 그는 정중하게 '가네모토 군'이라 호칭해도 아주 잠깐 노골적으로 불쾌한 표정을 지었다. 소학교고등과에 입학 후 같은 반이 된 적은 없지만 날마다 그를 보게 되면서 알게 된 사실이다.

학교에 등록된 그의 이름은 '가네모토'[9]였는데, 그의 반응을 다들 민감하게 느꼈는지 내가 그를 접할 무렵에는 주위에 있는 대부분이 저마다 다른 마음으로 '김金 군' '김金 군'이라 부른 것으로 기억한다.

그렇게 모두가 그를 '김金 군'이라 부르자 기분이 좋았는지 늘 몇몇 소심한 녀석들을 거느리고 다니며 한껏 대장 노릇을 했다.

가네모토金本와 나는 자주 어울리는 사이는 아니었다. 스모의 열기는

---

8    祭り, 지역별, 계절별로 일본 각지에서 열리는 전통축제.
9    창씨개명의 영향으로 재일조선인에게는 일본명(통명)과 조선명(본명) 두 가지 이름이 있었다. 예를 들어 金本(가네모토)=金(김), 新井(아라이)=朴(박), 安田(야스다)=安(안) 등 본래의 성씨를 일본식으로 바꾸고 이름의 한자도 일본식 발음을 사용했다.

학교 안이나 밖이나 뜨거웠기에 어쩌다 같은 장소에서 마주칠 때도 있었지만, 여전히 서로를 견제하느라 모래판에서 직접 붙으려 하지는 않았다.

가끔 다른 동네 소년들과 야구 시합이 있을 때면 그가 먼저 '카지이梶井, 너도 같이하자'라고 해서 함께 가기도 했는데, 평소에는 전혀 대화를 주고받는 사이가 아니었다.

그런데 같은 학교에 다니기 시작한 지 2년째가 되는 가을, 아, 운동회가 막 끝났을 때였나. 그가 갑자기 운동장 한가운데로 나를 불러냈다. 점심시간이 거의 끝날 즈음이었다. 나는 그의 졸병 노릇을 하는 아이를 따라 가네모토金本에게 갔다.

"왜 불렀어?"

어차피 야구 시합에 지원군을 해달라는 이야기일 것 같아 평소처럼 가볍게 용건을 물었다. 그런데 그는 웃음기 하나 없는 얼굴로 팔짱을 낀 채 다리에 힘을 주고 서 있기만 했다. 그러다 점점 그의 표정이 험악해졌다.

'뭔가 이상한데?' 하고 느끼는 순간, 그가 내 따귀를 철썩 때렸다.

예상치 못한 일격을 당한 나는 본능적으로 싸울 태세를 취하면서도 상황판단이 되지 않았다. 그가 무슨 이유로 나를 때렸는지 전혀 짐작할 수 없었기 때문이다.

바로 그때 가네모토가 나를 몰아붙이듯 윽박질렀다.

"이 새끼, 너 뭐야……너 왜 나를 '김'이라고만 불러! '김 군'이라고 해, '김 군'이라고 부르란 말야……"

나는 그를 '가네모토' 아니면 '김'이라고만 부른 기억이 없었는데, 듣고 보니 언젠가 한두 번쯤은 호칭을 떼고 '김'이라고만 한 것도 같았다. 어쨌든 그가 화를 낸 이유는 알았다. 그런데 그게 어쨌다는 건가!

"젠장! 그런 일로 따귀를 때리다니, 가만두지 않겠어!"

그를 이길 수 있을지는 알 수 없었지만 나는 그제서야 제대로 싸워 볼 태세로 그를 노려봤다. 그런데 무슨 이유인지 가네모토金本의 눈이 순식간에 눈물로 글썽이는 게 아닌가. 아니, 어쩌면 내 눈에만 그렇게 보였는지도 모르겠지만…….

나는 온몸에서 힘이 빠져나가는 것을 느꼈다.

그 순간 그는 마치 아무 일도 없었다는 듯 뒤돌아서 가버렸다.

소년 시절의 아득하고 소소한 기억이란 바로 가네모토金本에 관한 것이다.

그 후로 그가 어떻게 되었는지 전혀 알 길이 없다. 다만 내가 사범학교에 입학하고 들은 소문에 의하면 제아무리 '건달'인 가네모토金本라 해도 그 시절에 계속 빈둥거릴 수만은 없었으니 소학교고등과를 졸업한 후 1~2년은 어딘가의 공장에서 제법 착실히 일했다고 한다. 그리고 일본이 전쟁에서 패하자마자 공장을 그만두고 어느 야쿠자 패거리로 들어갔다는 소식을 전해 들었을 때는 이미 내가 교사가 된 이후였다.

# 1장
## '도립都立' 조선인학교

도쿄조선중학교 제2회 졸업사진(1949.3.25)
<도쿄조선중고급학교 50주년 기념앨범>

## 평범한 중학교 교사

현재의 도쿄東京조선중고급학교 전신인 도쿄東京도립조선인중고등학교는 기타구北區 아카바네선赤羽線 주조+条역에서 도보 약 5, 6분 거리였다.[1]

당시 도쿄 조선중고급학교

---

1 현재는 JR 사이쿄선(埼京線) 주조(十条) 역으로 바뀌었으며, 학교의 위치는 변함이 없다.

'도쿄도립조선인학교'라는 명칭은 애초에 존재해서는 안 될 이름이지만, 1949년 12월부터 1955년 3월 31일까지 재일조선인의 교육을 자주적으로 지키고 발전시키려 한 측의 이념과 도쿄도 당국이 충돌하면서 전후 북·일 관계의 역사 속 한 귀퉁이에 그 기록을 남겼다.

'도립조선인학교'로 운영이 시작된 1949년 4월, 나는 다른 중학교의 이과 교사로서 교직 생활을 시작했다.

내가 도쿄 아오야마青山 사범학

주조역 앞에 설치된 당시 학교 입간판

교를 졸업하는 해에 도쿄제1~제3사범학교 세 곳이 통합해 도쿄가쿠게이東京学芸대학으로 이름이 바뀌었으니 당연히 나는 이곳에 진학하거나 다른 대학의 시험을 치거나, 그도 아니면 사범학교 졸업으로 주어지는 소·중학교 교원면허인 2급 보통면허로 취업할지를 선택해야 하는 상황이었다.

사범학교는 급비생 제도 덕분에 학비가 들지 않아서 예과 3년, 본과 3년을 합쳐 6년간 공부했는데(실제로는 형편이 어려워져 1년간 고향에서 지냈으니 7년간 재적한 셈이다), 지금 생각하면 1년만 휴학하는 정도로 졸업할 수 있었던 것이 오히려 신기할 정도다.

이미 환갑을 목전에 둔 아버지는 패전의 풍파에 시달려 의기소침해진 나머지 돈을 벌 의욕이 전혀 없었기 때문에 나는 아르바이트를 해서 가족들의 생활비까지 벌어가며 학교를 졸업해야 했다. 그러니 진로를 정해야 할 중요한 기로였음에도 내가 선택해야 할 곳은 이미 분명했다. 그런데도 교육대학 생물과 시험을 치고 싶어서 수험 접수 마감 직전까지 열심히 문제집을 풀고 있었으니 참으로 어이없는 얘기다. 소학교 때 읽은 어느 강연록에 나온 '요시다 쇼인吉田松蔭'[2]이라는 사람은 처형 당일 아침까지 감옥에서 책을 읽었다는 이야기를 떠올리기도 했으니 그 나이 때에 있을 법한 자아도취였는지도 모른다.

4월이 되자 나는 네리마구練馬區에 위치한 샤쿠지이石神井중학교로 부임했다. 그리고 이 학교에 부임한 것이 결국은 조선인학교 부임으로 이어진 셈이다.

샤쿠지이石神井중학교에 조선인 학생은 없었다. 토착민들이 압도적으로 많은 동네였기 때문이었을까. 처음 부임했을 때 나는 무심코 가네모토金本가 떠올랐다. 그의 모습이 뇌리를 스친 것은 시업식 날 구령대에 올라 신임 교사로서 인사하는 순간이었다.

그에게 다짜고짜 따귀를 맞고도 결국 아무런 대응을 하지 못한 굴욕감은 여전히 남아있었지만, 당시 그의 거만한 태도와 글썽이던 눈, 도무지 어울리지 않는 조화를 잊기 어려웠는지도 모른다.

불과 2, 3분이 될까 말까 한 짧은 사이에 모든 상황이 끝나버린 느낌이었다. 물론 맞아서 분하기도 했지만, 한마디 대화의 여지도 남기지 않고 눈물을 글썽이며 도망치듯 가버린 가네모토金本가 시업식 도중에 또래 아이들을 보며 불현듯 떠오른 것 같다.

그 일이 있고 나서도 그와는 가끔 얘기를 나눴기에 그때 왜 그랬는지 물을 기회가 전혀 없지는 않았다. 다만 소심한 녀석들을 거느리고 마치 불량배처럼 보란 듯이 동네를 누비는 그에게 그 눈물의 의미를 묻는 게 어쩐지 잔인한 것 같아 끝내 물어보지 못했다. 설령 물어봤다 해도 그 당시의 그가 결코 솔직하게 털어놓을 거라고는 생각하지 않았지만…….

---

2  요시다 쇼인(吉田松陰 1830~1859) 에도막부 말기 무사 출신. 병학 교육자, 혁명사상가. 존왕양이를 주장했고 메이지유신의 이론적 지도자로 추앙받는 일본 우익의 정신적 지주이다. 저서 <유수록(幽囚錄)>에서 정한론, 대동아공영론을 주창하여 일본의 제국주의 팽창에 큰 영향을 끼쳤다.

## 일본인 교사 모집

여하튼 나의 새내기 교사 생활은 그렇게 시작되어 한동안은 정신없이 시간이 흘러갔다.

일본이 민주화의 여명을 맞았다고는 하나 학교에는 오랜 기간 배양되어왔던 군국주의의 체취가 여전히 곳곳에 짙게 침투해 있었다. 온전하지는 않아도 민주교육의 이상적인 모습이 무엇인지 배워 온 나로서는 모든 것이 당혹스럽기만 했다. 그러던 어느 날 내가 가네모토金本를 다시 떠올리게 된 일이 생겼다.

그해 11월 초순 무렵으로 기억하는데, 어느 날 아침 직원회의 도중에 갑자기 교장이 도쿄도 교육장 명의로 온 통달[3]을 낭독했다. 아니, 낭독이라기보다는 그것을 손에 들고 안절부절못하며 설명한 것 같다. 어쨌든 통달의 내용은 도립조선인학교에서 근무할 일본인 교사를 모집한다는 것이었다.

어느덧 자세한 내용은 잊어버렸지만, '조련[4]'이 해산됨에 따라 이 연맹이 운영해 온 도쿄도東京都 내 조선소학교, 중학교, 고등학교를 도쿄도

---

3   통달(通達). 상급 행정기관이 하급 행정기관 혹은 직원에게 직무권한에 관한 설명이나 명령을 전달하기 위해 보내는 문서. 1949년 10월 19일, GHQ와 일본 정부는 제2차 조선학교 폐쇄령을 내렸다. 이어 11월 1일에는 문부성차관 명의로 <공립학교에서 조선어 등 취급에 관하여>라는 통달을 각 도도부현 지사 및 교육위원회 앞으로 보내 향후 공립조선인학교 운영에 관해 지시했다. 이 통달은 문부성이 도쿄도교육위원회로 보낸 것이며, 이를 교육위원회가 각급 학교에 전달한 통달이다.

4   재일본조선인연맹(조련). 해방 직후인 1945년 10월 10일 결성된 재일조선인의 전국 조직. 재일동포의 생활문제 해결, 귀국 동포의 편의와 질서 유지, 민족교육 체계화에 힘썼다. 발족 당시에는 조선인 공산주의자, 민족주의자, 친일파를 망라했으나 1946년 2월 제2회 임시대회 이후 우파, '친일파' 등이 배제됐다. 일본공산당과 손잡고 일본의 변혁을 위해 활동했다. 1948년부터 시작된 GHQ의 역코스 정책에 따른 일본 내 공산주의 세력 축출에 저항하다가 1949년 9월 8일 '단체 등 규정령'에 근거해 강제 해산당한다. 국어강습소로 시작한 전국의 조선학교는 조련의 주도하에 자체 교과서, 교원 양성기관, 학제 개편 등 차츰 체계화되어 간다. 조련의 강제해산에 이어 GHQ와 일본 정부는 같은 해 10월 19일 조선학교 강제 폐쇄령을 내린다.

립학교로 운영[5]하게 되었다. 그 때문에 일본인 정규 교원이 필요하니 희망자는 신청하라. 학교 운영에 상당한 어려움이 예상되기에 조선인학교로 부임하는 자의 급여는 3호봉을 인상하고, 이후로는 사정상 다른 공립학교로 전출하는 경우가 생기더라도 그 조치는 절대 바뀌지 않는다. 또한 도쿄도東京都는 조선인학교를 어디까지나 한시적으로 운영한다.'

아마도 이런 내용이었던 것 같다. 사람의 기억이라는 것이 무척 애매하기도 하고, 내가 그 통달을 직접 본 것도 아니니 세세한 부분은 약간 다를지 몰라도 중심 내용은 맞을 것이다.

내가 가네모토金本를 다시 떠올린 건 교장이 통달 내용을 설명했을 때였다. 분명 조선인학교라는 명칭을 듣고 연쇄적으로 나온 반응이었다. 그런데 당시엔 '그런 학교가 있었나?'라는 생각만 했을 뿐, 이내 통달의 내용도 가네모토金本의 기억도 잊고 말았다.

조선인학교에 교원 자리가 아직 남았는지 확인해 보려 한 것은 그 후로 한참이 지난 뒤였는데, 그 계기가 무엇이었는지 기억이 나지 않는다. 다만 2학기도 거의 끝나갈 무렵에 시도 때도 없이 학교 운영에 토를 다는 PTA[6] 회장과 실랑이를 벌이느라 짜증이 나 있었는데, 우연히 신문에서 '재일조선인연맹'이란 글자를 보고 갑자기 전에 들은 통달이 떠오른 것이 아니었을까.

나는 왠지 가보고 싶었다. 이유는 두 가지다.

일단 급여가 매력적이었다. 지금보다 3호봉 인상되니 1,500엔이나 더

---

5   제2차 폐쇄령 이후 조선학교는 폐쇄되었지만, 그 명맥은 4가지 형태로 유지된다. 첫째는 폐쇄령을 거부한 자주학교(효고, 아이치 일부), 두 번째는 일본의 공립학교로 이관(도쿄의 15개교), 세 번째는 일본 공립학교의 분교 형태(가나가와, 아이치, 오사카, 효고 일부), 네 번째는 공립학교 내에 특설학급(민족학급_오사카, 교토, 시가, 이바라기 등 18개 지역에서 운영). 당시 문부성 방침은 조선인 학생을 개별적으로 일본학교에 편입시키는 것이었는데, 재일조선인은 '집단 편입'을 강력히 주장했다. 이처럼 존재 형태가 다양하게 변모한 이유는 각 지자체와 조선인 간의 협상이 있었기 때문이다.

6   Parent-Teacher-Association의 약자. 학부모와 교직원이 중심이 되어 학교를 후원하고 학생들을 위해 자원봉사 활동을 하는 조직.

받게 된다. 그 상태로 25년쯤 근무하고 퇴직금까지 받으면 제법 큰 돈이 될 것 같았다.

또 한 가지는, 자세한 건 몰라도 일본에 사는 조선인이 대부분 가난에 허덕인다는 얘기를 들었다. 그런 점에서는 나도 줄곧 어렵게 살아왔기에 거부감이 없지 않을까? 게다가 듣자 하니 조선인인데도 다들 일본어가 유창하다고도 했으니….

너무 유치한 생각이라 독자들이 나를 경멸할 것 같은 기분이 들지만, 사실이 그러하니 어쩔 수 없는 노릇이다. 그런데 마지막 부분의 '조선인인데도 다들 일본어가 유창하다'라는 말은 덧붙인 느낌이 들기도 한다. 신기하게도 나는 조선인학교에 가볼 생각을 하면서도 언어 문제는 거의 신경을 쓰지 않았다. 어차피 닥치면 어떻게든 되리라는 마음이었을까.

지금 생각하면 진짜 이때는 어려서 뭘 잘 몰랐던 것 같다. 내 머릿속에는 상대방의 조건 따위는 조금도 들어있지 않았으니 말이다. 여하튼 나는 일방적으로 내가 가고 싶은 이유만 정하고 나머지는 전혀 알아보지도 않은 채 곧장 교장을 찾아가 '한번 가보고 싶은데요'라고 말했다.

물론 미지의 세계에 다소 불안함이 없지는 않았지만, 전부터 젊었을 때 이런저런 경험을 쌓아보고 싶은 마음이 있었던 데다 부끄럽게도 퇴직 때까지 3호봉 인상이라는 조건은 충분하고도 남을 만큼의 효과를 발휘한 것 같다.

교장은 의외로 내 의사를 흔쾌히 받아들여 주었다. 당시는 신제新制 중학[7] 제도가 발족된 직후라서 차차 제도에 맞춘 학교의 모습을 갖춰나가야 할 때였고, 무엇보다 나로서는 이 학교에 부임한 지 1년도 안 되는 어중간한 시기였다.

나처럼 사범학교를 갓 졸업한 젊은 교사는 단지 젊다는 이유 하나로 학생과 학부모에게 인기가 많았던 터라 너무나 쉽게 내 요청이 받아들

---

7   1947년의 학제 개편에 따라 신설된 3년간의 중학교 과정.

여지자 더는 물러설 수 없었다. 딱히 붙잡아 주길 기대한 건 아니었지만 어쨌든 조선인학교에 가보겠다고 결정했기에 교장이 지시하는 대로 조선인학교와 접촉을 시작했다.

## 면접시험 '합격'

교장이 나에게 첫 번째로 소개한 학교는 아라카와荒川에 있는 조선제1소학교(현재의 도쿄조선제1초중급학교)였다.

나름대로 생물학 공부에 열정을 쏟아왔다고 생각한 나는 가능한 전공지식을 살려서 계속 중학교에서 가르치고 싶었기에 교장이 처음 소개한 곳이 소학교라는 게 조금 아쉬웠지만 일단 제1소학교에 가보기로 했다.

해가 바뀌고 1월이 되어 3학기가 막 시작되었을 때다.[8] 또렷한 기억은 아니지만 간판에 새겨진 학교명을 확인한 뒤 제1소학교 교정에 한 걸음 들어서자 묘하게 싸늘한 기분이었던 것 같다. 그때까지 한 번도 느껴보지 못한, 마치 가슴 언저리가 서서히 조여드는 그런 느낌이었다.

평일 오전이었음도 교정에는 아이들의 모습이 전혀 보이지 않았고, 교실 창가에도 인기척이 없었다.

나중에 알게 된 사실이지만 1949년 9월, 당국이 조선인연맹을 강제로 해산한 다음 날, 법무총재 명의로 '조선인학교는 접수하지 않는다'라고 발표했다.[9] 그런데 날이 밝자 돌연 전국의 조선인학교를 개조·폐쇄하라는 통달을 내렸고, 각지에서는 학교를 지키려는 조선인들과 당국의 명령에 따라 임무를 완수하려는 무장 경관들 사이에 격렬한 유혈 충돌

---

8   일본의 학교는 3학기제로 운영. 1학기는 4월~7월 말까지, 2학기는 9월 초~12월 중순, 3학기는 1월 초~3월 중순까지다.

9   1949년 9월 8일에 조선인연맹이 해산된 직후인 9월 20일, 우에다植田 법무총재는 '조선인학교는 조련의 재산이지만 접수하지 않는다'라고 언명. 그러나 실제로는 10월 19일에 조선학교 폐쇄령을 내리고 재산을 몰수했다. 『재일코리안사 연표』(강철 지음, 정희선, 황익구 역, 도서출판 선인)

이 일어났다.

결과적으로는 조선인들이 대부분의 학교를 빼앗긴 셈인데, 이러한 상황이 빚어낸 깊은 고랑은 이후 조선인학교가 도쿄도東京都의 경우처럼 공립학교로 재출발할 때 그 골이 더 깊어졌고, 새로 채용된 일본인 교사들은 조선인들의 분노와 슬픔의 근원을 이해하지 못했다. 조선인학교도 정상적인 수업이 안 되는 혼란 속에서 하루하루를 보내고 있었던 것이다.

물론 그 당시의 나는 그런 사정을 전혀 알 길이 없었다.

조선제1소학교는 텅 비어 있었다. 나를 맞이한 젊은 남자 교사가 내게 방문 목적을 묻고는 무뚝뚝한 얼굴로 안쪽으로 들어갔다가 잠시 후 나오더니 "일본인 교장 선생님은 지금 외출 중이라 안 계시지만, 조선인 교장 선생님께서 뵙고 싶다고 하시니 들어오시죠."[10]라고 말했다.

조선인 특유의 일본어 억양과 어색한 발음이 신경 쓰였지만, 젊은 데 비해 정감 있는 남자 교사의 목소리가 나의 긴장감을 약간은 풀어준 것 같았다.

'일본인 교장, 조선인 교장'이라는 생소한 말에 당황한 나는 그 순간 그냥 돌아갈까 망설였지만, 결국 어물어물 교장실로 따라갔다. 한 학교에 교장이 둘이나 있는 이상한 상황이 무엇을 의미하는지 이해하게 된 것은 조선인학교에 근무하고 나서다.

아무튼 나는 그곳에서 김씨 성을 가진 교장 선생님을 만났다. 여러 이야기를 듣고 질문을 받기도 했는데, 지금은 머릿속에 떠오르는 기억이 없다. 아마도 조선인연맹 해산으로 도립조선인학교가 될 수밖에 없었던 경위를 아주 소상하게, 말하자면 오리엔테이션 같은 의미로 말했을 텐데, 나는 다음 질문이 신경 쓰여 듣는 둥 마는 둥 했던 것 같다. 다만 "선

---

10   도쿄도립 조선인중고등학교의 경우 1949년 12월 20일부터 운영이 재개되었다. 일본인 교장과 교사가 새로 부임했고, 구 조선인학교의 교원은 전임강사와 시간강사의 형태로 근무했다. 일본인 교장은 형식적이었으며, 일본인 교사와 조선인 강사가 한 학급의 담임을 맡았으나 실질적인 담임은 조선인 강사였다.

생님은 조선인연맹을 해산한 것을 어떻게 생각합니까?", "거기가 정말 폭력단체라고 보십니까?"라는 질문이 있었던 것만은 기억한다.

정작 내가 뭐라고 답했는지는 기억이 나지 않는다. 나는 비교적 눈치가 빠른 편이라 분위기를 빨리 알아차리고 "대단히 부당하다고 생각합니다. 폭력단체라니 대체 무슨 근거로 말하는 걸까요?"라는 식으로 적당히 장단을 맞추지 않았나 싶다. 그렇다고 전혀 마음에도 없는 아첨만 늘어놓았던 것은 아니다.

결국 기대했던 일본인 교장은 얼굴도 못 본 채 예상조차 하지 않은 조선인 교장과 마주 앉아 설교(?)를 듣거나 질문을 받은 나는 솔직히 한시라도 빨리 그 자리에서 도망치고 싶었다.

조선인학교를 향한 나의 열정은 그날 고립무원과도 같았던 면접 이후 빠르게 식기 시작했다. 그런데 면접 결과를 평가하는 데 있어 심사하는 쪽과 받은 쪽의 차이가 생기는 것은 당연하다.

그날 30분쯤의 면접에서 심사받는 쪽이었던 나는 적어도 그 학교만큼은 가지 않겠노라고 이미 마음이 돌아선 반면에 면접관이었던 김 교장은 '합격점'을 준 모양이었다. 왜 그런가 하면 얼마 후 마침내 애타게 기다렸던(?) 일본인 교장을 만나서 "조선인 교장이 자네가 꼭 와줬으면 하는데, 부디 와 주지 않겠나?"라는 말을 들었기 때문이다.

하지만 결국 나는 그 학교에 가는 것을 거절했다.

마침 졸업 학년의 이과 수업을 맡고 있었고, 앞에서 말했듯이 중학교에서 가르치고 싶은 마음을 끝내 내려놓지 못한 것이 표면적인 이유였다. 그런데 실은 두 교장에게 조선인학교의 사정을 듣고 나자 조선인학교 자체가 내키지 않아서였다.

일본인 교장과 만나게 된 건 그가 나를 자택으로 불렀기 때문이다. 그는 학교가 아니어서 마음이 놓였는지 조선인 교장에게는 얻지 못한 또 다른 시각의 여러 정보를 알려 주었다.

자신을 비롯한 일본인 교사들은 조선인들의 격렬한 증오와 저항 때문에 정신적으로 몹시 지쳤다느니, 자신은 표면적으로는 교장이지만 실질적인 힘은 쓸 수 없는 허수아비일 뿐이라는 이야기를 나름대로 솔직하게 들려주었다.

일본인 교장의 속마음이 어떤지는 모르겠지만 "힘든 상황이기는 해도 결국 조선인들도 우리를 이해해 줄 것이고, 학교에는 자네들처럼 젊은 인재가 필요하다네."라는 말도 했다. '조선인 교장이 내가 와주길 바란다'라는 말을 들은 것도 이때였다.

그 후 내가 주조+條에 있는 조선인중학교로 부임해 조선인 교사들과 제법 친해지고 얘기도 많이 나누게 된 후 제1소학교 김 교장에게 "어떻게 딱 한 번 나를 만나보고 학교에 꼭 와달라고 하셨나요?"라고 물었는데 그는 대답하는 대신 그저 웃기만 했다.

내가 정식으로 조선인중학교의 교사가 된 것은 1950년 4월, 즉 한국전쟁이 일어나기 두 달 전쯤이었다.

**조선인학교에 부임**

3월 중순이 지났을 무렵, 이번엔 샤쿠지이石神井중학교 교장이 먼저 나를 불러 조선인학교에 관한 이야기를 꺼냈다.

"주조+條에 있는 조선인중학교가 교원이 부족해 어렵다고 하는데 한번 가보지 않겠나? 물론 얼마 후 새 학기가 시작되니까 되도록 여기 남아주면 좋겠지만, 전에 조선인학교에 가고 싶다고도 했으니 원한다면 소개해 주겠네." 아마도 이런 말이었을 것이다.

전년도 연말쯤부터는 교내 상황도 상당히 달라져 있었다. 교장이 생각하기에도 이전과 비교해 호전된 상황이었을 것이다.

성가신 PTA 회장은 교장의 정력적인 로비 덕분에 재선 가능성이 사라져서 젊은 패기만으로 회장과 대립하던 나를 붙잡아야 할 이유가 없었다.

학교에 남아주면 좋겠다는 말이 얼마만큼 진심이었는지 모르겠지만,

적어도 내 요청을 순순히 들어줄 수 없는 이유는 사라진 셈이었다.

앞서 말한 아라카와荒川에 있는 조선제1소학교 부임을 거절한 뒤로 한동안 조선인학교를 잊고 있던 내가 '되도록 남아주면 좋겠다'라는 교장의 말을 곧이곧대로 듣고 '지금은 갈 생각이 없다'라고 했거나 '좀 더 공부한 뒤 다시 생각해 보겠다'라고 했더라면 아마도 조선인학교와 인연을 맺는 일은 결코 없었을 것이다.

하지만 나는 한 번 마음 먹은 일에 나도 모르게 집착했다. 솔직히 이때는 조선인학교에 가고 싶은 마음이 아주 강했던 것은 아니다. 학년말이라 정신없이 바빠 그 생각 자체를 잊고 지냈는데, 다시 제안받으니 마음이 움직이긴 했어도 무작정 뛰어들고 싶었던 열정은 이미 식은 상태였다.

다만 내가 원했던 대로 중학교에서 온 요청이었고, 일전에 교장 앞에서 '젊을 때 조금이라도 많은 경험을 쌓고 싶다'라며 큰소리도 쳤으니 굳이 말하자면 물러설 방법이 없었다고나 할까. 어쨌든 그런 고집이 결정적으로 조선인학교로 가게 된 이유였다.

종업식 전날쯤 나는 조선인중학교에 찾아갔다. 그곳에 가 보라고 한 교장은 나에게 '싫으면 그냥 와도 되네'라고까지 했으니 아직 번복할

당시 도쿄조선인중고등학교 교정

기회는 있었지만, 조선인중학교 교문에 들어서자 나도 모르게 '이젠 물러설 수 없겠군'라고 중얼거렸다.

　조선인중학교는 방학이 시작되어서인지 교정에 사람의 기척이 뜸했다. 고등학생인지 중학생인지 모를 몇몇 학생이 교문 근처에서 어슬렁대며 긴장한 얼굴로 교문에 들어서는 나를 의심스러운 눈으로 빤히 쳐다보았다.

　나는 잠시 머뭇거리다 용기를 내 학생들에게 교무실이 어디냐고 물었다. 그중 한 명이 교문에서 약 50미터 정도 떨어진 건물을 말없이 가리켰다. 나중에야 든 생각이지만 그때 아이들의 행동은 당시로선 최선의 호의였던 것 같다.

　나는 교문에 있던 학생이 알려준 장소를 일부러 지나쳐서 학교 전체의 모습을 살폈다. 아까 그 학생들의 시선이 등 뒤로 느껴졌지만, 딱히 내게 뭐라 한 것도 아니었고 나도 침착하려 애쓰며 한동안 이곳저곳을 둘러보았다.

　그나저나 기묘한 모양의 학교였다.

　교실 약 3개씩을 합친 크기의 목조 단층 건물이 여기저기 흩어져 있는 데다 뒤편에 기숙사처럼 보이는 곳까지 치면 대체 건물이 몇 개인지 가늠이 안 되었다.

　또 동쪽으로는 널찍한 운동장이 있었는데 학생이 가리킨 교무실이 있는 건물 옆 부지부터 교정의 맨 뒤쪽까지 철조망이 둘러쳐 있었다. 그리고 벽보 게시판 같은 곳에 덕지덕지 붙은 스티커와 신문 등에는 의미를 알 수 없는 조선 글자가 빼곡히 적혀 있었다.

　교무실에는 아무도 없어서 사무실에 물어보려 들어갔다. 그곳에 무료하게 혼자 앉아있던 여학생은 일본인인지 조선인인지 알 수 없었다.

　교장 선생님은 쉰을 훌쩍 넘긴 듯 희끗희끗한 머리에 몸집이 좋은 사람이었다. 그는 학교가 개교한 이래 지금까지 일어난 일을 푸념과 함께 내게 장황하게 말했다. 물론 형식적으로 왜 이 학교에 오려고 하는지도 물었는데(정작 중요한 급여는 얘기하지 않았던 것 같다) 나는 앞서 언급한 이유를 지극히 자연스럽게 대답했을 뿐이다.

교장 선생님이 들려준 이야기는 이미 전에 가본 소학교에서 일본인과 조선인 교장에게 들은 것과 중복된 부분이 많았고, 긴 시간에 걸쳐 얘기한 것 치고는 별 내용이 없었다. 하지만 중학교, 고등학교는 소학교와 비교해 여러 면에서 상황이 다른 듯 처음 듣는 이야기도 적지 않았다.

▶도쿄도립東京都立 조선인중고등학교는 이전까지 학교를 운영한 주체였던 재일조선인연맹이 해산되면서 도쿄도東京都 교육위원회로 이관되었는데, 조선인들은 학교를 빼앗겼다는 마음이 커서 반감이 심하다. 일본인 교사들은 수업 때마다 학생들의 질문 공세에 시달려 지금껏 제대로 된 수업을 하지 못한다.
▶도립학교이기 때문에 원칙적으로 교내에서 사용하는 교육용 언어는 일본어이고, 다른 공립학교처럼 일본의 학교교육법이 교육과정에 적용되어야 마땅한데,[11] 조선인들은 여전히 조선어를 쓰며 무언가 알 수 없는 일을 벌이고 있다.
▶그러나 조선인들도 딱한 사정이 많고 특히 가난한 가정이 많아서 골머리를 앓고 있다.
▶전체적으로 조금씩 타협해 가고 있으니 자네가 부임하는 올해 첫 학기에는 아마 정상적인 수업이 가능할 것이다.

교장이 해준 설명의 주요 내용은 위와 같았다.
이런 종류의 상황에는 이미 마음의 준비가 되어 있었고, 이날은 더한

---

11    도쿄도 교육위원회는 도립조선인학교에 4가지 원칙을 준수하도록 요구했다. (1) 교육용어는 일본어로 할 것 (2) 소학교 학생은 민족과목을 과외로 하고, 중고생은 조선어를 외국어로 취급할 것 (3) 시설 확충은 없다 (4) 조선인 교원은 민족과목(조선어, 역사, 지리 등)만 담당한다. 하지만 이 원칙들은 대부분 지켜지지 않았다.

이야기를 들어도 피할 수 없다는 각오로 찾아간 탓인지 한마디 한마디를 절실히 느낀 것 같다.

그렇다고 교장 선생님이 전부 솔직하게 말한 것은 아니었다. 당연한 일이다. 조선학교에 자진해서 왔다고는 하나 언제 마음이 바뀔지 모르는 사람한테 섣불리 털어놨다가 결국 못하겠다고 내빼면 그걸로 끝이기 때문이다.

내가 충격받지 않고 오게 하려고 무척 조심한 것 같다. 그것이 느껴졌기에 나도 그다지 질문다운 질문은 하지 않은 것으로 기억한다. 설령 물어본들 대답을 다 들을 수 있는 것도 아니고, 어차피 시작해보면 좋든 싫든 이 학교에 대해 알게 되리라는 마음이었다.

교장실에서 나온 뒤 나는 잠시 교내를 둘러보기로 했다. 누가 뭐라 할 사람도 없는 것 같았고 무엇보다 호기심이 앞섰다.

이번에는 구석구석 꼼꼼히 살펴보았다. 교문에 들어설 때 처음 본 철조망은 전체적으로 직사각형 모양인 교정의 직각 부분을 끼고 긴 두 변을 완전히 둘러싸고 있었다. 나중에 안 사실인데 이 철조망 바깥쪽은 미점령군(GHQ)의 사격연습장이었다.

## 싸늘한 시선에 둘러싸여

봄 방학이 끝난 후 나는 조선인중학교로 출근했다.

미군 부대에서 방출된 양복 재킷과 월급의 절반을 들여 장만한 새 바지까지, 내게는 유일했던 외출복을 차려입고 학교로 향했다.

나도 조만간 선배 교사들처럼 조선인 교사나 학생들에게 질문 공세를 당하리라는 체념인지 불안인지 알 수 없는 생각이 머릿속에서 점멸했다. 한편으로는 드디어 다른 민족의 자녀를 가르친다는 기대와 부담을 실감하면서 기운이 북돋는 것도 같았다.

시업식을 하루 앞둔 교직원 회의 때에는 새로 들어온 10여 명의 교사와 나를 학교장이 전임자들에게 소개했다.

짧게 인사만 해서는 누가 조선인 교사이고, 누가 일본인 교사인지 전혀 알 수 없었는데(실제로 꽤 오랫동안 잘못 안 사람도 있다), 하나 같이 새로 부임한 우리를 몹시 싸늘한 시선으로 바라봤기에 아주 잠시 이 학교를 선택한 나의 경솔함을 후회하기도 했다. 그런데 지금 생각하면 전임자들의 시선이 싸늘했던 것도 무리는 아니었다.

당시 도쿄도립東京都立중고등학교 교직원은 문부성文部省 교육위원회의 엄격한 규제를 받았다. 정규 교원은 일본인 3명 당 조선인 1명(나중에 설명하겠지만, 이마저도 신분보장이 1년뿐인 전임강사였다)이었고, 그 외에도 30~40여 명의 조선인 강사가 시간강사라는 명목으로 들어와 있었다. (제1표 참조)

**제1표 도쿄도 교직원 월평균 급여액(1952년도 조사)** (단위:엔)

|  | 일본인 | 조선인 |
|---|---|---|
| 교장 | 31,365 (14) |  |
| 정교사 | 21,861 (63) |  |
| 전임강사 | 21,650 (5) | 13,589 (32) |
| 시간강사 |  | 5,992 (54) |
| 사무원 | 11,055 (15) | 9,125 (3) |
| 관리 작업자 | 7,384 (3) | 9,284 (12) |
| 잡무직원 | 10,951 (7) | 10,207 (11) |
| 평균 | 19,271 (107) | 7,645 (112) |

\* 괄호 안 숫자는 인원수

일본인 교사가 어떤 과정을 거쳐 이 학교에 채용되었는지 조사해보니 대략 다음과 같은 경우로 좁혀졌다.

(1) 나처럼 다른 공립학교(도쿄도 내)에서 옮겨 온 경우. 아주 드문 경우인데, 이른바 호기심이 많은 유형일지 모른다. 교장 선생님이 나 같은 신참 교사를 배려해 가며 학교 사정을 들려준 것도 그 때문일 것이다.

(2) 사립학교에 근무하다 공립학교로 가기 위한 발판으로 선택한 경우. 이 경우도 몇 안 되지만 일본인 교사의 유형 중 하나라 할 수 있다.
　(3) 지방에서 근무하다 도쿄도 내 공립학교에 취직하기 위해 도약판으로 삼은 경우로 이 중에는 일본인 교장의 연고자가 몇 명 있었다.
　(4) 확증은 없지만 여러 정보로 미루어 짐작해 교육청이 학교 내부 사정을 알아내려고 의도적으로 보낸 경우다.
　아마도 4월이 끝나갈 무렵, 나와 함께 전임지인 샤쿠지이石神井중학교에서 온 K씨가 "이봐, 이 학교는 선생들의 쓰레기장이야."라고 내뱉었던 말을 지금도 잊을 수 없다.
　K씨는 샤쿠지이石神井중학교 일본인 교장의 사위라고 들었는데 무슨 이유인지 장인과 사이가 나빠졌고, 내가 그 학교에 부임했을 땐 교무주임 자리에서도 물러나 언제나 의욕 없는 얼굴로 개구쟁이 아이들만 상대했다.
　어이없게도 나는 그런 K씨와 또 같은 학교에서 일하게 된 사실을 마지막 직원회의에서 전달받을 때까지 전혀 몰랐다. 아무튼 K씨 입장에서는 대다수 교사가 자신에게 유리한 점만 생각하고 들어온 이 조선인학교가 '쓰레기장'으로 밖에는 안 보였을 것이다.
　안정적인 학교에 있었으면서도 굳이 '쓰레기장'에 뛰어든 나를 보고 혹시 머리가 어떻게 된 것 아닌가 생각했을 터이다.
　여하튼 그런 상황이라 교사들의 연령대도 한쪽으로 치우쳐 있었다. 20대가 몇 명, 30대는 거의 없다시피 하고, 40대와 50대에 몰려있는 상태였다. 특히 기혼여성 교사는 매우 적었고 더구나 미혼여성 교사는 고작 한두 명이었다.
　'조선인들이 소란을 피워서 골치 아프겠지만 조금만 참으면 돼. 1, 2년 후엔 다른 공립학교로 옮겨 줄 테니까. 어차피 그 학교는 2, 3년이면 끝날 운명이야.'
　당시 교육청 지도실의 실권자라는 S주사에게 여러 번 이런 말을 들었는데, 좀처럼 전근을 안 시켜준다며 불만을 늘어놓는 동료를 여럿 보았다. 요컨대 이 글을 쓰고 있는 나도 그랬지만 일본인 교사 대다수는 조선인 자녀의 교육에 이렇다 할 의욕이 없는 사람들로 채워져 있었다. 게다가 그중 상당수는 도립학교로 바뀌자마자 부임한 일본인 교사들이었고, 이들이 자신들과 함께할 사람들인지 알아보려는 조선인 교사와 학생, 학부모들의 격렬한 저항과 매일 같이 마주해야 했다.

내가 느낀 선배 교사들의 싸늘한 시선은 어쩌면 '너도 당해보면 안다'라는 애처로운 눈빛이었는지도 모른다. '너도 당해보면 안다'라는 표현은 조선인 교사들에겐 다른 의미일지 몰라도 표현 자체만 생각하면 똑같이 쓸 수는 있었다.

즉 같은 전임자라도 일본인 교사에게는 '공감'과 '동정'의 의미였고, 조선인 교사에겐 '적대감과 증오'였다 할 수 있다.

이 학교가 도립학교로 재출발한다는 것은 내막이야 어떻든 학교 자체는 조선인학교로서 유지한다는 얘기였다. 다만 제일 중요한 그 '내막'에 상식적으로 도저히 이해가 안 되는 가혹한 조건이 붙어 있었다.

내가 보관한 자료 중에 조선학교 폐쇄령 이후 1950년 12월 20일 자로 발표된 <도쿄도東京都 교육위원회의 조선인학교 취급 요강>이 있는데, 주요 내용은 다음과 같다.

첫째, 조선인 아동은 원칙적으로 자기 거주지에 있는 일본공립학교로 분산 입학[12]해야 하지만, 잠정적 조치로서 기존의 각 조선인학교 아동·학생들은 1949년 11월 2일 현재 도립학교로 운영되는 각 학교에 입학시킬 것.

둘째, 조선어·조선 역사 등은 과외수업으로 한다. 교육용어는 원칙적

---

12 조선학교 폐쇄 이후 GHQ와 일본 정부는 조선학교의 재산을 몰수하고 학생들은 모두 일본학교로 편입시키는 것을 원칙으로 했다. 그러나 재일조선인 측은 이 '분산 입학'을 철저히 거부했다. 도쿄의 경우 3,500명에 달하는 도쿄도 내 조선인 학생이 각 공립학교로 동시에 편입한다는 것은 교육위원회 측에 큰 부담이 될 수밖에 없었다. 결국 협의 끝에 당국의 반대에도 불구하고 도쿄도의 조선학교는 도립(도쿄도의 공립)으로 남게 되었다.

으로 일본어로 한다. 단 중학교·고등학교를 제외한 학교에서는 학생이 조선어를 외국어 과목으로 선택할 수 있게 한다.

셋째, 학교장은 원칙적으로 일본인 유자격자에게 맡긴다. 그 밖에 교원 조직은 학교장의 의견을 듣고 편성하는데, 조선인은 교직원 적격심사에서 적격 판정을 받았거나 그와 동일한 자격이 있는 자 가운데 선발을 거쳐 채용할 수 있다.

이를 요약하면 '조선인 아동은 원칙상 일본의 공립학교에 입학해야 하지만, 잠정적 조치로서 지금의 조선인학교에서 교육한다. 다만 정규 교과 지도는 일본 아동이 받는 것과 동일하다'라는 얘기다.

참고로 이후에 결성된 '도쿄도립東京都立조선인학교 교직원조합'(이하 '조교조朝教組')은 이 문제에 대해 어떤 태도로 임했을까. 당시 도교육위원회에 제출한 청원서가 남아있어 여기에 소개한다.

### 청원서

지난 1년여간 도쿄도립조선인학교에 근무하는 일본인·조선인 교원은 타민족을 교육하는 쪽(일본인)과 타민족의 교육기관에서 자민족을 교육하는 쪽(조선인) 사이에 발생하는 여러 문제를 극복하면서 올바른 교육에 관해 연구를 거듭하고 학생들을 바르게 지도하기 위해 밤낮없는 노력을 해왔습니다.

1년간 교육해 온 결과 마침내 다음과 같은 결론에 이르렀기에 '조교조朝教組' 전체 조합원의 의견을 바탕으로 지금까지 관대히 조처해주신 교육위원회에 감사의 뜻을 전달하며 더 큰 배려를 해주십사 청원서를 제출합니다.

앞으로 저희는 아무 걱정 없이 조선 민족의 자녀교육에 정진하여 일·조 우호의 결실을 거두어 국제적 우의를 다지며, 문부성의 반대마저 무릅쓰고 일본 교육사에 빛나는 한 페이지를 장식한 도쿄도 교육위원회 및 교육청 당국의 업적에 누가 되지 않도록 더욱 노력하여 높은 교육적 성과를 내자고 결의하였습니다.

**하나, 도립조선인학교의 두 가지 중점**
[1] 민족교육의 필요성
본래 조선인학교의 설립목적은 조선인으로서 교양을 익히기 위함이라고 생각

합니다. 그러나 재일조선인은 일본이라는 특수한 환경에 거주하기에 일본인화되는 면이 많고, 조선인으로서 완벽한 언어, 역사, 풍속, 습관조차 모르는 아동이 많아서 이른바 그 아이들은 기형아인 셈입니다.

그 아이들이 일본에 영주한다면 아무 문제가 없겠습니다만, 이미 역사를 통해 아시는 바와 같이 조선인이 원해서 조국을 버리고 일본에 온 것이 아닌, 힘든 식민지 생활을 견딜 수 없어 도일한 이가 많기에 조선이 평화롭고 완전한 독립국만 된다면 하루라도 빨리 귀국하고 싶은 사람들입니다.

따라서 일본이라는 특수한 지역에서 생활하는 조선인은, 일반적인 환경에서 생활하는 일본인 자녀의 교육과는 근본적으로 다릅니다. 일반적인 환경에서의 민족교육은 사회적·자연적 환경으로 70%는 이뤄지지만, 오히려 재일조선인 자녀를 교육할 때는 이 점을 강조하지 않을 수 없습니다.

그런 이유로 적어도 아동들의 모든 삶을 통틀어 지극히 짧은 학교생활만큼은 가능한 많은 수단을 도입하고 싶고, 특히 그 근간이자 도구인 조선어를 일상과 언어훈련에 충분히 사용할 수 있길 바라는 목소리가 끊임없이 나오고 있습니다.

[2] 국제(특히 일본에 관한) 교육의 필요성

그러나 우리가 바라는 민족교육은 과거의 독일처럼 결코 배타적이거나 타민족을 멸시하는 교육이 아닌, 타민족과 한없이 융화하고 어느 민족도 차별하지 않는 평등성을 강조해 응당 세계평화에 기여하는 것입니다.

특히 일본이라는 특수한 환경에 사는 조선 민족은 일본과 우호적 친교는 물론, 현재 거주하는 사회의 경험적, 역사적인 다양한 문제를 이해하려면 일본을 숙지할 필요성도 시급하기에 이런 교육도 소홀히 할 수 없음을 특별히 유의해야 합니다.

민족교육과 더불어 국제교육은 중요한 요소이며, 평범한 일본학교 교육과는 다르게 이면적인 두 가지 중요성이 있다고 하겠습니다.

**둘, 위와 같은 문제로 인해 발생할 '조선인학교 취급 요강'의 모순**

위와 같은 점에서 볼 때, 도쿄도 교육위원회가 발표한 '도쿄도립 조선인학교의 취급 요강'은 장차 조선인학교의 발전에 맞지 않는, 사실상 발전을 불가능하게 만드는 문제점이 내포된 것입니다.

지금은 우리가 현재의 발전상황과 성과를 바탕으로 어떻게 이 규정을 따를지 논의할 단계가 아니라, 어떤 구상과 규정으로 조선인 자녀의 교육을 더욱 발전시킬지를 고려할 시점입니다. 따라서 교육위원회에서는 다음과 같은 점을 특히 고려해 선처해 주시기를 바라는 바입니다.

(1) 현 상황과 동떨어져 결정된 규정에만 집착해서 그것을 지키기 위해 그저 감시를 강화하는 것은 조선인을 교육하는 길이 아니라는 점.

(2) 이민족 교육의 참된 목적은 그 민족의 전통과 조국의 실정을 충분히 섭취해 민족문화의 민주적이고 전면적인 개화를 통해 상호 협력·발전시키는 것이며, 이를 제한하는 것은 참된 교육이 될 수 없다는 점. 따라서 조선인 교육에서는 조선인의 능력을 최대한 활용해야 한다는 것.

위와 같은 관점에서 도쿄도립조선인학교 교직원조합 일동은 '도립조선인학교 취급 요강'에 규정된 내용을 다음과 같은 취지에 부합하도록 변경하시기를 청원합니다.

(1) 민족 과목을 정규과목으로 지정하고 수업 시간을 늘릴 것.
(2) 일반 교과목도 조선어로 수업할 수 있도록 할 것.
(3) 조선인 교원의 정원을 늘릴 것.
(4) 시간강사의 근무시간(주 2일, 10시간)을 제한하지 말 것.

이상에 관하여 귀 위원회에서는 신속히 검토한 후 답변해 주시기를 간절히 바랍니다.

1951년 4월 30일
도쿄도립조선인학교 교직원조합 집행위원장 시로타 노보루代田 昇
도쿄도 교육위원회 귀하
도쿄도 교육장 귀하

## 청원서

앞서 '도립조선인학교 취급 요강'에 규정된 내용의 변경에 관하여 청원했습니다만, 청원 내용을 구체화해 시간표(제2표-1, 표-2)를 작성했으니 배려해 주시기 바랍니다.

쇼와 26년(1951) 6월 12일
도쿄도립조선인학교 교직원조합 집행위원장 시로타 노보루代田 昇
가와사키 교육장 귀하

그렇다면 조선인학교는 대체 무엇이었을까.

즉, 위의 '요강'에 따라 운영된다면 조선인학교는 단지 조선인이 집단으로 교육받는 장소에 불과하지 않은가.

"선생님, 저희는 일본인 선생님이 교실에 들어오면 죄다 우리학교를 망가트린 문부성(文部省, 현재의 문부과학성)과 교육위원회의 스파이로만 보여서 참을 수 없었어요."

내가 학생들에게 교사로서 어렵사리 합격 판정을 받았을 무렵에 한 남학생은 이렇게 말했다. 하물며 조선인 교사들은 학생들보다 훨씬 날카롭고 고통스러운 감정이 온몸을 휘감고 있었음이 틀림없다. 그러니 나를 바라보는 그들의 눈빛이 싸늘하면서도 분노가 가득했던 것은 조금도 이상한 일이 아니었다.

그 남학생의 말은 20년이 지난 지금도 여전히 내 머릿속에서 떠나지 않는다.

이것이 '도립'조선인학교의 현실이었다.

## 일본인 선배 교사들의 충고

아무튼 나는 조선인학교 교사 생활을 이렇게 시작했다.

시업식 날 전교생이 보는 가운데 새로 부임한 교사들이 하나둘씩 구령대 위에 올라섰다. 이 시기에는 어느 학교에서나 볼 법한 흔한 광경이다. 하지만 나는 학생들의 얼굴을 똑바로 보기가 힘들었다.

신임 교사들을 대표해 T 선생이 한 인사말은 '여러분과 사이좋게 공부하고 싶다.' 정도로 딱히 별 내용이 없었는데, 이와는 정반대의 공기가 그 자리를 무겁게 뒤덮고 있었다.

이날 오후 교사들이 하나둘 퇴근을 준비할 즈음, 한 일본인 교사가 내게 다가와 귓속말로 속삭였다. "일본인 교사 모임이 있어요. 건널목 근처에 먼저 가서 기다리고 있겠습니다." 그렇게 조심조심 모임을 알리고 다니는 그 교사의 살짝 구부정한 뒷모습이 나에게는 무척 인상적이었다.

조선인학교에서의 험난한 생활은 이때부터 시작되었다고 할 수 있다.

제2표-1

| 학년 담당 | 소학교 | | | | | | | | | | | |
|---|---|---|---|---|---|---|---|---|---|---|---|---|
| | 1학년 | | 2학년 | | 3학년 | | 4학년 | | 5학년 | | 6학년 | |
| | 조 | 일 | 조 | 일 | 조 | 일 | 조 | 일 | 조 | 일 | 조 | 일 |
| 국어 | 7 | | 7 | | 7 | | 6 | | 6 | | 6 | |
| 사회 | 1 | 1 | 1 | 1 | 2 | 1 | 1 | 1 | 1 | 1 | 1 | 1 |
| 역사 | | | | | | | 2 | | 2 | | 2 | |
| 지리 | | | | | | | 2 | | 2 | | 2 | |
| 산수 | 5 | | 5 | | 4 | 2 | 3 | 3 | 3 | 3 | 3 | 3 |
| 일어 | | 2 | | 2 | | 3 | | 3 | | 3 | | 3 |
| 이과 | | 2 | | 2 | | 2 | | 2 | | 2 | | 2 |
| 음악 | 1 | 1 | 1 | 1 | 1 | 1 | 1 | 1 | 1 | 1 | 1 | 1 |
| 미술 | | 2 | | 2 | | 2 | | 2 | | 2 | | 2 |
| 가정 | | | | | | | | | 1 | 1 | 1 | 1 |
| 체육 | | 2 | | 2 | 2 | 1 | 2 | 1 | 2 | 1 | 2 | 1 |
| 자연 | | | | | | | 2 | | 2 | | 2 | |
| 소계 | 14 | 10 | 14 | 10 | 16 | 12 | 19 | 13 | 20 | 14 | 20 | 14 |
| 총계 | 24 | | 24 | | 28 | | 32 | | 34 | | 34 | |

제2표-2

| 학년 담당 | 중학교 | | | | | | 고등학교 | | | | | |
|---|---|---|---|---|---|---|---|---|---|---|---|---|
| | 1학년 | | 2학년 | | 3학년 | | 1학년 | | 2학년 | | 3학년 | |
| | 조 | 일 | 조 | 일 | 조 | 일 | 조 | 일 | 조 | 일 | 조 | 일 |
| 국어 | 6 | | 6 | | 6 | | 4 | | 4 | | 4 | |
| 일어 | | 3 | | 3 | | 3 | | 3 | | 3 | | 3 |
| 영어 | 2 | 2 | 2 | 2 | 2 | 2 | 2 | 2 | 2 | 2 | 2 | 2 |
| 사회 | | 1 | | 1 | | 1 | | 1 | | 1 | | 1 |
| 이과 | 3 | 2 | 3 | 2 | 3 | 2 | 4 | 2 | 4 | 2 | 4 | 2 |
| 수학 | 2 | 2 | 2 | 2 | 2 | 2 | 2 | 2 | 2 | 2 | 2 | 2 |
| 체육 | 1 | 1 | 1 | 1 | 1 | 1 | 1 | 1 | 1 | 1 | 1 | 1 |
| 음악 | 1 | 1 | 1 | 1 | 1 | 1 | 1 | 1 | 1 | 1 | 1 | 1 |
| 실업 | 1 | 1 | 1 | 1 | 1 | 1 | 1 | 1 | 1 | 1 | 1 | 1 |
| 미술 | 1 | 1 | 1 | 1 | 1 | 1 | 1 | 1 | 1 | 1 | 1 | 1 |
| 민족과목 사회 | 4 | | 4 | | 4 | | 4 | | 4 | | 4 | |
| 소계 | 21 | 14 | 21 | 14 | 21 | 14 | 20 | 14 | 20 | 14 | 20 | 14 |
| 총계 | 35 | | 35 | | 35 | | 34 | | 34 | | 34 | |

1장 '도립都立' 조선인학교

좀 다른 이야기인데, 조선인학교 생활의 첫인상이 너무나 강렬했던 것과 예전부터 기록하는 습관이 있던 나는 일본인 교사들만의 첫 모임이 있던 이 날부터 모든 일을 빠짐없이 적었다. 하지만 약 1년 정도만 쓰다가 관두고 모두 태워버렸다. 뒤에서 소개할 1951년의 2·28 사건과 3·7 사건 때문에 내가 쓴 기록이 악용되거나 오해받지는 않을까 두려웠기 때문이다.

문장의 완성도나 사실에 대한 객관성은 차치하더라도 하루하루 소중한 시간을 들여 썼기에 작은 글씨로 꽉 채운 대학 노트 몇 권이 재로 변했을 때는 안타까움보다 몹시 암담한 기분이었다. 그래서 소중한 일지를 없앤 그 날로부터 이미 20년이 훌쩍 지난 지금에 와서 이 글을 쓰는 것이 무모하다는 비난을 면하기 힘들 수도 있다.

여하튼 내게 있어 첫 번째 일본인 교사 모임은 주조+条역 뒤에 있는 잡무직원 아주머니 집에서였다. 사실 '첫 모임'이라는 의미 속에 형식적으로라도 어쨌든 모였다는 의미가 들어있는 것이면 이 말은 적절하지 않다. 왜냐하면 앞서 쓴 시업식 날 오후, 나는 제1차 회합 장소로 지정된 도립코우게이工芸고등학교로 그저 따라갔기 때문이다.

그런데 그날 모임은 열리지 못했다. 내가 코우게이工芸고등학교 앞에 도착했을 때는 이미 교문 근처에서 대기하던 몇몇 조선인 교사들의 설득으로 먼저 온 일본인 교사들이 돌아가려고 했기 때문이다. 그런 일도 있었기 때문인지 잡무직원 아주머니 집에서의 모임은 더욱 신중하게 이루어졌다.

나는 마치 스릴러 소설 속 주인공이 된 것처럼 온 신경이 바짝 곤두서 있었다. 지금 생각해 보니 참으로 유치한 일이 아닐 수 없다.

선배 일본인 교사들은 바로 전년도(1949년) 말에 이 학교가 도립학교로서 문을 열었을 때부터 이런 모임을 종종 가졌고, 조선인 교사들 또한 그 사실을 잘 알고 있었다.

"아니, 그때는 살짝 겁만 줄 생각이었어요."

어느 조선인 교사는 시간이 한참 지난 뒤 도립코우게이工芸고등학교에서 있었던 일을 이렇게 말했다.

일본인 Y 교장은 아마 이렇게 말한 것 같다. "새로 부임한 선생님들은 이런 모임을 이상하게 여길지 모르지만, 이 학교는 운영하기가 몹시 까다로워요. 나 말고도 교장이 한 명 더 있고, 조선인들은 일본인 교사들을 모두 문부성文部省과 교육위원회가 보낸 스파이로 생각해요. 일찍 온 사람(개교와 동시에 부임한 교사)은 다들 학생들에게 '달아매기'를 당했어요. 이 학교는 어디까지나 한시적 운영이니 여러분도 머잖아 일반 공립학교로 가게 될 겁니다. 그때까지 우린 똘똘 뭉쳐야 해요."

'달아매기'란 말을 사전에 듣기는 했어도 이런 분위기에서 대놓고 쓰는 것을 보니 이전까지 비교적 평온하고 무탈(?)하게 생활한 나 같은 신참들에겐 과연 별나고 과격하게 들렸다.

곧바로 "대체 그 '달아매기'라는 게 뭔가요?"라는 질문이 날아들었다. 질문한 교사는 사전에 전혀 들은 게 없는 모양이었다. 그러자 '달아매기'를 경험한 여러 교사가 교대로 설명해 주었다.

나처럼 신참 교사였던 S 선생은 실제로 학생들에게 당한 '달아매기'에 대해 나중에 다음과 같이 썼다.

'……나는 전쟁이 끝나고 고향에 돌아와서 1년 정도 교원을 한 적이 있다. 그때처럼 아이들을 가르치면 되리라는 마음으로 우선 교실에 들어가 부임 인사를 할 생각이었다. 그런데 엄청난 일이 벌어졌다. "선생님! 출석부 이름을 불러주세요!" 증오로 가득한 날카로운 목소리가 교실 곳곳에서 날아들었다. 그것은 예전에 내가 학생 시절에도, 내가 가르친 일본인 학생들에게서도 들어본 적 없는 날카로운 저항의 외침이었다. 예상치 못한 상황에 당황한 나는 출석부를 펼쳐 보았지만, 거기에는 난생처음 보는 글자가 적혀 있을 뿐이었다. 분명 교육위 지도실 주사가 '일본어와 일본 글자로 가르치면 된다'라고 했기에 갑자기 언짢아진 나는 "난 이런 글자는 못 읽어. 난 일본어로 수업하라고 해서 왔다."라고 말하자 교실이 술렁이기 시작했다. "우리는 조선인이에요. 조선어도 모르면서 우리 학교에서 대체 무엇을 가르치겠다는 거죠?", "일본은 지금까지 우리 아버지, 어머니들에게 우리말을 가르치게 했나요? 조선어를 쓰는 사람은 감옥에 넣었잖아요.", "정말로 우리를 가르치려면 이름 정도는 조선어로 읽어 주세요.", "일본 정부가 우리 학교를 왜 없애려고 하는지 알려 주세요. 그게 과연 민주국가가 할 일인가요? 말해보세요." 등등 학생들이 너나없이 목소리를 높이는 바람에 나는 어리둥절한 채 꼼짝도 하지 못했다.

다음 날도, 그다음 날도, 질문 공세에 시달린 나는 결국 녹초가 되고 말았다.' (『평화와 교육』 1952년 창간호에서)

'달아매기'란 바로 이런 것이었다.

내 경우도 본질적으로는 거의 같았다. 다만 후술한 것처럼 굳이 차이를 말한다면 나는 이제 갓 입학한 중학교 1학년에게 당했고, 그 교사는 고등학교 1학년에게 당했으니 훨씬 타격이 심했을 것이다.

조선인학교 학생들의 '달아매기'는 우리 일본인 교사들이 조선인 교육에 얼마나 진정성을 가졌는지 알아보려는 학생들의 매서운 저항이었다고 말할 수 있다.

S 선생은 이어서 이렇게 덧붙였다.

'……그러나 나는 학생들의 질문에서 여러 가지를 배우게 됐다. 한번은 앞쪽에 앉은 귀여운 세일러복을 입은 여학생이 "선생님! 우리는 조선인이에요. 우리는 일본 제국주의 때문에 말도, 나라도 빼앗겼어요. 얼굴은 조선인이지만, 조선말도 역사도 모른 채 살아왔어요! 선생님, 누가 선생님에게 일본어를 써도 안 되고 배워도 안 된다면서 학교 문을 닫아버리고 감옥에 집어넣으면 화가 나지 않겠어요?"라며 울부짖는 듯한 절절한 호소를 듣고 있자니 어느새 나의 일처럼 여겨졌다.' (『평화와 교육』 1952년 창간호)

일본 정부가 조선인학교 접수(1949년 10월 제2차 폐쇄)에 나섰을 때, 조선인 자녀를 위한 집단교육은 크게 두 가지 형태로 나뉘었다.

하나는 헬맷과 몽둥이, 권총으로 무장한 경관들로부터 끝까지 민족교육을 지켜낸 자주학교인데, 이것이 49개교다. 당연히 이들 학교는 온전히 조선인들이 자주적으로 운영해 민족교육을 하기는 했지만, 학교 인가는 받지 못해 극도로 열악한 학부모들의 경제적 사정으로 결국 1년 뒤에는 30%에 가까운 이탈자가 나왔다고 한다.

또 하나는 공립학교 형태인데 도쿄의 경우가 전형적인 사례이다. 지방에 따라서는 공립학교의 분교, 특설학급, 야간학급 등의 형태도 많았다. (제3표 참조)

그런데 도쿄 이외 지역에선 조선인 공립학교가 분교 형태였기 때문에 왜 유독 도쿄에서만 완전한 형태로 이미 해산된 구 조선인연맹의 교육시설을 그대로 이용해 교육이 이루어졌는지는 나로서도 지금까지 정확히 알지 못한다.

**제3표 전국 조선학교 아동 및 학생 수 조사표(학교 폐쇄 후 1952년 4월 현재)**

| | 소학교 | | | | | | |
|---|---|---|---|---|---|---|---|
| | 자주학교 | 공립학교 | 공립분교 | 특설학급 | 야간 | 소계 | 아동수 |
| 도쿄 東京 | | 12 | 1 | | | 13 | 2,705 |
| 가나가와 神奈川 | | | 5 | 2 | | 7 | 1,144 |
| 사이타마 埼玉 | | | | 5 | | 5 | 150 |
| 지바 千葉 | 1 | | | 5 | | 6 | 188 |
| 이바라키 茨城 | | | | 11 | | 11 | 300 |
| 아이치 愛知 | 9 | | 3 | 3 | | 15 | 1,540 |
| 기후 岐阜 | | | | 4 | 5 | 9 | 150 |
| 시즈오카 静岡 | 1 | | | | | 1 | 78 |

1장 '도립都立'조선인학교

| | 소학교 | | | | | | |
|---|---|---|---|---|---|---|---|
| | 자주학교 | 공립학교 | 공립분교 | 특설학급 | 야간 | 소계 | 아동수 |
| 히로시마 広島 | 4 | | | | | 4 | 310 |
| 오카야마 岡山 | 2 | | | 2 | 2 | 6 | 300 |
| 야마구치 山口 | | | | | 3 | 3 | 150 |
| 에히메 愛媛 | 1 | | | | | 1 | 40 |
| 교토 京都 | 1 | | | 8 | 9 | 18 | 980 |
| 미에 三重 | 1 | | | | | 1 | 80 |
| 시가 滋賀 | | | | 18 | | 18 | 720 |
| 오사카 大阪 | 3 | | | 4 | | 7 | 1,130 |
| 효고 兵庫 | 14 | | 8 | 1 | | 23 | 3,583 |
| 후쿠오카 福岡 | | | | 4 | | 4 | 591 |
| 야마가타 山形 | | | | 1 | 1 | 2 | 77 |
| 이와테 岩手 | 1 | | | | | 1 | 50 |
| 합계 | 38 | 12 | 17 | 68 | 20 | 155 | 14,266 |

| | 중학교 | | | | | | |
|---|---|---|---|---|---|---|---|
| | 자주학교 | 공립학교 | 공립분교 | 특설학급 | 야간 | 소계 | 학생수 |
| 도쿄 東京 | | 1 | | | | 1 | 1,088 |
| 가나가와 神奈川 | 1 | | | | | 1 | 221 |
| 사이타마 埼玉 | | | | | | | |
| 지바 千葉 | | | | | | | |
| 이바라키 茨城 | | | | | | | |
| 아이치 愛知 | 1 | | | 1 | | 2 | 260 |
| 기후 岐阜 | | | | 1 | | 1 | 15 |
| 시즈오카 静岡 | | | | | | | |

43

|  | 중학교 | | | | | | |
| --- | --- | --- | --- | --- | --- | --- | --- |
|  | 자주학교 | 공립학교 | 공립분교 | 특설학급 | 야간 | 소계 | 학생수 |
| 히로시마<br>広島 |  |  |  |  |  |  |  |
| 오카야마<br>岡山 |  |  |  |  |  |  |  |
| 야마구치<br>山口 |  |  |  |  |  |  |  |
| 에히메<br>愛媛 |  |  |  |  |  |  |  |
| 교토<br>京都 |  |  |  |  |  |  |  |
| 미에<br>三重 |  |  |  |  |  |  |  |
| 시가<br>滋賀 |  |  |  | 3 |  | 3 | 100 |
| 오사카<br>大阪 |  |  | 1 | 1 |  | 2 | 500 |
| 효고<br>兵庫 | 1 |  |  | 1 | 1 | 3 | 620 |
| 후쿠오카<br>福岡 |  |  |  | 2 |  | 2 | 92 |
| 야마가타<br>山形 |  |  |  | 1 |  | 1 | 7 |
| 이와테<br>岩手 |  |  |  |  |  |  |  |
| 합계 | 3 | 1 | 1 | 10 | 1 | 16 | 2,903 |

*고등학교는 도쿄(공립 1) 473명, 오사카(자주 1) 48명, 효고(자주 1) 50명.

일본 정부와 그 배후에 있던 점령군은 경과야 어찌 되었든 학교를 완전히 없애겠다는 방침이 분명했으므로 그 경과의 내용을 자신들에게 유리하게 만들기 위해 권력 집단과 조선인 측 사이에서 조건을 다투는 단계였던 것 같다.

학교를 존속시키려는 조선인들의 요구는 절실했으나 그렇다고 권력 집단이 그들의 요구를 받아들여 도립학교로 남게 한 것이 아니란 점은 앞에서 소개한 '조선인학교 설치 요강'만 봐도 분명하다. 그리고 조선인 측도 결사 항전의 태세를 풀지 않았다. 그랬음에도 불구하고 1949년 12월 20일을 기해 도립조선인학교가 탄생했다. 그 의미를 내가 어떻게 생각했는지는 4장에서 짐작할 수 있을 것이다.

다만 당시 조선인학교의 존속 문제로 날마다 문부성文部省과 GHQ를 찾아가 조율했던 I씨는 나중에 당시를 회상하며 다음과 같이 말했다.

"그때는 어느 쪽도 물러서지 않는 상황이었어요. 그런 와중에 동포들도 반대가 거셌던 도립학교 형태가 만들어진 겁니다. 말하자면 타협의 산물, 여우와 너구리의 둔갑 싸움이라고 해야 할까요."

교육의 자유를 빼앗긴 재일조선인의 고통을 생각하면 여우와 너구리의 싸움에 빗대어 타협의 산물이라 한 말에는 전혀 공감할 수 없지만 곱씹어볼 말이라고 생각한다.

## '달아매기'를 통한 자격 심사

이야기를 원점으로 되돌리자.

적어도 '달아매기'라는 표현을 듣고 '바람직한 상태'를 상상하지는 않을 것이다.

내가 겪은 '달아매기'는 중학교 1학년의 첫 이과 수업 때였다.

그날 아이들은 내가 교단에 섰는데도 인사를 하기는커녕 알아들을 수 없는 조선말로 시끌벅적 떠들어댔다. 점점 짜증이 난 나는 참다못해 "조용히 해!"라고 소리쳤다.

그러자 마치 그 순간을 기다렸다는 듯 맨 앞에서 일어선 채 떠들던 남학생이 내 쪽으로 휙 뒤돌더니 "선생님, 애들이 떠드는 건 모두 조선인이라 일본말을 못 알아들어서 그래요. 선생님은 조선말 알아요?", "조선어를 모르는데 선생님은 진짜로 조선인을 가르칠 수 있다고 생각하십니까!"라고 말했다.

그 학생은 마치 달려들 것처럼 사나웠다. 그리고 학생들이 나를 '달아매기'한 것은 이때가 처음이자 마지막이었다.

솔직히 당시엔 나도 하루하루가 몹시 괴로웠다. 이날은 홧김에 수업을 내팽개치고 교실을 뛰쳐나왔는데, 그 학생의 표정과 말이 며칠간 머리에서 떠나지 않았다.

교사들 가운데 내가 가장 젊기는 했지만 그래도 아이들과는 10년 이상 차이 났다. 학생들이 일본인 교사들에게 한 이 '달아매기'라는 자격심사를, 교사로서 체면을 유지하며 어떻게 헤쳐 나갈지 고민했다.

누가 뭐래도 우리에게는 일본 정부라는 강력한 뒷배가 있었고, '도쿄 도립'이라는 명목이 있었다. 학생들이 어떤 요구를 하든 무시하고 그저 자기 수업만 하면 되었다. 게다가 학교의 운명은 불 보듯 뻔했다. 하지만 나는 아이들과 함께 조선어를 공부하며 그들과 가까워지는 길을 택했다.

처음 '달아매기'를 당한 그 날, 중학교 1학년생이 '조선어를 모르면서 진짜로 조선인을 가르칠 수 있다고 생각하나'라고 내게 물었다. 그것은 달리 말하면 '조선어를 알지 못하면 이 학교의 교사로서 자격이 없다'라는 선고이기도 했다.

조선어로 수업해달라는 학생들의 요구는 애초에 불가능한 얘기다. 다만 적어도 학생들이 그들의 국어로 공책에 필기할 수 있게 하는 건 가능하지 않을까? 이런 고민 끝에 다다른 결론이었다.

그렇게 결심하자 더는 망설이지 않았다. 훗날 조선대학교로 간 국어과 교원 탁희수卓熹洙 씨에게 사정을 말하고, 이과 수업에서 쓸 내 교안의 판서 부분을 번역해 달라고 무작정 부탁했다.

"선생님, 그건 학생들의 지나친 요구예요. 그렇게까지 하는 건 말이 안 됩니다. 아이들을 생각해서라면 그저 이름만이라도 읽을 수 있으면 돼요. 그러면 아이들도 선생님의 성의를 알 거예요. 게다가 선생님은 제가 이렇게 일본어를 자유롭게 하니 번역도 간단하리라고 생각하실지 모르겠지만, 그렇게 간단한 일이 아니에요."

탁 씨는 주저했지만 나는 결심을 굽히지 않았다. 자신이 있어서가 아니었다. 변변한 참고서조차 구할 수 없는 상황에 자신만만할 여지는 전혀 없었다.

학생들이 일본어를 몰라서 떠든다는 핑계는 거짓이다. 굳이 고르자면 일본어가 조선어보다 훨씬 유창할 정도였다. (제4표 참조) 그 정도는 나도 알고 있었다. 하지만 아이들의 상황이 그랬기 때문에 더욱더 그런 요구를 한 것이 아니었을까.

나는 학생들의 요구 속에 논리나 말로써는 도저히 속일 수 없는 진실이 담겨 있다고 느꼈다.

제4표 조선어, 일본어 습득 조사

| 조선어 | 일본어 | 인원 | % |
|---|---|---|---|
| a | a | 179 | 33.3 |
| a | b | 27 | 5.0 |
| a | c | | |
| a | d | 3 | 0.6 |
| b | a | 17 | 3.1 |
| b | b | 65 | 12.1 |
| b | c | 1 | 0.2 |
| b | d | 16 | 3.0 |
| c | a | 11 | 2.0 |
| c | b | 3 | 0.6 |
| c | c | | |
| c | d | 1 | 0.2 |
| d | a | 58 | 10.8 |
| d | b | 79 | 14.7 |
| d | c | | |
| d | d | 78 | 14.4 |
| 계 | | 538 | 100.0 |

\* 주
a=말하기, 쓰기 모두 가능
b=말하기만 가능
c=쓰기만 가능
d=말하기, 쓰기 모두 불가능(모름 포함)

출처:『재일조선인의 생활실태
―도쿄도東京都 고토구江東區
에다가와초枝川町 조선인 집단거주지역
조사』(일조 친선협회, 1951.11)에서.

탁 씨에게 판서 내용을 조선어로 번역해 달라는 부탁은 두 번만 하고 그다음부터는 직접 했다. 이렇게 말하면 마치 나의 외국어 이해력이 대단히 뛰어나다고 생각할지 모르겠지만 그렇지는 않다.

판서할 내용은 대부분 어휘 변화가 매우 한정적이라 일단 목적을 달성한 것이고, 조선어 문법이 일본어와 매우 흡사하다는 것, 그리고 식민지 시절에 나온 책이긴 해도 발품을 팔던 중 『일한대어대역집日韓對語對譯集』이라는 낡은 사전 한 권을 발견한 덕분이라 해야 맞다.

일부 신입생과 전입생 대부분은 일본 공립학교에 다니다 왔기에 모국어를 전혀 모르는 수준이었다. 그 점에서는 나도 같은 조건이었으니 그 아이들을 위해 마련한 강습회에 들어가 사전을 옆에 끼고 하나씩 번역하며 함께 공부했다.

그렇게 하는 공부가 쉽지는 않았지만 그렇다고 힘들기만 한 것도 아니었다. 네다섯 번째 강습회 날은 예고도 없이 시험을 보았는데, 88점을 받고 아이처럼 기뻐하기도 했다.

학기가 시작된 4월에서 5월이 되어도 '달아매기'는 여전히 계속됐다. 그러나 이미 예전과 같은 격렬함은 사라졌다. 물론 학생의 요구에 전혀 귀를 기울이지 않거나 노골적으로 적개심과 멸시감을 드러내는 일부 일본인 교사들에게는 여전히 매서운 '달아매기'가 계속되었는데, 대체로 가능한 범위에서 합의점을 찾아 서로 협력하는 방향으로 조금씩 나아갔다.

"일본인 선생님들이 좀 더 우리에 대해 알아주면 좋겠어요. 조선어는 모르더라도 이름 정도는 읽어 주세요."

이런 의견을 조선인 교사들이 직원회의에서 정식으로 제기했다. 정작 교사들의 발길이 뜸해져 얼마 못 가 중단되고 말았지만, 주 1회, 1시간 정도로 일본인 교사를 위한 조선어 강습회가 열렸다.

시인 허남기許南麒 씨나 번역 활동을 열정적으로 했던 이은직李殷直 씨가 교원 연구 모임에서 춘향전과 기타 조선문학에 관해 얘기해준 것도 이 무렵으로 기억한다.

늦은 감은 있었으나 조선인학교에도 '얼음이 녹는' 계절이 찾아온 듯

보였다. 학교라는 좁은 장소에만 초점을 맞춘다면 결코 빗나간 표현은 아닐 것이다.

조선인학교에서 교편을 잡는 일을 처음부터 국제적으로 의미 있는 일이라 확신한 것은 아니다. 하지만 조선어 공부가 차츰 궤도에 올라 조금씩 수업 지도안을 사전 없이 번역할 수 있게 되자 조선에 관한 것은 뭐든지 알고 싶었고, 처음에는 다소 언짢았던 학생들의 말과 행동이 무척 친근하게 느껴지기 시작했다. 그리고 '지금 나는 외국인 교육이라는 귀중한 경험을 하고 있다'라는 의식이 마음속에 조금씩 싹트게 되었다.

## 『조선어 입문』을 만들다

등사판으로 인쇄한 A5 크기, 180쪽 분량의 보잘것없는 조선어 학습서가 있다. 제목은 『조선어 입문朝鮮語入門』이다.

판권 페이지가 이미 절반은 떨어져 나갈 것 같긴 해도 1952년 2월 발행·인쇄라는 글자와 발행처인 일조협회日朝協會의 이름은 희미하나마 읽을 수 있다.

지금 다시 봐도 정말 엉성하기 짝이 없는 내용이지만 내게는 평생 잊을 수 없는 책이다.

내가 조선인학교에서 근무를 시작하고 얼마 안 되었을 무렵에 조선어 공부를 시작했으니, 이 책은 그로부터 약 1년 8개월 뒤 출판된 셈이다. 정말 어이없는 이야기다.

그런데 처음부터 이 『조선어 입문』을 한 권의 책으로 만들 생각은 아니었다. 원고를 쓰기 시작한 단계에는 이런 것이 만들어질 거라고는 상상조차 하지 못했다.

"조선어의 기초 지식을 일본인이 알기 쉽게 써보지 않겠나? 일본인 교사가 그나마 학생의 이름만이라도 읽을 수 있게 해야 할 것 같아. 하지만 난 못하는 일이야. 5~6장 정도로 만들면 되네. 한번 해보게." 처음

이런 말을 꺼낸 사람은 이 책에 종종 등장하는 이론가 M씨였다.

이때도 나는 그의 꾐에 보기 좋게 넘어갔다.

나는 '아야어여'부터 원고를 쓰기 시작했다. 정확한 설명은 아니겠지만 '아야어여'란 일본어의 '이イ, 로ㅁ, 하ハ'(가나)에 해당한다고 할까. 아니, 역시 영어의 알파벳에 가깝다는 편이 낫다.

조선 문자는 기본적으로 모음 10개와 자음 14개의 조합으로 이루어진다. 그래서 글자를 외우는 것 자체는 그다지 어렵지 않다. 그런데 비교적 단순한 자음과 모음의 조합에 익숙한 일본인에게는 발음하기가 몹시 어려웠다. 가나(仮名 히라가나, 가타가나)로 최대한 발음법을 표기할 수 있다면 그렇게 하고 싶었는데, 도저히 불가능하다는 것을 깨닫게 되자 다소 익히기 어렵다는 걸 감안하고 국제음성기호를 사용했다. 나는 일단 열심히 원고를 써서 M씨에게 넘겼고, 그는 차례대로 그것을 인쇄했다.

그런데 M씨는 둘째가라면 서러울 정도로 악필이었다. 게다가 등사판에 글씨를 새기는 법을 배운 것도 아니다. 그래서 평소의 악필이 인쇄본에도 그대로 드러나 정말 볼품이 없었다. 그래도 그는 묵묵히 등사판을 만들었다. 글자 모양 따위는 전혀 괘념치 않았다. 그에게 글자란 그저 의사 전달 수단이라 읽을 수만 있다면 그걸로 충분했다.

정작 문제는 그 역시도 이따금 자신의 글씨를 읽지 못해 머리를 감싸 쥐었다. 말하자면 그런 글씨다. 이렇게 말하면 독자들도 대략 상상할 수 있지 않을까.

나는 어쩔 수 없이 그의 열정에 못 이겨 원고를 써나갔다.

그렇게 겨우 처음에 계획한 대로(그렇다고 딱히 목표로 정한 분량은 아니었지만) 5~6장의 원고가 완성되자 일단 한글을 읽는데 필요한 발음과 이름에 주로 쓰이는 한자를 읽는 법 정도는 정리가 되었다.

그것으로 내 역할은 일단 끝난 셈이었다.

그런데 묘한 일이다. 계약이 완료되었으니 더 이상 원고를 재촉받을 일도 없는데, 정작 내가 아쉬운 마음이 든 것이다. '기껏 여기까지 했으

니 가능하다면 기초적인 문장 만들기 정도는 배울 수 있는 자료를 만들고 싶다.'

사실 무모한 얘기다.

나의 조선어 실력이 아직은 너무나 부족하다는 걸 잘 알고 있었다. 학생들이 주고받는 대화는 어느 정도 알아들을 수 있었지만, 내 의사를 전달하려면 머릿속으로 열심히 번역해서 말을 쥐어짜기 급급했다.

그런데 한번 그런 생각이 들자 멈출 수가 없었다. 나는 M씨에게 내 계획을 말했다. 그 당시 그가 구체적으로 뭐라고 했는지는 이미 잊었지만, 여하튼 마지막에는 '할 수 있는 데까지 해보라'라며 격려해 주었다.

집필을 시작한 때가 교원 2년 차 봄 무렵이었을까.

나는 넌지시 2~30장 분량의 인쇄물을 염두하고 원고를 쓰기 시작했다. 그리고 그해 여름방학이 끝날 무렵, 내 입으로 더는 못하겠다며 펜을 내던졌을 때는 어느새 400자 원고지 약 400매로 늘어나 있었다.

그랬음에도 이 원고가 다시 한 권의 책이 된다는 생각은 하지도 않았다. 애초부터 책으로 만든다고 했다면 나는 분명 쓰지 않았을 것이고 또 쓸 수도 없었을 것이다.

내 머릿속에는 도쿄도東京都 내 15곳의 조선인학교에 근무하는 100여 명의 일본인 교사에게 내가 공부한 성과가 조금이나마 도움이 되기를 바라는 마음밖에 없었기 때문이다.

"좋아, 책으로 냅시다." 이렇게 말을 꺼낸 사람은 M씨였다.

"카지이梶井, 자네가 고민할 필요는 하나도 없어. 일단 원고를 나한테 넘겨."

그는 내게 원고를 받아서 먼저 국어과 조선인 교사에게 보여 몇 군데 오류를 수정한 뒤 아르바이트로 등사판 인쇄일을 하는 지인의 도움을 받아 일사천리로 일을 추진했다.

경과만 나열하자면 이게 전부지만 사실 책이 완성되기까지 엄청난 우여곡절이 있었다. 그중 하나는 말할 것도 없이 자금 문제였다.

M씨는 처음부터 자비를 들여서, 더구나 등사판으로 출판할 생각이 아니었다. 연줄을 통해 출판사 두세 곳에 의뢰한 모양이었는데, 무엇보다 필자가 무명인데다 이제 막 조선어를 배운 초보자일 뿐이다. 또 어느 정도나 수요가 있을지 전혀 짐작할 수 없는 원고에 출판사가 쉽사리 나설 리도 없었다.

결국 등사판으로 발행하기로 한 것도 그가 결정한 것이지 나는 개입할 여지가 없었다. 게다가 기껏해야 2만 엔 정도의 월급밖에 못 받는 M씨가 인쇄비를 감당할 여력이 있을 리도 만무했다.

그는 인쇄비와 제본 비용을 S씨가 내도록 만들었다.

S씨는 고향에 부모가 물려준 작은 산을 갖고 있었다. 그리고 마침 이 무렵에 자신의 결혼 자금으로 쓰기 위해 산림 일부를 막 팔았을 때다.

M씨는 그런 S씨에게 인쇄비용을 내놓게 만든 것이다.

"내가 책임지고 책을 팔아서 갚을게. 자네는 그저 몇 개월만 결혼을 미루면 되는 거야. 자네한테는 이 책을 출판할 책임과 의무가 있어."

이런 교섭이 내가 보는 앞에서 이루어졌다. 그것은 교섭이라 할 수 없는 명령이자 강제나 마찬가지였다. S씨는 잠시 투덜거리다 이내 체념하고 고개를 끄덕였다. 그리고 한없이 어깨를 늘어뜨렸다.

결국 900부를 출판했다. 조선인 교사와 학생들이 총동원해 팔아준 덕분에 마지막에 내게 남은 건 불과 몇 권에 지나지 않았다.

자, 이제 두 번째 고비다.

원고를 모두 넘기고 보름쯤 지났을 무렵이었나…. M씨가 파랗게 질린 얼굴로 나를 찾아왔다. 그는 내 옆에 놓인 빈 의자에 힘없이 걸터앉더니 아무 말도 없이 고개를 푹 숙였다.

'왜 이러지, 또 뭔가 일을 시킬 속셈이군.'

다른 사람에게 뭔가를 시킬 때마다 나오는 그의 단골 포즈였다. 나는 마음을 내려놓고 그의 말을 기다렸다.

그런데 그의 입에서 전혀 예상하지 못한 얘기가 나왔다. 내 원고를 모두 잃어버리고 말았다는 것이다.

그의 얘기에 따르면 사흘쯤 전 어느 날 밤, 하쿠스이샤白水社 출판사였는지 다른 출판사였는지, 여하튼 그는 한 출판사에 원고를 들고 갔다 공손히 거절당하고 집으로 가는 전차 안에서 원고를 싼 보따리를 선반에 올려놓은 채 곯아떨어졌다. 그리고 종착역에서 눈을 떴을 때는 흔적도 없이 보따리가 사라졌다는 것이다.

그 뒤로 M씨는 사흘 내내 국철 역을 샅샅이 뒤졌지만 헛수고였다. 그는 몹시 초췌한 모습이었다.

"자네가 그렇게 고생해서 쓴 원고인데……사과한다고 끝날 일은 아니지만 이렇게 빌 테니 용서해 주게나."

그는 더 이상 굽히지 않을 만큼 몸을 숙이며 사죄했다.

그런데 나는 내가 생각해도 신기할 정도로 아무렇지 않았다. 화를 내고 싶은 마음도 없었고, 신경질이 나지도 않았다. 오히려 마음이 홀가분했다.

비록 M씨의 능숙한 꼬임에 넘어가 원고를 쓰긴 했지만, 내가 남에게 언어를 가르칠 만한 능력이 없다는 건 잘 알고 있었다. 그래서 책으로 내자는 이야기를 들었을 때 자부심이나 기대보다도 그것이 대중에게 공개된다는 불안이 훨씬 컸다.

M씨의 이야기를 듣는 순간 그 불안에서 해방되었고, 또한 이로써 S씨가 결혼을 미루지 않아도 된다는 안도감이 가슴을 메웠던 것 같다.

"괜찮네. 물론 고생은 했지만, 어차피 원고 내용은 창피할 만큼 아마추어였어. 어쩌면 고집부리지 말라는 신의 계시인지도 모른다구."

무신론자인 내가 나답지 않게 멋대로 신을 들먹거리긴 했지만, 여하튼 나는 흔해 빠진 말로 그를 위로했다. 어떤 말로도 결코 M씨의 마음을 편하게 할 수 없다는 건 잘 알았지만 나는 무슨 말이라도 해야만 했다.

그런데 나는 정말 운이 따르는 사람이었다.

그 일이 있고 일주일쯤 지났을 무렵, 이번에는 만면에 웃음을 띤 M씨가 품에 보따리를 소중하게 안고 나타났다.

아카바네赤羽역 플랫폼 끝에 있는 변소 한 칸에서 선반 위에 풀어진 채 놓여있던 보따리를 역무원이 발견해 알려줬다는 것이다.

대체 어떻게 된 영문인지는 끝내 알 수 없었지만, 추리소설을 좋아했던 우리 둘은 다음과 같이 추측했다.

괴도 X는 M씨가 잠든 틈에 보따리를 훔쳐 변소에서 풀어보았는데, 안에는 도무지 내용을 알 수 없는 원고 다발이 들어 있었다. 포획물을 어떻게 처치해야 좋을지 당황한 X는 보따리를 그곳에 둔 채 무거운 발걸음으로 새로운 먹잇감을 찾아 사라졌다—이러한 줄거리로 우리 두 사람의 의견이 일치했다.

사실 원고를 잃었다가 되찾기까지 약 일주일 동안 무슨 일이 있었는지는 전혀 알 길이 없었다. 그래도 그런 건 아무래도 괜찮았다.

"아무리 그렇더라도 너무 싱거운 스토리야." 우리는 함께 큰 소리로 웃었다.

나의 『조선어 입문』 이야기는 이것이 전부다.

아, 중요한 얘기가 한 가지 더 있다.

그렇게 고생 끝에 출판에 다다른 책이었지만, 가장 중요한 독자들이라 여겼던 일본인 교사들은 정작 그 책을 활용한 흔적이 거의 없었다는 것이다.

## 도립조선인학교의 모순

일본인 교사들의 모임은 이후로도 시간과 장소를 바꿔가며 이뤄졌고, 특수한 경우를 제외하고는 '달아매기'에 관한 이야기는 거의 나오지 않게 되었다.

하지만 도립학교라는 울타리 안에서 일본인 교사가 일본인 학생을 가르치듯 조선인 학생을 가르쳐야만 하는 본질적 모순은 거의 해소되지

1장 '도립都立'조선인학교

않았다.

이 모순은 일상적인 학교생활에서 다양한 형태로 나타났다.

앞서 조선인학교가 도립으로 바뀌는 의미에 대해 간략히 언급했는데, 공식적으로 보면 사실 이것은 일본 정부가 조선인 아이들을 조선인으로서 교육받게 할 책임과 의무를 철저히 내팽개친 일이다.

일본에 살고 있으니 일본교육법에 따른 교육이 당연하다는 생각은 당시에도 있었고, 지금도 마찬가지일 것이다. 하지만 외국에 거주하는 일본인이 일본인 학교를 세워 자녀들을 일본인으로서 교육하는 사례는 얼마든지 있다. 조선인이 조선 사람이 되기 위한 교육을 받지 못하는데 도대체 어떤 인간이 될 수 있다는 걸까. '우리는 얼굴은 조선인인데, 조선말도 역사도 모르는 불구 같은 취급을 당했다.'라며 S선생에게 따졌던 학생의 말은 우리 일본인 교사들의 마음을 한없이 무겁게 짓눌렀다.

이와 관련하여 1954년 11월에 도립조선인학교 교직원조합[13](이하 조교조朝敎組)에서 발행한 『민족의 아이―조선인학교 문제』는 다음과 같이 호소했다.

'……이것은 분명 전전戰前 동화정책의 부활이다. 학교교육법 같은 일본의 교육법은 비판할 점도 있지만, 적어도 과거의 군국주의 교육을 반복하지 않으려고 만든 것 아닌가. 그러한 교육법이 1910년 이후 처음으로 일본 땅에서 독립한 민족인 조선인이 만든 조선학교를, 게다가 일본 정부의 아무런 지원 없이 온전히 자주적으로 설립·운영된 조선인학교를 탄압하기 위해 쓰일 줄 누가 알았겠나. (교육기본법, 학교교육법이 공포되고 아직 1년도 되지 않았다)'

---

13  도립조선인학교 교직원조합(조교조)은 민족교육의 가치를 이해하고 존중할 필요성을 인식한 일본인 교사가 조선인 강사에게 제안해 1950년 12월에 설립되었다.

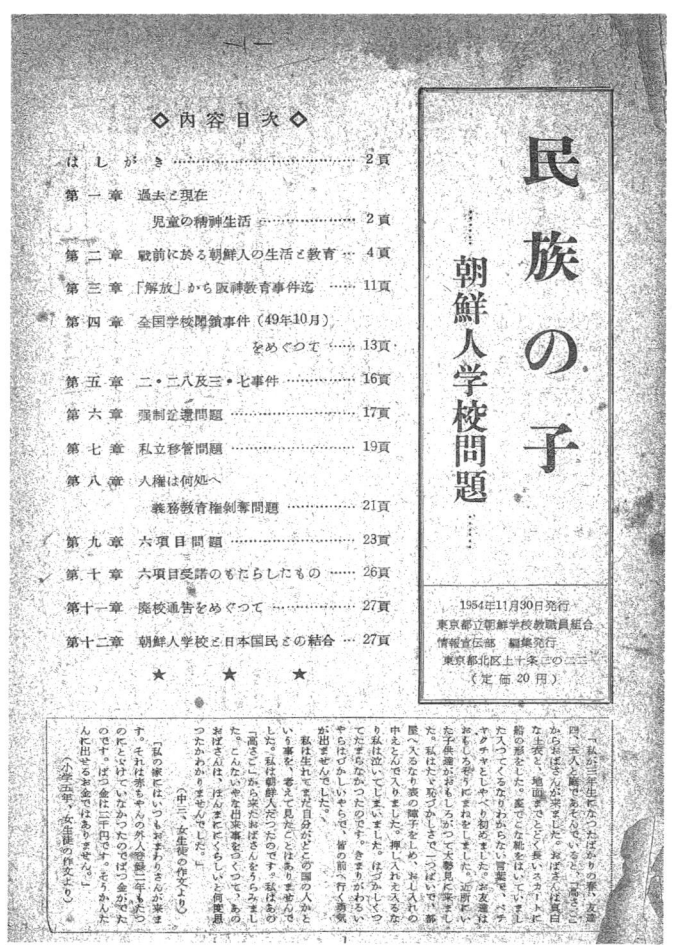

『민족의 아이―조선인학교 문제』 표지(1954년 11월 30일, 조교조 발행)

    조선인학교를 폐쇄한 후 도립학교로 이관하는 내용이 확정되기까지, 도쿄도교육위원회가 문부성·정부(일본)와 재일조선인연맹 사이에 중재에 나선 것은 사실이지만, 이때까진 공선제公選制라는 민주적 제도로 운영된 당시 교육위원회의 의도가 무엇이었는지는 앞에서 밝혔듯이 나 역시 정확히 알지 못한다. 하지만 학교교육법 틀에서의 교육이 내가 아는 것처럼 재일조선인 교육의 죽음을 의미한다면, 그걸 알고도 이 타협안을 받아들인 조선인들에겐 어떻게든 민족교육을 실질적으로 지켜내겠다는 절박한 결의가 있었음이 분명하다. 그렇지 않고는 도립학교에서 5년간 벌어진 일들을 이해하기란 불가능하다.

조선인 교사 한 명에 일본인 교사가 세 명이라는 비율만 보아도 조선인들이 원하는 만큼 민족교육을 추진한다는 것은 불가능하다. 그 때문에 조선인 측은 PTA에서 마련한 피 같은 돈으로 많은 조선인 시간강사들의 급여를 책임져야 했다.

학급 담임도 표면상으로는 일본인이지만, 반드시 조선인 교사와 짝을 이루어 맡았다. 그리고 사실상 담임의 역할은 대부분 일본인 교사가 아닌 조선인 교사에게 맡겨졌다. 자연스러운 일이다. '교육용어는 원칙상 일본어로 하라'라고 아무리 구속한다 해도 조선인의 언어는 조선어다.

예를 들어 학생들이 모국어로 토론하는 학급회의 하나만 보더라도 일본인 교사가 담임 자격으로 이 토론을 듣는 것 자체가 아무런 의미도 없다. 조금 극단적으로 표현하면 '난센스nonsense'라고까지 말할 수 있다.

가정 방문도 마찬가지다. 만약 일본인 교사 혼자 찾아가서 다행히 의혹이나 적대감이 모두 해소되었다 해도 일본어가 서툰 학부모와 솔직하게 의사소통을 한다는 건 당연히 무리였다.

나 또한 애를 먹은 적이 많다. 젊고 에너지 넘쳤던 나는 당시 조선인 담임 교사와 함께 몇 차례 가정 방문을 다닌 적이 있다.

물론 우리가 일본어로 질문했을 때 유창한 일본어로 답하는 부모도 있었음은 사실이다. 하지만 몇몇 부모들은 조금 이야기가 복잡해지면 손짓 발짓만으로는 통하지 않으니 어느새 조선어로 말하기 시작했다.

그 무렵 나는 이미 조선어를 어느 정도 알고 있어서 이야기의 큰 맥락은 이해했던 것으로 기억한다. 하지만 만약 내가 조선어를 전혀 몰랐다면 스스로 깊은 무력감과 비참함을 느꼈을 것이 분명하다.

내가 하고 싶은 말은 언어의 문제가 아니다. 말은 공부하면 차츰 통하게 된다. 그러나 조선인과 일본인은 생활도 다르고, 겪고 있는 문제도 달랐다. 즉, 살아가는 기반이 완전히 달랐다. 그 점을 무시하고 이뤄지는 교육은 제대로 된 것이 아님이 분명하다.

### 조선인학교 교직원조합 설립을 위한 호소

여하튼 조선인학교는 위와 같은 모순이 곳곳에 드러나는 와중에도 겉으로는 조금씩 안정을 되찾아갔다.

푸르른 나무 잎사귀가 눈부시게 느껴질 즈음, 나무 그늘로 의자를 들고 나간 교사들이 담소하는 모습이나 방과 후 숙직실에서 서툰 바둑을 겨루는 모습도 볼 수 있었고, 교무실에서도 교과 내용을 진지하게 협의하는 일도 가능해졌다.

그 무렵 어느 날, 직원회의 시간에 일부 일본인 교사들이 "조합을 만듭시다. 우리도 노동자니까, 조합을 만들어서 단결해야 해요."라는 의견을 내놓았다. 이날 앞장서서 호소한 사람은 나중에 조선인학교 교직원조합의 초대 서기장이 된 O씨인데, 지금도 조선인학교 문제와 '고교입학 지원자 전원 입학제[14]' 운동을 열심히 하고 있다.

그런데 당시 나는 조합 설립에 그다지 적극적이지 않았다. 조합 활동은 전임지인 샤쿠지이石神井중학교에서 1년간 근무하며 그저 순서에 따라 도쿄도東京都교직원조합[15](이하 도교조都教組) 대회에 출석해 시끌벅적한 토론을 멍하니 들으며 하루를 보낸 경험이 전부였기 때문이다.

조합 자체에 관하여 잘 모르기도 했고(물론 생기면 좋겠다는 마음은 있었지만), 게다가 당시 도립조선인학교는 복잡한 문제가 너무 많았다.

---

14    고교입학 지원자 전원 입학제: 전후 베이비붐 세대의 성장은 이 운동이 벌어진 계기 중 하나이다. 1960년대 전반까지 일본의 고교 진학률은 약 5%로 일부 학생들만 입학할 수 있었다. 고교진학을 원하는 학생이 월사금 없이 전원 입학할 수 있도록 제도 개편을 요구하는 운동이 전국적으로 펼쳐졌다.

15    도쿄도 교직원조합: 도쿄도 내 공립 유치원, 소학교, 중학교에 근무하는 교직원들의 조합.

앞서 정규 교원으로 채용된 조선인 교사가 일본인 교사의 3분의 1에 지나지 않았음은 언급했는데, 그들 역시 전임강사였다.

현재 전임강사 제도는 거의 없어진 것 같지만, 급여는 교원과 같더라도 매년 고용 계약을 갱신하는 탓에 신분이 보장되는 기간이 1년뿐이었다. 나머지 조선인 교사는 전부 3개월마다 임기가 끝나는 시간강사라서 3개월 후 '이제 나오지 마세요'라고 하면 그걸로 끝이라 어디에도 불만을 제기할 곳이 없었다.

생활, 신분보장, 권리를 지키는 투쟁이 조합 활동에서 큰 비중을 차지하는 것은 당시나 지금이나 변함이 없다. 아무리 소극적인 교사라도 '생활과 권리 보장에 관한 활동이면 함께 하겠다'라고 조합원이면 누구나 말할 것이다. 하지만 당시 조선인학교의 경우 일본인과 조선인 교사 간에는 이미 커다란 장벽이 있었다.

조선어를 공부하며 오로지 교안 번역에만 몰두했던 나는, 조합을 만드는 험난한 과정에 뛰어들 용기가 도무지 나지 않았다.

1학기도 중반이 지났을 무렵, 늘 그렇듯 일본인 교사들만의 모임에서 교장은 "조선인 교사와 잘 지내면 좋지만, 너무 가까이 안 하는 것이 좋을 겁니다. 조합을 만드는 건 괜찮지만 그들에게 이용당하지 않도록 조심합시다."라고 말했다. 나는 '무슨 얘기지?'라고 생각했다. 조합에 별 관심이 없었기에 설립하자는 의견이 나오기까지의 구체적인 전후 사정을 거의 몰랐기 때문이다.

조합을 만들자는 얘기가 나온 뒤 소학교를 포함한 몇몇 일본인·조선인 교사들이 준비위원회를 만들었다. 하지만 나는 어떤 문제에 초점을 두고 조합 설립이 추진되는지 전혀 알아차리지 못했다. 얄궂게도 앞서 말한 일본인 교장의 발언은 조합 설립에 무관심했던 나에게 오히려 그 필요성을 가르쳐준 것 같다.

나는 준비위원회 멤버들이 고군분투하는 동안에 서툰 조선어로 어설프기 짝이 없는 수업을 하거나 방과 후 클럽활동으로 채집을 나가는 등

학생들과 가까워지는 일에만 몰두했다.

아이들과 친해질수록 녀석들은 나를 골탕 먹일 방법을 연구해 냈다. 내가 수업의 요점을 열심히 조선어로 판서하면 일부러 발음이 어려운 부분만 골라서 짓궂게 읽어달라고 했다. 그리고는 자기들도 서툰 주제에 내 발음이 이상하다고 손뼉을 치며 놀려댔다. 또 야외 관찰에 아이들을 데리고 나갔을 때 내가 공들여 조사한 식물이나 곤충이 아닌 다른 것을 가리키며 굳이 "선생님, 이거 조선말로 뭐라고 해요?"라고 묻고는 답을 못해 쩔쩔매는 나를 보며 대리만족하기도 했다.

아무래도 이 무렵의 나에게는 조교조朝教組 설립 문제가 아이들의 매력에 비할 바가 못 되었던 것 같다.

## 적개심과 증오의 한복판에서

그런데 일본인 교장의 발언에서 짐작할 수 있듯이 알게 모르게 다양한 압력이 가해졌음에도 불구하고, 조합 설립은 착실히 추진되었다. 가장 큰 곤란은 일본인과 조선인 교사의 경제적 기반 차이처럼 간단히 설명할 수 있는 것이 아니었다. 아무리 사소한 조선인학교의 동향도 교육위원회, 문부성, 정부, 경찰이 집요하게 감시했기 때문이다.

이런 면에는 둔한 편이라 그들의 감시를 전혀 눈치채지 못했던 나와는 달리, 일본인 교사들 가운데는 그런 일이 비일비재해 민감해진 이도 있는 모양이었다.

밤늦게 동료 교사와 같이 퇴근하는데 "뒤를 조심하게. 공장 인부처럼 위장한 사내가 따라붙거든. 그자는 O경찰서 형사인데 조선인학교 담당이야."라는 말을 듣고 가슴이 철렁 내려앉기도 했다.

사복형사가 등하교하는 아이들에게 노트를 보여달라고 하거나 집까지 찾아와 '조선인학교는 공산주의 교육을 하니까 아이를 보내지 않는 게 좋다'라는 말을 하고 갔다는 얘기가 끊이지 않았다. 즉, 당시엔 교사도 학교도 잠자는 시간을 제외하고 줄곧 어디에선가 누군가의 섬뜩한 시선을 느껴야만 했다. 그중에서도 특히 일본인 교사와 조선인 교사가 협력하는 일에 관해서는 당사자인 우리도 어안이 벙벙할 만큼 비정상적인 신경을 써야 했다.

조합 설립 준비위원회 멤버들은 일본인과 조선인을 막론하고 술집, 이발소 혹은 길거리나 역에서도 사복 경찰의 감시를 벗어날 수 없었다고 한다. 그러한 성가심에서 해방되는 공간은 학교나 자택 정도였을 것이다. 그런데 학교에서조차도 간접적으로는 누군가 눈과 귀를 번뜩이고 있음을 의식해야 했기에 신경이 쇠약한 사람은 그 긴장감만으로도 일찌감치 기가 죽었을 것이다.

이렇게 말하면 과장이라 여기는 사람도 적지 않을 것이다. 하지만 그저 아이들과 함께 조선어를 공부하기 시작했다는 이유로 내 이름이 교육청과 O경찰서(어쩌면 경시청까지 들어갔을 수도 있지만)에서 작성한 위험인물 리스트에 올라갔다는 이야기를 교장에게 들었을 때는 경악을 뛰어넘어 심한 분노마저 느꼈다.

교장은 "카지이梶井 선생, 자네 이름은 이미 도쿄도 내 조선인들과 경찰 관계자들이 모두 다 아네. 자네의 열정은 훌륭하지만, 경솔한 행동은 부디 자제하는 게 좋아."라고 말했다. 그것은 호의였을까, 아니면 경고 혹은 견제였을까.

나는 조선인학교에 대한 이러한 시선에 '감시'라는 말보다 '증오'라는 표현을 써야 맞는다고 생각했다. 하지만 그 원인이 무엇인지 당시의 나로서는 이해가 안 되었다.

교육 장소라 하면 어느 곳을 막론하고 교사들 간의 관계, 교사와 학부모의 관계, 아이들 간의 관계를 깊이 이해하는 일이 교육성과를 높이는 기본 조건이 아닐까. 그리고 아이들 하나하나가 평화롭고 민주적인 사회 건설에 공헌할 수 있는 인간으로 키우기 위해(일본인은 일본인으로서, 조선인은 조선인으로서) 충분한 보장을 제공하는 것이 정치가 해야 할 의무이

자 책임이 아니었을까.

도립조선인학교를 문부성文部省과 교육위원회 의도대로 운영한다는 것은 위의 두 가지를 모두 부정하는 일이다. 즉 학교 건물은 있지만 교육은 부재한 상태가 계속되는 것이다. 교육부재의 교육을 당국이 우리에게 요구하는 이유가 무엇인지 내가 결정적으로 깨닫게 된 계기는 바로 '한국전쟁'이었다.

4·24 교육투쟁[16]—재일조선인연맹 강제해산—전국 조선학교 폐쇄—한국전쟁으로 이어지는 역사의 필름 위에, 남북의 분단과 일본 국내에서 미 점령군의 정책으로 인해 발생한 수많은 비민주적 행태를 아무런 설명도 수식도 없이 겹쳐놓고 보았을 때, 내 나름대로 도립조선인학교의 위치에 대해 깨닫게 된 것 같다.

문부성文部省이 '조선인학교는 학교교육법에 따라 사립학교로 취급할 것'(1948년 5월)이라는 통달을 발표한 직후, 도쿄도 내 조선인학교를 시찰하러 온 GHQ 도쿄군東京軍 교육담당 장교 듀펠은 군홧발로 교실에 들어와 김일성 초상화를 보며 "개 잡듯이 죽여야지."라고 중얼거렸다.

조선인에 대한 감정을 이토록 노골적으로 드러낸 말도 드물 것이다. 그는 교원 가운데 공산주의자들의 숙청을 강하게 추진했던 자타공인의 철저한 '빨갱이 혐오자'였다.

그런데 1949년 4월에 정비된 조선인학교 <각급학교 규정> 중에 중학교 규정 총칙 제8조는 다음과 같이 명확히 규정하고 있다.

'중학교에서는 참된 민주주의 원칙에 따라 전문 및 고등·보통 교육의

---

16  4·24 교육투쟁: 1948년 1월 24일, 문부성 학교교육국장 명의로 '조선인 설립 학교 취급에 대하여'라는 통달이 발표되면서 3월 이후 전국적으로 조선학교 폐쇄가 시작된다. 이에 재일조선인은 폐쇄 명령 철회와 교육의 자주성을 요구하며 각지에서 투쟁을 전개했다. 4월 20일에는 도쿄의 15개 조선학교에 폐쇄령이 내려졌고, 정점이 된 4월 24일은 약 2만 명의 조선인이 효고현청 앞에 모여 지사에게 폐쇄 명령을 철회하게 만든 역사적인 승리의 날이다. 그러나 이날 밤 미 점령군은 고베시에 '비상사태'를 선언하고 대대적인 재일조선인 검거에 나섰다. '한신(阪神) 교육투쟁'이라고도 한다.

기초가 될 학술 기능을 습득하게 하고, 정치적 교양을 높여 과학적 세계관을 수립, 민족의 자존심과 애국심을 배양함으로써 민주주의적 조선 국가의 발전과 세계평화에 헌신할 유능한 애국자 양성을 목적으로 한다.'

일본 정부와 치안 당국은 일본 국내에서 위의 목적에 따라 '민주적인 평화를 사랑하는 조선인'이 단 한 명이라도 늘어나는 것을 극도로 두려워했다.

그렇다면 1948년 '4·24 교육투쟁'에서 일본 경찰이 조선인 소년 김태일을 사살하는 폭거를 감행해 여론의 격렬한 비난이 쏟아졌음에도 끝끝내 재일조선인연맹을 강제 해산시키고 앞서 이 단체가 빼앗긴 민족의 말과 문화를 되찾기 위해 서당 같은 배움터를 피와 땀으로 일궈낸 학교를 듀펠의 말대로 개처럼 짓밟아버린 이유는 바로 한국전쟁에 대한 중요한 포석이었다고 봐도 지나친 해석은 아닐 것이다.

그런데 결과는 미 점령군이나 일본당국의 그런 기대를 완전히 저버린 것 같았다.

일본제강日本製鋼 아카바네赤羽 공장에서 제조되어 한국전쟁으로 투입되는 미군 탱크가 밤낮없이 도립조선인학교가 있는 주조十条의 중심가를 내달렸고, 이 학교와 철조망 하나를 사이에 둔 미군 사격장에서는 붉은 깃발을 조준한 격렬한 총소리가 교정을 뒤흔들었다. 그 속에서 조교朝教組가 설립되어 재일조선인 자녀의 민족교육을 지키려는 운동이 점차 넓고 깊게 뿌리내리기 시작했다.

## 2장
# 한국전쟁 당시 조선인학교

'3펜 마크'를 넣은 도쿄조선중고급학교 중등부 휘장.
학교 연혁사에 의하면 이 학교의 재학생과 미술교원이 1948년에 공동작업한 디자인.
이후 교복 단추와 모자, 학교 버스, 체육복 등에도 장식으로 쓰였다.

## 도쿄도립조선인학교 교직원조합 결성대회

1950년의 가을도 어느덧 깊어진 11월 말 무렵, 마침내 '도쿄도립조선인학교 교직원조합'(이하 조교조朝敎組)이 결성되었다.

남아있는 자료가 없어 당시의 정확한 조합원 수는 알 수 없는데, 소학교 13개교, 중·고등학교 각각 1개교에 근무하는 교원 총 200여 명 거의 전원이 조합에 가입했다.

조합을 만드는 과정에서 다양한 방해와 공격을 받았음은 앞서 이야기한 바와 같다. 한국전쟁의 상황은 점점 더 긴박해졌고, 국내에서도 '단체 등 규정령團體等規定令'과 '도쿄도 조례'를 내세운 당국의 탄압이 모든 민주적 활동을 강하게 억누르던 시기이기도 하다.

도립학교로 이관된 후 1년도 되지 않았기에 정상적인 수업이 이뤄질 만큼 학교가 안정을 찾기 시작한 것은 6개월이 지나고부터였다.

후술한 것처럼 이 조합을 만드는 과정에서 드러난 사상적 기반의 미숙과 수많은 내부적 모순이 존재했음을 모두 솔직히 인정하더라도 조합의 훌륭한 성과는 역시 칭찬받을 만하다고 생각한다.

조합결성대회는 낡은 중학교 교실 세 개의 칸막이를 터서 마련한 장소에서 열렸는데, 어찌 된 일인지 이 기념할만한 결성대회의 의장에 내가 선출되었다. 또 한 명의 조선인 의장이 누구였는지는 기억나지 않지만, 둘이서 의장단 취임 인사에 나섰을 때 나는 비로소 앞으로 내가 가야 할 길을 정해야 하는 시점에 와 있음을 실감했다.

일본인 교사와 조선인 교사는 사고방식도 사회적·경제적인 면에서도 많은 차이가 있었지만, 조합이 결성되면서 양측이 공유할 수 있는 장소가 만들어졌다. 조합결성에 그다지 적극적이지 않았던 나조차도 이 활동이 앞으로 나의 향방을 결정짓게 될 것이라는 걸 깨달았다.

그런데 이날, 결성대회 자리에서 작은 사건이 있었다.

사건이라 하기엔 조금 과장일지도 모르겠는데, 도쿄도東京都 교직원연맹(이하 도교련都教連) 대표로 이날 대회에 참석했고 지금은 도쿄도 교육연구회 의장이신 이토 요시하루伊藤吉春 씨가 내빈 인사를 막 끝냈을 때였다. 갑자기 젊은 조선인 교사 한 명이 "의장님! 방금 끝난 내빈 인사에 대해 질문이 있습니다."라고 소리치며 일어섰다.

나는 '대회'라고 이름 붙은 거창한 자리를 접할 기회가 별로 없어서 잘 모르기도 했고, 더욱이 의장이라는 과분한 역할로 참가한 것도 처음이라 내빈의 인사말에 질문이 날아든 경우는 본 적도 들은 적도 없었다.

의장의 권한이나 의사 진행을 핑계로 그냥 넘어갈 수도 있었지만 나는 그의 질문을 들어보기로 했다. 순간적인 판단이라 실수였는지도 모르지만(사실 대회가 끝난 뒤 몇몇 사람들에게 그런 질문은 일일이 받아주지 않아도 된다는 말을 들었다), 문제 소지가 있으면 시간이 허락되는 한 그 자리에서 분명히 해두고 싶은 마음이 불현듯 들었기 때문이다.

질문의 요점은 '인사말 속에 남조선을 <한국>이라 표현했는데, 우리 재일조선인은 어디까지나 조선을 하나라고 생각한다. <한국>이란 말은 일본 제국주의의 침략으로 인해 생긴 것이다. 노동운동의 지도자라는 사람이 대체 어떤 의미에서 그 말을 사용했는지 꼭 해명해 주기 바란다. 우리는 이 단어에 중대한 관심이 있다.'라는 내용으로 기억한다.

질문한 젊은 교사 옆에 앉아있던 조선인 교장이자 역사가인 림광철林光澈 씨는 이 교사의 발언을 지지한다는 듯 고개를 크게 끄덕였다.

나는 이토伊藤 씨에게 이렇게 말했다.

"본래 이러한 이례적 상황에서는 해명을 거절하셔도 상관없습니다만, 앞으로 여러모로 함께 투쟁해야 할 중요한 관계이니 괜찮으시다면 해명을 부탁드립니다."

그러자 그는 선뜻 "하겠습니다."라고 말했다. 발언 내용의 옳고 그름과는 상관없이 이토伊藤 씨의 그런 태도는 상당히 인상적이었다.

'<한국>이라는 단어를 남조선을 가리킬 때 쓰면 이상하다는 건 나도 잘 알고 있었는데, 인사말에서는 습관적으로 썼을 뿐이다. 그 일이 여러

분들에게 그토록 강한 울림을 줄 거라고는 생각하지 못했다. 그러나 다시 말하건대, 내가 <한국>이라는 단어를 쓴 것은 결코 독립 국가라거나 조선을 대표하는 유일한 정권임을 긍정해서가 아니다. 단어 사용이 부적절했음을 사과한다. 앞으로도 손을 맞잡고 함께 평화를 위해 투쟁하고 싶다.'

이토伊藤 씨의 설명은 대략 이러했는데, 오래된 기억이라 질문자와 답변자의 발언 모두 다소 미비한 부분이 있을지 모른다. 지금 생각하면 분명히 이토伊藤 씨의 발언에는 잘못된 인식이 있었다. 그리고 그가 해명한 내용에도 여전히 많은 문제가 있다. 그래도 자신의 발언에서 실수한 부분을 솔직히 인정하고, 내빈 인사말에 질문이 나온 돌발 상황임에도 그가 곧바로 사과한 태도는 수만 명의 조합원을 이끄는 위원장으로서 조금도 흠잡을 데 없는 훌륭한 자세라고 느꼈다.

이후로도 '납득할 수 없는 답변'이라는 의견과 더불어 몇 명인가 더 손을 들고 질문하는 바람에 대회장은 묘한 긴장감이 흘렀다. 나는 조선인 의장과 의논해 이 문제에 관한 질문은 더 이상 받지 않기로 했다.

사건이라 해봐야 고작 그뿐이었지만 그 일은 나에게 앞으로 조교朝教組가 걸어갈 험난할 길을 다시 한번 확실히 일깨워준 것 같다.

조합은 결성되었지만, 우리에게는 조합 내부에서 풀어가야 할 문제가 여전히 산적해 있었다.

본래의 민족교육을 지켜가고자 한 조선인 교사와 그것을 억압하고 틈만 나면 짓밟으려 한 문부성文部省과 교육위원회는 본질적으로 양립할 수 없었다. 약간의 의식과 진심을 갖고 재일조선인 자녀의 교육에 깊이 관여하고자 한 사람은 차치하고, 조선인학교를 그저 전근의 발판으로 이용하려 한 많은 일본인 교사와 극히 일부이긴 해도 적극적인 감시자 역할로 들어온 이들까지 포함된 이 조합에 아무런 곤란도 없었다면 오히려 이상한 일이다.

앞에서 내가 '훌륭한 성과는 역시 칭찬받을 만하다'라고 쓴 이유는 위와 같은 악조건 위에 한술 더 떠 '조교조朝敎組 결성을 막아라!'라는 매우 근본적이고 절실한 당국의 요구가 있었다고 생각했기 때문이다.

여하튼 나는 이 결성대회를 계기로 나도 모르게 조합에서 중심적인 한 사람으로 점점 몰입해 가게 되었다.

조합 설립 준비 단계부터 도립학교가 폐교되어 자연스럽게 조합이 해산될 때까지, 늘 조합의 지주로서 활약한 이른바 조교조朝敎組의 삼총사가 있다. 앞으로 종종 등장할 초대 위원장 S씨, 마찬가지로 초대 서기장 O씨, 그리고 몸이 약해 임원은 집행위원밖에 맡지 못했어도 이론적인 면에서 중추 역할을 했던 M씨다.

그들이 기억하는 나는 '성실한 교사이자 학습형 조합원'이었다고 한다. 내가 대수롭지 않은 등사판 인쇄물을 열심히 만들고, 어설픈 조선말로 수업도 하고, 조선인 교사와 아이들이 어느 정도 신뢰하기 시작했다는 점 등이 S씨와 O씨가 나를 주목한 이유였던 것 같다.

게다가 다행인지 불행인지, S씨는 내가 세를 얻은 집에서 빨리 걸으면 1분도 안 되는 곳에 하숙집이 있었다.

조합결성대회를 앞둔 11월 하순 어느 밤, S씨가 집에 찾아왔다. 일손이 부족하니 대회에 쓸 자료 인쇄를 도와달라고 했다(그는 '선생님은 글씨를 아주 예쁘게 쓰니까 솜씨를 좀 발휘해 달라'는 말로 나를 부추기는 것도 잊지 않았다). 이것이 나의 첫 번째 조합 활동이 된 셈이다.

무슨 이유에선지 나는 정보선전부 담당에 추대되어 조합 기관지 편집과 등사 인쇄물 제작에 늘 쫓기게 되었다. 또한 결성대회가 끝나고 딱 하루 뒤인 12월 4일에는 조교조朝敎組가 도교련都敎連 가입을 신청했는데, 언제 정식으로 승인받았는지는 확실치 않다.

## 조교조朝敎組의 도쿄도교직원연맹都敎連 가입에 관해
## 도쿄도 교직원조합의 승낙을 의뢰하는 요청서

우리 조교조朝敎組는 귀 조합의 굳건한 단결과 투쟁에 깊은 경의와 감사를 표합니다.

저희 조선인학교가 작년에 도쿄도 관할로 바뀌고 1년, 그동안 일·조 양측 교직원은 차츰 서로를 이해하며 우정을 쌓았고, 앞으로 아이들의 교육을 지키고 교직원의 지위 향상을 도모하기 위해 12월 3일 도교련都敎連 가입을 신청하였습니다.

우리 조합원 가운데 과거 도교조都敎組, 일본고등학교교직원조합(고교조高敎組), 전국사립학교 교직원조합(사교조私敎組)의 조합원이었던 일본인 교사는 물론이며, 줄곧 고립되어 있던 조선인 교원(국적은 조선)도 우리 조합만으로는 아무것도 이룰 수 없고, 기존의 투쟁 방법으로는 오히려 역효과를 불러올 뿐이라 도교련都敎連 산하 각 단위 조합의 이해와 지원 없이는 아무것도 해결할 수 없음을 통감했으므로 어떠한 조건이라도 수용하여 도교련都敎連에 가입할 수 있기를 간절히 바라고 있습니다.

따라서 도교련都敎連 대표자회의 때 나온 질문처럼, 학부형들에게 이용당하거나 학생을 이용하거나 혹은 현재 간사이關西 지역에서 벌어지는 행위와 같은 일은 지금의 우리에겐 전혀 있을 수 없는 일입니다.

우리는 반드시 규약을 지킬 것이며, 통제를 벗어나거나 조합의 명예와 신뢰를 훼손하는 행위를 하지 않을 것을 맹세합니다.

만일 귀 조합에 피해를 주는 행위가 발생했을 경우 언제든지 제명되어도 결코 이의를 제기하지 않겠습니다.

위와 같은 저희의 뜻을 전하며 귀 조합에서 우리의 도교련都敎連 가입을 승낙하여 주시기를 간곡히 부탁드립니다.

쇼와 25년(1950) 12월 6일

도쿄도립조선인학교 교직원조합 집행위원장 시로타 노보루代田 昇
도쿄도교직원조합 집행위원장 하세가와 쇼조長谷川　正三 귀하

## 감히 국가 권력에 불만을 품어?

이듬해인 1951년 2월 말부터 3월 초순에 걸쳐 우리를 경악시키고 분노하게 만든 첫 번째 대형 사건이 터졌다.

2월 28일 이른 아침, 경찰과 경찰예비대 수백 명이 도립조선중·고등학교 건물과 기숙사에 침입했으며, 그 충격이 가시기도 전인 3월 7일 대낮에는 무장 경찰과 경찰예비대 약 3천 명이 완전히 학교를 포위하고, 그중 일부는 교내로 쳐들어와 학생들과 교사들을 폭행해 다수의 부상자가 나온 사건이다.

3·7사건 당시 경찰들의 습격 모습_<학교창립 50돐 기념> 앨범

 폭력을 행사했다, 부상자가 나왔다, 경찰이 들이닥쳤다고 하면 일단 수상한 곳이라 여기는 사람이 많겠지만, 내가 바로 그 피해자 중 하나였기 때문에 분명히 증언할 수 있다.
 우리 조선인학교 관계자들은 당시에 일어난 사건을 '2·28사건', '3·7사건'이라 부른다.
 그런데 도대체 왜 이처럼 말도 안 되는 사건이 벌어졌을까. 이에 관해 3월 6일과 8일, 두 차례에 걸쳐 조교조朝敎組에서 발표한 호소문에 다음과 같이 쓰여 있다.

《여러분!
 우리 도립조선인학교는 재작년 도립학교로 출발한 이래 수많은 어려움을 극복하고, 지금은 각 학교에서 일·조 양국 교사들의 긴밀한 협력으로 교육이 이루어지고 있으며, 학생들도 기쁜 마음으로 학업에 정진하고 있습니다.
 그런데 지난 2월 28일 오전 6시 30분, 갑자기 조선인고등학교에 무장한 경찰예비대 520명, 사복형사 60명이 들이닥쳐 교실 유리창을 파손,

흙발로 기숙사에 침입해 직원의 개인 서랍을 마구 뒤졌고, 일부 경찰은 음주 상태였으며, 여자 기숙사에서는 여학생을 희롱하는 등 그야말로 신성한 학교를 더럽히는 만행을 저질렀습니다.

그들은 어딘가에서 주운 반전反戰 삐라의 소지자가 고등학생이라는 억지를 부리며 개인 압수수색에 이같이 대규모 병력을 동원했다고 하는데, 이런 일을 교육 당국인 교육청이나 교장에게 한 마디 양해도 구하지 않고, 도둑처럼 아이들이 깊이 잠든 시간에 들이닥쳐 학생들의 교과서, 숙제, 답안지, 교재, 미술작품 및 수첩까지 압수한 불법 행위에 분노하지 않을 수 없습니다…….》

또한 3·7 사건에 관해서는 이렇게 썼다.

《여러분!
3월 7일 석간과 8일 조간을 떠들썩하게 장식한 도립조선인 중고등학교에 무장 경찰부대가 난입한 일을 두고 어느 신문사나 마치 경찰 당국이 정당한 행위를 한 것처럼 보도하고 있습니다만, 우리는 이 눈과 몸으로 경찰의 부당행위를 여실히 체험했습니다.

3월 7일, 조선인 중고등학교에서는 지난 2월 28일에 있은 사건에 관하여 학부모들의 불안을 해소하기 위해 PTA 총회를 열었습니다.

그런데 오전 9시 반 무렵부터 약 500명의 경찰이 학부모들의 총회 참석을 가로막기 시작했습니다. 이에 분개한 학부모들과 경찰 사이에 충돌이 일어났고, 학부모 중에 몇몇 검거자와 부상자가 나왔습니다.

이때까지 수업 중이던 학생들은 PTA 총회가 무사히 끝날 수 있도록 교내에서 경찰에 저항했습니다. 그 사이 경찰들은 점점 늘어났습니다. 총회가 무사히 끝나고 학부모들이 돌아간 뒤 사태 수습을 위해 교직원 회의가 열렸습니다. 이 회의에서 어떤 어려움이 있더라도 수업을 진행하기로 결정된 순간, 별안간 경찰 3천 명이 없어진 권총 한 정을 찾기

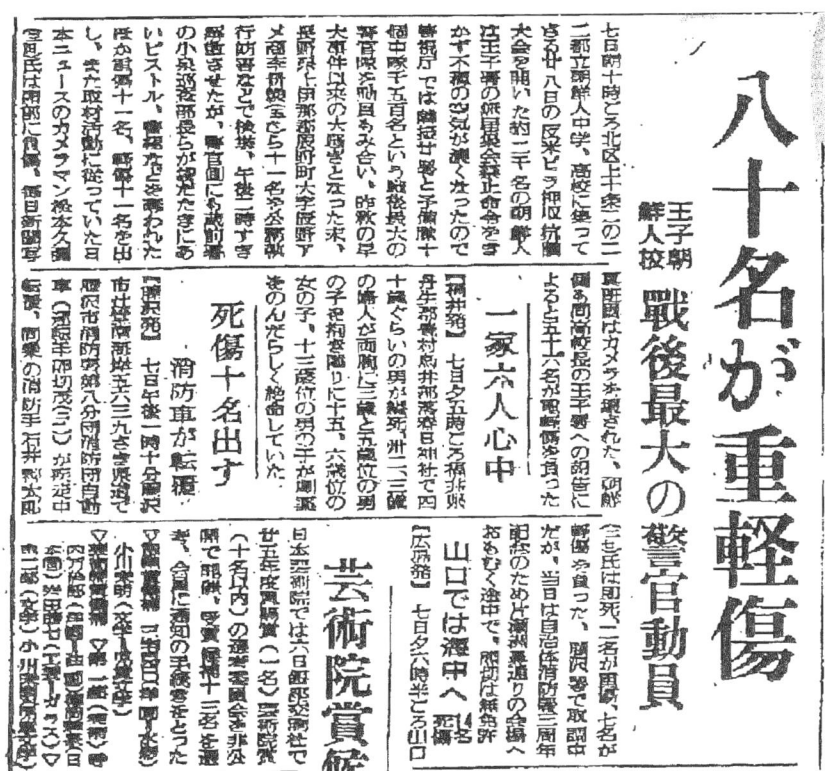

'80명이 중경상, 전후 최대의 경찰 동원'_3월 8일 자 요미우리신문 기사

위해 수색하겠다는 구실로 교내에 쳐들어와 학생들을 구타하는 엄청난 폭행을 가했습니다.

아이들을 교실로 들여보내려 한 교사에게까지 "교사면 다야?", "감히 국가 권력에 불만을 품어?", "조선인은 싹 다 죽여야 해."라고 고함쳤습니다. 또 "우리 학교에서 나가! 나가라!" 소리치며 울부짖는 학생들을 뒤에서 곤봉으로 때리고 밀쳐서 학교 밖으로 모조리 쫓아냈습니다. 그뿐만 아니라 부상자를 옮기려고 달려온 자유병원 의사마저 폭행해 중상을 입혔습니다. 경찰은 또 이 모습을 찍으려는 <일본뉴스> 카메라맨의 사진기를 부쉈고, 촬영하던 그는 반신마비가 될 정도로 두들겨 맞았습니다.

2월 28일에는 개인 수사라는 명목으로 교육청과 학교장의 허가도 없이 학교 전체를 마구 짓밟았고, 게다가 3월 7일에는 이토록 부당한 횡포로 인해 학생들 가운데도 중경상자가 60명(중태 3명), 검거자 6명이 나오는 등 일본 교육사에 전례가 없는 탄압을 저질렀습니다. 우리는 일본인과 조선인, 교원과 학생을 막론하고 이 폭거를 영원히 잊지 못할 것입니다…….》

〈일본뉴스〉의 카메라맨이 피를 흘리며 촬영하는 모습_〈학교창립 50돐 기념〉 앨범

설마 민주국가의 경찰이 그런 짓을 했을까……마음씨 좋은 사람은 이렇게 생각할지 모른다. 또는 행여나 사실이라 해도 그럴 만한 이유가 있을 거라며 태연한 사람도 없진 않을 것이다.

그러나 권총 한 자루가 없어져 수색했다는 경찰 측의 구실이 100% 사실이라 해도, 수색 영장도 없이 3천 명이라는 어마어마한 병력을 동원해 무기 하나 없는 학교에 쳐들어와 폭력을 저지르는 행위에 과연 어떤 이유를 댈 수 있을까. 게다가 무저항 상태의 학생들과 사태를 수습하려던 교사들까지 폭행한 것은 물론이며 신문사 카메라맨과 의사까지 폭행하는 광경은 그야말로 폭력단이나 다름없었다.

나도 학생들을 교실로 들여보내려고 교무실에서 운동장으로 나왔다가 마침 정문을 뚫고 들이닥친 경찰들에게 휘말려 몽둥이로 맞다가 교문 밖으로 내던져졌다. 교문에서 주조+茶역 쪽으로 가는 큰 도로로 나오기까지 약 100미터를 걷는 동안 양쪽 길가를 가득 메운 경찰들의 냉소와 뱀 같은 시선을 받으며 걸어야 했다.

인근 주택가에서 걱정스럽게 밖을 내다보는 주부들의 모습과 분노에 찬 눈빛으로 경찰들을 노려보며 잇달아 학교 밖으로 쫓겨나는 아이들을 보고 있자니 화가 치밀어올랐다. 동시에 경찰들, 입에 담배를 문 채 그들을 수족처럼 부리는 이들과 내가 같은 일본인이라는 사실에 분통과 부끄러움이 치솟는 것을 도저히 억누를 길이 없었다.

호소문에도 있듯이 <일본뉴스>의 카메라맨도 경찰에게 구타당해 피범벅이 된 채로 쓰러졌는데, 그가 쓰러지는 와중에도 카메라를 손에서 놓지 않은 덕분에 당시 찍은 사진이 다음날 <선SUN 사진 뉴스> 1면에 게재되었으나 즉시 발매 금지를 당했다.

그야말로 경찰들은 '막무가내'였고, '감히 국가 권력에 불만을 품어?'였다고 할 수 있다. 실로 처참한 광경이었다. 그 광경을 묘사한 이미지를 군국주의가 절정에 달한 시기의 일본의 모습과 겹쳐놓으면 아마도 어긋난 곳을 찾기 힘들 것이다.

하지만 이 사건은 틀림없이 패전 후 6년째를 맞는 일본에서 벌어진 사건이다. 과거 한때의 과한 행동으로 치부할 수 없는 일이다. 덕분에 나도 이날 이후로는 불행하게도 경찰과 국가 권력에 대한 인상이 확고하게 굳어지고 말았다.

그 후에도 단지 시위에 참여했다는 이유만으로 경찰에게 매질을 당한 일은 몇 번 더 있었다. 최근에는 텔레비전이 보급되어 집에서 밥을 먹으면서도 국가 권력이 맹렬하게 휘둘러지는 모습을 생생히 보게 되었지만, 역시 이날의 광경은 망막에 인두질 되어 결코 잊지 못한다.

### 조선인학교를 폐쇄하려는 권력 집단의 집념

도대체 왜 이토록 비정상적인―아니, 어떤 의미에서는 지극히 정상적이겠으나―사건이 벌어졌는지 내 부족한 머리로는 도무지 그 이유를 알 길이 없었다. 하지만 당국이 조선인학교를 없애려는데 집념에 가까운 열정을(?) 끊임없이 불태운 것만큼은 알게 됐다. 그리고 목적을 위해서라면 수단을 가리지 않고 달려든다는 것도.

그런데 나중에 곰곰이 생각해 보니 이 사건과 연관이 깊은 사건들이 1945년 8월 15일 이후 재일조선인들을 둘러싸고 연속적으로 벌어졌다. (후술한 <연표> 참조)

그러한 사건들을 나열해 보아도 '2·8사건'과 '3·7사건'이 일어난 근본적인 원인을 정확히 짚어내기란 상당히 어렵다. 게다가 이미 새로운 '일한' 관계를 중심으로 아시아의 군사협력 체계를 구축하기 위한 태동이 시작된 시점이다.[1]

당시 60~80만을 헤아린 재일조선인들이 평화와 독립을 위해 매우 정

---

1   1951년 9월 8일, 대일강화조약(샌프란시스코 강화조약)이 체결되었고, 같은 날 미·일 안보조약이 조인되었다. 이로써 강화조약 발효로 일본의 주권이 회복된 후에도 미군은 일본에 계속 주둔할 수 있게 된다.

력적으로 벌인 활동[2]은 일본 정부로서도 골치 아픈 장애물이었으며, 그 때문에 재일조선인의 유일한 합법적 집합체였던 조선학교를 재차 폐쇄하는 것이 급선무였음이 틀림없다.

## 교단을 내팽개친 일본인 교사

1951년 여름 무렵부터는 조교조朝敎組를 겨냥한 노골적인 중상비방이 가해지기 시작했다. 생각하기에 따라서는 전체 조합원이 고작 200여 명밖에 안 되는 조합이니 투쟁력으로 따지면 다른 교원조합과 비교할 수 없는 규모였다.

이는 지극히 당연한 시각이다. 하지만 한 가지 중요한 점을 간과하고 있었다. 그것은 조교조朝敎組가 전국에서 유일하게 조선인 교사들의 합법적 투쟁단체인 것과 일본의 모든 노동조합, 민주단체와 공식적으로 손을 잡을 수 있는 조건을 갖추었다는 점이다.

사실 조교조朝敎組의 활동은 도교련都敎連 산하 조합으로 인정받았기에 도교조都敎組, 사립교원노조, 일본교원노조 등과 나란한 형제 조합으로서 처음으로 몇 가지 큰 성과를 거둘 수 있었다.

그런데 앞서 말한 중상비방 중에는 '조교조朝敎組에 가입하면 다른 공립학교로 전근할 수 없게 된다'라는 것도 있었다. 이런 일은 현재 교육계의 실태에 비춰봐도 그리 특별한 일은 아닐 것이다. 그 얘길 처음 들었을 때 나는 '그렇게 협박하는 방식도 있구나'라며 웃어넘겼다. 당시 조교조朝敎組의 단결이 그 정도로 굳건했다고 여겨서가 아니라, 젊고 의욕이 넘쳤던 내게는 그다지 위협으로 느껴지지 않았던 것 같다.

그런데 자녀가 있는 사십 대 여선생님에게 "지도실의 S씨한테 들으

---

2   남한 단독선거 반대, 천황제 폐지, 요시다 시게루(吉田 茂) 내각 타도, 민족차별 철폐, 참정권 획득 투쟁, 정치범 석방, 일본 재무장화 반대 투쟁 등.

니, 조합을 탈퇴하지 않으면 전근할 수 없다던데 정말이에요? 선생님이니까 물어보는 거지만……" 이런 소릴 듣고 역시 그런 협박이 있었다는 것을 감지했다. 그리고 우려는 생각보다 빨리 현실로 다가왔다.

2학기가 시작되는 9월이 되자 마치 기다렸다는 듯이 그때까지 줄곧 조합 활동에 부정적이고 비협조적이던 두 명의 일본인 교사가 조합탈퇴 신청서를 제출했다. 물론 우리는 조합에 남아달라고 여러 번 설득했지만 결국 헛수고였다.

그들은 그저 '조합의 투쟁 방식에 따를 수 없다'라고만 했는데, 사실 그때까지는 그들이 '따를 수 없다'라고 할 만한 투쟁이 없었다. 눈을 가리고도 당시 상황을 그대로 묘사할 수 있을 정도로 또렷하다. 근무 평가가 시작된 이후로 우리 교사들은 질릴 만큼 '따를 수 없다'라는 말의, 일종의 앙금 같은 씁쓸함을 맛봐 왔기 때문인지도 모른다.

어쨌든 사태는 거기에서 그치지 않았다. 어디서 어떻게 알게 됐는지 모르지만, 학생들이 수업 때 이 두 명의 일본인 교사에게 조합을 탈퇴한 이유를 물었다. 조교조朝敎組가 만들어지고 그곳에서 일본인 교사와 조선인 교사가 함께 민족교육을 지키기 위해 활동한다는 것은 학생들에게도 커다란 버팀목이었다.

나중에 들은 이야기인데 당시 학급을 대표해 질문을 던졌던 학생은 이렇게 회고했다. "우리는 그 조합이 어떤 의미인지 제대로 알지 못했어요. 하지만 선생님들의 보조가 흐트러지고 내부적으로 힘을 잃으면 위험하다고 생각했어요. 그래서 두 선생님이 조합으로 돌아가길 바랐던 겁니다."

그러나 상황은 이러한 학생들의 진의와는 정반대로 흘러갔다. 이후로도 사흘 간격으로 조합을 탈퇴하는 교사들이 오뉴월 장마처럼 이어지다 결국 12명까지 이르렀다. 게다가 처음 탈퇴한 일본인 교사 두 명은 학생들의 질문에 "우리는 일본의 재무장화에 찬성한다. 지금 일본에 꼭 필요한 일이다.", "조선에 대한 과거의 식민지 교육도 결코 나쁜 일이 아니었다."라고 말해 학교가 발칵 뒤집혔다. 일단 한국전쟁이 휴전회담에 들어가긴 했지만, 아직 전쟁의 상처가 곳곳에 생생히 남아있던 시기이다.

그 자리에 없었던 나로서는 정말로 두 교사가 그렇게 답했는지 단정할 수도 없고, 약간의 '오해'도 있었을지 모른다. 하지만 나 또한 이 두 교사와 대화하던 중 비슷한 이야기를 종종 듣기도 했다. 학생들은 진지하게 항의했다.

"우리는 지금 두 선생님이 조합에서 탈퇴한 것을 문제 삼는 게 아니에요. 일본의 재무장화에 찬성하고, 태연하게 식민지 교육이 나쁘지 않았다고 한 걸 문제 삼은 것입니다."

이렇게 말한 학생들은 이번엔 학생회에서 결의된 사항이라며 학교장과 교무위원회에 두 일본인 교사를 학교에서 퇴출하라고 요구했다. 그러자 탈퇴한 12명의 교사들은 결국 수업 거부로 맞대응했다.

우리는 이 문제를 단순히 조합 내부의 문제가 아닌 교육 내용과 연관된 사안으로 판단하고 교직원 회의에 토론을 제기했는데, 그 직후에 벌어진 일이다.

탈퇴한 교사들은 조합이나 직원회의와는 전혀 무관한 모임을 만들어 수업 거부로 생긴 시간을 마음껏 활용해 비밀회의를 한 후 교육장에게 자신들의 의견을 상세히 전하는 청원서를 보내기도 했다.

그들은 "우리는 공산주의 교육은 할 수 없다."라고 주장했다.

두 교사가 조합탈퇴를 표명하는 단계에서 설마 이런 정도의 계획까지 했는지는 알 수 없지만, 발단 초기의 상황과 비교하면 사태는 이미 전혀 다른 양상을 띠고 있었다.

## 민족교육을 둘러싼 고난

이러한 상황에서도 조합에 남아 수업을 계속했던 일본인 교사는 중학교와 고등학교를 합쳐 14명이었다(당시 소학교 분회에서는 탈퇴에 합류한 사람이 없었다). 솔직히 정말 힘든 시기였다. 비록 몇 명이 되었든 조합에 남아있는 한, 탈퇴한 교사들로 인해 구멍 난 수업 시간을 그대로 방치할 수는 없었다. 열심히 빈 수업을 메워가는 한편 매일 밤낮으로 대책 회의, 교직원 회의에 참석하고, 수업을 거부한 교사들에게는 복귀하도록 설득하고 다녔다. 또 도쿄도東京都 교육청과 교육위원회에 청원, 교섭 때로는 항의 등에도 나섰다.

그런데 당시 우리처럼 조합에 남은 일본인 교사들이 과연 어떤 생각으로 수업을 지속하고, 또 어떤 해결을 바라고 행동했는지를 이 시점에서 조선인 교육 문제와 연결해 생각해 보는 것도 상당히 중요한 의미가 있을 것이다. 다만 한정된 지면에서 상세히 다루기 어려우므로 그해(1951년) 11월 조합위원회에 제출한 집행부 보고서에 있는 「수업을 이어가는 일본인 교사의 목소리」에서 일부를 발췌해 소개하기로 하자.

《……우리는 이 조선인학교가 단순한 학교가 아니라 세계적, 역사적으로 남을 학교라고 생각한다. 비록 일본인 학교와 같은 수업이 불가능한 부분이 있더라도 그 중요성을 깊이 인식해 일본인 교사로서 할 수 있는 데까지, 어디까지나 교육자로서 양심의 자유에 따라 수업을 계속하고 싶다. 수업을 거부한 교사도 하루속히 학교로 돌아와 수업에 복귀해 주기 바란다.》

문장 표현이 다소 어색한 곳도 있지만 의미는 이해하셨을 것이다. 또 집행부 보고서에는 '도쿄도청 시부야渋谷 부장의 인터뷰'도 실었는데, 다음과 같은 내용이다.

《그런 사소한 문제로 수업을 거부하는 건 말도 안 된다. 여러 문제가 있겠지만 어쨌든 수업은 계속해야 마땅하다. 조합의 문제는 그다지 중대하게 여기지 않는다. 그 학교에 속해 있는 한, 일본인다운 태도로 대

범하게 힘들어도 분발해 달라.》

이 또한 참으로 진묘한 반응이 아닐까. 조선인학교 자체를 말살하고 싶은 것이 도쿄도東京都 교육청의 솔직한 속내였다. 그렇다면 이미 작심한 듯 '사립 이관'의 뜻[3]을 내비쳤던 교육청으로서는 수업을 거부한 일본인 교사들의 반란이 '명분'을 내세울 절호의 기회였을 것이다.

그런 의미에서 보면 수업을 거부한 12명의 교사가 교육청으로부터 칭찬받아야 맞는 일이지 질책을 들을 이유가 없었다. 그런데 당시 교육청 이사조차도 일본인 교사들의 반란을 노골적으로 긍정할 만큼 뻔뻔스럽지는 못했던 모양이다.

그리하여 '반란'의 대의명분은 물론 사라졌다.

수업을 거부했던 교사들은 '조선인학교에서는 김일성 초상화를 걸고, 매일 빨갱이 교육을 하고 있다. 우리는 여기에 가담할 수 없다'라며 자신들의 정당성을 주장했다. 그들은 가능한 학내에서 먼저 주도권을 잡아 이 학교가 사립으로 이관되면 재빨리 공립학교로 옮기고 싶은 마음이었을 것이다. 그리고 만에 하나 골치 아픈 일에 휘말려 피해를 보고 싶지 않은 소망에서 비롯된 권력에 대한 충절이었는지 몰라도(여기에 가담한 교사들 모두 같은 생각으로 행동한 건 아니지만), 역시 그 정도의 저항밖에는 되지 못한 셈이다.

물론 그렇다고 해서 이 수업 거부 사태에 학교 사립화 혹은 폐쇄라는 위험이 동반되지 않았던 것은 아니다. 그래도 조교조朝教組를 중심으로 힘겨운 활동이 계속되자 도교련都教連도 '수업을 거부한 교사의 태도는 옳지 않다. 민족교육을 지켜야 한다'라며 공식적인 견해를 발표하기에

---

3   1951년 9월에 조인된 샌프란시스코 강화조약으로 연합군의 일본 철수가 눈앞에 다가오자 일본 정부는 강화조약 발효 이후에 조선학교 문제를 '공립'에서 '사립'으로 이관하려 했다. 즉, 재일조선인 자녀의 교육에 대해 일본 정부의 책임을 회피하려 한 것이다. 실제로 1952년 4월 28일 강화조약이 발효되자 일본 정부는 재일조선인의 일본 국적을 일방적으로 박탈하고 '외국인의 교육은 일본이 책임지지 않는다'라고 공표했다.

이른다. 그리고 도교련都教連, 교육청 측까지 나서 수업을 거부한 교사들을 여러 차례 설득한 결과 수업 거부 태세는 무너져 갔다.

결국 우리는 그 교사들을 조합으로 복귀시키지는 못했지만, 당시 대단히 복잡한 국제 정세와 일본 사회 안에서 조선인 교육에 종사하는 일본인 교사의 역할이 무엇인지 논의할 기회를 얻었고, 또 그 후로도 수업 거부에 가담한 교사들을 다독여 가며 재일조선인 자녀의 교육 문제를 서로 이해해 나가기 위한 기초를 만들 수 있었다.

비가 온 뒤에야 땅도 굳는다. 조합원 숫자로 보면 조교조朝敎組가 큰 타격을 입었지만, 이 시련을 이겨내면서 우리가 질적으로 크게 성장했다는 것이 당시의 폭풍을 겪은 뒤에 느낀 솔직한 심정이었다.

## 제자의 강제송환 사건

일본의 패전으로 인해 해방되고 자유를 얻은 재일조선인에게 가해진 참혹한 공격 도구 중 하나가 강제송환이었다.

'강제송환'이란 재일외국인의 국외 추방을 의미하는 것인데, 법적인 배경은 일본국헌법이 시행되기 하루 전인 1947년 5월 2일 공포된 '외국인등록령'이다. 이것이 1951년 2월 28일 '불법입국자 퇴거 강제 수속령'으로 이어졌고, 같은 해 11월 1일 '출입국관리령'으로 개정 시행되면서 일단 완성되었다.

악명 높은 나가사키長崎 오무라大村수용소[4]를 시작으로 몇몇 곳에 강제수용소가 만들어졌는데, 위와 같은 법률이 재일조선인에게 얼마나 가혹하고 비인도적이었는지는 다음과 같은 점에서 단적으로 드러난다.

(1) 재일조선인을 어떻게든 '대한민국인'으로 등록시키려 한 점

---

4 일본 법무성이 강제 퇴거하는 외국인을 임시로 관리할 시설로서 1950년 12월 나가사키의 오무라 시에 설치했는데, 수용된 외국인 대부분은 식민지 지배를 견디다 못해 밀항해 온 조선인 불법입국자였다.

(2) 언제 어디서든 외국인등록증을 소지하지 않은 자를 검거할 수 있도록 한 점(이상 '외국인등록령')

(3) 생활 궁핍자, 일본 정부에 반대하는 자 또는 그 단체에 가입한 자, 정신장애자, 노숙자, 신체장애자 등은 모두 재판을 거치지 않고 남한으로 추방할 수 있도록 한 점('출입국관리령')

이것은 여권을 소지하고 업무나 관광 차 입국하는 외국인과 식민 지배의 희생자인 재일조선인을 같은 법률로 적용하려 한 점에서 이중의 범죄였다.

이런 터무니없는 이야기가 또 어디 있을까. 일본에 사는 조선인 중에는 자발적으로 온 사람도 물론 있겠지만, 대다수는 징용이나 징병, 토지를 빼앗겨 돈을 벌러 온 사람들이었다는 것은 36년간 식민지였던 조선의 역사가 똑똑히 증명한다.

그런 사람들 가운데 생활이 궁핍하지 않은 사람이 대체 얼마나 될까. 또한 정신장애자와 신체장애자, 노숙자가 많았다 하더라도, 얄궂은 표현을 하자면 내내 멸시당해 온 재일조선인으로서는 지극히 평범한 모습이라고까지 할 수 있지 않을까. 게다가 '일본 정부를 반대하는 자, 그 단체에 속한 자'도 대상이었는데, 36년간의 식민지는 물론 해방 후 독립 민족이 된 뒤에도 거의 아무런 권리도 보장받지 못한 채 살아온 재일조선인한테(학교도 온전히 그들의 힘으로 만들었다) 일본 정부에 반대하지 말라는 얘기 아닌가. 그렇다면 일본 정부는 그들에게 대체 어떤 보상을 했다는 것인가.

조선인 담임과 함께 몇몇 학생들의 가정을 방문하면서 보았던 현실은 그야말로 처참했다. 우에노上野의 낭떠러지 아래 너덜너덜한 판잣집에 3평도 안 되는 좁고 길쭉한 방 한 칸에서 여섯 식구가 부대끼며 사는 모습을 보고 이루 말할 수 없이 암담해졌던 기억도 있다.

절대 일부의 사례가 아니었다. 후술할 전국교육연구대회에서 돌아오는 길에 오카야마岡山 분교5를 시찰했는데, 학교의 상태가 말문이 막힐 정도로 참담했다. 벽은 무너져있고 천장은 뚫려있는가 하면 덜컹거리는 바닥과 공동변소에는 문짝 하나도 제대로 없는 지경이었다. 이런 상황에서 대체 무엇을 원망하지 않고, 무엇에 기쁨을 느끼며 살라는 것일까.

'경찰, 새벽에 조선인 부락 급습!' 이런 제목의 기사가 매일 같이 신문을 도배하던 시절이다. 밀조주 막걸리를 제조하는 것이 위법임을 알지만, 그것밖에는 살아갈 방법이 없었던 조선인들의 처지를 강제송환 문제에선 귀를 막고 의도적으로 무시했다. 그러니 '강제송환'이 '교육'과 직결되는 문제는 아니라 해도 우리에겐 학교 교육과 끊임없이 밀착되어 고통스럽게 짓눌렀다.

실제로 당시 내가 가르친 중학교 2학년 남학생은 외국인등록증이 없다는 이유로 갑자기 체포되어 결국 그길로 오무라大村수용소로 보내졌다. 그 후 예정된 절차에 따라 한국으로 송환되었는데, 그 후의 소식은 알지 못한다. 나도 조선인 교사와 함께 경시청에 가서 '법적으로는 문제가 있을지 몰라도 과거 일본과 조선의 관계를 생각해서 인도적으로 처리해 달라'라고 요청하기도 했다. 하지만 역시 벽은 견고했다.

그 학생이 도쿄역에서 수용소로 호송되던 광경을 지금도 생생하게 기억한다. 같은 반 아이들 거의 전원이 열차의 작은 탑승 계단 앞으로 몰려갔다. 무언가 사정이 있는지 잠시 기다리는 동안 노랫소리가 멈추고 말았는데, 뜻밖에도 '강제송환 반대의 노래'를 부르는 학생들의 목소리가 승강장에 울려 퍼졌다.

그리운 고향을 떠나
오고 싶어서 온 것이 아니네
이 일본 땅에……

---

5  도쿄도 등의 도립조선인학교와는 달리 지방에는 일본 공립학교의 분교 형태로 많은 조선학교가 존재했다.

그때, 수용소로 호송되는 학생이 두 손을 치켜들고 소리쳤다.

"선생님, 애들아! 걱정하지 마. 난 절대로 죽지 않아! 다시 만나는 날까지 잘 있어!"

약간 과장된 부분도 있을지 모르지만, 여하튼 당시 이승만 정권하에 강제로 송환된 사람들의 생사는 전혀 보장되지 않는다고들 했다.

과거 한때의 '슬픈 기억'으로 지나치기에는 너무나 참혹한 기억이다. 누가 언제 어디에서 그리고 어떤 이유로 그 학생과 같은 운명에 처할지 아무도 장담할 수 없다는 것이 재일조선인들의 비극이었다.

'난 절대로 죽지 않아!'라는 외침에 어떤 말을 해줘야 할지 나로서는 도무지 찾을 수 없었다.

## 사립 이관을 반대하는 운동

'조선인학교가 공립(도립)에서 사립으로 이관될지도 모른다.'

이런 말이 여기저기에서 나오고 있음은 나도 알고 있었다. 일본인 교사의 수업 거부 사건이 있었을 때 이런 얘기가 부쩍 많이 들려왔기 때문이다.

그런데 솔직히 말하면 조교조朝敎組와 PTA로서는 출처와 의도가 불분명한 이 소문을 '문제'로 인식할 만큼 시급히 여기지 않았다.

물론 우리는 도쿄도교육청 당국이 도립학교 발족 당시부터 누누이 '도립조선인학교는 어디까지나 미 연합군의 점령을 받는 동안 잠정적 조치'라 한 것을 모르지 않았다. 하지만 조선인학교가 도립 관할로 바뀌고 채 2년도 안 된 시기다.

당국에 학교를 폐쇄하려는 의도가 있다는 것은 충분히 알았지만, 조합으로서는 교사의 생활 보장을 어떻게 추진할 것인가 하는 점과 학교 보수 및 기타 학교 관련 예산을 만드는 문제로 골머리를 앓은 시기였다. 게다가 일본 사회당의 고노河野, 공산당의 호리에堀江, 도교련都教連에서 탈퇴한 이토伊藤(앞에서 등장한 이토 요시하루伊藤吉春) 씨 같은 여러 위원이 당당히 선거를 거쳐 교육위원이 된 시기이기도 해서 '사립 이관' 문제는 아직 시급하지 않다고 안심한 것은 부인할 수 없다.

그런데 지금 생각하면 '사립 이관' 문제가 수면 위로 올라오는 것은 어차피 시간문제였다. 정치, 경제, 교육, 경찰, 언론이 총동원되어 조선인학교를 대대적으로 공격하려는 준비가 물밑에서 착착 진행되었다. 그러나 정작 조선인학교를 지키려는 관계자들은 어리석게도 그런 움직임을 간과했다. 아니, 간과했다기보다는 구체적인 투쟁에 쫓기느라 사태를 전체적으로 볼 여유가 없었다고 하는 편이 맞을지도 모른다.

4월 신학기가 시작되어 새로운 조교조朝敎組 집행부와 교육청 당국이 면담 자리를 가졌는데, 가와사키川崎 교육장은 '사견'이라는 말을 전제로 '강화조약이 발효하면 일본과 조선의 관계는 대등해지므로 이후로는 재일조선인 교육에 관한 일본 정부의 책임은 모두 사라질 것이다'라고 말했다. 그 말에 우리는 사태의 중대함을 깨닫고 경악할 수밖에 없었다.

한동안 조용했던 학교는 다시 시끄러워졌다. 교육 당국이 조선인학교를 '사립'으로 이관하는 방침을 명확히 발표한 것은 아니었지만, 연기가 나기 시작할 때 어떻게든 불씨를 잡지 않으면 안 되었다.

우리는 가능한 많은 일본 국민의 이해를 얻지 못하면 조선인학교의 사립화를 막을 수 없다고 판단했다. 조교조朝敎組, PTA연합회, 교직원동맹(조선인 교원들로만 구성된 전국 조직) 등 조선인학교와 관련된 모든 단체가 '사립 이관 반대' 운동을 펼치는 것이 당장 시급한 문제임을 확인했다. 운동을 추진하는 이들 단체의 힘을 한층 강화하기 위해 심야에도 회의가 열렸고 나도 언제나 그 자리에 참석했다.

5월은 푸른 나뭇잎이 한층 더 눈부시게 빛나는 시기다. 평소 같으면 학창 시절에 어설피 배운 단가 한두 자락을 저절로 흥얼거릴 시기였지만, 우리는 이미 단가 따위를 즐기고 있을 마음의 여유가 전혀 없었다.

6월 23일, 우리의 열정적인 활동으로 '일·조 문화인 간담회'라는 모임이 참의원의원회관에서 열렸다.

지금도 내게는 색도 바래고 손때가 묻은 간담회 날의 자필 출석자 명부가 남아있다. 이 자리에 나온 주요 인사는 아베 요시시게安部能成(학습원 원장), 다카츠 마사미치高津正道(사회당), 하타나카 마사하루畑中正春, 후쿠시마 요이치福島要一(문화인회의), 가미치카 이치코神近市子(사회당, 부인타임즈), 요시다 스케하루吉田資治(산업별노동조합), 구리바야시 다미오栗林農夫(신일본문학회), 단 도쿠사부로淡德三朗(문화인회의), 야마노우치 이치로山之内一朗(도쿄대학), 세노오 기로妹尾義郎(평화추진국민회의) 등이었다.

또한 도쿄도 교직원연맹, 일·조협회, 일본문화인회의, 평화추진국민회의 등도 함께 움직였다. 이어서 9월 5일에는 제2차 '일·조 문화인 간담회'가 열려 '공립 조선인학교 사립이관 반대 서명운동'을 실시하기로 했다. 그리하여 10월 10일 다음과 같은 취지서를 만들고 서명운동이 시작되었다.

---

### 조선인 자녀의 교육을 지키기 위하여
### (공립 조선인학교 사립 이관 반대 서명 취지서)

최근 재일조선인에 관한 많은 사건이 보도되고, 정부도 이에 대해 여러 가지 대책을 강구하고 있습니다. 그러나 대다수의 토도가 핵심을 놓치고 있고, 정부의 대책도 사태를 오히려 악화시키고 있어 매우 유감스럽게 생각합니다. 특히 정부가 재일조선인 문제를 '치안 문제'로 취급하는 태도에는 과거 나치의 유대인 정책을 방불케 하는 내용이 있으며, 국내의 타민족에 대한 근본적인 검토가 부족하다는 것을 통감하는 바입니다.

본래 대다수 재일조선인은 고국의 마을에서 억지로 끌려와 일본에서는 도저히 인간다운 생활을 유지하기 어려운 임금을 받으며 광부나 토목공이 되어 비참한 강제 노동에 시달렸습니다. 전쟁이 끝나자 곧바로 정부는 이들을 제3국인으로 취급해 아무런 보호도 하지 않았고, 오히려 일터에서 내쫓아 모두 실업 또는 반실업자 상태로 전락시켰습니다. 재일조선인이야말로 일본 제국주의가 야만으로 치달은 전쟁의 최대 희생자라 할 수 있지 않겠습니까.

지금은 재무장화로 인해 일본인 노동자의 생활도 점점 더 궁핍해지고 있습니다만, 조선인의 형편은 훨씬 더 심각해서 상상하기도 힘든 수준입니다. 이런 시기에 현 정부는 조선인을 위한 생활 지원을 중단하고, 그들이 그저 살기 위해 어쩔 수 없이 저항하면 폭력이라고 소리 높여 선전하고, 아무도 빠져나갈 수 없는 조건을 만들어 무덤과 다를 바 없는 전쟁터가 된 남조선으로 강제송환을 계획했습니다. 일·한 회담의 정체로 인해 이 계획이 좌절되자 이번엔 또다시 강제 수용을 시도하려고 합니다.

하지만 이러한 방법은 결코 재일조선인 문제의 근본적 해결이 될 수 없고, 오히려 사태를 악화시키는 조치임을 모든 이가 알고 있습니다. 왜냐하면 이 시책으로는 재일조선인이 현재의 비참한 상태에서 단 한 사람도 구원될 수 없고, 오히려 점점 더 조선인을 빈곤의 밑바닥으로 내몰며, 나아가 사회 불안을 부추겨 아시아의 동포인 일·한 양 민족의 불화와 적의에 불을 붙여 일본을 다시 침략 전쟁으로 몰아가는 수단으로 이용될 것이기 때문입니다.

이와 같은 일은 재일조선인의 교육에도 똑똑히 드러나고 있습니다.

조선인은 식민지 40년의 암흑 같은 기간 동안 정상적인 조선인이 되기 위한 모국의 언어, 조선어 교육의 기회를 완전히 박탈당했을 뿐만 아니라, 황민화라는 명목으로 인간 폭탄을 만드는 복종 교육, 노예 교육을 강요당했습니다.

해방 후 그들은 속히 온 힘을 다해 자민족 자녀에게 모국어로 말하고, 모국의 역사, 풍속, 습관을 가르치는 조선인학교를 만들고 운영했습니다. 이는 하나의 민족으로서 참으로 당연한 교육 방식이라 할 수 있습니다.

한때 조선인학교는 일본 전국에 500여 곳에 달할 정도로 성황을 이루었습니다. 하지만 1949년에 일본 정부는 사립으로 운영되는 이 학교가 조선어와 조선 역사를 가르친다―즉, 일본의 학교교육법을 따르지 않는다―는 이유로 조선인학교를 무참히 강제로 폐쇄했습니다.

지금도 도쿄도와 그 밖의 도시에 공립학교로서 지자체의 감독하에 남은 학교조차도, 사립으로 이관시키려 하고 있습니다. 재일조선인의 궁핍한 경제 사정과 끊임없는 정치적 압박 아래 학교를 사립화하는 것은 결국 폐교로 몰아가는 조치가 됨을 조금도 의심할 여지가 없습니다.

게다가 앞서 학교가 폐쇄된 지역에서는 일본인학교에 수용된 아동 중 절반 이상이 이미 학교를 떠났습니다. 이 사실은 조선인 자녀가 일본인학교에서 교육을 받는 것이 얼마나 괴로운 일이며 또한 불행으로 이끄는지 여실히 보여줍니다. 일본인학교에서의 교육이 가능하고 조선인 자녀들을 불행으로 인도하지 않더라도 한 민족의 본래 모습을 발전시키는 정상적인 교육 방법은 아닙니다. 조선인 자녀를 억지로 일본학교에 입학시켜봤자 그들은 역사도 전통도 배우지 못한 뿌리 없는 혼혈적 인간이 되거나 교양이 없는 부랑자를 대량 생산할 뿐입니다.

여러 신문의 논설은 재일조선인이 선거권 등 모든 권리를 거부당했음에도 세금은 일본인과 똑같이 부담한다는 사실은 언급하지 않고, 그저 재일조선인을 위해 매년 막대한 예산이 필요하고 그들이 폭력적이며, 조선인학교는 빨갱이 양성소라 선전하느라 급급합니다. 마치 미리 입을 맞추기라도 한 듯 8월 말에는 치안 관련 고위 관료들이 모여 재일조선인의 '생활 지원 문제', '치안 문제', 그중에서도 '조선인학교 문제'를 중심으로 한 종합대책을 세우려고 새로운 조직을 만들기에 이르렀습니다. 이러한 사실에 비추어볼 때, 우리는 향후 조선인 문제를 우려하지 않을 수 없습니다.

조선인 문제는 이렇게 주먹구구식으로 치안 문제나 탄압 정책으로 다룰 것이 아니라, 조선인의 생활 안정, 인간으로서 권리를 보장하는 방향으로 생각하지 않으면 결코 진정한 해결에 이를 수 없습니다.

현재와 같은 정부의 대책이 계속된다면, 일본과 조선 두 민족 사이에는 분명 더 큰 불행한 사태가 발생한다고 단언합니다.

우리는 특히 두 민족의 문화 및 교육의 발전, 평화로운 일·조 친선 관계 수립을 위한 정부의 올바른 시책을 간절히 바라며 도쿄도를 비롯해 다른 지역의 조선인학교 사립화도 반대하며, 당국의 선처를 바라는 바입니다.

이에 우리는 공립 조선인학교 사립 이관 반대 서명운동의 발기인으로 참여하며 널리 양식 있는 분들의 지지를 구하는 바입니다.

1952년 10월 10일

몇 년 전, 당시 집행위원장이었던 S씨를 만나 함께 서너 장의 갱지로 만든 낡은 출석명부를 보면서 '10년 정도 더 지나면, 이거 분명히 값이 꽤 나가겠는데'라며 웃었다. 그 당시 상황에 용케도 이만큼의 사람이 모였다는 생각이 들 정도로 우리에게는 화려한 면면이었다.

앞에서도 언급한 2·28사건, 3·7사건 혹은 수업 거부 사건 등은 모두 매스컴의 좋은 먹잇감이 되었고, 게다가 그해 메이데이[6]는 전후사에 생생히 핏자국을 남긴 대형 사건이었는데, 거기에 조선인 다수가 참가했다고 하니 상황은 매우 좋지 않았다. 그만큼 우리는 이날 이런 모임을 성공적으로 개최한 것에서 커다란 희망을 보았다. 그리고 그 내용도 우리가 기대할 만한 가치가 있었다.

당일 기록에서 학교 측의 상황 설명을 간략히 들은 참석자들에게서 나온 발언 몇 가지를 인용해 보자.

《'만일 조선인 측이 단순히 재정적 어려움 때문에 사립 이관을 반대하는 것이 아니라, 일본과 조선 간 역사적 관계의 윤리·도덕적 관점에서 반대하는 것이면 당연히 일본인으로서 도와야 한다(아베 요시시게安部能成)', '이것은 첫째로 일본인들의 문제다. 둘째로 <민족>의 관점을 분명히 해야 할 일이다. 그다음 셋째로 언어의 문제는 곧 교육의 문제다. 기초적인 교육은 모두 조선어로 이루어져야 한다. 일본어는 보충 수업만으로 충분하다. 넷째로, 일본 국가가 학교 운영을 보장할 것. 이것이야말로 올바르고 국제적인 민족의 화합이다. 올바른 화합이란 민족의 독립과 평화를 말한다(구리바야시 다미오栗林農夫)', '일본인은 과거 식민지배자였기에 이에 저항하는 자에게는 민감하지만, 압박당하는 일에는 둔감하다. 일본인 스스로 민족교육에 관해 진지하게 생각할 시대가 왔다. 따라서 조선인이 민족교육의 선구자로서 사립 이관을 반대하는 역사적 의의를 인정해야 마땅하다(마키노 슈이키치牧野周吉)'》

---

6 1952년 5월 1일, 도쿄 황거(皇居) 밖에서 시위대와 경찰부대가 충돌한 사건. 1명이 현장에서 사망하고 200명의 시위대와 경찰 750명이 부상했다. 일본 내 전후 좌익운동에서 처음 사망자가 나온 사건으로 1949년에 공포된 '단체 등 규정령'을 강화한 치안 입법인 '파괴활동방지법'이 제정되는 계기가 되었다.

그로부터 20년이 지난 지금, 재일조선인 교육을 바라보는 관점과 일치하지 않는 면도 있지만 나름 상당히 훌륭한 주장들이다.

우리가 이 같은 발언에 얼마나 큰 용기를 얻었던가.

특히 '형식적으로는 외국인 문제로 다뤄지지만, 조선과 일본의 관계를 생각해서 할 수 있는 만큼 협력하고 싶다(아베 요시시게[7])'라는 말에 우리가 목표로 정한 운동 방향이 옳았음을 확신했다.

이로써 '조선인학교 사립 이관 반대운동'은 일본의 많은 '지식인'들의 지지에 힘입어 첫걸음을 내딛게 되었다.

그러나 우리의 앞날은 여전히 험난했다. 사립 이관 반대운동이 얼마나 고된 투쟁이었는지는 다음 장에서 충분히 이해할 수 있을 것이다.

---

7 　아베 요시시게(安部能成, 1883~1966. 철학자, 교육자, 정치가. 일제 강점기 경성제국대학 교수로 근무한 경력이 있다. 전후 1946년 문부대신을 수개월 간 역임했으며, 이후 국립박물관장을 역임하며 일본의 학제 개혁, 교육기본법 저정 등 교육개혁에 힘을 쏟았다. 전후 재무장에 반대하며 평화운동에도 참가. 이와나미쇼텐 출판사의 잡지 <세카이> 창간 당시 대표책임자를 맡았다.

# 3장
# '사립 이관'이 의미하는 것

1951년 3월 7일.
5백여 명의 경찰들이 학교를 포위하고 학부모회의를 방해하는 과정에서 교원과 학부모, 학생에게 부상을 입힌 이른바 '3.7사건' 현장_<학교 창립 50돐 기념 앨범>

## 두터운 '민족'의 벽

아래는 1952년 7월 11일(토요일) 자 『사회타임스』 기사 제목이다.

'명목은 이관이지만, 실제로는 폐쇄'
— 그 치욕, 더 이상 사절한다 —
'도쿄도립조선인학교 사립화를 반대하는 외침'

위 기사에서는 조선인학교의 사립화를 반대하는 관계자들의 목소리를 대대적으로 보도했다. 물론 『사회타임스』는 일반 상업신문과는 성격이 다른 신문이라 이러한 기사가 나온 것이 당연할 수 있다. 하지만 당시 재일조선인에 대한 이해도가 일본의 모든 진보적 계층 안에서도 지극히 낮은 시기였던 만큼 그 파급력을 간과할 수 없었다고 본다.

앞서 언급한 '일·조 문화인 간담회'를 계기로 마침내 사립 이관 반대 운동이 확산하기 시작했다. 우리의 힘은 여전히 미약했지만, 횃불이 타오르기 시작하니 문부성文部省 당국도 당황한 기색을 감추지 못했다.

위의 『사회타임스』 기사에서 히다카日高 문부차관은 '법적으로 조선인학교를 사립화하는 것은 당연한 결론이다. 하지만 조선인에 대한 도덕적 책임 문제도 있고, 법률적으로만 구분하기는 어려운 일이기 때문에 문부성에서는 성급히 결론을 낼 수 없다. 조선인에 대한 정부의 전체적인 입장이 결정되기 전에는 이 문제도 해결되지 않을 것이다.'라고 말했다. (방점 필자)

물론 방침은 이미 정해져 있었겠지만, 이 시점에선 구체적인 처리 절차에 대해 이렇게 말할 수밖에 없었을 것이다.

이 기사에 나온 '식민지 시절과 같은 반도半島 교육은 사절한다'라는 말은 일본에 있는 조선인들의 평화를 향한 간절한 소원과도 통한다. 그렇다면 도쿄도립조선인학교 교직원조합 전 위원장인 시로타 노보루代田昇 씨가 말한 '일본인은 도덕적 책임 면에서 사립 이관을 반대하는 우리에게 적극적으로 협력해야 한다'라는 발언과 비교해 보자. 아마 사정을 모르는 사람은 문부차관의 발언과 무엇이 다른지 제대로 알기 어려울 것이다.

과거 일·한 회담에서 문제가 되었던 다카스기 신이치高杉 晋一의 발언[1]을 떠올려 보면 문부성 당국조차도 '도덕적 책임'이라는 말을 쓰며 적어도 그것을 생각하고 있다는 제스처를 보일 수밖에 없었던 그 시절이 나는 차라리 그리울 정도다.

그런데 여러 의미에서 정부 당국이 골머리를 앓았던 것은 사실인 것 같다. 『사회타임스』 기사가 나오기 전날, 『아사히신문』에는 '독립 후 현재 지방은 ―7명의 지사에게 실정을 듣다―'라는 기사가 실렸고, 기사 제목은 '걱정은 조선인 문제'였다.

물론 우리는 당국자들이 재일조선인에 대한 양심의 눈을 떴다는 달콤한 환상은 품지 않았다. 왜냐하면 이 간담회에서 7명의 지사는 재일조선인 문제를 '치안 대책 중의 한 가지'로만 취급했기 때문이다. 그렇기에 히다카日高 문부차관의 발언에서 문부성이 발톱을 숨기느라 당황한 기색을 명확히 읽어낸 셈이다.

어쨌든 36년간에 걸친 식민지 지배는 엄연한 사실로서 존재했고, 또 그 기간에 조선인이 겪은 고통은 완전히 사라지지 않는 상흔으로 남아 역사의 뇌리에 깊이 새겨져 있었다.

그렇더라도 많은 일본인에게 우리가 사립 이관을 반대하는 의미를 이해시키기란 대단히 어려웠다. 나 역시 만일 조선인학교에서 가르칠 기회를 얻지 못하고 사립 이관을 반대하는 호소만 들었다면 과연 그 의미를 이해할 수 있었을까. 조심스러운 얘기지만 아마 힘들었을 것이다. 인식의 여부와는 상관없이 가해자가 피해자의 마음속에 들어가려면 스스

---

1   1965년 한일 국교 정상화 제7차 회담 기자회견에서 일본 측 수석대표인 다카스기 신이치는 "일본이 조선을 지배한 건 좋은 일을 하려 한, 조선을 더 낫게 하려고 한 일이었다"라며 식민 지배를 정당화한 발언을 해 물의를 빚었다.

로 피해자라는 인식이 없이는 불가능에 가깝다 할 수 있기 때문이다.

10년쯤 전에 도쿄도 교직원연맹의 교육연구대회에서 역사가인 다카하시 신이치高橋磧- 씨가 한 말이 생각난다.

"중국을 시찰했을 때 중국인에게 '우리는 일본 제국주의를 미워하지만, 일본 인민을 미워하지는 않는다. 우리도 괴롭지만, 당신들 또한 피해자다. 과거의 일은 이제 잊어버리자'라는 말을 들었다. 하지만 나는 도저히 그 과거를 잊을 수 없다."

이 말이 지금도 조선인학교 시절을 생각할 때마다 반드시 떠오른다. 혹시 감상적으로 들릴지도 모르지만, 사립 이관 반대운동으로 밤낮없이 뛰어다녔던 내가 과연 타인에게 호소할 만한 자격이 있었던가. 그때 일을 하나하나 들춰보면 아마 문제가 많았을지 모른다.

여하튼 나는 우리의 운동이 조금씩 확산할수록 그 앞을 가로막는 벽도 점점 단단해져 옴을 어쩔 수 없이 느껴야 했다.

## 빨갱이 조선인학교

공격은 주도면밀하고 견고했다. 그해(1952년) 중반부터 조선인학교를 향한 매스컴의 맹렬한 공격이 시작되었다.

아마도 8월 초순인 듯하다. "빨갱이 조선인학교", "나는 그곳을 정신병원이라 부른다", "어느 일본인 교사의 수기" 등 자극적인 제목의 기사가 약 10회에 걸쳐 『요미우리読売신문』에 대대적으로 보도됐다.

우리가 보기엔 대부분 근거 없는 비방과 날조였지만, 기사의 논조 자체는 매우 교묘했다. 무엇보다도 '빨갱이'라는 단순한 공격의 효과가 일본인의 의식 속에 단단히 뿌리 내려 배양되었는지도 모른다.

내게는 당시의 기사가 남아있지 않아서 자세한 내용은 생각나지 않지만, 조선인들에게 비판 당해 그들에 대한 증오와 멸시를 노골적으로 드러낸 일부 일본인 교사의 '체험'과 '감정'을 중심으로 다루었다.

조선인학교를 보도한 <요미우리신문> 기사

이것이 '조선인학교의 실태'(3.8)

'극우의 지령으로 움직이는 조선인학교'(8.26)

'조선인학교의 사정'(10.19)　　　'빨갱이 조선인에게 먹히는 혈세'(8.7)

- 조선인학교는 교실마다 김일성의 초상화가 걸려 있고, 매시간 공산주의 교육을 한다.
- 이과 시간과 방과 후엔 화염병 제조법을 가르친다.
- 일본인 교사가 마음에 안 들면 닥치는 대로 '달아매기'를 하고 내쫓으려 한다. 그래서 양심적인 일본인 교사는 언제 '달아매기'를 당할까 전전긍긍하는 상태다.
- 조선인학교는 사용이 금지된 조선어로 수업하고, 국어(일본어)는 무시되고 있다.
- 이것이 바로 도민의 혈세로 운영되는 조선인학교의 실태다. 어떻게든 조치해야 한다.

말하자면 이런 논조였다. 물론 학교에서 일본인 교사들에 대한 '달아매기'가 사라진 것은 아니었다. 오랜 세월 철저하게 억압당한 조선인의 마음과 눈빛이 일본인에게 강한 경계심을 드러낸 것이 사실이었고, 거기에서 비롯한 언행도 과도함이 없었다고는 할 수 없다.

하지만 학생들은 자신들의 요구에 적극적으로 협력하지 않더라도 수업에는 성실히 임하는 교사나, 그들의 요구를 고의로 방해하거나 근거 없는 비방을 안 하는 일본인 교사의 수업은 거부하지도 괴롭히지도 않았다.

무엇보다 조선인학교가 단지 도립이라는 이유로, 국어 과목을 일본어라 단정하고 이름도 일본식으로 부르는데 아무런 문제의식도 느끼지 않은 일부 일본인 교사들에겐 특히 사회과목이 가르치기 힘들었을 테고, 학생들의 사소한 질문이나 의견 하나하나가 사실 괴로웠을 것이다.

나도 그들의 마음을 어느 정도는 이해할 수 있다. 학생들이 무언가 질문하거나 요구하면 그들은 속으로 분명 '어린놈들이 감히 뭐라는 거야!'라고 생각했을 게 틀림없다.

앞에서도 썼지만 '학생들의 절절한 호소를 듣다 보니 어느새 나의 일처럼 여겨졌다'(확실하지는 않아도 학생의 처지에서 생각해 보게 되었다는 말 같았다_필자)라고 말한 S씨조차도 '한때는 분필을 내던지고 교실에서 뛰쳐나갈까도 생각했다'라고 했고, 나도 처음 '달아매기'를 당할 때 '조선어를 모르면서 조선인을 가르칠 수 있느냐'라는 질책을 듣고 "다음 시간에는 그걸 토론해 보자. 그런데 계속 그렇게 떠들고 싶으면 마음대로 해!"라고 소리치고는 홧김에 교실을 나와버렸다.

일본인 교사들이 교단에 설 때마다 조선인을 가르칠 자격이 있는지 시험하려는 학생들에게 얼마나 심하게 추궁당했는지는 S씨의 말에서도 느껴진다.

그러니 이런 세계에서 한시라도 빨리 벗어나려는 사람들이 나온 것도 전혀 이상한 현상이 아니었다. 하지만 조선인학교를 벗어나려는 사람들의 초조함과 고민이 때마침 매스컴의 좋은 먹잇감이 되었다. 그들이 조선인학교의 사립화를 앞당기는 데 기여하고 싶은 악의가 있었는지는 모르지만, 결과적으로 부정적인 영향을 끼친 것만큼은 분명하다. 앞서 언급한 수업 거부 사건도 좀 더 들어가 분석하면 같은 성격을 띠고 있다 할 수 있다.

교실에 김일성의 초상화를 걸었다는 주장은 내가 아는 한 사실이다. 하지만 조선의 아이들이 자신들이 존경하는 인물을, 특히 민족 해방의 지도자로 우러러보는 사람의 초상화를 교실에 걸어놓은 일이 과연 그렇게 비정상적인 행동일까. 이 일은 조선인학교가 도립인지 사립인지와는 전혀 무관한 사항이다. 게다가 김일성이 공산주의자이니 초상화를 걸면 공산주의 교육이라 단정하는 것 역시 논리의 비약이 너무 심하다. 조선인이 민족의 지도자로서 누굴 존경하든, 장소가 일본 국내이든 아니든 다른 민족인 일본인이 이러쿵저러쿵 말하는 것이야말로 이상하다 해야 마땅하다.

또 이과 시간에 화염병 만드는 법을 가르친다? 이쯤 되면 너무 어처구니없어 솔직히 화를 내기도, 일일이 반론하는 것도 바보 같다. 화염병을 만들기에 가장 적합할 것 같은 중·고등학교에도 이과(과학)실이라고 부를 만한 곳이 있기는커녕 준비실조차 없었다. 부족한 약품과 실험 기구를 활용해 어떻게 효과적으로 수업을 진행할지 매일 골머리를 앓은 것이 우리 이과부의 현실이었다.

그리고 보니 매스컴이 떠들어댄 선전에 딱 들어맞는 건물이 있긴 했다. 운동장 구석에 다른 건물과 동떨어져 음악당이라고 부른 이곳에서는 아쉽게도 매일 방과 후 클럽활동이 열렸기에 다른 일이 끼어들 여지가 없었다.

마지막으로 '도민의 혈세'를 운운한 부분인데, 나는 어떻게 하면 이런 단어를 생각해 내는지 기사를 쓴 사람의 머릿속이 의심스러울 정도였다. 관동대지진과 3·1독립운동 당시 일본이 조선인을 학살한 역사를 굳이 말할 필요도 없을 것이다. 일본인들에게 과거 일본이 조선에 저지른 수많은 죄악을 갚을 의사가 있었다면, 오히려 이때가 가장 좋은 기회였다고까지 할 수 있지 않을까.

그런데 조선인학교에 대한 공격은 도쿄뿐만이 아니었다. 앞서 언급한 요미우리신문 보도가 나오고, 약 한 달이 지났을 때다.

잡지 『주간 요미우리』(1952년) 9월 29일 톱기사로 실린 '조선인학교 린치 사건'으로 당시의 상황을 조금 더 깊이 살펴보자.

사건의 무대는 가나가와현神奈川縣 요코스카橫須賀시립 스와諏訪소학교 분교였다. <요코스카橫須의 일본인 교원 추방 투쟁과 그 배경>이라는 부제를 단 이 기사의 소제목은 '린치를 말린 교사를 추방, 중재에 나선 오쓰카大塚 교사를 학생들이 추궁'이었다.

먼저 첫 페이지를 보자.

《한 여학생을 여러 남학생이 막대기와 먼지떨이로 때렸다. 집단 린치였다. 여학생은 훌쩍이며 이리저리 나동그라졌다. 지난 4월 30일 가나가와현 요코스카시립 스와소학교 분교 교실에서 벌어진 일이다. 지나가던 오쓰카 후쿠大塚フク 교사가 놀라서 말리자 때리던 아이들이 말했다. "선생님, 말리지 마세요. 얘는 적의 노래를 불렀다고요."

이날 6학년 교실에서 일본 창가를 배우는 시간에 사가와 도미佐川トミ 교사가 일본 노래를 가르치자 한 남학생이 '적敵의 노래를 부를 수 없다'라며 수업을 거부하는 소동이 벌어졌다. 사가와佐川 교사는 개의치 않고 평소와 다름없이 풍금을 쳤고, 한 여학생이 노래를 부르기 시작하자 린치가 시작된 것이다. 오쓰카大塚 교사가 제지하는 데도 남학생들은 계속해서 "그렇게 일본 노래가 부르고 싶으면, 일본학교에 가버려!"라며 여학생을 때리고 걷어찼다. 참다못한 오쓰카大塚 교사는 "그렇게 말하는 네가 조선으로 돌아가!"라고 소리쳤다.

이 한마디는 당시 조선인 강제송환에 신경이 날카로웠던 아이들과 PTA, 조선인 교사들의 가슴에 꽂혔다. "오쓰카 선생님이 우리한테 조선으로 가버리라고 했다!" 아이들은 오히려 그 교사를 둘러싸고 따지기 시작했다. 이 실언의 파문은 순식간에 퍼졌고, 교직원회의와 PTA회의

3장 '사립 이관'이 의미하는 것

가 열린 결과 '오쓰카大塚 교사는 좋은 교사지만, 조선으로 가버리라고 한 말은 그냥 넘어갈 수는 없다'라며 학생들을 지지했다. 교장인 와타나베 다쓰마渡辺辰馬(45) 씨는 시 당국과 협의해 오쓰카大塚 교사에게 휴가를 내게 했고, 오늘에 이르렀다.'》

이것이 제보의 개요이다. 그런데 투고 말미에는 사건의 진상이라며 다음과 같은 내용이 적혀 있다.

《오쓰카大塚 교사의 추방 문제는 사실 PTA가 전부터 조선인 교사의 증원을 요구했기 때문에……그 비난의 화살이 사가와佐川 교사에게 향했었는데, 어쩌다가 오쓰카 교사가 실언하는 바람에 그쪽으로 쏠린 것이 진실이다.》(방점 필자)

다소 인용이 길었을지 모르겠는데 문제의 본질은 방점 부분에 명확히 드러나 있다. 그중 하나가 교육 내용, 즉 재일조선인 교육의 본질이 어떠해야 하는지 말해준다.

물론 특집 기사 1면이라고는 해도 주간지의 고작 몇 페이지에 모든 내용을 담을 수 없었다고 해버리면 그만이다. 하지만 이 기사는 가장 중요한 '본질'에 관한 문제를 전혀 들여다보지 않았다. 사건의 발단을 그저 '적敵의 노래를 배우라 하고, 적敵의 노래를 부르게 했다'라고만 보도한 것이다.

그렇다면 조선인 아이들에게 어떤 교육을 해야 하는지, 이 문제를 긍정적인 자세로 다뤄가는 것이 가장 중요하지 않았을까. 물론 기사에 나온 린치 상황을 100% 사실로 인정한 후의 일이다.

'적敵의 노래'가 대체 어떤 노래를 말하는지, 또한 그 노래가 학생들에게 '적敵의 노래'가 된 이유에 초점을 맞추지 않는 한, 이 문제의 본질을 이해하기란 결코 불가능할 것이다.

아무리 생각해봐도 고작 소학교 아이들 사이에 벌어진 일이다. 게다가 학교에서 가르치는 창가라면 그 내용이 무엇일지 쉽게 상상이 간다. 설마 예전처럼 '기미가요君が代'를 무리하게 가르쳤을 리도 없고, 일본 아이들 같으면 아마 아무런 저항 없이 받아들였을 것이다.

소학교 때 배우는 창가의 대부분은 지금도 우리가 저절로 흥얼거리게 되는 친숙한 노래인데, 그렇다고 해서 누구에게나 훌륭한 노래는 아닐 것이다. 하물며 일본인과 조선인이 겪은 역사적 체험을 무시한 채 '사가와佐川 교사는 개의치 않고 평소와 다름없이 풍금을 쳤다.' 이 교사의 태도 자체가 정상적이지 않은 이 시기 조선인 교육에 종사했던 한 사람으로서 강한 의문을 느낀다.

그러나 다시 한번 강조하지만, 이것은 어디까지나 이 기사의 내용이 모두 진실이라고 긍정했을 경우의 일이다.

### '네가 조선으로 돌아가!'라는 말의 의미

또 다른 문제점은 역시 "네가 조선으로 돌아가!"라는 발언이다.

이 말을 한 교사가 어떤 환경에서 자란 사람인지 몰라도 과연 학생에게 할 수 있는 말일까. 그렇다고 내가 오쓰카大塚 교사를 트집 잡아 아이들의 태도를 합리화하려는 것은 아니다. 이 발언을 읽은 순간, 오쓰카大塚 교사와 조선인 아이들이 단지 세대 차이가 있다는 것만으로는 이해할 수 없는 단층이 느껴졌기 때문이다.

교직원회의에서 나온 결론처럼 그 교사는 아마도 성실하고 좋은 교사였던 것 같다. 하지만 기사 후반에 실린 오쓰카大塚 선생의 발언을 보면 "……학교에 못 간 지 벌써 4개월째인데요, 단 하루도 학생들을 생각하지 않은 날이 없습니다. 그저 별생각 없이 '돌아가'라고 한 말인데, 그 사달이 날 줄은 정말 몰랐어요."라는 부분이 있다. 이 기사를 읽는 사람 중에는 '이토록 학생들을 생각하는 선생님을 대체 왜……'라며 또다시 조선인을 미워하고 멸시하는 사람도 분명 있을 것이다. 그런 마음을 독자에게 갖게 하는 것이야말로 편집자의 의도가 아니었을까.

마침 이 원고를 쓰고 있을 때 당시 조선인고등학교 학생이었던 조선인 여성을 우연히 만났다. 내 기억에 그녀는 결코 눈에 띄는 과격한(?) 학생이 아니었는데, 그 시절 이야기를 나누던 중 그녀가 이렇게 말했다. "여선생님이 특히 심했어요. 쌀쌀맞은 데다 걸핏하면 대놓고 우릴 경멸했으니까."

그에 비하면 오쓰카大塚 교사는 천사 같은 사람이었는지도 모른다. 하지만 그녀가 좋은 선생일수록 '돌아가라'라는 말의 무게가 훨씬 무거워짐을 정작 본인이 깨닫지 못한 점이 이 문제의 심각성이라고 본다.

즉, '늘 있는 일'이라 생각해 계속 풍금을 치면서도 아무런 교육적 조치를 취하지 않은 사가와佐川 교사는 일본 아이와 조선 아이의 상황이 다르다는 걸 알면서도 그 차이를 이해하려 하지 않고 무작정 넘어가려 했고, 싸움을 말린 오쓰카大塚 교사의 경우는 그런 차이조차도 알아차리지 못한 채 소동에 휘말려 4개월이나 휴직하면서도 여전히 문제점을 인지하지 못한 것이다.

그 교사의 인성, 학생을 대하는 마음이야말로 지배자로 군림해 온 일본의 윤리적 토대가 아니었을까.

이 기사의 또 다른 문제점은 그저 한 장의 투서만 보고 전부 실제 있었던 일처럼 보도한 점이다. '이상이 투서의 개요'라는 부분을 무심코 놓쳐버리면 기사의 재료가 투서라는 것조차도 모를 우려까지 있다.

매스컴의 성격상 제보자가 어떤 처지에 있는 사람인지 밝히는 것은 어려운 일이겠지만, 무엇을 근거로 이 투서가 사실임을 뒷받침할 수 있는지 기자의 양심상 밝혔어야 마땅하다. 기사를 마지막까지 읽어 봐도 앞부분에 나온 린치 사건에 대해서는 어느 보도 관계자도 언급하지 않았다. 그렇다면 정말 그런 사건이 있었는지조차 의심을 받는다 해도 도리가 없는 일 아닐까.

나도 이 린치 사건이 날조라 단언할 수 있는 근거는 아무것도 갖고 있지 않다. 당시 조사에 나선 학교 측은 아이들 간에 벌어진 일이라 과장이 있을 수도 있지만, '폭력, 린치'라 할 만한 일은 없었다고 보고받았다고 했다. 또 8월에 보도된 신문 기사의 취재 근거와 진위를 따지러 편집부에도 찾아갔는데 하나 같이 '견해차다', '얘기할 것이 없다'라는 말만 듣고 그냥 돌아왔다고 한다. 보도라는 것이 이런 식으로 이뤄져서 되는 일일까.

이 기사를 쓴 기자의 의도가 무엇이었는지 지금 여기서 추궁하진 않겠지만 진실을 보도할 의무와 책임이 있는 저널리즘이 '견해 차이'라며 적당히 넘어가도 되는지 나로서는 이해하기가 몹시 어렵다.

### 고립 속의 환상

도립조선인학교를 사립화하기 위한 무대는 사실상 위와 같은 매스컴의 보도를 시작으로 막이 올랐다. 개막이 어찌나 화려했던지, 우리 관계자들은 그 강렬한 조명에 하마터면 눈이 멀 만큼 실로 대단했다.

당시 평범한 일본인들은 조선인학교의 실태에 관해 거의 아는 게 없었다. 즉, 어떤 정보를 받아들였냐에 따라 대상을 이해하는 질감이 완전히 달라지고 마는 것이다.

그 때문에 당시 연거푸 쏟아진 매스컴의 공격적인 보도에 휩쓸린 부동표가 아마도 헤아릴 수 없는 숫자였을 것이다. 게다가 이는 단순히 권력이 부동표를 대량으로 획득하는 수준이 아니었다.

겨우 안정을 되찾은 일본인 교사들에게 앞으로 신분보장이 힘들어진다는 불안을 느끼게 만들어 조교조朝敎組를 내부에서부터 흔드는 힘도 얻은 데다가, 우리의 든든한 버팀목이 될 다른 노동조합에까지 서서히 그 영향력을 드러내기 시작했다.

내가 동료와 함께 매스컴 보도에 관하여 사정을 설명하러 다녔을 때,

어느 도쿄조都教組 간부는 이렇게 말했다. "아무리 그래도 사실무근의 일을 보도할 리는 없잖아요?"

사실 자체보다 그것을 만들어 내는 배경이 무엇인지 살펴주기를 바랐지만, 그런 간부들조차도 아무런 저항 없이 매스컴을 믿어버리는 데는 더 이상 손을 쓸 수 없었다.

재일조선인 문제에 관한 이해 부족과 오류를 극복하기에는 조선인에게도 일본인에게도 패전 후 민주화 시대가 너무나 짧았는지도 모른다.

어찌 되었건 매스컴으로부터 받은 타격은 매스컴을 통해 회복하는 것이 가장 빠른 길이었다. 하지만 조선인학교를 둘러싼 정세는 온통 곤란한 조건투성이였다. 무엇보다 사립 이관을 반대하는 문화인 서명운동이 간신히 궤도에 오르자마자 찬물을 뒤집어쓴 꼴이었다. 만일 매스컴의 힘이 대등했다고 해도 선제공격을 당한 쪽은 원래대로 되돌아가려면 훨씬 더 혹독한 노력과 시간이 요구되는 법이다.

게다가 막강한 매스컴을 우리 쪽으로 끌어들일 여력은 거의 전무였다. 우리가 활자 형태로 사용한 일상적 무기는 갱지 절반이나 한 장 크기에 등사판(나중에 겨우 활자판으로 바꾸었지만)으로 찍어낸 기관지 『조교조 뉴스朝教組ニュース』 몇백 부가 전부다. 이 옹색한 기관지에 큰 기대를 건다는 것은 당연히 어려웠다.

이 무렵 나는 철길 곳곳에 세워진 광고판이 문득문득 머릿속에 떠올라 쓴웃음을 짓곤 했다. '약은 OO제약' 같은 문구가 적힌 광고판을 바라보고 있자면 나도 모르게 'OO제약'이 절대적으로 신용할 수 있는 기업처럼 느껴졌다.

"저런 식으로 '조선인학교 사립화 반대'라고 큼지막하게 써서 곳곳에 세워 두면 사람들이 계속 보게 될 것이고, 그러면 조선인학교 사립화를 반대해야 한다고 믿지 않을까? 어쩌면 '특이한 회사명이네'라고 생각하는 얼간이도 당연히 있겠지?"

농담인지 진담인지 모를 이런 얘기를 동료에게 했다가 비웃음을 산 적

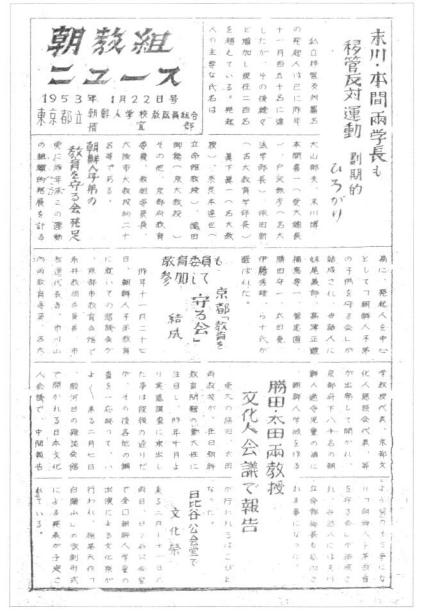 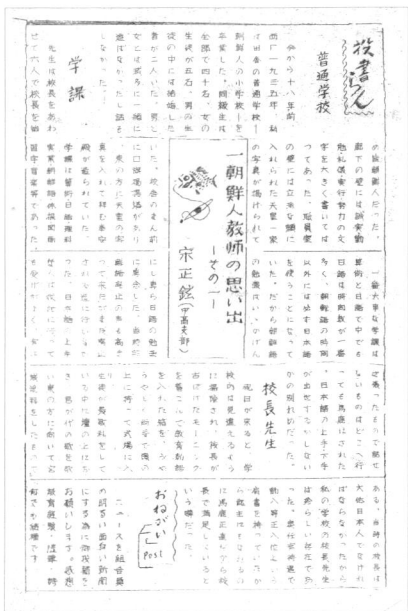

조교조 뉴스(1953년 1월 22일자)

도 있다. 말하자면 우리가 대적해야 할 상대와 화력의 차이가 너무 컸기 때문에 붙어볼 생각을 하는 것 자체가 시간 낭비라는 얘기다. 그러니 우리 쪽에서 생각한 '매스컴'이란, 활자나 전파를 이용하는 게 아니라 보다 인간적인 매체, 즉 사람의 입과 다리를 최대한 활용하는 방법 말고는 없었다.

비록 사람들에게 일일이 인쇄물을 배포하고 다닌다 해도 메이저급 신문 1면에 대문짝만하게 실린 기사와 기껏해야 타블로이드판 한 장짜리 조합 기관지로는 싸움이 되지 않는다. 기관지 전면을 활용해 같은 내용의 기사를 빽빽이 채워 넣는다 해도 그 영향력은 도저히 비교가 안 된다. 하물며 주체가 되어야 할 학교 관계자들 사이에 의견이 통일되지 않으면 결과는 오히려 마이너스가 될지도 몰랐다.

궁지에 몰렸을 때 조직 안에서 의견이 통일되면 자칫 개개인에게는 어떤 압박이 될지도 모르는 일이고, 또 언제 내부 분열을 일으킬지 모르는 문제라 기관지 내용을 만드는 일이 더욱더 어려웠다. 나는 매일 학교 근처 주조+條역에서 열차에 타고 내리는 일이 이때만큼 힘든 적이 없다.

우리 일본인 교사들은 2·28사건과 3·7사건 때 큰 충격을 받았다. 그래도 그때는 대다수 교사가 마치 돌풍처럼 들이닥친 시커먼 공권력에 같이 내팽개쳐지고 냉소와 욕질을 당한 공통된 경험이 있었다. 하긴 그 공통된 체험을 한 이들 중에는 '우리 일본인 교사에게까지 이렇게 해야 하나? 이건 정말 너무 심하잖아.'라고 생각한 이도 있을 수 있다. 그래도 공격 자체를 긍정하는 사람은 없었다.

또 조선인에 대한 차별의식으로 마음속에 품었던 얄팍한 기대를 무참히 박살 낸 권력의 무자비함을 생생히 맛보고, 그것을 직접 몸으로 겪었다는 점에서 일본인 교사의 결속을 내부에서 뒤흔들 정도의 힘은 아니었다. 그렇기는커녕 어떤 의미에서는 오히려 이전까지 학생들에게 당한 '달아매기' 등으로 생긴 균열이 메워질 기미마저 보였다고 할 수 있다.

그런데 이번에는 양상이 전혀 달랐다.

앞서 언급한 신문 기사와 주간지 기사를 냉정하게 살펴보면 알 수 있듯이, '일본인 vs 조선인'처럼 학교 내부를 대립적으로 다루었고, 보도 효과를 높이기 위해 '순수하고 양심적인 일본인 교사와 그것을 박해하는 공산주의로 똘똘 뭉친 조선인', '이러한 일을 일본 안에서 허용할 것인가'라고 선동했다.

이런 점이 바로 3·7사건 당시 일본인 교사들이 공권력에게 들은 "교사면 다야? 감히 국가 권력에 불만을 품어?" 같은 말과는 비교할 수 없는 큰 양상이 아니었을까.

### 교육에 있어서 '조선인'이란 무엇인가

조합에 남은 교사들 사이에서도 민족교육을 바라보는 관점과 조선인학교에서 일본인 교사의 역할에 대해 여러 가지로 의견이 엇갈렸다.

그나마 소학교의 경우는 비교적 교원 숫자도 적고, 담임 교사의 역할도 중·고등학교와는 달라서 일본인 교사와 조선인 교사, 학부모, 학생들의 만남이 잦았기 때문에 표면으로 드러난 문제는 없었다. 하지만 중·고등학교는 실제 교원이 70~80명이나 되는 대규모라(무엇보다 도쿄에는 중고등학교가 한 곳뿐이고, 인근 지역에도 거의 없었기 때문에 도치기栃木, 이바라키茨城, 군마群馬에서 통학하거나 멀리 도호쿠東北, 규슈九州에서 상경해 기숙사에서 생활하는 학생도 상당했다. 제5표 참조), 부모는 물론 교사들끼리 만나는 기회를 만드는 것 자체가 대단히 어려웠다.

그러니 우리처럼 조선인학교를 지키려는 교사들의 힘을 최대한 동원하려 해도 분열 위험이 끊이지 않아서 세심한 주의를 기울여야 했다. 그런 가운데 '재일조선인의 역사, 실제 생활실태, 학교 교육의 현실을 있는 그대로 사람들에게 알리자'라는 내용이 조합 운동의 초점으로 부상했다. 그리고 이 운동의 한 가지 큰 축으로서 계획한 일이 바로 전국교육연구대회 참가였다.

제5표 출신 지역별 중·고등학교 학생 수(도쿄도립조선인학교)

| 지역명 | | 학생 수 | 비율(%) |
|---|---|---|---|
| 도쿄도東京都 | 도쿄東京 | 972 | 62.50 |
| 홋카이도北海道 | 홋카이도北海道 | 4 | 0.26 |
| 도호쿠東北 | 아오모리青森 | 4 | 0.26 |
| | 이와테岩手 | 28 | 1.80 |
| | 이시카와石川 | 1 | 0.06 |
| | 후쿠이福井 | 7 | 0.45 |
| | 미야기宮城 | 6 | 0.39 |
| | 후쿠시마福島 | 10 | 0.64 |
| 간토関東 | 군마群馬 | 2 | 0.13 |
| | 도치기栃木 | 9 | 0.58 |
| | 이바라키茨城 | 73 | 4.69 |
| | 사이타마埼玉 | 40 | 2.57 |
| | 지바千葉 | 60 | 3.86 |
| | 가나가와神奈川 | 110 | 7.07 |

| 지역명 | | 학생 수 | 비율(%) |
|---|---|---|---|
| 주부中部 | 시즈오카静岡 | 33 | 2.12 |
| | 아이치愛知 | 42 | 2.70 |
| | 기후岐阜 | 5 | 0.32 |
| | 야마나시山梨 | 5 | 0.32 |
| | 나가노長野 | 10 | 0.64 |
| | 니가타新潟 | 6 | 0.39 |
| 긴끼近畿 | 시가滋賀 | 7 | 0.45 |
| | 교토京都 | 2 | 0.13 |
| | 오사카大阪 | 20 | 1.29 |
| | 효고兵庫 | 15 | 0.96 |
| | 미에三重 | 3 | 0.19 |
| 주고쿠中国 | 오카야마岡山 | 3 | 0.19 |
| | 히로시마広島 | 30 | 1.93 |
| | 야마구치山口 | 13 | 0.84 |
| | 시마네島根 | 3 | 0.19 |
| 시코쿠四国 | 가가와香川 | 1 | 0.06 |
| | 에히메愛媛 | 2 | 0.13 |
| 규슈九州 | 후쿠오카福岡 | 25 | 1.61 |
| | 오이타大分 | 4 | 0.26 |
| 합계 | | 1,555 | 100.00 |

1년 전(1951년) 도치기현栃木縣 닛코日光 시에서 5개 분과로 나뉘어 열린 전국교육연구대회는 일본교직원조합(이하 일교조日教組)의 교사들과 교육학자들 사이에서 예상을 뛰어넘는 반향을 일으켰다. 대회 준비에 관한 문제로 제2차 대회는 한 해를 거른 1953년에 고치현高知縣에서 하기로 이미 정해져 있었다.

제1차 대회를 어떻게 성공시켰는지 나는 자세히 몰랐는데, 제2차 대회부터는 지금까지도 이어지는 상향식 발표가 확실히 자리를 잡아서 각 도도부현都道府縣의 교직원조합이 그 준비에 여념이 없었다.

조선학교의 사립 이관을 반대하는 것은 말할 것도 없이 교육 문제다.

일본 구석구석에 있는 학교를 저변 삼아 피라미드 형태로 조직된 일교 조日敎組 또한 출범한 직후여서 아직 부족한 점이 많았음을 우리도 알고 있었다. 그러나 재일조선인이 안고 있는 문제를 호소하기에 이 대회만큼 소중한 자리는 없었다.

한 명 한 명의 교사에겐 수십 명의 학생이 연결되어 있고, 또 그 배에 가까운 수의 학부모들도 있다. 우리는 이런 식으로 구성된 단위 중 몇몇 곳에서 뽑힌 대표 교사들이 모여서 토론하는 전국교연대회야말로 일본의 교육 문제를 전국의 교사가 공통된 사안으로 인식하는데 중추 역할을 한다고 생각했다.

물론 조선인학교의 현실이 전달되는 과정에서 몇 곳은 누락이 되거나 늦게 전달되는 곳도 있을 테지만 우리로서는 대회가 있은 이듬해부터 어떤 형태의 반향으로 효과가 나타날지가 최대 관심사였다…….

그런데 참관인자격이라면 몰라도 정회원으로 참가하는 일은 그리 간단하지 않았다. 우선 보고서를 만들어 조합 내부에서 검토해야 한다. 그리고 누가 대표로 나가면 적합할지 심사숙고해 발표자도 정해야 한다. 여기까지 정하는 데도 상당한 노력이 필요하다.

조교조朝敎組는 생활적인 면이나 조직, 가치관, 감정적인 면에서도 다양한 차이가 있는 일본인 교사와 조선인 교사로 구성되어 있었던 만큼 도교련都敎連 같은 연합 조직도 겪지 않는 어려움이 있음은 지금까지 누누이 언급한 바와 같다.

도교련都敎連이나 도교조都敎組 같은 조직의 경우 의견 차이가 있을 때 최대한 합의점을 찾거나 다수결로 정하거나 극단적 경우에는 '생각은 다르지만 같은 교사이고 같은 일본인이 아닌가'라는 말로 상황에 따라서는 원만히(?) 해결할 수도 있을 것이다. 하지만 조교조朝敎組에 가입한 조선인 교사는 대부분 시간강사였고, 생활을 위한 급여의 상당 부분을 PTA 회비에 의지하는 실정이었다. 게다가 조직적인 면에서는 이들 시간강사를 포함한 모든 조선인 교사가 교육자동맹이라는 전국 조직에 속해 있었다.

당시 사회 정세상 어쩔 수 없는 일이었겠지만, 조선인 교사들은 이중의 교원 조직에 속해 있으면서 민족적으로도 올바른 운동을 해야 했기에 내내 고심이 컸을 것이다. 물론 이 두 조직의 관계가 서로 대립적이었다는 말은 아니다. 하지만 교육자동맹은 조선인만의 조직이고, 조교조朝敎組와 도교조都敎組는 형제조합으로서 도교련都敎連이나 일교조日敎組와 관계를 맺고 있음은 엄연한 사실이었다. 더구나 교육자동맹은 말하자면 비합법 조직이었다. 그것은 나처럼 비교적 조선인과 교류가 깊은 일본인 교사가 아니어도 어렴풋이 알고 있었다. 교육청 등에서 흘러나온 정보가 교장의 입을 통해 암암리에 일본인 교사들의 행동을 규제하는 수단으로 쓰였기 때문이다.

앞서 언급한 『주간 요미우리』가 기사를 끝맺으며 교육자동맹과 조교조朝敎組의 관계를 다룬 부분이 있기에 덧붙여 소개하자.

《(전문 생략)
'재일조선인 좌익단체와의 관계'
재일조선통일민주전선(이하 민전) 중앙위원회는 교육 문제를 전체 조선인 운동의 일환으로서 중요시하고 있다. 민전 제2차 전국대회는 '학교를 중심으로 학부모회, 어머니회, 교원, 아동·학생, 동창회 조직의 확대 강화와 유기적인 연락을 통해 투쟁을 추진하자'라며 '우리의 교육을 지키기 위해서는 조선인 교원과 일본인 교원의 민주적인 친선이 없이는 곤란하기에 일본인 교원을 우리 진영으로 끌어들여 그들을 선두에 세워 싸우도록 하자'라고 지시했다.

재일조선인 교육자동맹은 조선인으로만 구성된 비공식 전국 조직이다. 그에 비해 조교조朝敎組는 도립조선인학교의 일·조 교원으로 구성된 일개 노조에 지나지 않지만 유일한 합법단체라는 점과 일·조 교원이 함께하는 조직이라는 점에서 재일조선인의 대내적 선전이나 일본의 각종

단체가 연대를 호소할 때 쐐기 역할을 할 수 있다는 점에서 민전이 그 이용 가치를 높이 평가하는 것으로 보인다.

(후문 생략)》

위의 부분만 읽어 봐도 알 수 있듯이 일단 조교조朝敎組를 겨냥해 쓴 것인데, 몹시 가려운 부분을 세심하게 긁어주듯 쓴 문장을 보고 있으면 과연 저널리스트답다는 생각에 지금도 감탄한다.

### 재일조선통일민주전선(민전)의 교육 투쟁에 관한 방침

'민족적·민주적 의무교육을 위한 투쟁에 대하여'

① 미·일 반동은 재일 60만 동포의 모든 권리를 빼앗은 한편으로 12만 아동의 의무교육권과 민주적 민족교육권을 전면 부정할 뿐만 아니라, 재일동포의 민족교육을 송두리째 말살하고자 도쿄도립조선인학교를 폐쇄하기로 정하고, 그들의 원조를 받지 않는 자립학교[2]조차 일절 용인하지 않겠다고 한다.

미·일 반동은 ……이렇게 함으로써 민족문화를 말살하고, 민족의 언어를 말살해 독립권에 대한 침해를 꾀하고 있다. 또한 이를 통해 과거와 마찬가지로 민족을 동화시키는 제국주의 군벌 정책으로 조선인을 노예 민족의 처지로 몰아넣으려 하고 있다.

② 따라서 우리의 언어와 교육, 문화를 보물처럼 사랑하고 아끼는 모든 동포는, 우리의 모든 요구를 통합하여 적의 군국주의, 민족 노예 정책에 반대하고, 민주적·민족교육권과 12만 아동의 행복과 권리를 지키기 위해 총 결기해야 한다.

그들이 이른바 각종학교 운운한 실없는 소리는 '외국인'이라는 구실로 민족교육권을 말살하려는 또 하나의 명백한 수단이 분명하다.

③ 우리는 굳건하게 민주·민족교육권과 교육비의 전액 국고 부담을 요구하고, 학생과 교원의 단결, 학부모의 단결을 강화하고, 일본의 교육 노동자, 문화인, 학부모 등 일본 국민과 통일행동, 통일전선을 전면적으로 발전시켜 지자체 권력에 대한 투쟁을 강화해야 한다. 그리하여 미·일 반동을 고립시키고 그들과 중앙·지

---

2   국가나 지자체의 지원을 전혀 받지 않고, 학교 자체로 운영비 조달과 교육 일체를 도맡아 운영하는 학교. 자주학교라고도 한다.

방 권력 사이에 모순과 대립을 심화시킴으로써 민주적 민족교육권을 지키는 여건은 유리해질 것이다.

(「조국의 평화적 통일·독립과 민주, 민족 권리를 위한 재일조선인의 당면 임무」(1954년 12월 1일)에서 발췌)

또한 이 기사 앞뒤로 생략된 부분에는 조교조朝教組 연혁과 당시 구성원 172명 —이 부분은 내 기억보다도 기사가 더 정확할 것이다— 그리고 주요 간부 3명과 조선인 측 집행위원 이름, 대회 선언과 슬로건 등이 적혀 있다.

더불어 다음과 같은 내용과 표를 넣고 기사를 마무리했다.

《'도교련都教連에 가맹한 조교조朝教組는 도교련都教連의 산하 조합으로서 도교조都教組, 고교조高教組와 우호 관계를 맺는 동시에 상부 조직인 도교련都教連, 일교조日教組가 가맹한 일본노동조합총평의회[3] 산하 조합으로서는 정치적 입장이 완전히 독자적이며 과격 좌익 조합이라고 할 수 있다.'》

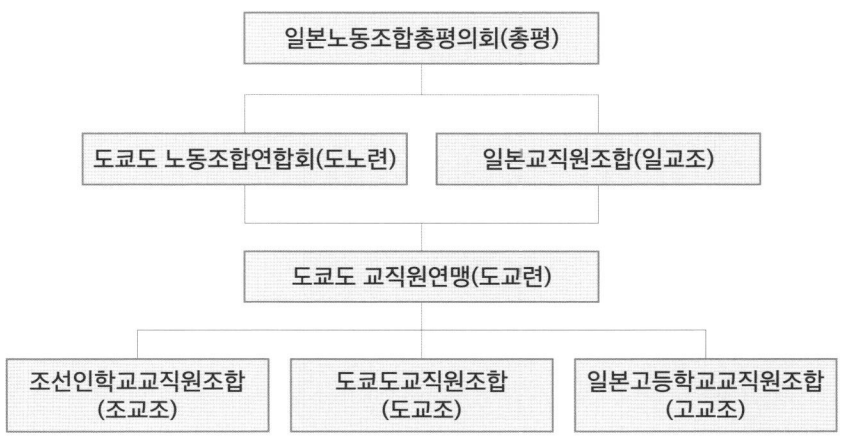

---

3    1950년 7월 11일에 출범한 전국 노동자 중앙조직이며, 1989년 일본노동조합총연합회 결성을 계기로 해산되었다.

조교조朝教組의 무력함을 곳곳에서 확인하던 우리는 매스컴이 이토록 우리를 후하게 평가한 데에 무심코 눈물이 날 만큼 감격했을 정도다.

사실 우스운 얘기인데 조교조朝教組에서 전국교연대회 참가 방침이 정해졌을 때 다른 조합원들은 어땠는지 몰라도 나는 이 기사를 읽으며 '이건 뭔가 일이 될 것 같은데?'라는 느낌이 들었다. 겁이 없었다고 할까, 내게는 오히려 그 기사가 격려가 된 셈이다.

## 밤을 지새운 보고서 만들기

너무 옆길로 샌 것 같으니 다시 전국교연대회 이야기로 돌아가자.

전국대회에 나가려면 우선 도교련都教連이 주최하는 교육연구집회에 참가해야 했다. 당시 이미 대형집회가 되기 시작한 전국교연대회에 나가서 조선인학교가 당면한 문제를 호소하기 위해서는 도쿄에서 정식 대표로 뽑히는 것이 중요한 조건이었다.

저절로 주어진 것이 아니라 오직 자신들의 힘으로 교육 민주화의 실마리를 학교 현장에서 찾고자 줄곧 암중모색해 온 일교조日教組 측에도 과제가 산적했던 시기다.

그런 상황에 조교조朝教組가 끼어들 여지가 있을지도 문제였다. 게다가 교연집회에 참가하려면 연구로서 부끄럽지 않은 결과물을 가져가야 한다. 단순히 어필만 해서는 집회 당일은 물론이며 조선인학교의 문제를 깊이 있고 오래도록 각인시키는데 아무런 효과가 없다.

어떤 문제에 초점을 두고, 어떤 연구 내용을 제출할지, 또 발표자로는 누구를 추천할지, 집행부를 중심으로 여러 차례 회의를 열었다.

안타깝게도 이 무렵에 관해서는 전혀 기록이 남아있지 않아서 내 기억에 기대는 수밖에 없는데, 그마저도 지극히 희미해 안타까울 뿐이다. 다만 결과적으로 내가 발표자로 선정되는 바람에 일정 부분은 지금도 머릿속 한구석에 선명히 남아있다. 왜냐하면 보고서 내용을 어떻게 정

3장 '사립 이관'이 의미하는 것

리할지를 놓고 약 일주일간 어지간히 괴로웠기 때문이다.

돌이켜 보니 보고서의 뼈대를 확실하게 만드는 토론이 조합 내부적으로는 이뤄지지 못한 것 같다. 다만 몇 차례 회의에서 논의된 기본적 방침은 조선인학교 문제가 곧 일본의 교육 문제와 직결된다는 것이다. 일본의 교육 문제를 해결하기 위해서는 재일조선인의 역사를 제대로 알고, 특히 조선인학교와 사립 이관이 어떤 관계인지, 민족교육의 참모습이 무엇인지의 관점에서 일본인의 일로써 고민해야 할 문제라는 기둥만 겨우 정한 것으로 기억한다.

그런데 나로서는 뜬구름을 잡는 것 같은 이야기였다. 무엇보다 어떤 기준에서 내가 발표자로 추천되었는지도 모른 채 엉겁결에 이 중대한 역할을 떠맡고 말았다. 그 무렵 나는 교사로서 경험도 미흡했고, 이른바 연구회라고 할 만한 모임에는 거의 참가한 적이 없었다. 하물며 내 전문 분야 외에는 연구발표 같은 건 생각해 본 적도 없었다. 우연히 교육학을 조금 공부했을 뿐 실용주의의 문제점도 제대로 모르는 주제에 젊은 혈기만으로 교육 문제에 관해서라면 아무 토론이나 끼어드는 나를 보고 의외로 잘 해낼 것이라 평가했는지도 모른다.

나도 얼마간은 주저했던 것으로 기억하는데, 내게는 도저히 상대가 안 되는 이론가 M씨가 "카지이梶井, 자네밖에 없어."라고 말한 결정적인 한마디에 더 이상 버티지 못한 것 같다.

여하튼 나는 일단 조선인 교사들도 지지해 주어서 이 곤란한 역할을 떠맡고 곧바로 보고서를 만드는 일에 착수했다. 무엇보다 제대로 된 교육 논문 같은 건 써본 적이 없었기에 『학술논문 쓰는 법』이라는 책까지 사 들고 와서 내 보고서 스타일과 비교해가며 매일 밤 가족들이 잠든 후 계속 써나갔다. 그렇게 완성된 보고서가 400자 원고지로 약 60매(그림과 표가 꽤 많았는데 그것을 제외한 본문 내용만으로도 50매는 됐을 것이다)였다.

그나저나 처음 쓴 것 치고는 방대한 논문인 셈이다. 게다가 의외로 완성도도 나쁘지 않았기에 나는 동료들의 칭찬을 듣고 의기양양했다. 여기에 나의 처녀작 논문의 전문을 소개하지 못해 대단히 아쉽(?)지만, 실제로 얼마나 좋은 내용이었는지는 차치하고, 당시의 발표가 이후 20여 년간 전국교연대회의 역사에 일정한 영향을 미친 것은 사실이다. 재일조선인 교육이 어떻게 일교조日敎組의 역사에 첫걸음을 내디뎠는지 이해를 돕는 의미에서 보고서의 구성만이라도 소개해 두자. 자세한 것은 오히려 이 책의 전체적 내용을 통해 파악해 주시기를 바란다.

《주제 : 평화교육의 일환으로서 재일조선인 교육의 실태와 그 본연의 모습

(1) 이 문제를 제기하는 이유
(2) 조선인의 일본 도항 역사
(3) 과거의 조선인 교육
(4) 현재 상태는 어떠한가(학교 폐쇄 후 현재까지 이루어지고 있는 재일조선인 교육의 실태)
　① 자주학교
　② 공립학교 및 공립분교
　③ 특설학급 및 야간학급
　④ 기타 형태(일본 공립학교 입학자의 경우)
(5) 여기서 제기되는 문제는 무엇인가
(6) 재일조선인 교육을 앞으로 어떻게 발전시킬 것인가
　―교육의 기회균등과 의무교육 관점에서―》


여기에 관련 자료로서 다음의 자료를 실었다.

1. 재일조선인 도항 수 추이
2. 일본 정부에 의해 조선에서 강제로 징용된 노동자(후생성 노동국 발표)
3. 1946년 10월~1949년 7월 현재까지 아동·학생 수 추이(<제6표> 참조)
4. 조련 학교 규정(발췌)
5. 전국 학교 및 아동·학생 조사표
6. 도립조선인 중·고등학생 지방별 통계

7. 조선어·일본어 소양 조사(1950년 12월-재일조선과학기술협회 실시)
8. 재일조선인 인구 분포
9. 재일조선인학교 아동·학생 분포도

제6표 1946~1954년 학교·아동·학생·교원 수 변화

|  | 소학교 | | | 중학교 | | | 고등학교 | | | 청년학교 | | |
| --- | --- | --- | --- | --- | --- | --- | --- | --- | --- | --- | --- | --- |
|  | 학교 | 아동 | 교원 | 학교 | 학생 | 교원 | 학교 | 학생 | 교원 | 학교 | 학생 | 교원 |
| 1946.10 | 525 | 42,182 | 1,022 | 4 | 1,180 | 52 |  |  |  | 12 | 750 | 51 |
| 1947.10 | 541 | 46,961 | 1,250 | 7 | 2,761 | 95 |  |  |  | 30 | 2,123 | 160 |
| 1949. 5 | 288 | 32,363 | 955 | 16 | 4,555 | 165 | 3 | 364 | 52 | } 알 수 없음 | | |
| 1952. 4 | 154 | 14,144 | 327 | 17 | 2,914 | 110 | 3 | 570 | 54 | | | |
| 1954. 4 | 213 | 19,097 | 640 | 22 | 7,302 | 212 | 4 | 926 | 106 | | | |

조교조 제4지부 작성(1954)

교육 연구집회 도쿄지방 연구회 (1957년)

교육 연구집회 분과회의(1957년)

## 긴박했던 도쿄 대표 선출 회의

나는 이 보고서를 들고 그해(1952년) 가을 교육회관에서 열린 도교련 都敎連의 교연집회에 참가했다. 이때까지는 조교조朝敎組와 도교조都敎組가 동등한 단독조합이었기에 아무런 제약도 없었다. 참가자들은 의외일 정도로 내 발표를 열심히 들어주었다.

내 순서는 고교조高敎組 소속의 U씨가 한 생산교육에 관한 발표 다음이었는데, 질문도 거의 조선인학교의 실태에 집중되었다. 한껏 들뜬 나는 마치 강사라도 된 듯이 발표 시간을 독점했고, 질의응답을 통해 보고서의 부족한 부분을 십분 보완할 수 있었다. 말하자면 참가자 대부분이 재일조선인의 역사와 실태에 관해 거의 알지 못했다. 매스컴의 영향이 컸지만 이 자리만큼은 상황이 우리 쪽으로 아주 호의적으로 작용한 것 같다.

조교조朝敎組에서 열심히 활동했다면 보고서의 내용 자체는 누구나 비슷하게 만들었을 것이다. 하지만 이 자리에 모인 열정적인 연구자들이 내 발표에 보여준 관심은 나에게 더할 나위 없는 용기를 주었다.

나는 그런 분위기 속에서 '이 정도면 전국대회에 나갈 수 있을 것 같다'라는 생각이 들었다. 이런 생각 자체는 연구자로서 결코 좋은 자세는 아닐 것이다. 하지만 연구회가 한창 진행되는 동안에도 이런 생각이 들 만큼 나로서는 조교조朝敎組가 전국대회에 정회원으로 참가하는 것이 절실했다.

정회원으로 참가하면 구두 발표의 기회가 주어진다. 몇 명이 모일지는 알 수 없지만, 여하튼 모인 사람들에게 내 보고서를 직접 발표할 수 있고 또한 기록으로도 남는다.

교연집회에 참가한 사람들은 저마다 한마디씩 하고 싶은 표정이다. 그야 당연하다. 어떤 보고든 지부에서 토론을 거쳐 지부를 대표하는 책임을 맡고 왔기 때문이다. 자기 의견만 말해서도 안 되고, 하물며 다른 이의 의견을 흘려듣고 돌아가서는 집회에 나온 역할을 다하지 못한다.

죄다 얼굴에 그렇게 쓰여 있었다. 그런데 나는 이들 중에서도 대표로 뽑혀야만 했다. 어느 발표가 중요한지 비교 기준 같은 게 있을 리도 없으니 염치없더라도 그때는 내 발표가 가장 절실한 내용을 담고 있다고 주장할 수밖에 없었다.

연구발표가 끝나고 드디어 도쿄 대표를 결정하는 회의가 소회의실에서 열렸다. 나는 내 표정이 기묘하게 굳어 있음을 분명히 느꼈다.

이 회의는 강사진이나 도교련都教連 집행부 등이 섞여 구성된 합의제였다. 후보로 올라온 보고서는 나와 고교조高教組 소속의 U씨, 그리고 작문 교육을 발표한 W씨의 보고서까지 3개였는데, 이 중에서 두 개를 골라야 했다.

W씨의 보고서는 내용이 확연히 달랐기 때문에 비교적 빨리 정해졌는데, 나머지 한 개가 문제였다. 나는 이때도 내 발표를 다시 추천했다. 사실 '기필코 나가고 싶다'라는 간청 형태의 추천이었다…….

물론 이 뻔뻔함의 책임을 나 혼자서 짊어질 생각은 아니었다. 조교조朝教組 집행부에서도 줄곧 "말하기가 쉽진 않겠지만 자네도 힘닿는 데까지 해 보게."라는 말을 여러 번 들었기 때문이다. 그리고 집행부도 집행부 나름대로 도교련都教連에 몇 번씩 찾아가 이 발표의 중요성에 대해 줄기차게 호소해 왔다.

나머지 한 개의 보고서 선정을 앞두고 일부 강사와 집행부 중 한 명이 에둘러 나를 추천하겠다고 발언한 것 외에는 누구도 의견다운 의견을 내놓지 않았다. 가만히 침묵을 지키는 U씨와 그의 맞은편에 앉아서 집요하게 내 보고서를 추천하고 있는 내 모습이 참석자들의 눈에 어떻게 비쳤을까.

그런데 나는 이 자리에서 뜻밖의 사실을 알게 됐다. 자천하고 있는 나와 나를 지지해 준, 지지라기보다는 몇몇 사람이 조선인학교의 실태를 전국에 호소하려면 지금이 절호의 기회라고 발언하자 회의는 교착상태에 빠지게 되었는데, 그때 도교련都教連의 한 간부가 이렇게 말했다.

'조교조朝敎組가 도교련都敎連 산하인 것은 분명하지만 아직 일교조日敎組 가맹은 정식으로 승인받지 못했다. 그래서 어느 쪽을 골라야 할지 어려운데, 그래도 조교조朝敎組 이름을 내고 정회원으로 참가한다고 보고할 수는 없는 노릇이다.'

나도 이 점이 모호하다는 것을 전혀 모르지는 않았지만, 교연집회의 성격을 생각하면 도교련都敎連이 이렇게까지 나오리라곤 예상하지 못했다. 그렇다면 굳이 왜 이런 회의까지 열었단 말인가. 내가 생각해도 억지라는 생각이 들 만큼 내 보고서를 자천하게 만들어서 나와 조교조朝敎組를 웃음거리로 만들어야만 했을까.

절차상으로는 분명 그 간부의 말이 맞을지 모른다. 하지만 실제로는 그런 절차나 논리를 중요시한 게 아니었다. 조교조朝敎組에 대한 뿌리 깊은 경계심과 재일조선인에 대한 몰이해가 이런 무대를 꾸미는데 필요한 시나리오 역할을 한 것이다.

여하튼 이 집행부의 견해로 인해 회의는 한층 더 무거운 공기에 휩싸였다. 공연히 시간이 흐르는 동안 지칠 대로 지친 나는 견딜 수 없이 화가 치밀었다.

결국 나는 타협안을 제시했다.

"명목은 아무래도 좋습니다. 조교조朝敎組의 이름도, 제 이름도 기록에 안 남겨도 됩니다. 하지만 어떻게든 조교조朝敎組가 직접 발표할 수 있는 기회를 주십시오. 시간은 5분이든 6분이든 상관없으니까."

결과적으로 고교조高敎組의 U씨를 정식 대표로 하고, 나는 공동연구자로 추천해 이름은 내지 않고 보고서만 제출하기로 했다. 구두 발표는 정회원인 고교조高敎組가 시간을 얼마만큼 쓰느냐에 달려 있었는데, 일교조日敎組의 의향도 있으니 그 선에 맞추도록 노력하겠다고 했다.

나는 내 이름도 당당히 밝힐 수 없는, 말하자면 그림자 같은 존재였다. 하지만 형식은 아무래도 상관없었다. 긴박했던 회의가 끝나고 박수를 치며 일어서는 사람들 속에서 나는 홀로 소파에 몸을 묻었다.

3장 '사립 이관'이 의미하는 것

지금 이 글을 쓰면서 당시 전국교연대회에 제출했던 보고서를 보고 있자니 그때의 모습이 생생하게 떠오른다.

---
**제8분과회 발표 요항**
○ 고등학교에서의 생산교육
○ 평화교육의 일환으로서 재일조선인 교육의 실태와 그 본연의 모습

도쿄도 교직원조합연합 우노 하지메宇野 一

---

이것이 연구발표자료집 표지에 인쇄된 글이다. 결코 감상에 젖고 싶어서가 아니라 나로서는 정말 잊을 수 없는 일이다.

나는 U씨가 대표로 선발된 것 자체에는 조금도 불만이 없었다.

후술하겠지만 오히려 자신의 귀중한 발표 시간을 대폭 양보해서 내가 발표할 기회를 만들어 준 U씨의 호의에 감사한다. 당시 도교련都教連의 조치도 어떤 의미에서는 불가피했으리라고 본다.

앞에서 언급한 도교련都教連 간부의 발언은 조교조朝教組가 전국대회에 나가서 일본의 교육자들에게 급진적인 영향을 줄 것을 우려한 방해 공작이었다고 회의가 끝난 직후 한 동료가 말해주었다.

편협한 민족주의인가, 그도 아니면 역사에 대한 몰이해인가. 의외로 이런 부분에 진실이 숨어있는지도 모르겠지만, 나는 더 이상 아무 상관이 없었다.

해가 바뀐 1953년 1월 말, 나는 조교조朝教組 집행부 S씨와 조선인 측을 대표한 이진규李珍珪, 이동준李東準 씨와 함께 도쿄대표단 일원으로 전국교연대회가 열리는 고치현高知縣으로 출발했다.

한겨울의 건조하고 매서운 공기가 그날 입은 재생 양복 속을 파고들어 더더욱 싸늘했다.

그러고 보니 내가 담임을 맡고 있던 중학교 2학년 한 남학생이 언젠

가 내 양복을 물끄러미 바라보면서 "카지이梶井 선생님은 부자입니다!"라고 말한 적이 있다. 그 학생은 내가 언제나 멋진 양복을 입고 늘 단정하다고 말했다. 왜 그렇게 생각하느냐고 물으니 자기뿐만 아니라 다들 그렇게 말한다고 여러 번 강조했다.

까닭 없이 그 학생이 한 말을 떠올리면서 나는 기차에 올랐다.

그런데 열차가 요코하마橫浜를 지날 무렵, 갑자기 하복부에 극심한 통증이 느껴졌다. 한동안 창가에 기대고 몸을 꼰 채로 통증을 참아 봤지만, 간헐적으로 덮쳐 오는 통증은 사라질 기미조차 없었다.

나는 더 이상 참지 못하고 변소로 뛰어들었다. 터무니없이 심한 설사였다. 완전한 액체였다. 동시에 심하게 토하기까지 했다.

'젠장! 마치 양서류 같군. 이런 일로 내가 쓰러질 줄 알아!'

애써 마음을 다잡으려 했지만, 변소는 좀처럼 나를 석방해 주지 않았다. 간신히 내 자리로 돌아오긴 했는데 그런 상태로 하룻밤을 계속 앓았다.

온몸에 기운이 다 빠진 채로 잠깐 선잠을 잔 후 동료의 부축을 받으며 오카야마현岡山縣 우노宇野와 가가와현香川縣 다카마츠高松를 오가는 연락선으로 간신히 갈아탔다. 복통도 조금씩 잦아들기 시작했다.

"이거 아무래도 게릴라전으로 갈 모양이군."

내가 내뱉은 농담에 만족한 나는 아랫배를 쓰다듬으며 그제야 겨우 웃을 수 있었다. 새벽녘의 세토나이카이瀨戶內海 바다는 안개에 휩싸여 더할 나위 없이 고요했다. 그리고 그 안개가 서서히 걷혀 시코쿠四国 섬이 가물가물 보이기 시작할 무렵, 나는 또다시 몸속에서 무언가가 꿈틀대기 시작한 것을 느꼈다.

# 4장
# 폐고로 가는 길

조선민보사 발행(1958년)_<재일조선인 종합사진첩>

## 조선학교 사립화의 정치적 내막

이 글을 쓰기 시작했을 무렵 때마침 '일·한 조약' 체결을 위한 거센 움직임이 나를 괴롭게 만들었는데, 이를 전후한 불과 몇 달 사이에 정세는 한층 더 크게 달라졌다.

1965년 12월 28일에 나온 <재일조선인 학생과 조선인학교의 취급에 관한 문부성文部省 차관의 통달>[1]은 '일·한 조약' 체결 이후 가장 크고 구체적인 움직임이라 하겠다.

그런데 어떤 의미에선 완전히 내가 예상한 일이기도 했다. 어차피 언젠가는 닥쳐올 일이었다.

1945년 8월, 조선 민족이 해방된 후 불과 2개월 만에 최초로 재일조선인 학생들만의 학교가 설립된 이후 '일·한 조약'이 체결되기까지 재일조선인의 역사는, 우리가 앞으로 다가올 변화를 예측하는 데 매우 중요한 자료를 실제로 풍부히 남겼기 때문이다.

나도 조선인 교육에 종사하긴 했지만 불과 5년이라는 짧은 기간에 지나지 않은데다 그조차도 도쿄도립 조선인중고등학교라는 곳에 한정되어 있어서 소위 빙산의 일각을 체험한 것뿐이다. 그런데 정치적으로 보면 도쿄에 있는 이 도립학교의 변화야말로 재일조선인 교육의 한 형태가 집중적으로 표현된 것임을 역사가 분명히 증언한다고 본다.

앞서 언급한 문부성文部省 차관 통달 안에는 '조선인 교육의 내용이 유해有害하지 않는 한'이라는 표현이 나오는데, '유해'한가 그렇지 않은가는 일방적으로 당국이 판단하는, 즉 생사여탈을 정부가 한 손에 쥐고 있다는 것이 현재 재일조선인 교육의 문제이다. 그리고 그 권한을 법조문

---

[1] 이 통달에서 향후 공립 조선인학교 설치와 각종학교 인가도 불허한다고 밝혔다. 또 조선인을 포함한 외국인만을 수용하는 교육시설은 외국인학교법안(당시엔 '학교교육법 일부 개정')을 마련해 일괄적으로 취급한다고 했다. 일본교육법 제1조가 규정하는 정규학교인 1조교와 각종학교 중 어느 쪽에도 해당하지 않는 형태로 만들어 조선인학교를 '학교'로 인정하지 않겠다는 의미였다.

에 명시해 확실히 고정하려 한 것이 이후 반복적으로 의회에 제출되고 있는 '외국인학교 법안'이었다.

나는 지금까지 왜 조선인학교가 '도립'이 되었는가를 포함해 1952년 무렵까지 조선인학교의 상황을 서술했다.

그 무렵 우리가 고민한 가장 큰 문제는 조선인학교가 도립학교가 된 그 순간부터 이미 내장되어 있던 사립화 움직임이었다. 교육 내용까지 꼬투리를 잡는 과격한 빨갱이 공격이나 일본인 교사의 수업 거부 사건 같은 귀중한 체험도 사실은 모두 위와 같은 사립화 움직임을 축으로 진행된 각각의 단계에 지나지 않았다.

결국 조선인학교에 붙어 있던 '도립'이라는 간판은 1955년 3월 말로 예정된(?) 코스를 거쳐 없어지게 되는데, 사립 이관극의 한 장면 한 장면을 연결해 파노라마를 만들고 싶었던 것이 이제까지의 기억을 서술하게 된 나의 솔직한 심정이다.

하지만 전술한 '통달'도 포함해 1945년부터 20여 년에 걸친 재일조선인 교육 역사의 일면을 비록 '도립'이라는 협소한 장면만이라도 헤아려 보려 한 것은 역시 독선에 지나지 않은 것 같다.

### 보고서 발표에 대한 집념

여하튼 고치高知까지 가는데 꼬박 하루가 걸린 여정은 심한 설사 덕분에 몹시 고통스러운 여정이 되고 말았다. 야간열차 1인실 안에서 격심한 장 수축 운동과 사투를 벌일 때는 솔직히 견딜 수 없을 만큼 외로웠다. 그때의 서글픔을 뭔가 분위기 있는 문장으로 쓰고 싶은데 아무래도 잘 표현이 안 된다. 말이란 의외로 불편한 존재다.

내 좌석으로 돌아와 기진맥진해 있을 때도 타고난 천성대로 연신 쓸데없는 공상을 하며 통증을 잊으려 애를 썼다.

'혹시 이러다 그냥 죽게 되면 무슨 말을 하고 죽을까. 어머니, 부디 안

녕히? 아냐, 그건 너무 평범해. 차라리 조선인학교 만세! 하고 외칠까? 아무튼 이대로 죽으면 아무것도 남는 게 없겠지.'

독자들은 정말 한심한 녀석이라 여길지 모르지만 그런 생각이라도 하지 않았다면 당시 나는 도저히 버티지 못했을 것이다. 지금 돌아보니 실제로 그런 공상들이 의외로 나를 버티게 해준 것 같다.

어쨌든 다카마쓰高松를 출발한 열차가 드디어 시코쿠四国 산맥을 횡단할 무렵에는 주위 풍경에 문득문득 생각을 멈출 수 있을 만큼 여유도 생기기 시작했다.

간신히 숙소에 도착한 나는 식사도 하지 않고 방바닥에 몸을 뉘었다.

교연집회 첫째 날 오전 일정은 전체 회의라서 기념 강연 등이 중심인데, 오후에는 분과회에서 발표해야 했다. 배가 아프다고 그 자리에 나가지 않을 수도 없다.

조교조朝教組에서 파견되어 온 사람이 나 혼자만은 아니었기에 만약의 경우엔 누군가가 나를 대신해 주리라는 건 나도 잘 알고 있었다. 그런데 이상하리만치 상황이 나쁘면 나쁠수록 어떻게든 내가 쓴 보고서를 내 입으로 직접 발표하고 싶었다. 여기까지 와서 나 대신 다른 사람이 발표하게 되면 나는 손에 쥔 구슬을 놓치고 만 것처럼 분명 비참함을 느꼈을 것이다. 보고서의 완성도 문제가 아니었다. 역시 일종의 애정이라고 해야 하나.

사실 이 당시 우리 같은 일본인 교사들의 움직임은 개개인의 일상에서도 매우 위험한 요소를 적잖이 지니고 있었다. 고치高知에 함께 갔던 S 씨가 도쿄로 돌아온 후 알려 주었는데, 우리의 행동을 거의 빠짐없이 사복형사들이 감시한다고 했다.

물론 나처럼 보잘것없는 교사를 감시하는 게 아니라 조교조朝教組 내부의 실태 파악에 초점을 둔 것이라 했는데, 조금이라도 그들의 의도에 합당하지 않은 움직임이 포착되면 닥치는 대로 단속할 태세였음이 틀림없었다. 소심한 나였기에 만약 그런 얘기를 도중에 들었다면 나의 '보고서에 대한 애정'이나 '교육에 대한 위기의식' 등이 도저히 그들을 물리칠 힘이 되지 못했을 것이다.

나는 이불속에 들어간 후에도 좀처럼 잠이 들지 못했다. 설사는 어느 정도 진정되고 복통도 자취를 감추었는데, 이번엔 참을 수 없는 허기가 몰려왔다. 전날 밤부터 배 속에 집어넣은 것이라곤 몇 잔의 뜨거운 차와 설사를 멈추게 할 정로환 10알뿐이었다. 그렇다고 쉽사리 무언가를 먹을 용기도 나지 않았다. 결코 신중해서가 아니다. 딱히 과학적 판단도 그 무엇도 아니었는데, 만약 또다시 설사가 시작되면 이번에야말로 그냥 끝나지 않으리라는 공포가 어느새 식욕을 억눌러 잠을 청하도록 만들었다.

나는 잠자리에 누워서도 몇 번씩 내 보고서를 반복해 읽었다.

어떻게 하면 잘 발표할까. 제8분과회(평화와 생산을 위한 구체적 전개)에서 도쿄 대표에게 주어진 시간은 불과 15분이었다. 만약 고교조高敎組의 U씨가 10분을 써버리면 내 시간은 불과 5분밖에 남지 않는다. 혹여 절반이 남는다 해도 7분 30초다. 여기 오기 전 도교련都教連에서 발표했을 때의 광경이 머릿속에 떠오르기 시작하더니 과거와 미래의 영상이 비연속적으로 확장되고 겹쳐서 점점 더 나를 초조하게 만들었다.

교원연수에 참석한 이들이 묵는 숙소에서의 밤은 시간이 갈수록 열기를 더해 갔다. 다음 날까지 기다릴 수 없어 밤에 분과회가 시작된 것이다. 각자 음료를 들고 방안 가득 자욱한 담배 연기를 뿜으며 불과 얼마 전까지는 이름도 얼굴도 몰랐던 이들끼리 마치 십년지기 같은 얼굴을 하고는 토론을 벌였다.

내 방도 당연히 예외는 아니었다. 자려고 해도 공복감에 시달려 잠이 오지 않았고, 보고서를 봐도 눈에 들어오지 않았던 나는 결국 포기하고 그 동료들 사이에 끼기로 했다. 그것이 오히려 결과적으로는 다행이었는지 다시 잠자리에 들었을 때는 젖은 솜처럼 깊은 잠에 빠졌다.

## 단상에서의 감격

제2회 전국교육연구대회 첫째 날 아침이 밝았다.

배에 힘은 들어가지 않았어도 기분은 상쾌했다. 몇 숟가락도 안 되는 밥 한 공기를 나답지 않게 10분씩이나 걸려서 밥알이 녹을 정도로 꼼꼼히 씹어 삼키고 아침 식사를 마쳤다. 그것도 모자라 혼자서 집회장까지 차를 타고 가기로 했다.

우리가 이 전국집회에 참가하기 위해 조교조朝教組에서 받은 돈은 1인당 평균 약 1만 엔이었다. 돌아가는 길에 오카야마岡山에 있는 조선인소학교를 시찰하는 임무도 있었기에 결코 충분한 돈은 아니었지만, 숙소에서 집회장까지 자동차로 왕복할 정도의 여유는 되었다. 받은 돈으로는 모자라서 자비를 쓴다 해도 당시의 나로서는 아낌없이 차를 불렀을 것이다. 그 정도로 내 몸을 아낀 적이 아마도 지금까지 없지 않을까.

전체회의가 열리는 고치시高知市 중앙공민관에 내가 도착했을 땐 이미 사람들로 가득했다. 나에게는 이날 광경이 꽤나 강렬한 인상으로 남아 있다. 20년 이상 지난 지금 돌이켜봐도 당시 흑백의 명암은 거의 그대로인데 모두 단편적인 장면만 기억되어서 뜻대로 정리가 되지 않는다.

빌려온 자료인지라 나로서도 조금 한심하긴 하지만 1953년 2월 6일자 『교육신문』 1면을 장식한 <제2회 교육연구대회 개최> 기사에서 그 일부만 인용하기로 하자.

《제1일차 전체회의는 오전 9시 반, 중앙공민관에서 개최되었다. 약 3천 명을 수용하는 대회장이 입추의 여지도 없을 만큼 가득 찼고, 대회장 앞 광장에 설치된 스피커 앞에 모여 청강한 이들도 약 2천여 명으로 추산되어 지금까지 보지 못한 대성황이었다.

회의는 와다和田 문교부장, 기쿠치菊地 부부장이 사회를 맡고, 오카모토

岡本 서기장이 인사를 한 후 전원이 국민가를 합창했다. 의장단으로 다무라田村(고치현), 야마시타山下(와카야마현), 후쿠다福田(오카야마현) 씨 등 3명을 선출하고, 오카岡 위원장과 강사단 대표인 가쓰다勝田 교수가 인사한 후 이 지역의 일교조日教組의원단 대표인 모리사키 다카시森崎隆 씨, 학자 문화인 대표 오사다 아라타長田新 교수, PTA대표 등 12명이 축사했다. 그리고 야나이하라柳内原 도쿄대학장의 특별강연이 이어진 후 제1일 차 전체회의를 마쳤다.

특히 이날은 멀리 오키나와沖縄, 아마미오시마奄美大島에서 교직원 대표로 온 다카모토高元 조합장(아마미오시마), 야라屋良 회장(오키나와), 키얀喜屋武 교육연구부장(오키나와)까지 3명이 참가했는데, 사회자가 특별히 3명을 정식회원으로 인정하자고 제안하고 박수를 청하자 만장일치로 결정됐다. 다카모토高元, 야라屋良 씨는 머뭇머뭇 단상에 올라 아마미奄美와 오키나와沖縄의 비참한 실정을 언급하고 본토 복귀[2]에 대한 뜨거운 열망을 토로하며 전국의 교사들에게 간절한 협력을 요청했다.

이들의 눈물 어린 호소가 여기 모인 청중의 가슴에 사무쳐 한동안 대회장을 숙연하게 만들었는데, 곳곳에서 눈물을 참지 못하고 흐느끼는 소리가 들려왔다.》

빌려 쓰는 주제에 트집을 잡는 것 같아서 미안한데, 솔직히 기사 내용만으로는 그날의 상황이 잘 느껴지지 않는다.

여하튼 굉장한 집회였다. 참가자 숫자만을 말하는 게 아니다. 약 400명의 정회원과 그 10배가 훨씬 넘는 방청자가 전국 각지에서 모인 것 자체도 물론 성대함의 큰 부분인데, 그저 숫자만 많았다면 아마 데모처럼 보였을 것이다.

나는 그곳에 모인 5천 명 대부분이 현장 교사라는 것과 그토록 많은

---

2 아마미奄美 군도는 1946년 2월, 일본 본토와 분리되어 미군의 지배 아래 놓여있다가 1953년 12월 25일에 일본으로 반환되면서 본토로 복귀했다.

사람이 전체집회가 진행되는 몇 시간을 꼼짝도 하지 않고 어떤 이는 벽에 기댄 채 또 어떤 이는 대회장 주변에 걸터앉아 자리를 뜨는 사람이 거의 없던 광경에 압도당하고 말았다.

어쨌든 그렇게 제1일 차 오전 전체회의가 끝났다.

오키나와沖繩에서 온 교사의 호소가 기본적으로는 우리가 고민한 재일조선인 문제와 공통된 부분이 있었기에 제8분과 대회장으로 배정된 조호쿠城北중학교로 이동하는 차 안에서도 좀처럼 가만히 있을 수 없었다. 그 생각을 하면 할수록 조선과 오키나와의 지도가 뒤범벅되어 온몸으로 덮쳐왔다. 잠깐이라도 짬을 내 7분 30초를 어떻게 쓸지 정리하고 싶어서 몹시 초조했는데, 집회 초반부터 대회장을 가득 메운 열기와 '기지화된 오키나와'의 충격적인 호소가 머릿속을 계속 맴돌았던 탓인 듯하다.

제8분과회는 '평화와 생산을 위한 교육의 구체적 전개'라는 주제로 이날 오후 1시 반부터 시 외곽에 있는 조호쿠城北중학교에서 열렸다. 나는 여기서도 또다시 참가자 수에 입을 다물지 못했다.

샌프란시스코 강화조약(1951년 9월 조인)으로 일본의 진정한 독립이 한층 더 멀어졌다고 해야 할 정세[3] 속에 열린 전국교육연구대회였던 만큼 제8분과회의 주제가 이 대회의 중심이 될 것이라 일찍부터 예견은 했지만 천여 명의 사람들이 모일 줄은 꿈에도 생각하지 못했다.

고교조高敎組 소속의 U씨가 자신의 방대한 보고서 발표를 불과 5분 만에 끝내고 곧바로 나머지 시간을 내게 넘겨주었는데, 정작 나는 엄청난 청중의 기세에 눌려 나머지 10분간 어떻게 발표했는지 도무지 기억이 나지 않는다. 다만 숨도 쉬지 않고 설명을 다 마친 후 안도하는 순간 벨

---

[3] 강화조약이 체결되면서 일본은 공식적으로 국권을 회복했는데, 같은 날 미·일 안전보장조약도 체결된다. 일본은 한반도에 관한 모든 권리를 포기하는 조약을 맺으면서 동시에 미국의 군사적 협력을 요청하는 조약을 맺었다.

이 울렸다.

그리고 우레와 같은 박수 소리가 들렸다. 어쩌면 대부분은 발표자에 대한 배려였을지도 모르고, 혹은 전날 전체회의에서 있은 오키나와沖縄, 아마미奄美의 호소에 자극받은 마음이 진정되지 않은 채 연장된 박수인지도 모르겠는데, 여하튼 그 와중에도 단상에서 내려오는 나를 향해 몇몇이 크게 손을 흔드는 모습을 내 눈으로 똑똑히 보았다.

연구발표라고 하기엔 어울리지 않는 광경이지만 참가한 사람만이 피부로 느낄 수 있는 연대감의 표현이 아니었을까.

여하튼 U씨의 호의 덕분에 내 발표를 무사히 끝냈다. 나는 내게 주어진 10분간을 남김없이 완벽하게 썼다. 7분 30초를 의식하며 여러 번 싫증이 날 정도로 보고서를 읽어 보았는데, 그렇게 계산하면 내가 2분 30초를 오버한 셈이다. 발표 도중이라도 종료 벨이 울리면 무조건 끝내는 것이 규칙이었다. 만약 내게 시간이 5분밖에 없었다면 당황한 나머지 틀림없이 단상에서 멍하니 서 있었을 것이다.

우리 도쿄도 교직원연맹 관계자들의 숙소는 고치현高知縣 전통민요에 나오는 유명한 하리마야はりまや橋 다리 부근에 있었다. 연맹 관계자라고는 해도 정회원과 본부 임원만 해당하고, 나머지는 상당히 멀리 떨어진 별도의 숙소를 배정받아 묵었다. 그래서 대회장 밖으로 나오면 모처럼 도쿄에서 멀리까지 함께 온 조교조朝教組의 다른 3명과는 다음 날까지 눈물의 이별(?)을 해야 했다.

밤이 되어서도 나는 조교조朝教組 일행과 느긋하게 대화할 시간이 거의 없었다. 일행들이 잠깐 보였다가도 어느새 자리를 떴는지 보이지 않았다. 하지만 나는 그 이유를 잘 알고 있었다. 그들은 그들 나름대로 그야말로 잠잘 시간도 아껴가며 재일조선인의 생활실태와 조선인학교의 현실에 대해 입에서 단내가 날 정도로 설명하며 돌아다닌 것이다.

내가 아무리 안간힘을 다했어도 발표에 쓴 시간은 고작 몇 분이었다. 우리가 도쿄에서 선전 활동으로 온갖 곳을 다닐 때도 조합 활동 등에 경험이 많거나 진보적이라 할 학자들조차 조선인 교육 얘기만 나오면 좀처럼 반응이 시원치 않았다. 1~2시간쯤의 대화로는 시동이 걸리지 않는 게 오히려 당연했다.

이번 전국대회(지금은 집회라 하는데, 이때까진 '대회'라 호칭했다)를 중심으로 소비한 에너지의 크기를 공들여 분석한다면 아마 나 같은 사람은 비교도 되지 않을 만큼 조선인들의 노력이 엄청났다고 할 수 있다.

그러니 나도 설사 따위를 핑계로 가만히 앉아만 있을 수는 없었다. 이날 밤은 나도 곳곳에 흩어진 숙소를 돌며 얼굴을 들이밀고 대화에 참여했다. 내가 조심스레 조선인 교육 문제의 실상을 화제로 꺼내면 대부분이 시선을 집중하고 들어 주었다. 그리고 질문이 쏟아졌다.

도쿄에서 온 대표 중에서도 조교조朝敎組가 발표한 자리에 없었던 이들은 재일조선인 교육의 문제는 물론 조선인 그 자체에 대해 거의 알지 못했다. 나는 이날 밤에 예상하지 못한 성과를 얻었다는 흥분으로 결국 제대로 잠을 이루지 못했다.

## 민족교육에 힘쓰는 교사들

전국교연대회 제2일 차 제8분과회는, 오전 중에 전날 발표에 대한 총괄적인 질의와 토론을 하고, 오후에는 3개 소위원회로 나뉘어 문제별로 토론을 진행하기로 했다.

제1소위원회는 평화와 생산을 위한 교육의 장해와 타개책에 관하여, 제2소위원회는 평화와 생산을 위한 교육 내용과 방법, 그리고 제3소위원회는 재일조선인 교육, 군사기지 및 혼혈아 문제, 보안대保安隊[4], 피차별 부락, 아마미오시마奄美大島, 오키나와沖繩 등의 제반 문제를 토의하는 형태다.

---

4   1952년 10월, 경찰예비대를 개편한 조직이며, 1954년 7월부터 육상자위대가 되었다.

제3소위원회는 말할 것도 없고 재일조선인 교육과 직접적이며 깊이 관련된 문제를 제기할 만한 곳은 제2소위원회였고, 제1소위원회는 우리가 구체적으로 고민해온 과제를 들이밀 여지가 없어 보였다.

우리는 애초부터 토론 주제를 이렇게 분류한 것에 의문을 가졌다. 왜냐하면 이렇게 분산되면 재일조선인의 교육 문제를 널리 알릴 수 없으리라는 불안과 이 문제가 국부적으로만 취급될 우려가 있었기 때문이다.

사실 천명에 가까운 사람이 몰렸으니 달리 방법도 없었다. 그래서 전날 밤에 모여 대책을 세웠다.

제3소위원회에는 연구발표를 한 나와 이진규李珍珪 씨가 들어가고, 제2소위원회에는 S씨가, 이동준李東準 씨는 주로 제1소위원회에 참가하기로 했다. 제2소위원회에서는 틀림없이 민족을 위한 역사교육과 국제사회를 이해하는 교육 등의 문제를 토론할 것이기 때문이었다.

지면을 많이 써버려서 소위원회의 경과 등은 적지 못하지만, 여하튼 이렇게 나뉘어 활동한 덕분에 마지막 날 전체회의에서는 재일조선인 교육 또한 당면한 큰 과제 중의 하나라는 의미의 보고를 할 수 있었다.

홋카이도北海道에서 온 요시다 하츠미吉田初美 씨가 정리한 내용을 발췌하면 먼저 빈곤, 민족의식 결여, 학교 교육의 현황 등 내 발표에서도 나온 실태에 관해 언급한 후,

《……그런데 이 문제는 일반적인 문제로서 토론할 일이 아니다. 지금까지 조선이 일본 제국주의 아래 놓여있었던 역사적 사실을 명확히 인식함과 동시에 현재 일본이 처한 상황과 겹쳐서 생각해보면 완전히 새로운 문제이기 때문에 다른 관점에서 고민해야 한다. 피압박 민족의 해방 문제로서, 식민지로부터 해방이라는 문제로서, 일본의 평화와 독립의 문제와 관련되었음을 중요시해야만 한다.

교육의 내용 또한 그들이 원하는 방향인 조선인으로서의 교육, 민족

민족적 교육임을 인정해야 마땅하다. 그러기 위해 공립학교를 만들어 조선인 자녀들을 교육해야 할 필요성이 있음이 확인되었다. 그런데 전국적으로 흩어져 있는 조선인의 교육 문제는 상당히 곤란한 문제이다. 이를 포함해 여러 구체적인 사안들은 일교조日敎組가 조직적 운동을 통해서 쟁취해야 마땅하다.

구체적으로 해결해야 할 문제를 예로 들자면,
1. 올해 4월에 입학해야 하는 아동들의 문제
2. 조선인의 자주학교를 학교로서 인가하고 교육비를 보조하는 문제
3. 조선인 교사에 대한 차별대우 문제
4. 조선인 교육 문제를 민족교육 문제로 인식하고, 각 지자체의 교직원조합에서 계속 연구해 차기 연구대회에서 안건으로 다룬다.》(방점 필자)

이 보고서는 참가자들의 박수를 받으며 채택되었다. 조교조朝敎組 구성원으로 참가한 우리로서는 이외에도 하고 싶은 얘기가 여전히 많았다. 이는 결코 에고이즘에서 하는 말이 아니다. 나는 내 나름대로 재일조선인 교육이 일본의 교육위기와 밀착되어 있다는 시각을 분명히 갖고 있었다. 그런데 이 보고서는 20년이나 전에 작성된 보고서다.

언제였던가, 도쿄도립대학의 오자와 유사쿠小沢有作[5] 씨에게 "재일조선인의 민족교육을 지키는 것이 일본의 민족교육을 지키는 일이 됨은 분명한데, 그 내용은 어떻게 생각하는가?"라는 질문을 받고 나는 당혹스러웠다. 그런 의미에선 당시 교연대회가 열린 시점에 어쨌든 '일교조日敎組의 문제로서 이 사안을 계속 연구해야 마땅하다'라는 형태로 안착한 것은 우리가 긍정적으로 평가해야 한다고 생각한다.

---

[5] 오자와 유사쿠(小沢有作 1932~2001). 교육학 박사, 도쿄도립대학 명예교수 역임. 『민족교육론』(1967), 『재일조선인교육론 역사편』(1973) 등을 저술한 재일조선인 교육 문제 전문가.

## 고립에서 작은 연대로

전국교연대회에 참가해서 정말 다행이라 느낀 일이 많았다. 조선인의 교육 문제는 우리 도쿄뿐만 아니라 아이치愛知, 시가滋賀, 교토京都, 오사카大阪, 오카야마岡山, 야마구치山口 등 여러 곳에서도 제기했다.

위와 같은 지역에서는 조선인학교가 일본 공립학교의 분교 형태라는 것, 야간학급에서 민족 과목을 가르치는 경우, 보통의 공립학교지만 절반이 조선인 학생인 경우 등 구체적 내용이나 형태는 약간씩 다르지만, 재일조선인의 생활 자체가 일본 국내에 한정되는 한, 시기와 장소를 불문하고 대부분 무권리 상태로 방치되어 자주적인 교육권을 공적으로 전혀 인정받지 못한다는 점에서는 완벽히 일치했다.

재일조선인의 일본 도항 역사만 보더라도 대다수가 간사이關西 지역에서 규슈九州에 이르기까지 집단을 이루어 살았다. 당연히 학교를 중심으로 모인 재일조선인에 대한 탄압도 간토關東 지역 이북보다는 위와 같은 지역에 특히 더 예리한 상처를 남겼다. 그랬음에도 때를 같이 해 많은 지방에서 일제히 교육 문제를 제기했고, 대부분 우리처럼 이 문제의 해결을 당연하게 여긴 일본인 교사들이 적극적으로 나서고자 모였다는 점이 우리에겐 실로 큰 기쁨이었다.

그와 더불어 잊지 말아야 할 것은 이 전국대회를 통해 처음으로 일부 재일조선인들이 일본의 교육연구 자리에 참가한 점이다.

우리처럼 매일 싫든 좋든 같은 직장에서 일상을 그대로 드러낼 수밖에 없는 동료들은 차치하더라도 보통은 일본인과 조선인이 제대로 접촉할 기회를 만드는 것 자체가 몹시 어려운 시절의 일이다.

"나는 조선인이라 하면 굉장히 무서운 사람들이라 생각했는데, 대화해보니 꽤 성실하고 기분 좋은 사람들이더군요. 그렇다고 조선인을 다 안다고는 생각지 않지만 역시 아는 사이가 되니 좋습니다."

분과회 사이사이 짧은 휴식 시간, 일단은 큰 임무를 마쳤다는 안도감에 담배 연기가 만든 동그라미를 멍하니 쫓고 있던 내 옆으로 와서 이렇게 말한 사람이 있었다. 나는 결국 그 선생이 소속된 현도 이름도 묻지 못하고 말았는데, 헤어지는 순간 나에게 "선생님, 괴로운 일도 있겠지만 힘내십시오." 하며 어깨를 토닥여 주었다. 그런데 그는 이런 말을 조선인들 측에도 한 모양이었다.

조교조朝教組 소속으로 나와 함께 이 전국대회에 참가한 조선인고교 교사 이동준李東準 씨는 『조교조 뉴스』 교연대회 특집호(1953년 2월 11일)에 다음과 같이 썼다.

《……나는 이번 교연대회에 참가하기 전부터 조선인 조합원의 일원으로서만 일교조日教組에 관심을 가졌다. 그런데 우리처럼 힘든 상황에 있는 교육 노동자인 그들을 진심으로 이해하지 못하고 일방적으로만 함께하려 노력했고, 꾸준하지도 못했다는 것을 여러 번 반성하게 되었다. 숙소에 도착 후 방을 배정할 때 같은 방을 쓰게 된 어느 일본인 교사가 내 이름의 '이李'라는 글자를 보고 멈칫했는데, 하룻밤을 지내는 동안 어느새 친해지는 것을 보고 이것이 서로의 솔직한 모습이라는 생각이 들었다. 이 일만 보더라도 역시 우리가 해왔던 운동이 협소함, 초조함, 설교주의적인 점이 있었음을 인정할 수밖에 없었으며, 그렇게 해서는 해결되지 못한다는 걸 느꼈다.

―중략―

특히 제8분과회에서는 우리가 해온 교육을 올바로 이해해주었고 또 진지하게 함께 노력해 가자는 결론에 도달해 정말 기뻤다. 인류해방의 관점에서, 냉철한 이성과 인간적인 입장에서, 일본의 군사기지 문제나 부락 해방 문제를 지배 권력이 다르니 그저 타민족의 문제로 여길 것이 아니라 함께 싸우는 길만이 진정한 해방으로 가는 가장 빠른 길이라는 결론에 도달했을 때는 감격할 수밖에 없었다. '우리는 민족적인 편견에 사로잡혀서는 안 된다. 언론에 속아 넘어가서도 안 된다. 조선인을 올바

로 이해하자' 곳곳에서 이러한 격려를 해주신 분들을 든든하게 생각한다.》(방점 필자)

조교조朝敎組 운동의 협소함, 초조함, 설교주의적인 점—이에 대한 이동준李東準 씨의 반성은, 쉼 없이 조선인학교에 대한 압박이 계속되는 가운데 20년이 지난 지금 결코 충분히 이뤄지고 있다고 단언할 수 없을지 모른다.

하지만 제2회 전국교육연구대회 자리에 공식적으로 재일조선인 교육을 둘러싼 문제를 제기하는 과정에서 무엇이 가장 큰 성과였냐고 묻는다면, 나는 위에 쓴 이동준李東準 씨의 감상 일부를 예로 드는데 조금도 망설이지 않을 것이다.

## 재일조선인 교육에 대한 구상

고치高知에서 돌아온 나는 점점 더 바빠졌다. 비록 주위의 권유로 쓴 것이긴 해도 보고서에서 제기한 재일조선인 교육 방향의 주요한 점은 역시 내 의지로 내 생각을 정리한 것이었다. 내가 상당히 고심해서 완성한 구상은 두 가지 기둥으로 이뤄졌다.

첫째, 고교 이하는 의무교육으로 하고 운영도 공비로 하지만, 교육 내용은 재일조선인이 자주적으로 실시하는 것, 둘째는 재일조선인의 민족교육을 지키는 일이 일본인의 민족교육을 확립하는 문제로 인식하게 하는 것이다. 그리고 이 두 개의 기둥이 모두 전국교연대회 마지막 날 총정리 내용에 들어갔음은 앞서 말한 대로다.

당시 일본에 있는 재일조선인 학생 수는 고교생까지 약 12만 명으로 추정되었는데, 그중에 조선인학교에 재학 중인 학생이 약 2만 명이었으니 나머지 10만 명은 이유야 어떻든 일본의 공립학교(고교는 사립학교도 포함되겠지만)에 재학할 수밖에 없다는 얘기가 된다.

내 생각대로 말하자면 당연히 나머지 10만 명은 조선인으로서 의무교육을 못 받는 셈이다.

어쨌든 일본의 공립 소·중학교에 재학 중이니 경비 면에서는 의무교육비의 절반을 국고 부담[6]으로 면제받겠지만 그렇다고 그것이 조선인으로 키우는 교육과는 아무런 관련이 없기 때문이다.

내가 재일조선인 교육의 중심 기둥 중 하나로 언급한 '의무교육'은 본질에 관한 주요 부분이었다. 즉 일본 정부가 재일조선인 교육에 있어서 마땅히 해야 할 일은 경비의 전액 부담과 시설·설비 등의 조건만 마련하고, 그 외에는 모두 재일조선인에게 맡겨야 한다는 주장이다. 물론 그것은 조국으로 돌아가길 희망하는 조선인이 완전하게 귀국하는 날까지를 말한다.

그런데 교육이란 아무리 조건이 갖춰지고 나아가고자 하는 방향이 옳다 하더라도 그것만으로는 발전하지 못한다. 조선인 스스로가 독립 민족으로서 교육 내용을 책임감 있게 만들어 나가야 할 필요가 있다. 이를 위해서는 뛰어난 지도력을 가진 교사를 충분히 배출할 수 있는 대학을 설립해야 하며, 독자적인 교육위원회, 교과서 편찬과 심사를 위한 위원회, 각종 연구조직과 학교마다 민주적으로 운영할 조직도 설립해야 하는 등 산적한 일들이 있다.

나는 이러한 내용을 보고서에서 전부 주장했다. 또 일본 전국에 대략 어느 정도의 학급과 학교 수가 필요한가까지 산출했다.

이 구상이 마치 그림의 떡처럼 여겨졌는지 얼마 후 나는 어느 조선인 교사에게 놀림을 받았다. 어떤 말이었는지 정확히는 기억하지 못하지만 아마도 요즘 말로 하면 '너무 앞서 나갔다'라는 의미였던 것 같다. 분명 그 말도 맞는 말일지 모른다.

---

6   일본 공교육의 의무교육비는 1953년 8월 8일, '의무교육비 국고부담법'이 공포되면서 교사 급여의 반액, 교재비 일부를 국고에서 부담하기 시작했다. 더불어 1958년 4월 25일에는 의무교육 시설 설비도 국고로 부담하는 법률이 공포된다.

결국 내가 하고 싶었던 얘기는 시설 등 제반 운영에 필요한 조건 마련은 일본 정부가 하고, 교육 내용과 조직을 만드는 일은 조선인 스스로 책임지고 확립해 가는 체제를 만들지 않으면 재일조선인 교육을 근본적으로 해결하는 길은 열리지 않는다는 것이었다.

대수롭지 않은 보고서에 이토록 거창한 내용까지 집어넣은 이유는 당시의 조선인교육과 관련된 어느 장면을 보아도 정상이 아니라고 느꼈기 때문이다. 그리고 일본의 공립학교에서 교육받는 약 10만 명의 조선인 학생들의 모습이야말로 그러한 비정상의 가장 큰 사례였다.

### 교육받을 권리를 부정하는 당국

그런데 조선인 아동이 '일본의 의무교육학교에 입학'하는 것도 사실 중대한 문제였다. 제8분과회의 총정리 부분에도 들어있는 '올해 4월에 입학해야 하는 아동들의 문제'가 바로 그것이다.

이 문제가 구체화하기 시작한 것은 전년도(1952년) 9월 27일, 당시 도쿄도 교육장인 가토 세이치加藤淸一 명의로 나온 '조선인 학생의 공립 소·중학교 및 고등학교 취학에 관하여'라는 통달 때문인데 그 내용을 살펴보면,

《……법적으로는 다소 의문이 있으나 샌프란시스코 강화조약 제2장 제2조에 의해 일본국은 조선의 독립을 승인하고, 조선에 대한 모든 권리, 권한을 포기한다고 규정하고 있으므로 조선인은 당연히 일본의 법령에 따른 의무교육을 받을 권리를 상실함과 동시에 조선인 자녀의 취학에 대해서는 아래에 기술한 내용이 적절하다고 생각한다.》(방점 필자)

위 내용을 전문에 넣은 후 다음의 내용이 이어진다.

記

1. 학령부<sup>學齡簿</sup> 조정 : 지금까지 의무교육 대상 아동은 일본인과 똑같이 취학의무가 있었지만, 앞으로는 그럴 필요가 없고, 학령부를 조정하지 않아도 된다.
 2. 현재 공립 소·중학교 및 고등학교에 재학 중인 아동과 학생의 취급은 해당 학생이 학교를 졸업할 때까지는 재학시킬 수 있으나 보호자의 임의에 맡긴다.
 3. 새로 공립 소·중학교 및 고등학교에 입학을 희망하는 학생의 취급은 그 학교의 설립자가 다음의 조항에 따라 학교장에게 의견을 내 입학을 허가해도 지장 없다.
 ① 입학 후에는 일본의 법률에 따라 교육받는 것을 승인한 자에 한할 것.
 ② 조선어, 지리, 역사 등 소위 민족 과목은 교육하지 않음을 승인한 자에 한할 것.
 ③ 학교설비에 여유가 있고 학교 운영에 지장이 없음을 인정한 경우.
 ④ 입학 희망자를 입학시켜 학교 질서가 훼손되지 않음을 인정한 경우.

 참고로 샌프란시스코 강화조약 제2장 제2조란,
 '(a) 일본국은 조선의 독립을 승인하고 제주도, 거문도, 울릉도를 포함하는 조선에 대해 모든 권리, 권한 및 청구권을 포기한다'라고 되어 있다. 말 그대로 엄청난 의미를 지닌 통달이었다.
 그런데 실제로 이 통달이 지닌 의미의 크기를 우리 같은 학교 관계자가 이해하기 시작한 것은 통달이 나온 날로부터 2, 3개월이나 지나서였다. 이 또한 우리가 한발 늦었다.
 우리 쪽에 안이한 생각이 없었다고는 못하지만, 심각성을 뒤늦게 파악한 직접적인 원인은 역시 이런 종류의 통달이 우리와는 상관없이 곧바로 각 지자체의 교육위원회나 학교장에게 내려지기 때문이다. 그러니 실제로 이 통달이 효력을 발휘하기 시작한 후에야 비로소 사안의 중대성을 깨닫게 되는 꼴이었다.

1952년 말 무렵부터 이 통달의 영향으로 몇 가지 구체적인 문제가 PTA연합회에 보고되었다.

예를 들어 가츠시카구葛飾區에 있는 구립소학교에서는 입학을 희망한 조선인 학생에게,

1. 입학 후에는 일본의 법령에 따라 교육받는 것을 승인합니다.
2. 조선어, 조선역사, 조선지리 등 소위 민족 과목은 일절 교육하지 않음을 승인합니다.
3. 학교의 질서를 어지럽히는 일은 절대 하지 않겠습니다.
4. 학교의 관리, 운영에 지장을 초래하는 경우 퇴학을 명령받더라도 이의가 없습니다.

위와 같은 내용이 적힌 서약서를 제시 당해 모욕을 참지 못하고 서명을 거부하자 입학을 거부당했다거나, 형사가 일본의 공립 소·중학교를 돌며 '조선인 아이가 입학을 희망하더라도 받지 않는 것이 좋다'고 했다거나, 혹은 형사가 재일조선인 가정의 사상을 캐물으며 자녀를 조선인학교에 보내는 집에 찾아가 '아이를 그 학교에 보내면 위험한 사상을 교육받게 되니 지금이라도 일본학교로 옮기는 것이 좋다'고 말하는 등 모두 소름 돋을 정도로 암울한 정보들뿐이었다.

통달의 내용은 다시 상세하게 검토되었다. 이 통달을 각 지자체의 교육위원회와 학교에서 액면 그대로 받아들인다면 대체 어떤 결과가 나올까.

냉정하게 판단하면 이러한 통달이 나왔다고 해서 조선인학교에 다니는 학생 외에 일본의 공립 소·중학교에도 가지 못하고 거리를 방황하는 아이들이 곧바로 나타나지는 않을 것이다. 물론 통달에는 일본 공립학교에 입학을 희망하는 재일조선인이 요즘 같은 세상에도 기이(?)하다

할 서약서에 서명해야 한다는 주석이 붙어 있다. 누가 봐도 잘 알 수 있도록 아주 친절하게도 적어 놓았다.

'무조건 안 받아준다거나 받아주기 어렵다는 게 아니다. 그저 일본의 학교는 일본 교육법을 바탕으로 운영되는 일본 아이들을 위한 학교다. 그러니 당신들이 무얼 바라든 자유지만 당신들이 원하는 대로 해줄 순 없다. 그게 싫으면 마음대로 하던가……'

내 멋대로 써 본 것이지만 가츠시카葛飾 구립소학교에서 서약서에 서명을 거부한 조선인을 앞에 두고 학교장이 입가에 미소를 띤 채 이런 식으로 말하지 않았을까.

아무리 그렇더라도 학교 운영에 지장을 주지 않겠다고 약속한다거나 학교의 관리·운영에 지장을 줬을 경우 퇴학을 명령받더라도 이의가 없다니, 대체 무슨 소리인가. 마치 애초부터 완전히 골칫거리 취급을 하는 것 아니냐고 따져도 변명의 여지가 없을 것이다.

우리는 재일조선인 아이들이 일본의 공립 소·중학교에서 배우는 것이 무조건 좋다거나 그것이 당연하다고 말하는 게 아니다. 오히려 그 반대이다.

그런데 당시 도쿄에 있는 조선학교는 소학교 12개와 중학교, 고등학교 각각 1개씩에 지나지 않았다. 이 숫자는 가령 조선인학교에 아이를 입학시키고 싶은 희망자가 전체 거주자의 절반 정도라 해도 도립고교 수험 등과는 비교가 되지 않을 정도로 심한 경쟁을 각오해야 함을 여실히 보여준다. 그렇다면 조선인학교에도, 일본의 공립학교에도 가지 못하는 아이들은 대체 어디로 가야 한다는 것인가.

이 무렵 도쿄도가 도립조선인학교에 지원한 연간예산은 분명 6~7천만 엔이었을 것이다(**제7표 참조**). 게다가 그 예산의 상당 부분은 인건비로 소비되었다. 교원으로 채용된 일본인 교사 중에 고령자가 많았던 점이 이러한 경향에 더욱 박차를 가했다. 다수의 조선인 강사는 불과 몇천 엔의 수당을 매월 공비로 지원받을 뿐이었고, 실질적으로는 교원 이상의 업무와 책임을 맡고 있었다. 그 때문에 PTA회비도 많이 책정해야 했고, 학교 수가 절대적으로 적었기에 각 가정에서 부담하는 자녀의 교육비는 훨씬 더 늘어났다. 게다가 도쿄도는 입학생 수를 예산으로 묶어 엄격히 제한했기 때문에 조선인학교에 가고 싶다고 해서 누구나 간단히 입학할 수 있는 조건이 아니었다.

'아이들을 대체 어디로 보내라는 말인가'라며 조선인 측이 들고일어난 것은 당연했다. 일본의 공립학교로 분산 입학한 조선인 아이들에게 민족 과목인 조선어와 조선역사, 조선지리 등을 충분히 가르치는 건 근본적으로 무리인데다, 또 비록 가능하다 해도 그것을 민족교육이라 생각하면 오산이다. 민족교육이란 민족 과목 자체를 학습하는 것만으로는 성립되지 않기 때문이다.

제7표 도립조선인학교 연간 경비(1952년도 조사)

(단위: 엔)

|  | 소학교(12개) | 중학교(1개) | 고등학교(1개) | 합계 |
|---|---|---|---|---|
| 인건비 | 34,040,765 | 10,477,568 | 4,505,500 | 49,023,833 |
| 급여 | 19,380,000 | 6,394,800 | 2,860,800 | 28,635,600 |
| 수당 | 14,660,765 | 4,082,768 | 1,644,700 | 20,388,233 |
| 경영비 | 7,884,462 | 1,191,639 | 520,837 | 9,596,937 |
| 계 | 41,925,227 | 11,669,207 | 5,026,337 | 58,620,771 |

※ 인건비가 실제로 예산 총액의 80% 이상을 차지한다는 점에 주목하기 바람.

어느 지방에서는 조선어가 가능한 일본인 교사를 채용해 방과 후 조선어를 가르치게 하고는 '이토록 민족교육에 마음을 쓰고 있다'라며 교연대회에서 보고하기도 했다. 그런 마음을 일률적으로 비난할 수는 없겠지만, 이는 역시 아무리 생각해도 본질은 아니다.

아무리 가난해도 교사도 아이들도 부모도 모국어로 말하고, 모국어로 기뻐하고, 슬퍼하고, 걱정과 분노를 표현하고 또 생각하는 그런 상황에서만 민족교육이 형성된다.

그러니 위에서 언급한 상황을 민족교육 그 자체라거나 혹은 그 일부를 담당하고 있다는 착각은, 어떤 의미에선 '현실적으로 조선인 아이들이 일본의 공립 의무교육학교에 입학할 수밖에 없다'라는 사고방식보다 한층 더 위험한 요소를 품고 있는 게 아닐까.

어차피 이 통달은 재일조선인 아이들이 이른바 '교육'이라는 이름이 붙은 것을 받을 수 있는 권리를 완전히 잃게 된다는 의미였다.

PTA연합회와 조교조朝教組는 곧바로 교육청 당국과 교섭에 나섰다. 물론 요구의 중심은 '통달을 철회해 달라'는 것이었다. 그런데 당국의 답변은,

'당신들은 언제나 당신들의 자녀를 일본학교에서 교육하는 게 부당하다고 하지 않았나. 그러니 당신들이 특별히 의뢰하면 모를까, 그렇지 않다면 통달에 따르는 것이 당신들이 말한 민족교육으로서는 분명 더 좋은 일이다. 게다가 현재 샌프란시스코강화조약도 체결되었으니 법적으로도 이번 조치는 당연하다.'

이처럼 냉랭한 태도 일변도라 그 이상 아무리 설득해봐도 돌아오는 대답은 '견해의 차이'라는 말뿐이었다. '경찰관들까지 고약하게 행동하고 있는데, 이 점에 대해서는 어떻게 생각하는가'라는 질문에도 '그런 소린 듣지 못했다. 상식적으로 있을 수 없는 일'이라는 말만 되풀이할 뿐 도무지 꿈쩍도 하지 않았다.

교묘하고 비겁하게 둔갑시킨 논리다. 그리고 그런 발언 속에는 조선인을 학대해 왔던 역사에 대한 아픔은 눈곱만큼도 찾아볼 수 없었다.

여하튼 이때 나온 통달은 1965년 6월의 일·한조약 이후 12월 28일에 문부성 차관의 통달[7]이 나오기까지 13년간, 재일조선인 아이들을 취급하는 큰 기둥이 된 것은 엄연한 사실이다. 그만큼 이 한 통의 통달이 갖

---

7 <조선인만을 수용하는 교육시설의 취급에 관하여>라는 통달이다. 향후 공립조선학교(분교)는 설치를 인정하지 않겠다는 것과 조선학교를 각종학교로 인가하지 않겠다는 것이 주요 내용이다.

는 의미의 중대함은 간과할 수 없다.

아래는 조교조朝敎組 정보선전부에서 발행한 『민족의 아이』에서 발췌한 내용이다.

《거듭 말하지만, 사립 이관 문제나 이 통달도 조선인은 외국인이 되었으니 자유로이 하라고 해놓고는(그동안에도 끊임없이 강제송환과 외국인등록 문제로 겁박당하는 외국인 취급을 받아왔다), 그 자유로운 민족교육의 장을 1949년 10월, 일본의 법규에 따르게 한다—일본인과 똑같은 취급이라는 이유로 조선인학교를 폐쇄했다. 굳이 비유하자면 계단 밑에 살던 사람을 일단 2층으로 올라가라고 내몬 후 사다리를 치워버리고는 도로 바깥으로 뛰어내리라고 하는 짓이 아닌가.

또 이 시기에 사립이관 정책에 이어 이런 정책이 나온 것은 1952년 말부터 53년 초에 걸친 내외정세—아이젠하워 대통령 당선, 반격 외교정책, 아시아인들끼리 싸우게 하라, 얄타협정 폐기 등의 연이은 성명, 이승만 대통령의 방일과 한·일·대만 3국 군사블록 결성 시도, 보안대(육상자위대 전신) 설치, 파업금지법 국회 상정—의 일환이며, 1952년에 실시하려다 당국의 뜻대로 안 된 강제송환, 외국인등록 문제 등이 조선인들의 귀에는 비교적 느슨하게 들리는 '의무교육권 문제'로 둔갑해 다시 등장했다고 보는 건 지나친 생각일까.》

### 혼란 속 교사와 학생

이렇게 중대한 문제가 제기되는 상황에서도 이 해(1953년) 조선인학교는 전체적으로 비교적 평온한 나날이 이어졌다.

이듬해에 조선인학교를 폐교로 몰아넣은 '6개 항목' 문제가 이 해 연말에 불거지리라고는 꿈에도 생각지 못한 채 매일 아이들 지도에 전념할 수 있었다. 여름방학에는 생물반 학생들 4, 5명을 데리고 사이타마현埼玉縣 지치부시秩父市 미쓰미네三峰에서 구모토리야마雲取山까지 채집 여행을 가기도 했다. 이때 함께 간 졸업생 중 한 명과는 지금도 자주 만나는데, 언제 만나도 한 번은 화제에 오르는 잊지 못할 즐거운 여행이었다.

우리는 미쓰미네三峰 안내사무소 뒤편에 있는 '할미새' 방갈로를 캠프로 삼고, 3박 4일 내내 맑은 날씨 속에서 마음껏 산 공기와 채집을 즐겼다.

당시 20대 후반에 접어들었던 나는 팔팔한 중학교 3학년 아이들에게 한 걸음도 뒤지지 않고 급경사인 지장 고개를 단숨에 올라갔다. 시로이와白岩 산장에서 아이들이 쉴 때도 나는 부근을 돌아다니며 곤충도감에서 본 주부中部, 간토關東 지역의 높은 산에만 서식한다는 곤충을 잡아와서 의기양양 해설했을 정도다.

함께 간 아이들은 여학생 셋과 남학생 하나였는데, 다들 활달하고 다정한 아이들이었다. 밤에는 촛불을 밝히고 채집한 것을 정리하느라 잠시 바빴지만, 정리가 끝나면 밤이 깊어가는 줄도 모르고 눈빛을 반짝이며 채집 얘기와 사적인 이야기도 들어주었다. 내가 일종의 자기최면을 걸듯 산 아래 세상의 골치 아픈 일들을 까맣게 잊었다 한들 누가 뭐라 했을까.

이건 여담인데, 아이들이 채집 여행을 가겠다고 부모들에게 말했을 때 누구도 반대한 사람이 없었다. 아무리 아이들과 친했다지만 부모들이 나를 동질의 인간으로 여기지는 않았을 것이다. 게다가 불과 이십 대 후반의 신출내기 교사다. 당연히 부모들이 심하게 반대할 줄 알았는데, 오히려 신뢰받는다는 자부심과 기쁨으로 그 시간을 보냈다 해도 과언은 아니다.

지금 생각하면 즐거웠던 채집 여행을 전후해 풍파가 적었던 불과 몇 개월간은, 어쩌면 조선인학교를 집어삼키려는 태풍의 눈이었는지도 모르겠다.

사립 이관 문제도, 의무교육권 박탈 문제도, 모두 '철저한 빨갱이 공격'을 시작으로 다가왔다. 엄청난 열대성 저기압 덩어리란 걸 충분히 알았지만, 지그재그로 돌진해 오는 태풍에 당황해 피할 방향을 잡지 못하고 헤매다 어느덧 잠잠해진 바람과 구름 사이로 보이기 시작한 파란 하늘 덕분에 우리도 잠시 숨을 돌리고 있는 그런 느낌이었다.

그렇다고 그사이에 우리가 손을 놓고 있던 것은 아니었다. 재일조선인 교육의 실태를 알리는 운동은 의무교육권 박탈이라는 새로운 공격에 격하게 저항하면서도 여전히 계속되었다.

여름방학이 코앞으로 다가온 7월 3일에는 제7조선인소학교(시나가와 구品川區 소재)에서 공개수업도 이뤄졌다. 내게는 이날 참가한 사람들에게 나눠준 프린트가 여기저기 얼룩진 채 남아있다. 불과 10여 장의 초라한 등사 인쇄물이다. 표지에는 소학교 마크를 좌우에 두고 '일·조 민족문화 제휴' '축 조선전쟁 휴전'이라 쓰여 있다.

수업 지도안은 물론이며 민족교육의 의의, 한글에 대한 설명과 참관 후에 아이들이 보여줄 놀이 프로그램까지, 정말 눈물겨울 만큼 친절한 안내문이다.

위와 같은 조선인학교의 활동과는 별개로 <조선인 아이들의 교육을 지키는 모임>도 조금씩 늘어나기 시작했는데, 이런 모임의 활동에 대한 좋은 반응도 곳곳에서 나오기 시작했다.

---

인사는 생략하오니 양해를 부탁드립니다.

재일조선인 아이들의 의무교육권 상실 문제에 관한 요청문 검토를 위해 간담회 초청장을 받았습니다. 몸이 병약해 가능한 외출을 피하고 있는 저는 항상 많은 초대를 받으면서도 실례만 하고 있습니다.

간담회 당일에 못 갈 경우, 요청문 원안에 대한 의견을 달라고 하셨기에 그저 참고만 하시라고 저의 부족한 생각을 쓰고자 합니다.

첫째, 샌프란시스코 강화조약 조문의 허술함을 지적하는 반박은 왠지 꼬투리를 잡는 것 같아서 오히려 여러분의 중심 논점을 뒷받침하기에는 좋지 않을 것 같습니다.

> 상식적으로 권리와 의무를 겉과 속이라 본다면, 권리·권한을 지닌 쪽은 당연히 의무 상실—방기가 아닌—을 의미할 것입니다. 따라서 의무를 이행하라는 요구는 상대의 권리·권한을 승인하는 일이 되는 데다가, 그 부당한 권리·권한을 재차 남용했다면 참을 수 없는 일입니다.
> 애초에 강화조약은 엉터리 속임수이며 거기 무엇이 쓰여 있든 실제로 문제 삼을 만한 것이 아니지요. 따라서 조문의 허술함에 연연하는 것은 속임수 같은 조문을 승인하는 일이니 오히려 우리의 강하고 옳은 주장이 힘을 잃는 결과가 되지 않을까요.
> 그러나 굳이 그 조문을 방패 삼아 권리·권한을 포기하도록 만들려면, 과거에 이 부당한 권리·권한으로 조선 인민들에게 행한 압박과 거기서 비롯된 생활상 손해를 보상할 것, 그리고 스스로 자립한 조선 인민의 자주적인 교육사업에 일절 간섭하지 않고 발전해 나갈 수 있도록 우호적 편의를 제공해야 마땅하다고 요구하는 게 중요할 것 같은데, 어떻게 생각하십니까.
> 조선인 아이들의 교육은 일본 정부가 해야 할 의무가 아니라 오히려 하나의 책무 아니겠습니까. (후략)

문화계 인사라는 어떤 이가 <조선인 아이들의 교육을 지키는 모임> 앞으로 위와 같은 편지를 보내온 것도 마침 그 무렵이었다. 그러고 보니 이 글을 쓰면서 든 생각인데, 여태까지 재일조선인 아이들의 민족교육에 대한 정당성을 인정하라고 일본 정부에 요구할 때 '의무'가 아닌 '책무'라는 말을 쓴 적이 있었나?

재일조선인의 교육에 관한 자료라면 나도 꽤 읽은 편인데 이런 말은 발견하지 못했다. 물론 힘든 사정을 알아주는 건 기쁜 일이지만, 그렇다고 전부 다 안다는 듯 그냥 지나가려는 것 또한 굉장히 불안한 일이다.

이런 식의 반응은 극히 일부였지만 그래도 우리에겐 적잖은 격려가 되었다. 어쩌면 그 때문에 안도감이 앞섰는지도 모른다.

여하튼 우리는 오늘이라는 하루를 소중히 쓰려는 마음을 잊지는 않았다. 하지만 하루하루의 무게가 다름을 종합적으로 판단하는 데 있어서 중요한 부분을 간과했다는 것은 부정할 수 없다.

## 폐교로 향하는 초기의 미동

그러는 사이에 무표정하게 들이닥친 것이 '6개 항목' 문제였다. 이 해 (1953) 연말 12월 8일(이 날짜가 우연이었는지 의도적으로 골랐는지는 전혀 알 수 없지만), 도립조선인학교 PTA연합회 대표는 '할 얘기가 있으니 와 달라'라는 말에 도쿄도 교육위원회에 불려갔다. 그리고 그 자리에서 당시 교육위원장 마쓰자와 잇가쿠松沢一鶴 씨가 다음과 같은 항목의 문서를 내밀며 회답을 요구했다.

(1) 이데올로기 교육은 하지 마라.
(2) 민족 과목은 방과 후 수업으로 하라.
(3) 학생 정원제를 지키라.
(4) 학생들의 집단 진정을 막아라.
(5) 비 채용 교사를 교단에 세우지 마라.
(6) 교직원이 아닌 자를 교직원회에 들이지 마라.

이것이 이른바 6개 항목이다. 그 당시 마쓰자와松沢 위원장은 '이건 어디까지나 교육위원회의 희망 사항이네. 강요는 아니니 그저 형식적 절차라 생각하고 가능한 빨리 답신을 주면 좋겠어.' 이처럼 다정한 말투였다고 한다.

내가 그 얘기를 처음 들은 건 그로부터 며칠이 지나서인데, 뭔가 느낌이 안 좋았다. 이전에도 교육위원회가 비슷한 내용을 몇 차례 요구한 적은 있었다. 하지만 모두 학교장에게 한 말이었지, 이런 식으로 일종의 서약서를 제출하라는 경우는 없었다. 그래서 교육위원회의 의도를 정확히 파악하지 못했는데 '뭔가 꺼림칙한' 느낌이었다. 게다가 교육 내용에까지 간섭한 문서를 PTA연합회에 내밀며 답변을 요구한 것 자체가 어불성설이다.

물론 PTA연합회는 거부한다고 답했다. 이듬해, 즉 1954년 1월 11일의 일이다. '6개 항목은 헌법위반이기에 답변할 필요가 없다'라는 취지였다.

그런데 도교육위는 집요하게 문서로 회답하라고 했다. 학교 당국이나 민족교육 옹호를 목표로 내건 조합에 요구한 것이 아니라 PTA연합회였기 때문에 당시 내부에서 이 상황을 어떻게 분석하고 있었는지 나로서는 알 방법이 없었다. 겨울방학이 끼어 있긴 했어도 PTA연합회가 거부한다고 답하기까지 1개월이나 걸린 것이다.

'거부. 문제 삼을 일이 아니다. 이런 요구를 하는 교육위원회야말로 헌법위반의 우려가 있다.'

위와 같은 PTA연합회의 강경한 자세는 이후 '악화' 상황으로 치닫게 된 이유를 살피는 데 있어 매우 중요하다. 그런 의미에서 『민족의 아이』에 실린 글을 인용하기로 하자.

《지금 생각하면 어이없는 얘기지만, 당시에는 PTA연합회가 문서로 회답을 거부한 것이 도립조선인학교를 폐교 직전까지 몰아넣을 거라고는 꿈에도 생각하지 못했다. 왜냐하면 교사의 정치활동을 금지하는 교육 2법안[8]의 구체적 내용이 결정된 것은 좀 더 지난 1954년 1월이다.

1953년 4월~12월은 의외로 학교 존립에 관한 문제가 일어나지 않았다. 그 때문에 오랜만의 여유를 이용해 학교설비를 마련할 방법과 이듬해 입학할 학생들에 대한 고민 등을 했던 시기다.

매년 반복된 일이지만 일본학교와 마찬가지로(다양한 이유에서 그보다 더 많이) 신학기에는 입학 희망자가 급격히 늘어났다. 그런데 도쿄도교육청 당국은 조선인학교를 도립으로 이관할 때 정한 학생 수 정원 초과를 인

---

8    1953년 5월, 제5차 요시다吉田 내각 출범 후 문부대신에 취임한 오다치 시게오大達茂雄 지시로 교사의 정치활동을 금지하는 법안 마련이 추진된다. 의무교육학교 교사는 국가공무원법 혹은 지방공무원법이 아닌 교육공무원특례법을 적용해 정치적 목적을 가진 행위를 금지하는 내용이다. 1954년 2월에 국회에 제출되어 1954년 6월 3일 공포, 같은 달 13일부터 시행된다.

정하지 않았다. 그러니 1954년도에는 어떻게 해야 할지 머리를 싸매고 있었다.

'6개 항목' 문제가 등장한 무렵에는 문부성대신 오다치 시게오大達茂雄의 담화도 나왔다. '조선인 학생의 집단 교육은 인정할 수 없다'라는 취지였다. 문교 당국의 조선인학교 정책이 명확해지고 있음에도 불구하고 도쿄도 교육위원회 마쓰자와松沢 위원장의 다정한 말을 그대로 받아들여 사태의 중대성을 파악하지 못했다.》 (조교조朝教組 정보선전부 발행『민족의 아이』에서. 방점 필자)

위 내용이 우리가 간과한 것에 대한 반성임을 모르는 바는 아니지만, 굳이 분석하자면 지나치게 조신하다랄까.

마쓰자와松沢 위원장이 강요는 아니라며 건넨 '다정한 말을 그대로 받아들였다'라고 했는데, 그렇다면 1개월이라는 시간 동안 조선인 측은 대체 무엇을 고민하고 있었을까? 당국의 진짜 목적을 어디까지 파악했을까? 이 부분은 분석 부족이었거나 오인이라 지적할 수도 있겠지만, PTA연합회가 회답문서를 남기는 일 자체에 끈질긴 경계심을 품은 이유는 '거부'라는 한 마디에 명확히 담겨 있을 것이다.

사족일지도 모르겠지만 위 인용문은 이어서 다음과 같이 적고 있다.

《이듬해(1954년) 1월 11일, PTA연합회가 도교육위원회에 '6개 항목은 헌법위반이며, 회답은 불가능하다'라는 취지를 전달했는데도 재차 문서로 회답하라고 요구했다. 이에 PTA연합회 대표는 만일을 염려해 도교육위원회 내 교직원조합 출신인 이토伊藤, 가와노河野 두 위원에게 6개 항목의 진의를 물어보았다. '그건 어디까지나 형식적 절차이니 그리 걱정할 일은 아니고, 우리 체면도 있으니 승인 회답을 보내라'라고 귀띔했다. 우리는 이것이 무얼 의미하는지 알아채지 못하고 앞서 언급한 학내 문제에만 힘을 쏟고 있었다.》 (조교조朝教組 정보선전부 발행『민족의 아이』에서)

위 내용에서 보이는 문제점과 내가 '뭔가 꺼림칙한' 느낌이라 한 부분의 오차는 이후의 경과를 지켜보면 어느 정도 이해하실 것이다. 그런데 앞에서 서술한 대로 이토伊藤 위원은 도쿄도교직원연맹 출신이고, 가와노河野 위원은 사회당 출신이다. 그렇다면 이 시점에는 교육위원회 내부에도 6개 항목의 진짜 목적이 무엇인지 명확히 알려지지 않았던 것 아닐까.

물론 확증이 있는 것은 아니다. 다만 『조선인학교의 일본인 교사(초판, 1966)』가 출간됐을 때 출판기념회에 오신 이토伊藤 씨가 이렇게 말했다. "나도 그때까지는 그것이(6개 항목) 나중에 그토록 큰 문제가 되리라고는 생각하지 못했다."

이 발언으로 추측해보면 당국의 말을 듣지 않는 두 명의 교육위원이 있는 상황에서 교육위원회 전체를 당국의 의도대로 야금야금 끌고 갈 수단으로 삼은 것 같다. 그쪽이 아귀가 맞는다. 왜냐하면 당국의 의도가 성공하면 두 위원과 조선인 측의 신뢰 관계를 끊어놓을 수 있을 것이고, 동시에 간신히 메워지기 시작한 일본인과 조선인 교사 간의 고랑이 또 다시 커다란 수로로 바뀔 가능성마저 있었다. 그야말로 '일석이조'의 효과를 가져오기 때문이다.

여하튼 PTA연합회는 1개월이 더 지난 2월 9일, '우리는 교육기본법의 정신에 따라 귀 위원회가 운영하는 도립조선인학교에 아이들을 맡기고 있으니, 우리에게 제시한 6개 항목은 교육기본법 및 헌법에 위반된다고 생각하기에 이를 수락할 수 없다'라고 문서로 회답했다.

그러자 마쓰자와松沢 위원장은 '이런 추상적인 문서는 받을 수 없으니 좀 더 구체적으로 써 달라'며 돌려보냈다.

위 인용문은 다음과 같이 이어지는데,

《PTA연합회 대표가 이토伊藤 위원에게 다시 물어보니 "아직도 답신을 안 보내다니, 교육위원회를 무시하는 것이냐. 교육위원회가 무리한 것을 요구한 게 아니다. 그걸 수락하지 않으면 내년도 예산 책정이 어렵다."라고 했다. 비공식이긴 하지만 처음으로 예산 삭감 의도를 내비쳤다. (이 당시 도의회에서는 분명 1954년도 예산심의가 진행 중이었다. 신년도 예산 삭감은 곧 폐교를 의미한다)》(조교조朝敎組 정보선전부 발행 『민족의 아이』)

말 그대로 이 사태는 '깊고 고요히 잠행하듯' 진행되었다. 명백하게 계획된 올가미였다. 이토록 지독한 표현을 나도 쓰고 싶지 않지만, 아무리 다른 표현을 찾아보려 해도 이것 말고는 도무지 쓸 표현이 없어 당혹스럽기까지 하다.
"아앗! 바로 이거였구나!"
겉옷 안에 살짝 보인 상대의 갑옷 소매를 발견하고서야 우리는 완전히 허를 찔린 기분이었다.

## 6개 항목 문제의 경과

6개 항목 문제가 불거지고 약 2개월 후, 우리는 이 사태의 초기 미동이 끝났음을 분명히 알게 되었다. 그간의 경과를 살펴보자.
2월 15일 ─ PTA연합회는, '예산과 학교 운영 문제를 묶어서 도교육위원회 측의 요구를 수락하지 않으면 예산을 삭감하겠다는 위협적인 태도는 부당하니 두 문제를 명확히 구분해서 충분한 대화를 통해 운영 문제를 해결하고 싶다'라고 요청했다. 도교련都敎連도 곧바로 비슷한 취지의 협의를 요청했다. 그 결과 도쿄도 교육위원회도 이를 받아들여 협의를 약속한다.
2월 19일 ─ 6개 항목에 관한 첫 번째 대화. 도쿄도 교육위원회 측은 6개 항목의 무조건 수락을 요구했고, PTA연합회 측은 실정을 대부분 무시한(특히 (2)~(5)항목은 어떤 목적으로 요구하는지 이해하기 어렵다_필자) 것이라고 맞섰다.

2월 23일 — 항목별 심의 시작

제1항: 교육기본법의 정신을 존중한다.

제2항: 원칙적으로 과외수업으로 하겠지만 탄력적으로 운영한다.

제3항: 교육위원회는 앞으로도 예산 증액을 위해 노력한다.

등을 양해 사항으로 확인했다.

3월 2일 — 마쓰자와松沢 위원장은 '도의회의 모 거대 정당(자유당)이 조선인학교의 예산편성을 강하게 반대하니 예산을 통과시키려는 우리를 돕는다 생각하고 문서로 회답해 주기 바란다'라고 요청, PTA 측도 이를 승낙한다.(이때가 실제로 첫 번째 큰 고비였는지 모른다_필자)

3월 4일 — 도쿄도 교육위원회 측의 태도가 돌변해 예산을 통과시키려면 반드시 6개 항목의 수락이 필요하다고 강조. 게다가 부대 조항으로 30여 개 항목을 추가한 <서약서>를 제시, PTA 측이 격분해 협상 자리에서 퇴장한다.

이 부대 조항에는, 조선인 교사는 과외수업 외에는 일절 정규수업을 해서는 안 된다는 것 외에도 교내에서 사용하는 모든 교육용어는—수업은 물론이고 학생자치회, 운동회, 학예회 등에서조차—일본어를 쓰라는 내용이 포함되어 있었다. (PTA 측이 격분해 자리를 박차고 나가긴 했지만 이미 때를 놓친 상황이었는지도 모른다. 어딘가에서 누군가는 의미심장한 웃음을 짓고 있었을 것이다_필자)

PTA 측은 서약서의 철회와 2월 23일에 있은 양해 사항의 재확인을 요구, 도쿄도 교육위원회 측은 서약서 철회는 받아들였지만 양해 사항의 재확인 건은 해결하지 못하고 끝난다.

이런 식으로 협상은 일진일퇴를 반복, 도쿄도 교육위원회가 양해 사항을 휴지 조각처럼 여기는 상황에서 아무런 타협안도 내놓지 않은 채 결국 사태는 최악으로 돌입해 간다.

3월 16일 — 도쿄도 교육위원회는 객관적 정세가 불리하니 20일까지 각서(후술)를 제출하지 않으면 예산을 삭감한다고 일방적으로 통고.

3월 20일 — PTA 측이 제3항의 학생 정원수 문제 외에는 모두 원칙적으로 승인할 용의가 있다고 밝혔지만, 이것도 거부당함.

3월 24일 — 도쿄도 교육위원회 측이 모든 검토를 거부, YES인지 NO인지 즉답 요구. PTA 측은 마지막까지 학생 정원수 문제를 별도로 고려해달라 요청했지만 받아들여지지 않았고 결국 6개 항목을 전면적으로 수락.

이상은 1954년 11월 30일에 조교조朝敎組 정보선전부가 발행한 『민족의 아이—조선인학교 문제』에서 발췌한 6개 항목 사태의 주요 경과이다.

이후로도 3월 말까지 세부 항목에 관한 협의가 이어졌는데, 이는 단지 당국이 짜놓은 코스를 밟는 의미밖에는 없었다. 포석은 이미 끝나 있었다. 문제의 발단부터 시종일관 선수를 빼앗겨 수비 일변도로 치달으며 후퇴를 거듭한 PTA 측의 표정은 참담 그 자체였다.

6개 항목을 수락한 날로부터 1년 후인 1955년 3월 말을 기점으로 도립조선인학교가 폐교되었는데, 이미 그 종말은 누구나 예상한 일이었다. 문제는 당국이 언제 어떤 형태로 조선인학교의 숨통을 끊을지 그것만 남은 상황이었다 해도 과언이 아닐 것이다.

그런데 3월 20일에 있은 교섭 때 PTA 측이 준비한 각서와 교육위원회 측이 제시한 각서 내용은 무엇이 달랐을까. 이 당시의 교섭은 이미 도쿄도 교육위원회가 깔아 놓은 판 위에서 벌이는 승부여서 결과는 누가 봐도 뻔했는데, 양측 주장의 차이를 분명히 해두는 것도 의미가 있을 것이다.

4장 폐교로 가는 길

| 도쿄도 교육위원회 제시 사항(3월 16일) | PTA연합회 측 회답 |
|---|---|
| 1. 이데올로기 교육에 관해<br>교육기본법의 정신에 따를 것은 물론이며, 편향된 정치교육을 하고 있다는 오해를 불러일으킬 만한 행동은 하지 않는다. | 교육기본법의 정신에 따라 오해를 불러일으키지 않도록 노력한다. |
| 2. 민족과목 취급에 관해<br>교육 법규에 따라 도립학교로 이관할 당시의 원칙대로 과외로 실시한다. | 교육 법규에 따를 것을 원칙으로 하고 학생들의 현실에 맞춰 취급한다. |
| 3. 아동, 학생 정원수에 관해<br>학교발족 당시의 사정도 있으므로 교육위원회의 지시에 따르도록 하고, 임의 증가는 하지 않는다. | 자연증가를 고려해 별도로 정한다. |
| 4. 학생들의 집단 진정에 관해<br>교육위원회가 학부형 대표와 대화해줄 것을 믿고 학생들의 집단 진정이 없도록 노력한다. | 교육위원회가 학교 실정을 존중해줄 것을 믿고 학생들의 집단 진정은 막는다. |
| 5. 미발령 교원에 관해<br>법규에 따라 미발령 교원은 교단에 세우지 않는다. | 교원 정원수는 학교의 실정에 따라 별도로 정하고, 미발령 교원이 교단에 서지 않도록 노력한다. |
| 6. 교직원 회의 구성에 관해<br>정규 교직원 외에는 참가시키지 않는다. | 정규 교원 외의 교사는 교장의 양해 또는 요청 없이는 참가하지 않는다. |

앞에서도 쓴 것처럼 이 각서는 도쿄도 교육위원회 측이 일방적으로 주도권을 잡고 있다.

아마 깊은 사정을 모르는 사람이 이 조문만 보면 양측 주장에서 근본적으로 무엇이 다른지 모를 것이다. 이토록 집요하게 나오는 포인트가 무엇인지 이해하기 어려울 수도 있다. 분명 위의 조문은 양측 모두 추상적인 내용만 담고 있어서 이것만으론 큰 차이가 없다고 할 수도 있다.

즉 결정적인 문제는 교육위원회가 PTA 측의 의견을 일단 양해 사항으로 확인했으면서도 결과적으로는 아무런 의미도 없이 완벽히 무시했다는 점이다. 가령 PTA 측이 제출한 각서가 받아들여졌다 하더라도 이 시점에는 문서에 도장을 찍느냐 안 찍느냐에 초점이 맞춰졌기 때문에 YES 아니면 NO, 둘 중 하나밖에 선택지가 없다는 점이다.

도쿄도 교직원연맹을 비롯해 몇몇 조합이나 민주단체, 진보적 정당의 도의원 등이 각각의 자리에서 열심히 활동해 준 것도 사실이다. 그렇지만 '폐교냐, 6개 항목 수락이냐' 둘 중 하나만 택하라는 강경한 태도를 무너뜨릴 수는 없었다.

## 눈물을 머금고 6개 항목 수락

여하튼 이러한 큰 움직임이 일단락되자 이어서 3월 말까지 세부 항목을 정하는 교섭이 시작되었다. TKO(Technical knockout) 패였다. 종료 공이 울린 것이다. 그런데 진짜 고비는 이때부터였다.

왜냐하면 세부 항목 협상에 들어감과 동시에 교육위원들은 자취를 감추고 말았고, 대신 등장한 가토加藤 교육장이 갑자기 3월 4일에 요구한 부대 항목과 거의 같은 내용을 제시했다. PTA 측이 이를 거부하자 교섭은 또다시 혼란에 빠졌다.

게다가 3월 30일, 도쿄도 교육위는 각 조선인학교장에게 4월 5일로 예정된 신년도 개교를 무기한 연기하도록 통고했다.

긴박한 상황을 전해 듣고 달려 온 사회당을 비롯한 진보 국회의원단 10여 명은 교섭 자리에 들어가지도 못했다. 4월 3일, 두 번째 교섭에 나선 PTA대표에게 가토加藤 교육장은 '더 이상 교섭의 의미가 없으니 대응하지 않겠다'라며 자리를 뜨고 말았다.

일본인 교사들도 움직였다. 과거에는 쿠데타(?)까지 일으켰던 이들을 비롯해 조선인 중·고등학교의 일본인 교사 38명 전원과 소학교 교사 10여 명이 '폐교 조치만은 철회하고 정원수 문제를 고려해 달라'고 마쓰자와松沢 위원장에게 청원했지만, 물론 아무런 효과도 없었다.

그리고 4월 7일에는 '4월 9일 오후 5시까지, 앞으로 교육위원회의 모든 지시에 따를 것을 수락하라. 이를 받아들이지 않으면 즉시 폐교한다'라고 최후통첩을 한 것이다.

문제의 그 날, 4월 9일의 상황을 『민족의 아이』에서 인용하자.

《……4월 9일 오후에는 경시청 산하 경찰예비대가 도청 주변에 대기해 있었고, 교육청 청사 앞은 장갑차가 진을 쳤다.

PTA 대표가 교육청 안으로 들어가려면 청사를 가득 메운 무장 경찰관들을 헤치고 들어가야만 했다.

국회의원단과 민족교육의 앞날을 염려하는 각 단체의 간부들이 입회한 가운데 신문기자와 마이크, 카메라에 둘러싸여 마지막 회견이 시작되었다. 마쓰자와松沢 위원장은 PTA 측이 발언하는 동안 시계만 쳐다보며 무조건 5시까지 YES인지 NO인지 답하라고 대꾸할 뿐이었다. 도쿄도 내 모든 조선인학교에 다니는 5,000명에 가까운 학생들이 학교를 빼앗기고 또다시 1945년 이전으로 돌아가게 될 사태만은 어떻게든 피하려고 PTA 대표가 수락 의사를 말하려 했는데 목이 메어 목소리가 나오지 않았다. 대신 다른 대표가 눈물을 흘리며 "교육위원회의 선의를 믿고 수락합니다."라고 대답했다.

그러자 가토加藤 교육장이 "선의를 믿는다니 무슨 말인가. 무조건 수락하는 게 아닌가?"라고 위압적으로 묻자 갑자기 조선인 측의 T 대의원이 고함쳤다. "이놈아! 이렇게까지 하고 아직도 부족해!" 그의 목소리는 분노에 떨고 있었다.》

지금도 그날 상황을 떠올리면 한없이 가슴이 억죄어 오는 걸 떨칠 수가 없다.

아아, 얼마나 긴 시간이었던가. 얼마쯤 시간이 걸렸는지 확실히 기억하진 못하지만, 등받이에 몸을 기대고 이따금 다리를 바꿔 꼬거나 시계를 쳐다보며 PTA 대표가 무슨 말을 하든 차가운 침묵을 이어가던 마쓰자와松沢 위원장의 모습은 잊히지 않는다. 나도 이 마지막 회견 때는 거의 복도 쪽으로 밀려 나갈 지경으로 그 광경을 지켜보았다.

갑자기 덮쳐온 엄청난 허탈감에 망연자실해 있는 내 눈을 카메라맨들이 일제히 터트린 플래시 섬광이 날카롭게 찔렀다.

이토록 어처구니없는 일이 있을 수 있단 말인가.

상황이 종결된 후에 교육청의 모 과장이 "설마 PTA 측이 6개 항목을 수락하리라고는 생각지 못했다"라고 한 말을 『민족의 아이』가 전했는데, 교육위원회 측에서 보면 승부는 이겼어도 확실히 굴복시키지 못해 억울함이 남았을지도 모른다.

물론 나는 이 마지막 회견을 보지 않았더라도 PTA 측이 어떤 답변을 할지 잘 알고 있었다.

만약 당국이 바라던 대로 PTA 측이 수락을 거부했다면 당연히 교육위원회나 자유당은 쾌재를 불렀을 테지만 그걸로 무슨 해결이 되었을까. 폐교 조치로 인해 모든 예산은 삭감되고 도쿄도 내 조선인학교의 학생들은 그날로 배움의 장소를 잃고 만다. 그리고 그곳에서 생활해 온 교사는 더 비참한 상태에 빠질 것이다.

'목적을 위해서는 수단을 가리지 않는다.'

이 말을 온몸으로 절절히 느낀 장면이었다.

### 도쿄도 교육위원회의 재공격

여하튼 신년도는 시작되었다.

하지만 이 1954년도가 '도립조선인학교'라는 간판을 걸고 운영하는 마지막 연도가 될 것임을 모두 잘 알고 있었다. 맑고 쾌청한 날씨 속에 열린 들뜬 입학식과는 반대로 우리의 마음은 무겁게 가라앉았다.

도쿄도 당국은 폐교를 결정하기까지 골치 아픈 교섭과 협상을 걱정해야 할 필요가 완전히 없어진 셈이었다. 남아있는 문제는 교육위원회가 조선인학교에서 '도립' 간판을 떼어내기 위해 어떤 기회를 만들 것인가 그뿐이었다.

6개 항목의 수락은 더 이상 조선인학교에서 아이들을 조선인으로 길러내지 못함을 의미했다. 당연히 조선인 스스로가 바라는 민족교육은 할 수 없게 되고 만다. 그렇게 되면 조선인 측이 언젠가는 반드시 약점을 보일 것이고, 그때가 당국으로서는 기회였다. 게다가 폐교 여부를 결정하는 권한은 당국이 쥐고 있었다.

도립학교가 폐교될 때까지 1년의 기간은 어쩌면 도쿄도 교육위로서도 예측하지 못한 코스였는지 모른다.

4월 9일의 회견 당시 PTA 측 대표가 피를 토하는 심정으로 '도쿄도 교육위원회의 선의를 믿고…'라고 한 말에 '선의를 믿는다는 게 무슨 소리냐, 무조건 수락이 아니란 말인가'라고 다그친 가토加藤 교육장의 태도는, 사소한 꼬투리라도 잡아서 당장이라도 폐교로 몰아넣고 싶은 속셈을 공개적으로 드러낸 것이다. 그런 의미에서는 이 사태가 온전히 당국의 계획대로 되진 않았더라도 탄압을 위한 기초는 확실히 마련한 것이라 할 수 있다.

어쨌든 6개 항목의 무조건 수락 후 곧바로 첫 번째 통달이 날아들었다. 이럴 때일수록 관공서의 업무 처리는 그야말로 일사천리다.

상당히 중요한 내용이기에 아래에 통달의 전문을 소개한다.

---

**도쿄도립조선인학교의 운영에 관하여**

쇼와 29년(1954) 4월 7일 자로 별지 통고에 근거해 6개 항목을 무조건 수락한다는 회답이 있었기에 아래에 따라 수업을 개시하기 바람.

- 아래 -

1. 쇼와 29년(1954) 4월 12일 이후로 가능한 한 속히 수업을 개시할 것.
2. 학생들의 정원수에 관해서는 다음과 같이 한다. 다만 4월 10일 현재, 시설에 여유가 있는 범위에서 예산에 영향을 주지 않는 조건으로 증원해도 된다.
　　(중학교) 22학급 1,280명(실제로는 28학급)
　　(고등학교) 6학급 641명(실제로는 10학급)
　다만, 중학교는 1년에 250명, 고등학교는 1년에 200명까지만 증원한다.
　4월 1일 현재, 전년도 학년에서 올라온 학생에 한하여 예산에 영향을 주지 않는 조건으로 제적시키지 않는다.
3. 입학자 결정에 관해서는 다음과 같이 한다.
　(1) 도쿄 도내에 외국인등록을 마친 취학연령 아동일 것.
　(2) 입학지원자가 정원수를 초과했을 경우는 추천 등의 선별 방법을 통해 결정할 것.
4. 교직원에 관해서는 다음과 같이 한다.
　(1) 교원 정원수
　　　전임교원 : 중학교 33명(사무직원 포함), 고등학교 13명
　　　시간강사 : 중학교 25명
　(2) 교원으로 발령받지 않은 자는 일절 교단에 서지 않을 것.
　(3) 교직원의 임면, 이동에 관해서는 PTA 외에는 간섭하지 말 것.
　(4) 학급 담임은 일본인 교원으로 충당할 것.
　(5) 교직원의 휴가, 결근, 출장 등은 반드시 학교장의 허가를 받게 할 것.
5. 교육목표에 관해서는 다음과 같이 한다.
　'우리는 조선민주주의인민공화국을 수호·방위하고 재일조선인 청소년을 조국에 충성하는 학생들로 육성한다.' 등의 교육목표를 내세우거나, 학교 안팎의 모든 행사 때 북조선 깃발을 게양하거나, 김일성의 사진, 그림 등을 거는 등 특정 이데올로기 또는 정치사상이 편향적이라 인정될만한 교육은 하지 말 것.
6. 교육과정에 관해서는 다음과 같이 한다.
　(1) 교과목 및 수업 시간은 학습지도요령의 기준에 따를 것.
　(2) 정규과정은 일본인 교원이 담당하고, 조선어 과목 및 조선어로 수업하는 지리, 역사 등의 학습은 정규 외 수업으로 하고, 다음에서 지시하는 시간 범위 내에서 조선인 교원이 담당한다.
　　(소학교)

1, 2학년 : 주 6시간 이내
  3, 4학년 : 주 7시간 이내
  5, 6학년 : 주 8시간 이내
  (중학교)
  1~2학년 : 주 각각 8시간 이내
  (고등학교)
  1~3학년 : 주 각각 10시간 이내
  다만, 학생들의 부담을 고려해 도쿄도 교육위원회의 허가를 받아 과외수업 시간 수를 정규수업 시간 수에 편입해도 지장 없다.
  7. 수업시간표는 사전에 도교육위원회, 교육청과 협의한 다음 작성할 것.
  8. 교과용 도서의 취급은 다음과 같이 한다.
   (1) 정규과정에 사용하는 교과용 도서는 정식 절차를 거쳐 허가받은 것이어야 함.
   (2) 과외학습에 사용하는 교재는 도교육위원회의 승인을 받은 것이어야 함.
   (3) 과외학습 이외의 수업용어는 모두 일본어로 할 것.
  9. 직원회의에 관해서는 다음과 같이 한다.
   (1) 직원회의는 학교장이 주재하고, 교원과 강사로 조직한다.
      잡무원, 작업원 및 사무보조, 그 외 학부형 등 교원이 아닌 자는 참가시키지 않는다.
   (2) 학교장의 승인이 없는 직원회의에서의 결정은 효력이 없다.
      그 외에 수업 시간 중에는 어떠한 경우도 학생들이 집단으로 진정하지 못하게 할 것.


  다음의 사항을 준수해야 할 것.
  1. 교장 이외의 자를 '우리 교장' 등의 호칭으로 절대 부르지 못하게 할 것.
  2. 일본의 축일에는 반드시 휴교하고, 정해진 휴교일 외에는 허가 없이 수업을 쉬지 않을 것.
  3. 학교에서 이뤄지는 모든 행사에 학교장의 허가 없이 외부인을 참가시키지 말 것. 다만 허가받은 경우에도 학교장의 지시에 따르도록 할 것.
  4. 교사 및 학교설비 사용은 반드시 사용 전 48시간 이내에 학교장의 허가를 받게 할 것.

5. 교사 내외에 설치하는 전시물은 원칙적으로 일본어를 사용하고, 조선어를 쓸 때는 학교장에게 그 이유서를 제출하여 허가받도록 할 것.
6. 학생들의 자치회 등은 반드시 교원의 지도에 따른 것이야 하며, 용어는 원칙적으로 일본어로 할 것.
7. 수업 시간 중에는 학교가 주최하는 행사 외에 학교장의 허가 없이 학생들을 참가시키지 말 것. 수업 시간 외에도 학교의 이름을 걸고 행사에 참여하는 경우는 학교장의 허가를 받도록 할 것.
8. 학교신문, 학급신문, 학생자치회 기관지 등 학교에서 발행하는 팸플릿 종류는 그때마다 학교장의 허가를 받도록 할 것.

대략 이런 식이다. 6개 항목의 구체적인 내용은 이것으로 확실히 알 수 있다. 말하자면 '꼼짝도 못 하도록 얽어맨' 상태이며, 세부적인 부분은 차치하더라도 조선인 교육을 철저히 부정한 것이다.

그런데 일반인들이 보면 '이것이 당연하지 않나?'라고 생각할지 모른다. 단순히 교육위원회—학교장—교직원이라는 관계에만 초점을 맞추면 이 통달이 법규나 조례 기준을 따른 것으로 보는 시각도 성립될 것이고, 또 공립학교에서는 근무 평정이 실시된 이후로 이보다 훨씬 더 구체적인 기준이 적용된다는 얘기를 자주 듣고 보았기 때문이다.

## 권력이 그리는 조선인학교의 모습

그렇다면 대체 조선인학교는 무엇을 하기 위한 학교란 말인가.
만약 도립조선인학교가 그 명칭대로 '도립 운영으로 조선인을 교육하는 학교'임을 의미한다면(우리는 그렇게 믿어왔지만), 위의 통달을 충실히 이행하면 할수록 민족교육은 아예 발붙일 곳조차 없는 모순과 비상식에 분명 망연자실할 것이다.
나는 이 통달을 받은 직후 앞으로 조선인학교에서 벌어질 학생들의 하루 생활을 혼자 머릿속에 그려보았다.


 ○시 ○분 : 종소리가 나고 학급 회의가 시작되자 담임인 ○○선생(당연히 일본인 교사)이 교단에 서서 짧게 '너희들은 사회의 다양한 문제에 신경 쓰지 말고, 순수한 마음으로 공부하고, 규율에 따라 올바른 생활 태도를 몸에 익히라' 이런 뜻의 훈시를 한다.

 이어서 국어(일본어), 사회(일본 역사), 수학, 과학…… 순서로 수업이 진행되다 드디어 마지막 7교시에 학급회의 시간이 왔다.

 담임선생이 '규칙은 잘 지켜지고 있는가'라는 주제를 내주고 토론하라 했는데, 도무지 의견이 나오지 않는다.

 이쪽에서도 저쪽에서도 학생들은 속으로만 중얼거린다.

 아무 말도 하기 싫다 ……불과 얼마 전까지는 열심히 조선말을 썼는데, 조선말로 하라면 하겠지만, ……일본어는 다 까먹었다……아, 귀찮아. 입 다물고 가만히 있자. 아— 지루해, 빨리 끝났으면 좋겠네.

 그러다 용기를 내 손을 든 학생이 갑자기 "선생님!(조선말)" 하고 부른다.

 그렇게 정규수업은 끝나 버렸고, 과외수업인 국어(조선어) 과목이 1시간 남아있다. 내일은 정규과목이 6교시까지 있는 날이니까 과외수업은 조선 역사와 조선 지리, 2교시가 들어있다. 너무 피곤하지만, 멍청히 앉아있을 수는 없지….

 어느새 진 겨울 해는 이미 학교 건물에 그림자를 드리웠고, 연료가 떨어진 난로는 묘하게 쓸쓸해 보인다.

 맞다, 선생님이 나한테 우리말(조선어)을 잘 못 하니까 이번 주말에 남으라고 했었지……그럼 재밌는 탁구도 못하는 것 아냐? 이번 일요일에 드디어 일본학교랑 시합하게 됐는데. 아, 그럼 못 하잖아!……


 이런 모습이 나만의 망상일까. 그럴 수만 있다면 차라리 망상이고 환상이길 진심으로 바랐지만, 아무리 생각해도 결론은 이런 상황이 되고 말았다.

　일본인 교사도 당혹스럽긴 매한가지일 것이다.

　예를 들어 용무가 있어 가정 방문을 하고 싶은데, 조선인 부모는 둘 다 일본어를 거의 못 한다고 한다. 그런데 오늘 할 얘기는 학생한테 통역하라고 할 수도 없는 얘기다. 에―이, 관두자.

　혹시 조선어를 배워도 좋겠지만 어쩌다 수업 중에 '동무들!(조선말)'라고 말하면 6개 항목의 위반이다. '저 선생님은 좋겠네. 담당 과목이 영어라서…… 마음만 먹으면 학급 회의든 수업 시간이든, 처음부터 끝까지 영어만 써도 될 테니까……'(6개 항목에 영어를 쓰지 말라는 내용은 없다) 방학하려면 아직도 멀었는데…. 게다가 1학급에 100명 이상 들어차 있으니 도무지 가르칠 마음도 안 생긴다(중학교의 경우 600명이 넘는 1학년을 6개 학급으로 편성하라고 했다).

　과외수업을 맡은 조선인 교사도 마찬가지다. 학생들을 방과 후에도 남게 해 공부를 봐줘도 전혀 효과가 없다. 게다가 아무리 열심히 일해도 시간강사라 월급은 7천 엔 정도밖에 안 되었다….

　이렇게 교사도 학생도 완전히 그로기 상태가 되고 만다. 6개 항목을 지키면 이렇게 될 것이고, 한 가지라도 지키지 않으면 '폐교'가 기다렸다.

　조금 무책임한 표현일지 모르겠지만, 지금 돌이켜봐도 교육위원회가 제시한 기준을 지켜야 할지, 지키지 않을지를 진지하게 고민한 것 자체가 의미 없는 일이었던 것 같다.

　어느 쪽이든 같은 결과밖엔 나오지 않기 때문이다. 항목을 준수하면 그곳엔 조선인 교육의 껍데기만 남는다. 그리고 4월 9일, 도립조선인학교 PTA연합회는 그 '껍데기'가 되는 길을 선택했다.

　아무리 그렇더라도 이렇게까지 당하면서 그냥 있을 수는 없는 노릇이다.

　분명히 말해서 이 조치는 언젠가 닥쳐올 일이었고, 조선인 측도 10년, 20년 계속 도립학교로 있을 생각은 아마 아무도 안 했을 것이다. 또 단지 도립학교라는 이유로 조선인 아이들이 일본인과 똑같은 교육만 받아야 한다면, 아무리 가난하고 힘들어도 언젠가는 이 악순환을 끊어야 한다는 생각을 도립학교 발족 당시부터 갖고 있었다. 다만 '시간'이 필요했다고 생각한다.

이 원고를 쓰면서 문득 떠오른 생각에 지나지 않지만, 6개 항목 문제 이후로 폐교까지 1년이라는 시간은 전후戰後 재일조선인 교육에서 헤아릴 수 없이 큰 무게였는지 모른다. '폐교'로 인해 경제적으로 엄청난 타격을 받으면서도 조금도 비틀거리지 않았던 재일조선인 교육의 힘이 이 당시 1년간 더욱더 깊고 단단히 축적된 것이라고 나는 생각한다.

하지만 이건 어디까지나 나 혼자만의 상상이지, 당시 같이 활동한 조선인 누구에게도 넌지시 확인한 것은 아니다.

학교의 현실은······통달로 인해 일본인 교사의 수업 시간 수가 대폭으로 늘어났기에 우리는 과중한 노동에 시달렸다. 그것뿐이라면 모르겠지만 이전보다 더 엄격해진 당국의 감시를 의식한 일본인 교사 상호 간의 균열, 불안에 빠진 아이들, 민족교육을 빼앗겨 격하게 분노하는 조선인 교사, 식민지 시대와 마찬가지인 교과서 검열(한 가지 사례에 지나지 않지만, 소학교 교과서의 '퀴리 부인' 부분이 사실적 기술에 아무런 문제가 없음에도 불구하고 일방적으로 삭제되었다)도 있었다.

---

**6개 항목으로 인해 삭제된 교재의 예**

<퀴리 부인>(모국어_소학교 6학년 1학기 교재, 6~10p)
퀴리 부인은 폴란드 '바르샤바' 마을에 있는 어느 중학교 물리학 선생님의 아이인데, 이름은 '마리'였다. 아버지는 학문연구에만 흥미가 있는 학자여서 형편은 가난했다. 한 번은 빚을 많이 져서 집달관에게 옷과 가구를 빼앗긴 적도 있다. 이처럼 가난한 형편 속에서도 마리는 열심히 또 끊임없이 공부했다. 아버지를 닮아 과학에 흥미를 느껴 물리·화학을 열심히 공부했다.

1891년, 마리는 아버지의 허락을 받고 파리 소르본대학에 가서 공부했다. 옛날부터 파리는 화려함과 사치로 유명한 곳이었기에 늘 검은 옷에 검은 면양말을 신고, 화장도 안 하는 마리는 그 대학에서 웃음거리가 되었고, 또 여자가 물리학을 연구한다며 무시당하고 학생들 사이에서 놀림을 당하는 일이 많았다. '여자가 화학을 공부해서 뭐 하려고?' 그러나 굳은 결심으로 고국을 떠나 멀리 파리까지 왔던 마리는 그런 일들은 조금도 괘념치 않고 연구실에서 연구에만 온 힘을 쏟으며 열심히 노력했다. 그리고 남자 연구생들을 늘 깜짝 놀라게 했다. 그들도 여자에게 지지 않겠다는 마음으로 서로 경쟁하며 열심히 공부했기 때문에 리츠만 교수의 제자들은 연구열이 높아갔다. 또 교수는 마리를 지도하는데 특별한 관심을 가졌다. 집이 가난해 학비를 보내줄 형편이 아니었기에 마리는 가정교사를 하거나 연구실 청소일을 해서 받은 돈으로 생활했다. 아파트 지붕 아래 있는 방 한 칸을 빌려 겨울에는 난방도 없이 살았다. 하지만 마리는 가난한 교사의 자녀로 태어나 어릴 때부터 고생했을 뿐만 아니라 본국에 있는 친구들은 러시아 관료들의 압박으로 감옥에서 고통에 신음하는 일도 많았다. 자국의 언어로 쓴 책도 읽지 못하는 상황이었지만 파리에서는 고국의 친구들과 만나 자유로이 자국의 언어를 말하고, 국가를 노래할 자유가 있었기 때문에 고생도 힘들게 여기지 않고 연구에 집중했다.

　'나는 어떻게든 한 번은 명예로운 일을 하고 싶다. 크게 성공해 나를 유학 보내주신 아버지와 친구들의 은혜를 갚자. 그리고 나를 이곳으로 내몬 러시아 관료들을 놀라게 하자'라고 굳게 결심했다. 그녀는 열심히 연구해 3년 후인 1894년에 물리학 학사를 취득하고 이듬해에는 화학 학사도 받았다.

　1895년에 마리는 당시 파리대학의 교수로 명성 높은 화학자인 '피에르 퀴리'와 결혼하게 되었다. 그리고 1898에 퀴리 부인은 남편인 퀴리와 함께 놀랄 정도로 신기한 '라듐'이라는 원소를 발견했다. 이 두 사람의 발견은 세계 화학계에서 커다란 성공을 이뤘다. 그 후로는 파리대학에서 가장 높은 학위를 받고 '노벨상'을 수상했다. 또 전 세계가 이들의 공적을 높이 사 유명해졌는데, 퀴리 부인은 그다지 자랑스럽게 생각지 않았고, 프랑스 정부가 수여하겠다는 훈장도 거절했다.

* 필자 주 : 조선어로 쓴 교재를 누군가가 검열용으로 (일본어)번역해 제출한 것으로 보이는데, 참으로 악문惡文이다. 하지만 이런 문장은 수정하면 될 것이고 또 고칠 수 있다. 소학생용으로는 문장이 어렵다고 할 수도 있을 것이고 분명한 오역도 있다. 하지만

어디가 어떻게 나쁘다고 판단했는지 결국은 알아낼 수 없었다. '검열'이란 역시 이처럼 '아무짝에도 쓸모없는' 존재일지도 모른다.

여하튼 조선인학교는 이런 일들이 거듭되는 악조건 속에서 마치 세간의 눈에서 벗어나려는 듯 비바람을 피하며 조용히 '폐교로 향하는 길'을 걷고 있었다.

## 폐교 결정 통고

1954년 8월 6일, 오다치 시게오大達茂雄 문부대신은 '조선인학교는 폐교해야 마땅하며, 조선인의 집단 교육은 인정할 수 없다'라는 담화를 발표했다.

이어 9월에 들어서자 모토시마本島 교육위원장, 시부야渋谷 차장, 오가타緒方 문부성 초·중등국장 등 문교 관계자 외에도 공안조사청, 경시청, 내각조사관 등이 가세해 폐교 방침을 재확인하고 구체방안을 정리했다. 그와 동시에 언론 또한 대대적으로 조선인학교의 폐교 문제를 보도하기 시작했다.

후에 언급하겠지만 당국이 폐교의 근거로 삼은 것은 6개 항목의 위반 자체는 아니다. 하지만 '~이기 때문에 ~한다'의 '~이기 때문에'에 6개 항목을 적용하고 있는 것도 사실이었.

폐교 방침이 발표된 직후 조교조朝教組가 호소한 『우리의 고민』(9월 29일)이 그간의 사정을 좀 더 알기 쉽게 설명하고 있으니 여기 인용해 본다.

《……여러분은 교육위원회에서 다음과 같은 지시가 나왔을 경우 어떻게 하겠습니까?

(1) 고교는 정원 641명을 6학급으로 편성하라.[이는 사실상 불가능한 일이라 우리는 8학급으로 편성했습니다]

(2) 중학교 신규입학 희망자 530명 중 200명만 선별해서 입학시키고, 나머지 학생은 내보내라.[우리는 도쿄에서 유일하게 모국어와 역사를 가르치는 이 학교에 오려고 입학 절차를 마친 아이들을 내보낼 수 없었습니다. 게다가 고등학교는 그렇다 치더라도 중학교는 의무교육 기관입니다. 교문에 붙은 간판은 도립조선인중학교입니다. 하지만 아이들을 입학시킬 힘이 없는 우리는 이 학생들을 현재 도립학교 범위를 벗어난 교내에서 별도로 가르치고 있습니다]
　(3) 민족 과목(조선어, 역사, 지리)은 소학교의 경우 1일 1시간, 중·고등학교의 경우 1.5시간으로 하라. 그 외의 시간에는 조선어를 사용해서는 안 된다.[조선인에게도 빼앗긴 모국어와 자국의 사정을 알 권리가 당연히 있는데, 우리는 어쩔 수 없이 6개 항목대로 할 수밖에 없었습니다. 다만 중학교(1개교만)에서는 일본인 교사가 부족해 조선인 교사도 영어, 수학, 체조 등을 가르치고 있습니다]
　(4) 조선인 교사는 학급 담임을 할 수 없다. [아라카와荒川소학교는 학급이 12개인데, 일본인 교사가 7명뿐이라 조선인도 학급 담임을 맡고 있습니다. 그 외 모든 학교는 이 기준에 따르고 있습니다. 물론 일본인 교사만으로는 담임 업무를 다 할 수 없어 이전처럼 조선인은 부담임 형태로 하고 있습니다. 이 광범위한 통달은 조선인 교사가 부담임을 맡는 것까지는 금지하지 않았기 때문입니다]

　위 내용들은 교육위원회 및 신문들이 조선인학교가 협정을 위반한 것이라 소란을 떨며 폐교의 이유로 내세운 사항입니다. 다만 6년간에 걸쳐, 특히 올해 1월부터 5월에 조선인학교에 대한 맹렬한 공격은 단순히 도쿄도 교육위원회의 독자적인 교육적 조치가 아닙니다.
　8월 6일 『아사히신문』에 실린 오다치 시게오大達茂雄 문부대신의 담화에서도 알 수 있듯이 '조선인학교는 폐교해야 마땅했는데, 치안 당국과의 충분한 논의가 없었기에 늦어졌다'라고 보도했고, 또 9월 16일에는 '문부성, 경시청, 교육장의 합동회의가 열렸다'(『산케이신문』 등)라는 기사를 보면 누가 폐교를 강행하고 있는지 명백합니다.
　지금까지 우리에게 부족한 점이 많았음은 부정하지 못합니다. 다만 이번 탄압은 그 부족한 점에 대해서가 아닌 조선인의 기본적 인권(모국어와 자국의 역사를 배우는)을 침해하려는 것입니다.

이는 과거 비참했던 식민지 민족 노예 생활에서 벗어나 모든 민족과 평등한 위치에서 평화로운 삶을 살고 싶은 염원이 짓밟혀 강하게 저항하는 해방 민족인 조선인을 억압해 또다시 자각 없는 조선인이라는 수치를 느끼게 하려는, 비굴하고 음침한 인간을 만들려는, 즉 지배하는 자에게 고분고분한 인간을 만들려는 의도가 분명합니다. ……》(조교조朝敎組 발행 『우리의 고민』(9월 29일))

앞에서 나는 폐교의 이유가 '6개 항목의 위반이 아니다'라고 했는데, 위의 호소에서는 '위반 그 자체를 이유로 삼고 있다'라고 했다. 그 차이는 실제 폐교 통고를 읽어 보면 명확히 알 수 있다.

10월 5일, 도쿄도 교육위원회는 PTA연합회에 '도립조선인학교는 쇼와 30년(1955) 3월 31일을 끝으로 폐교를 결정한다'라고 통고해 왔다.

---

### 폐교 통고

(이유)

종전 후 재일조선인은 조련朝連학교를 설립해 아이들을 교육해 왔는데, 쇼와 24년(1949) 9월 8일, 학교 설립자인 재일조선인연맹이 '단체 등 규정령' 위반으로 해산되었고, 그로 인해 각지에 있는 이들 학교는 폐쇄 혹은 폐교되었다.

도쿄도에서는 쇼와 24년(1949) 10월 23일, 재일조선인 아이들의 교육에 관한 각의 결정에 근거해 도립조선인학교 설치 운영에 관한 방침을 세우고, 쇼와 24년(1949) 12월 20일에 조선인 아이들만을 집단 수용해 교육하는 도립조선인 소·중·고등학교를 설치했다. 그런데 이 조치는 어디까지나 연합군 점령 상황이라는 비정상적인 사회정세 속에서 매우 특수한, 게다가 어쩔 수 없는 잠정조치였다. 본래 도립학교에서 외국인만을 수용해 외국인을 위한 특수교육을 하는 것은 지극히 변칙이며, 강화조약이 발효된 쇼와 27년(1952) 4월 28일 이후로는 조선인 아이들을 위한 특수교육도 하루빨리 조선인이 부담과 책임을 지고 실시되어야 하기에 도립조선인학교는 폐지되어야 마땅했다.

강화조약 발효 후 벌써 2년 반이 지났는데 여전히 종래처럼 도쿄도민의 부담으로 과거와 다름없이 도립조선인학교를 운영하는 것은 더 이상 허용될 수 없는 것이라 하겠다.

과거 5년간에 걸쳐 도쿄도는 잠정조치이긴 하지만 도쿄도 내 조선인 아이들의 교육을 위해, 특히 도립조선인학교를 경영하며 수많은 비판 속에서도 이곳이 정상적으로 운영될 수 있도록 모든 노력을 지속해 오늘에 이르렀다. 그런데 최근 조선인 측이 협력하지 않아 도립학교로서 소기의 성과를 얻을 수 없었던 점은 진심으로 유감이다.

이상과 같은 경위로 조선인학교를 도립학교로서 계속 경영하는 것은 참으로 불가능하다고 인정할 수밖에 없다. 따라서 도립조선인학교는 쇼와 29년도(1954)를 끝으로 폐지한다.

쇼와 29년(1954) 10월 5일<br>
도쿄도 교육위원회 교육장 모토시마 히로시 本島 寬<br>
도립조선인학교 PTA연합회 이사장 앞

# 5장
# 조선인학교의 자립에 대한 고뇌

<학교 창립 15주년 기념 사진첩>(1946~1961)

## 자율신경 기능 이상

 이런 얘기를 여기에 쓰는 것도 우습지만 우리 인간의 기억이란 당연히 현재와 가까우면 가까울수록 분명 더 선명하다. 그러니 '도립학교 폐교'라는 통고가 나온 후 몇 달간의 투쟁 기억이 나로서는 조선인학교 생활 5년 중에 가장 강렬하게 남아있어야 마땅하다. 그런데 정말 신기하게도 이 시기의 흐름을 떠올리려 하면 할수록 내 머릿속은 혼란스러워진다.

 정말 신기하다고 했는데 그건 어디까지나 일반적인 경우를 생각해서 쓴 표현이지 나 자신에게는 신기한 일도 아니다. 왜냐하면 기억의 선명도가 단순히 시간적 원근만으로 좌우되는 게 아니란 걸 똑똑히 체험했기 때문이다. 그리고 여기까지 쓰는 동안 언급할 기회를 놓치고 말았는데, 사실 나는 어느 순간부터 심각한 신경장애에 시달리고 있었다.

 조선인학교에 근무하기 시작해 3년째를 맞았을 때였던가? 내가 상당히 고치기 힘든 불면증을 앓고 있다는 걸 알게 되었다.

 물론 그 불면증은 어느 날 갑자기 찾아온 것은 아니었다. 많은 이들이 경험하듯 내 불면증도 서서히 나타나기 시작했는데, 심해졌다가 가라앉기를 반복하는 증상이 나의 일상 중 가장 소중한 수면시간으로 점점 기세를 더해 파고들었다.

 '잠이 오지 않을 때는 천정의 옹이구멍 수를 세어 봐라.'

 '숫자를 1부터 차례대로 세다 보면 어느새 잠이 온다.'

 이런 말을 어디선가 들었기에 불면이라는 증상을 가벼이 여긴 나는 한 차례씩 심한 불면이 찾아왔다 사라지고 나면 그제야 안도하며 아직은 내가 건강하다고 생각했다.

 그러나 결국 내 불면 증상이 상당히 심각하다는 것을 인정해야만 했다. 그리고 그걸 깨달았을 때는 수면시간 대부분을 '불면증'에 완전히 점령당한 후였다. 그런 내가 몹시 짜증스러웠고 또 화가 났다. 나의 증상은 말 그대로 '비정상'이었다.

  동녘 하늘이 서서히 밝아올 무렵이 되면 나는 마치 마취 주사를 맞은 것처럼 의식을 잃었다. 그런데 고작 2, 3시간이 지나면 어느새 잠이 깨고 말았다. 눈꺼풀은 창밖에서 들어오는 빛의 침입을 필사적으로 거부하는데 의식은 정말 급속도로 되돌아왔다. 불과 10분도 안 되는 사이에 주변 밝기와 피부로 느껴지는 소란스러운 바깥 공기가 온몸으로 스며들었다. 그러면 나는 무거운 머리와 피곤한 몸뚱이를 일으켰다. 또 새로운 하루가 시작된 것이다.

  이 무렵에 내가 잠자리에 든 시간은 빠르면 새벽 2시, 늦으면 4시나 5시인데, 서너 시간 자고 나면 거의 또렷하게 의식이 돌아왔다. 그리고 매일 이런 상태가 반복되었다.

  그렇다고 해서 이부자리를 벗어나 다시 그 이부자리에서 의식을 잃기까지 결코 잠이 안 오는 것도 아니었다. 오전이든 오후든 상관없이 어이없게도 수업 도중에 마치 발작하듯 잠이 쏟아지기도 했다. 그럴 땐 갑자기 눈앞이 흐려져서 1~2분간은 교탁을 붙들고 기대야 했다.

  단지 그뿐이었다. 그리고 다음번 '기회'가 오기 전까지 졸리지는 않았다. 단조롭다고 하면 그만인데 이러한 '비정상' 속에서 그전까지는 겪어보지 않은 두통이 습관적으로 찾아왔고, 통증을 동반한 피로가 가차 없이 누적되어 갔다.

  그런데 처음엔 이러한 증상을 아무에게도 말하지 않았다. 나의 상태를 가까운 이들이 알면 당시 활동에 조금이라도 누가 될지 모른다는 비장함으로 그랬다는 게 결코 아니다. 게다가 수업도 평소대로 하고 있었고, 회의에도 열심히 참석했기 때문에 '비정상'은 나만 느끼는 것이었다. 주위에서 보면 완전한 정상은 아니어도 다소 지쳐 보이는 정도였을 것이다. 사실 그저 힘들다는 말로는 표현이 안 되는데, 감당하기 힘든 내 상태를 어째서 고락을 같이한 이들에게조차 알리려 하지 않았는지 당시엔 나도 몰랐다.

다만 이제 와 생각하니 나의 증상을 병이라 인정하고 싶지 않았던 것 같다. 더 솔직히 말하면 인정하는 게 두려웠는지도 모른다.

내 직업상, 특히 생물학을 전공해서 보통 사람보다는 몇 가지 제대로 된 의학지식이 있었다. 그것 때문에 의사한테 진찰받아 보겠다는 생각을 안 한 건 아닌데, 아마도 차트에 기록되는 병명을 내 눈으로 확인하는 것이 두려웠던 것 같다. 그런데 그해 여름이 다가올 무렵, 나의 의지만으로는 더 이상 감당할 수 없는 지경까지 왔음을 감지했다.

여름방학을 코앞에 둔 어느 날, 나는 지인이 소개한 병원의 '신경과'를 찾아갔다. 신경과 의사로는 꽤 유명하다는 그 의사가 이것저것 진찰을 마치고 나자 나는 초조한 얼굴로 물었다. "제 증상이 어떤가요?" 그러자 그 의사는 "뭐, 말하자면 자율신경과 교감신경에 이상이 생겼다고 할까요."라고 말했다.

진찰이라고 해봐야 딱히 특별한 것도 없었다. 보통 내과의가 하듯 검진한 후에 내 눈꺼풀을 벌려서 불빛을 비춰보고 등을 여기저기 눌러보는 것이 다였다.

"어쨌든 약을 드리죠. 한동안 복용해 보시죠."

"그 약이 효과가 있을까요?"(이런 바보 같은 질문이 어디 있을까, 역시 아픈 사람의 심리가 이렇구나 싶었다.)

"글쎄요. 뭐, 효과가 있다고 생각하고 꾸준히 복용해 보시면……"

나는 문득 다른 환자가 있는지 주위를 둘러본 뒤 아무도 없는 걸 확인하고는 나도 모르게 크게 웃었다. 의사도 간호사도 웃었다. 그 순간 갑자기 등줄기에 심한 통증이 느껴져 얼굴이 찌푸려졌다.

하지만 그 이상은 더 물어볼 필요가 없었다. 병 자체는 그리 두려워할 필요가 없다는 건 나도 잘 알았기 때문이다. 암처럼 죽는 시기를 예고 받는 병도 아니었고, 증상이 급격히 악화하는 법정전염병 같은 것도 물론 아니었다. 그런데 내게는 오히려 그런 병보다도 더 심각하게 느껴졌다.

'원인이 무엇일까.' '하루빨리 원인을 찾아내 그걸 제거해야 한다. 그

외에는 완치될 방법이 없다.'

집에 돌아오는 차 안에서 나는 마치 퀴즈라도 풀듯 의사가 차트에 공백으로 남겨둔 부분을 곱씹었다.

여하튼 그렇게 나와 신경과 의사 Y선생과의 인연이 시작되었다. 농담처럼 '인연'이라는 말을 쓴 것은 아니다. 그 뒤로 병원에 다니기 시작한 것이 그 단어와 딱 어울리기 때문이다.

신경과 진찰실을 드나들었다고 해서 특별히 무언가를 한 것도 아니다. 물론 때때로 청진기로 진찰할 때도 있었고, 처음 갔을 때처럼 내 눈꺼풀을 벌려 불빛을 비춰보기도 했다. 그리고 그때마다 Y선생은 매우 점잖은 표정으로 '흠, 역시 아직도 피로 반응이 보이는군요.'라고 말했다. 나는 심각한 표정으로 물끄러미 Y선생의 얼굴을 쳐다봤다. 이것은 환자로서 일종의 중요한 '에티켓'이다. 그리고 속으로 배시시 웃었다.

진찰 후에는 그저 세상사 잡담이 이어졌다. 학교생활부터 가족관계, 때론 실연한 이야기까지 나오기도 한다. 물론 내 입에서 나온 얘기다. 그러면 Y선생은 자기가 학생 때 백 년에 한 명 나올까 말까 할 정도의 천재라는 칭찬을 교수한테 들었다거나, 나와는 정반대로 여러 명의 예쁜 여자가 쫓아다녔다는 얘기도 했다. 내가 하는 얘기는 진실이어야 하지만 Y선생의 얘기는 거짓말이라 해도 상관없었다. 그저 가벼워진 마음으로 진찰실을 나오면 그만인 것이다.

Y선생은 시시한 잡담을 하면서도 신경과 의사로서 나의 내면에서 병의 근원을 찾아내려 했을 것이고, 나는 또 나대로 그런 Y선생의 작은 표정 변화나 말끝에서 그가 무엇을 발견했는지 열심히 알아내려 했다.

다만 그렇게 병원에 다니는 동안 딱 한 번 특이한 일이 있었다. 그날은 내가 심한 피로감과 불안정한 마음을 견디지 못해 진심으로 Y선생에게 울며 매달린 날이다.

나는 어깨부터 허리 쪽으로 느껴지는 심한 피로와 통증을 내가 아는 모든 단어와 제스처를 동원해 호소했다.

"그럼, 오늘은 주사라도 한번 맞아 보시겠어요? 마침 효과가 좋은 약이 들어왔거든요."

Y의사는 자연스럽게 작은 앰플 병의 끝부분을 자르더니 주사기를 꽂아 약을 빨아들였다. 그러자 간호사가 방긋 웃으며 내 뒤쪽으로 가서 셔츠를 어깨 근처까지 천천히 올려주었다.

"효과가 있으면 좋겠는데."라고 말한 Y선생은 내 등 한가운데쯤에 주삿바늘을 살짝 찔러 넣었다. 오른쪽, 왼쪽, 오른쪽, 왼쪽. 척추를 중심으로 양쪽에 아마도 네 번째쯤의 바늘이 들어가던 순간이었다. 나는 너무 아파서 나도 모르게 소리쳤다.

"아파요! 선생님, 그만 해요. 이렇게 아픈 약이 정말 듣긴 합니까!"

나는 고개를 뒤로 돌려 Y선생의 얼굴을 노려보았다. 그러자 선생은 껄껄 웃기 시작했다.

"못 참겠습니까? 아이고— 역시 당신에겐 맞지 않나 보군요. 이 약이 아프다고 느끼는 것 자체가 병이겠지만. 그럼 그만둡시다."

그저 한번 시도해본 것이다.

나는 진찰실에서 나오는 순간까지 Y선생을 계속 깎아내렸다. 병원을 빠져나올 때까지도 등에서는 욱신욱신 통증이 느껴졌다. 그런데 육체적 고통과는 반대로 가슴 속은 왠지 모르게 가벼웠다.

그 당시 나는 병원 치료에 큰 기대를 걸지는 않았다. 지금 생각하니 역시 내가 환자라는 패배감을 유쾌하게 맛본 그때가 병의 차도와는 상관없이 조선인학교가 폐교되기까지 힘든 싸움으로 무너질 뻔한 나를 조금이나마 버티게 해 준 소중한 시간이었다.

여하튼 나와 Y선생의 인연은 도립조선인학교가 폐교되는 1955년 3월 중순 무렵까지 무덤덤하게 이어졌다.

솔직히 약 효과가 느껴지는 징후는 거의 없었다. 게다가 '비정상적 증상'은 참으로 묘했다. 평소 같으면 약간의 술에도 쉽게 잠이 드는 나였는데, 친구에게 속아서 소주를 섞어놓은 포도주를 단숨에 들이켰음에도

'불면증'에는 도무지 아무 반응이 없었다.

온몸 곳곳에 나타나는 비정상적 증상도 심해지기만 할 뿐 사라질 기미가 전혀 없었다. 그래도 나는 Y선생의 병원에 열심히 다녔다. Y선생과 나누는 짧은 수다와 그럴싸한 진찰의 효과가 불과 반나절 아니면 하루였지만 조금이라도 나를 정상상태로 되돌려 놓는 에너지가 되었기 때문이다.

## 버팀목이 되어 준 동료들의 우정

이 정도로 쓰면 조선인학교의 폐교를 전후로 내 기억의 흐름이 점점 더 혼란하다고 한 의미를 독자 여러분도 아셨을 것이다.

나는 지금까지 도쿄도 교육위원회가 '폐교 통고'를 보낸 시기까지의 부분을 상당히 자세히 언급했는데, 그것도 지인 S씨가 보관해준 당시의 귀중한 자료를 바탕으로 열심히 기억의 실타래를 늘어놓은 부분이 많다.

즉 마지막 수개월 간 나는 주야를 가리지 않고 활동하는 동료들의 허리춤에 매달려 도립조선인학교의 역사 가운데 나의 발자취를 아주 조금 남겨 놓은 것에 불과하다. 그런 나를 일본인 교사도 조선인 교사도 그리고 학생들도 따뜻하게 감싸주었다.

중·고교 지부의 위원들은 내 증상에 대해 듣자마자 곧바로 회의를 열어 교무위원회, 학교장과 의논해 근무 부담을 덜어주려고 했다.

그 덕분에 학기 중임에도 불구하고 시간표 일부가 변경되어 내 수업 시간 수는 18시간에서 단숨에 12시간으로 줄어들었다. 게다가 내가 맡은 수업은 모두 2교시 이후로 옮겨졌다. 비록 만족스럽지 못한 수면에서 깨더라도 나는 1시간은 더 그대로 누운 채 느긋하게 피로를 푼 후에 출근할 수 있게 되었다.

내가 맡았던 6시간의 수업을 다른 이과부理科部 교사들이 대신하게 되었는데, 모두 흔쾌히 그 시간을 맡아준데다 어느 한 사람도 불만의 기색을 내비치지 않았다. 그런 만큼 나는 어떤 면에서는 더 괴로웠다.

이 무렵 나는 내 병의 근원이 조선인학교에서의 생활 자체라는 걸 이미 확실히 알고 있었다. 함부로 마구 행동하다가 몸이 망가진 것이 아니다. 그러니 요즘 어지간히 부르짖고 있는 '교사의 권리'라는 말을 내세운다면 누구도 신경 쓰지 않고 당당해도 상관없었을 것이다. 하지만 다른 교사들도 모두 고되기는 마찬가지였다.

몸이 고되면 자지 말라고 해도 장소와 때를 가리지 않고 잠들어버리는 그들과 피곤하면 피곤할수록 이상하게 신경이 또렷해지는 나 사이에는 역시 병이라 해야 할 큰 차이가 있었음이 분명하지만 다들 정말 지나칠 정도로 무리를 거듭하고 있었다. 나는 그걸 아플 만큼 잘 알았다.

특히 나를 Y선생에게 소개한 M씨에게는 말할 수 없이 신세를 지고 말았다. Y선생을 소개해 준, 소개라기보다는 강제적으로 보낸, 즉 나의 상태를 완전히 병으로 판단한 사람은 당시 내가 아니라 M씨였다. 왜냐하면 이 병에 관해선 그가 나의 대선배였기 때문이다. 선배일 뿐만 아니라 그의 경우는 나보다 훨씬 더 증상이 심각했다.

어떻게 말해야 좋을지 나로서는 설명이 잘 안 되는데, 그는 일을 할 수 있을 만한 힘이 전혀 없는 상태였다. 과연 그는 선배답게 그럴 때 자신을 컨트롤 하는 방법을 잘 습득하고 있었는데, 적당한 때를 봐서 재빨리 입원해 전기자극이나 지속수면 치료 같은 것을 받기도 했다. 자신의 증상이 더 심각한데도 M씨는 후배인 나를 잘 커버해 준 것이다.

1955년 봄, 이른바 도립조선인학교의 마지막 학기인 3학기를 맞을 무렵, 나는 교직원 조합 활동의 일선에서 모두 물러나 있었다. 선전 활동도 나가지 않았고, 항의나 요청 활동도 사람이 어지간히 모자라지 않는 한 나는 파견되지 않았다. 그랬음에도 회의가 있으면 대부분 참석했고, 내가 할 수 있는 일은 자청해서 하기도 했다.

병에 얽매이고 동료들의 호의에 기대 느긋하게 있을 만큼 녹록한 상황이 아니었기 때문이다.

이 무렵이 되자 조합을 탈퇴해 있던 교사들도 우리와 함께 교육청에 청원하러 가거나 서명운동에 참여해 주기도 했다. '폐교'라는 단순한 행정조치는 우리가 하나로 뭉칠 수밖에 없는 심각한 문제를 내포하고 있었다. 그것이 무엇이었는지 확실히 하기 위해서 다시 펜을 원래 이야기로 돌려놓자.

## 조선인학교 교직원조합의 마지막 정기대회

 도립조선인학교의 폐교가 강행된 것은 앞에서도 간간이 썼듯이 1955년 3월이다. 따라서 일본인 교사와 조선인 교사가 조직 안에서 하나로 똘똘 뭉쳤던 조교조朝敎組라는 이름도 이때를 마지막으로 사라지고 말았다.

 이 조직의 활동에 대한 가치판단은 보는 사람에 따라 다양한 차이가 있을 것이고, 무엇보다 도립조선인학교가 '폐교'됐다는 것 자체도 민족교육을 지킨다는 목적에 비춰볼 때 과연 후퇴인가 전진인가 하는 것 또한 문제가 될 것이다.

 하지만 이 글은 어디까지나 나 개인의 회상기록이기 때문에 위와 같은 문제에서 뭐가 하나의 결론을 내리려는 것은 아니다. 다만 나는 이 보잘것없는 도립조선인학교 안에서 한국전쟁 시기를 낀 그 5년간, 나를 비롯하여 이 학교의 교사들이 어떻게 살고자 했는지, 또 실제로 어떻게 살아왔는지를 기억이 희미해지기 전에 기록으로 남겨 놓고 싶었다.

 그런 의미에서는 마지막 연도(1955년도)의 조교조朝敎組 정기대회가 어떤 운동방침으로 '폐교 문제'(결과적으로는 각종학교가 되고 말았는데)를 해결하려 했는지 살피는 것이 이 글을 쓰는 나의 목적을 달성하기 위해서도 빼놓을 수 없는 하나의 재료이다.

 등사 인쇄라서 이미 너덜너덜해진 <제5회 정기대회 1954년도의 운동방침(안)> 인쇄물을 지금 손에 들고 보니 정말 뭐라 할 수 없는 그리움이 솟는다. 각각의 페이지마다 글씨체도 모두 다르다. 똑바로 쓴 글자도 있고 또 완전히 뭉그러진 글자도 있다. 글자 크기도 제각각이어서 아주 버라이어티한 인쇄물이다. 인쇄소 같은 곳에 맡겨 제대로 만들 돈이 없었기 때문이다.

1954년 4월~1955년 3월 31일까지의 예산 총액을 보니 고작 109,800엔이었다. 마지막 연도의 조합원 총수가 172명이니까 계산하면 1인당 50엔 정도인 조합비×172×12=103,200엔. 차액인 6,600엔은 미납금 추가납부라고 적혀 있다. 전체 회비는 고작 15,000엔이다.

이 무렵 우리는 '조선인학교 조합은 조선인 단체에서 돈을 받고 있다'라거나 '조교조朝敎組는 북조선에서 자금지원을 받고 있다' 같은 중상비방을 자주 들었다. 아무런 근거도 없는 이런 중상비방을 한 가지라도 분명히 해두고 싶은 마음이 여전히 많지만, 거기 매달려 있을 만한 여유도 공간도 없는 것이 안타깝다.

여하튼 제1회 정기대회에서 내놓은 운동방침 안은 초대 위원장인 시로타 노보루代田昇 씨가 말한 것처럼 제대로 체계를 갖추지 못했는데, 과연 1954년도 제5회째가 되자 훨씬 세련되고 내용도 아주 훌륭했다. 다소 인용문이 길어서 읽기 힘들지도 모르겠지만 중요한 부분을 발췌해 여기 싣는다.

**《1954년도 운동방침(안) 조선인학교 교직원조합**

1. 직장을 둘러싼 정세

① 교사의 고된 생활(생략)

② 힘든 직장생활과 불안정한 신분

6개 항목 실시에 따라 학생 정원제가 결정됐기 때문에 자연증가에 따른 예산은 물론이며, 교원의 정원 증가도 인정되지 않는다. 또 종래에는 인정됐던 조선인 전임강사의 정규과목 담임과 학급 담임을 금지한 것에서 비롯된 인원 부족으로 일본인 교사가 1인당 2학급의 담임을 맡는 모순과 노동 과중이 발생하고 있다. 과중한 노동을 없애기 위해 '종전대로 조선인 교사에게 정규과목 수업을 맡기게 하라'는 PTA 측의 요구를 받아들이기는커녕 '일본인 교사 1명이 1학급만 맡도록 배치해라!'라는 일본인 교사들의 절실한 요구도 예산이 없다는 이유로 거부하고 있다.

신분 문제도, 조선인 교사는 임시 채용이라 언제 해고될지 몰라 정말 불안한 상태이다. 폐교라도 된다면 이는 사활이 걸린 문제다. 일본인 교사도 날마다 학교가 폐교된다는 선전을 듣고 있어 불안한 마음으로 하루하루를 보낸다. 일본인 교사의 처지는 복잡 미묘해서 다양한 형태로 나타나고 있다.

연령이 많아 일본인 학교에는 가지 않겠다는 조건으로 들어온 교사, 마음이 여린 여교사 등은 교장의 지시만 잘 따르면 신분만은 보장한다는 말을 들었는데(시대가 바뀌어도 도무지 달라지지 않는 바로 그 위협 수단이다—필자), 연령이 많은 어느 교사는 '일본학교로 전근을 할 수 있다 해도 제일 먼저 정리되겠지?'라며 걱정했고, 또 어느 교사는 '우리 교장은 신분을 보장해준다고 했지만 자기 신분을 지키느라 정신없는 것 아닐까?'라고 말했다.

일본인 교사의 입장은 실로 괴롭다. 권력 집단은 일방적으로 조선인 측이 나쁘다고만 선전하기에 어느 조합원은 '조선인학교에 근무한다는 이유만으로 전근에 지장이 있다'라고 했고, 또 어느 교사는 '조선인학교에 근무한다는 이유로 결혼이 파탄했다'라며 그 고통을 토로했다.

또 교사로서의 즐거움은 애정을 갖고 아이들을 가르치고 지도하는 것인데, 진심으로 아이들의 행복을 위해 일하면 미움을 사게 된다. 그건 교육청 당국도 분명히 말하고 있다. '6개 항목을 지키면 신분은 보장되지만, 조선인 측에 협력하면 책임은 못 진다.' 어느 조합원은 '교육청에 충성하려면 교육자의 양심을 버려야 한다. 대체 어떻게 하라는 것인가'라고도 했다.

일반적으로 공통된 일본인 교사들의 심경이다. 게다가 기계적이고 의무적으로 일하기 때문에 조선인 교사와 학생들의 반발도 있어 완전히 중간에 낀 상태이다. 어느 설문조사에서는 '매일 불안과 긴장의 연속이라 하루도 안심하고 지낸 적이 없다'라고 한 답변도 있고, 조선인학교에서 일본인학교로 전근한 어느 선생님은 '조선인학교에서의 육체적, 정신적 고통'을 털어놓았다. 조합 활동에도 적극적으로 참여하려면 큰 결의와 용기가 필요하다. 》

필요한 재료를 전부 눈앞에 펼쳐두고 일을 시작하는 편이 나로서는 좋지만, 조합의 운동방침 같은 건 역시 아무리 많이 쓰고 보아도 어깨근육이 뭉치기만 할 뿐이다. 그러니 이건 잠시 중단하고 이렇게 되기까지의 과정에 대해 살펴보기로 하자.

## 새로이 깨달은 차별

조교조朝敎組의 운동방침(안) ② 정세 부분의 '힘든 직장생활과 불안정한 신분'에 관해 언급하며 문득 떠오른 기억인데, 1954년이라 하면 나 또한 결혼 적령기였다.

나는 다행히도 조선인학교에 재직한 덕분에 지금까지 10여 년을 함께 살아 온 좋은 반려자를 만났지만, 그 당시 상황으로 인해 불행히도 결혼이 깨져버린 교사도 있다. 이 문장이 쉽게 이해되지 않겠지만 방금 언급한 사례는 결혼생활 그 자체가 파탄, 즉 이혼으로까지 발전한 경우다. 그 밖에도 나와는 정반대로 결혼을 파기 당한 사례도 들었다.

어느 기혼여성 조합원의 딸이 그 피해자다. 모처럼 혼담이 잘 성사되었는데, 모친의 직업이 조선인학교의 교원이라는 것을 알고는 그때까지 한 모든 약속을 깬 것이다. 이 조합원은 경제적으로 상당히 유복한 사람이었고, 조합 일도 흔쾌히 도왔지만, 위험한 행동에는 절대로 나서지 않는 이른바 처신을 아주 잘하는 사람이었다.

이 사건을 보고 '조선인학교 교사라는 것만으로, 게다가 결혼할 상대가 아닌 그의 모친이었음에도 결혼을 취소하겠다는 사람이면 오히려 당한 쪽이 먼저 그만두자고 해야 맞다'라며 적당히 '인생 상담'하듯 지나칠 수도 있다. 그것도 틀린 답은 아닌데 현실적인 문제를 해결하는 데는 아무런 도움도 되지 않는다. 본인 혹은 그 가족 중에 조선인학교 근무자가 있는지 없는지가 결혼할 상대와 주변 관계를 결정하는 첫 번째 요소가 되고 상대의 인격 따위는 두 번째 문제로 생각한 것이다.

뜻대로 전근할 수 없는 경우도 이유는 완전히 똑같았다.

일본인 교사의 전근 활동은 도립조선인학교가 개교한 이래 끊임없이 계속되었는데, 순조로웠던 사례는 거의 없었다. 아이러니하게도 어쩌다 전근에 성공한 사람 중에는 학생들이나 조선인 교사로부터 심하게 비판받거나 그만두라는 소리를 들은 사람들이 많다. 이런 경우에는 교장도 교육위원회도 그런 교사를 받아줄 곳을 열심히 알아보기 때문에 결국 갈 자리를 찾게 되는 셈인데, 내가 기억하는 한 그런 경우도 기껏해야 1953년도 중반 무렵까지였다.(중반이면 교사가 전근하는 시기로 보면 이상하겠지만 3장에서 언급했던 가나가와현神奈川縣 스와諏訪소학교의 여선생 같은 경우가 여기에 해당한다)

여하튼 여기저기 열심히 인맥을 동원해 전근 자리를 알아보지만 결국은 허사였다. 지금으로 말하면 근무평가서인데, 그것도 최우수라는 '보증수표'가 없으면 학교장의 명함, 혹은 ○○구 지도 주무관, 도쿄도 교육위원회의 지도 주무관 같은 직함을 가진 사람의 명함이나 소개장 등을 들이밀어야 받아주는 경우다. 그런데 그조차도 통하지 않았다.

당시 자유당의 실세인 N중의원과 연고도 있고, 같은 성씨였던 기혼여성 교사조차도 전근할 학교를 구하지 못했다. 그런데 이런 개인 활동이 훨씬 더 심해진 것은 1952년 후반부터다. 그렇다면 조선인학교의 사립이관 얘기가 나오기 시작할 때부터 6개 항목 문제가 불거진 1954년까지는 없었을까?

## 5장 조선인학교의 자립에 대한 고뇌

물론 그런 움직임이 전혀 없지는 않았다. '6개 항목 문제' 부분에서 이미 언급한 것처럼 '조선인 측에 제시한 6개 항목이나 세칙은 조선인학교를 유지·존속하기 위한 것이 아니라, 폐교하기 위한 수단이었다'라고 한 가토加藤 교육장의 발언은 애초부터 6개 항목을 '수락'했더라도 도립조선인학교를 영원히 존속시킨다는 보증의 의미는 아니었다.

즉 언제라도 학교가 폐쇄당할 위기였다. 폐쇄되면 교사들은 곧바로 그날부터 거리를 헤매야 한다. 그것도 나처럼 미혼이었던 사람은 비교적 피해가 적을지 모르지만, 처자식이 있는 경우면 문제는 더욱 심각했다. 그렇게 되기 전에 무슨 수라도 써야 한다며 분주히 움직인 사람들이 결과적으로는 분명 조합에 안 좋은 영향을 끼쳤지만, 그렇다고 말릴 수도 없다는 점이 전근 문제의 복잡함이었다.

거듭 말하지만 '6개 항목의 수락'은 위와 같은 개개인의 전근 활동을 결국 하나로 뭉치게 만드는 계기가 된 셈이다. 이것은 아마도 교육위원회 측에서 보면 아이러니한 결말이었을 것이다.

이런 얘길 여기 쓰는 것도 우습지만 '조선인학교의 사립화'를 반대하며 열심히 호소해왔던 나조차도, '폐교'라는 사태가 6개 항목 문제와 얽혀 불거질 때까지 그 법적인 의미를 정확히 알지 못했다.

직접 법률을 조사해보니 '폐교'에 따라 실직한 교직원의 신분보장 의무가 임명권자 측에는 전혀 없다는 것을 알고 아연실색하고 말았다.

만약에 PTA연합회가 6개 항목 수락을 거부했다면 교육위원회는 그 자리에서 곧바로 폐교를 선언했겠지만, 직장을 잃은 교사들을 다시 도내에 채용할지는 그들의 손에 달려 있었으니 정말 무서운 얘기다.

조교조朝敎組의 운동방침 중 '정세' 부분에서도 언급했듯이 당국으로서는 '6개 항목 실시에 협력하면 신분을 보장하지만, 조선인 측에 협력하는 자는 책임지지 않을' 속셈이었을 것이다. 내 맘대로 속 시원히 말해보라 한다면 결국 '폐교'는 가장 합리적이고 합법적인 해고이자 '적색분자 숙청'이었다.

'당신은 더 이상 필요 없다'라는 말을 듣고 얼마 안 되는 위자료(퇴직금)를 준 뒤 쫓아낼지 모른다는 불안에 끊임없이 시달리는 건 정말 견디기 힘든 일이다. 그런 의미에서 보면 6개 항목 문제가 평소 조합 활동 따위는 전혀 안 하는 사람부터 비조합원까지 폭넓게 결속시키는 역할을 한 것은 정말 아이러니하다. '혼자서는 자신을 지킬 수 없다'라는 것을 절절히 느꼈기 때문이다.

'1, 2년만 열심히 해주면 반드시 당신이 원하는 곳으로 보내주겠다'라거나 '걱정할 필요 없다. 조합에 협력만 안 하면 당신의 신분은 보장된다'라고 어딘가에서 누군가가 넌지시 한 말이 아무런 의지도 되지 않는다는 것을 뼈에 사무치게 깨달은 것이다.

'만약 그때 지도 주무관이 한 약속이 사실이라면 교육위원회의 지시를 충실히 따랐던 내가 왜 여러 학교에서 거절당하고 전근을 구걸하는 굴욕감을 지금까지 맛봐야 하는가.' 이런 초조와 불안 때문에 한순간도 안심하지 못한 동료의 모습을, 학교가 폐쇄되기 전 마지막 1년 동안에 나는 얼마나 많이 보았던가.

## 조선인 교사의 고통

《③ 그러나 이처럼 곤란한 상황 속에서도 일·조 양국의 교사들은 교육자로서 양심을 불태우며 활동하고 있다.

예를 들어 중·고등학교의 일본인 교사 일동은 4월에 있은 폐교 소동 당시에 학생 수 정원제와 조선인 교사들이 정규수업을 맡도록 인정해달라고 청원했고, 정원 초과로 분리된 3백 명의 학생들을 학교 밖으로 방출하는 것은 '교사의 양심상 견딜 수 없는 일'이라며 도쿄도 교육위원회에 완화 조치를 요구해 학부형들과 학생들에게 한없는 신뢰를 받고 있다.

직접 항의행동을 할 수는 없어도 수업만큼은 충실히 하자며 대부분의 교사들도 열심이다. 또 직원회의에서는 발언하지 않더라도 긴장이 풀리는 친목회에서는 적극적으로 발언한다. 제7, 제8, 제9 지부에서 매월 정기적으로 개최되는 테니스대회는 언제나 성황이라고 한다. 지난 9월 18일에 중·고 지부에서 주최한 스포츠 레크리에이션은 태풍이 상륙했음에도 불구하고 백여 명이 참가해 과거에 볼 수 없었던 대성황이었다. 이처럼 교사들은 질식할 것 같은 직장 분위기 속에서도 모든 창의성을 발휘해 힘든 가운데에도 밝은 직장을 만들려 하고 있다.》

더불어 이 뒷부분에는 정세 ④(아이들도 불행하다)가 이어진다. 여기서는 모처럼 학교에 입학했지만 정원수 초과라는 이유로 정식 성적표를 받지 못해 우는 아이, 콩나물시루 같은 교실에서 순식간에 학력이 저하되어 가는 아이들, 혹은 모국어를 쓰지 못하게 해 겨우 느끼기 시작한 민족적 긍지를 차츰 잃어가는 아이들, 점점 더 심각해져 가는 부모들의 빈곤 등을 절절히 호소하고 있다.

우리처럼 이런 상황을 함께했던 사람이라면 자료로써 인용한 정세 부분만 읽어도 당시의 일이 떠올라 가슴이 먹먹할 것이다.

조교조朝敎組 마지막 정기대회 방침 안은 몇 사람이 분담해서 쓰고 집행부에서 토론해 결정한 것이다. 당시 몸이 아파 이미 집행부에서 빠진 나는 당연히 토론에 참여할 자격이 없었지만, 아마 참관인자격으로 참가한 것으로 기억한다. 그런데 누가 어느 부분을 맡아 기초를 잡았는지 도무지 기억나지 않는다.

단어 사용 등이 다소 어색한 부분은 있지만 여기서는 어디까지나 자료로써 인용하는 것이라, 특히 오자 등은 전혀 고치지 않고 그대로 옮겨 실었다. 제아무리 빈말이라도 결코 잘 쓴 문장이라고는 할 수 없다. 하지만 그토록 엄혹한 정세 속에서 하루하루를 지낸 일본인 교사들의 고통은 어느 정도 이해되지 않았을까. 무엇보다 '교사의 고통'이라는 단어로만 말한다면 조선인 교사들의 그것은 우리와는 전혀 비교가 안 될 만큼 큰 것이었다.

가령 '폐교'와 실직이라는 단어를 ' = '로 묶는다면 우리 일본인 교사의 경우엔 퇴직금 등 일시 연금제도도 있었고, 본인의 과실 없이 행정상의 조치로 인해 해직되었기 때문에 교섭에 따라서는 퇴직금을 올려 받는 방법도 있었다. 물론 이 조치가 이사장 측이 '반드시 해야 할' 의무는 아니었기에 어디까지나 가능성의 문제였긴 했지만 말이다.

조선인 교사는 처음부터 강사 자격으로 시작해 3개월마다 갱신되는 채용 형태라 퇴직 후의 보장 같은 건 전혀 없었다. 가령 학교를 사립학교로라도 존속시킬 기반이 마련되었다 해도 그들의 급여는 전부 학부모들의 부담이 되고 만다. 그 부모들, 즉 재일조선인은 대체 어떤 생활을 하고 있었을까.

당시 60만여 명의 재일조선인 중에서 자유 노무자와 실업자를 포함한 수가 약 30만 명, 게다가 생활보호 대상 약 7만 명을 더하면 전체 인구수의 거의 60%에 달한다. (제8표 참조)

제8표 재일조선인의 직업별 통계(1952년도)

|  | 인구수 | 세대수 | % |
|---|---|---|---|
| 공공 직업 알선소 | 52,393 | 11,644 | 8.4 |
| 자유 노무 | 112,500 | 25,000 | 19 |
| 농업 | 2,250 | 500 | 0.3 |
| 기업 | 45,000 | 10,000 | 7.5 |
| 상업 | 95,000 | 20,000 | 15 |
| 취직 활동(실업) | 189,000 | 42,000 | 30 |
| 생산노동 | 40,500 | 9,000 | 6.9 |
| 생활보호 대상 | 69,555 | 15,156 | 11.5 |
| 합계 | 601,203 | 131,200 | 100 |

주) 공공 직업 알선소 인구수는 노동성의 통계, 생활보호 대상 인구수는 후생성의 통계

'조선인학교의 사립 이관 반대' '폐교 반대'의 목소리가 재일조선인에게 얼마나 비통한 외침이었는지 설명을 덧붙일 필요는 없을 것 같다.

내가 조선인중학교에서 근무를 시작하고 처음으로 담임을 맡은 것은 1학년 학급이었다. 물론 서두에서도 쓴 것처럼 조선인 교사와 짝을 이뤄서 맡았다.

그런데 어느 날 한 남학생이 복도에서 의자를 들고 서 있는 것을 목격했다. 그 학생은 우리 학급에서도 학급위원을 맡은 우수한 학생이었다. 나는 그 학생에게 '무슨 이유로 누가 여기 서 있게 했느냐'고 물었다.

"제가 PTA회비 납부를 잊어버려서 담임선생님이 서 있으라고 했습니다."

나는 그 말에 놀라고, 어이없고, 또 화가 치밀었다. PTA회비를 안 냈다는 이유로, 아니 어떤 의미에서도 이런 행동은 교육적으로 용서할 수 없는 일이다.

나는 곧바로 그 학생에게 "알았다, 잠깐 기다려라. 내가 얘기해 볼 테니까." 하고 말했다. 그런데 나는 그 학생의 말을 듣고 또 한 번 놀랄 수밖에 없었다.

"선생님, 괜찮습니다. 제가 잘못했으니까……"

이 학교에서 근무한 지 얼마 되지 않았고 게다가 이제 겨우 학생들과 친해지기 시작한 나로서는 솔직히 그 학생이 하는 말의 의미를 이해하지 못했다. 그 후 가정 방문을 하거나 다른 조선인학교를 참관하거나 또 조선과 일본과의 관계를 알게 되면서 그 말의 의미를 겨우 알게 되었다.

앞부분에서 나는 도쿄도가 조선인 강사에게 지급하는 급여는 불과 몇 천 엔이라 나머지 생활비는 PTA회비(학생들은 '월사금'이라 불렀다)에 기댈 수밖에 없는 상태였다고 썼다.

즉 조선인 교사들은 PTA회비가 모이는 상황이 곧 자신들의 생활문제로 연결되었다. 벌을 서던 학생 또한 자신을 벌세운 교사가 놓인 비참한 조건을 잘 알았고, 또 그렇기에 그 교사에게 항의하려는 나를 말리며 체

벌의 고통을 참은 것이다.

하지만 착각하면 곤란하다. 나는 당시나 지금이나 여전히 그 교사의 행동을 용서할 수 없다. 그가 취한 태도가 교육자로서 완전히 잘못됐다는 생각은 지금도 변함없다. 다만 이 사례를 일부러 소개한 이유는 앞에서 말한 '비통한 외침'이 결코 과장이 아님을 강하게 주장하고 싶어서이다.

말이 나온 김에 덧붙여 두는데, 나는 결국 이 일에 대해 그 담임 교사에게 한마디 항의도 하지 못했다. 그 이유 중 하나는 '이 사람들을 이 지경까지 몰아넣은 게 대체 누구인가'라는 생각이 들자 반드시 항의해야겠다는 마음이 무너지고 말았다. 또 한 가지 이유는 체벌한 조선인 교사가 먼저 진지하게 자기비판을 해서 결국 이런 형태의 문제가 자취를 감추었기 때문이다. 물론 우리 일본인 교사도 우리 나름의 교육에 대한 고민을 실천과 토론을 통해 여러 장소에서 주장한 것도 사실이다.

### 교육자로서의 원점

본론이 뒤로 밀리고 말았는데, 조선인학교 교직원조합의 마지막 정기대회 슬로건으로 다음과 같은 문장이 채택되었다.

① 원자폭탄과 수소폭탄을 멈추게 하자!

② 단결로서 교육2법(4장 참조)을 원상 복귀시키고, 헌법과 교육기본법을 지켜내자!

③ 기득권을 확보하고, 급여의 불합리를 바로잡아 최저임금제를 쟁취하자!

④ 단결된 힘으로 완전한 신분을 보장하게 하자!

⑤ 잡무를 없애고, 정원을 늘리고, 압박을 물리쳐서 밝은 직장을 만들자!

⑥ 교육예산을 늘려 학부형들의 부담을 줄이자!

⑦ 일본 국민의 이해와 지지를 바탕으로 생계와 아이들을 지키는 운

동을 펼치자!

⑧ 군국주의 교육에 반대하고 퇴폐문화를 추방해 평화와 진실을 추구하는 민주주의 교육을 수립하자!

⑨ 일본·조선 양국 국민의 상호이해를 위해 일·조 친선운동을 펼치자!

⑩ 조선인 아이들의 교육받을 권리를 빼앗는 폐교 반대!

위와 같은 문장이었다. 끝부분의 ⑨⑩을 제외하면 비슷한 내용의 슬로건을 현재의 교원조합대회 등에서도 쉽게 볼 수 있을 것이다.

그런데 이건 어디까지나 1954년도, 지금부터 20년 전의 조교조朝敎組 정기대회 슬로건이다. 그렇다고 쉽게 납득하면 곤란하다. 내가 말하고 싶은 것은 같은 문장, 같은 내용이라도 꼼꼼히 분석해보면 엄청난 차이가 있다는 점이다. 특히 ③④⑤ 등은 문장만 보면 현재의 우리가 빌려 써도 전혀 부자연스럽지 않은데, 사실은 그렇지 않다. 그 이유는 이미 이 글에서 다양한 형태로 언급했기에 생략하자.

가장 중요한 것이 운동방침의 내용인데, 제한된 지면에서 일일이 살펴볼 수도 없으니 몇 가지만 언급하자.

운동방침으로서는,

1. 생활과 권리를 지키는 투쟁
2. 교육과 아이들을 지키는 투쟁
3. 평화와 민주주의를 지키는 투쟁
4. 타 노조와 공동투쟁, 일·조 제휴와 우호 촉진
5. 조직을 강화한다.

이렇게 5개 항목으로 나뉘었는데, 특히 중요한 의미를 지닌 제2항목만 그 전문을 여기 옮겨두고 싶다.

<교육과 아이들을 지키는 투쟁>

 우리는 교사다. 아이들의 성장과 행복을 바라는 동시에 이를 방해하는 것은 묵과하지 않을 것이다.
 권력 집단은 재일조선인 아이들 12만 명이 교육받을 권리를 완전히 빼앗고 말았다. 그리고 불과 몇 곳뿐인 도립학교를 내년에 폐교하겠다고 한다. 폐교된다면 교육을 할 수 없게 됨은 말할 것도 없고, 경제적으로 생각해도 운영이 어려워지는데, 그들의 방침은 도립이든 사립이든 집단 교육을 못 하게 하는 것이 목적이고, 사립학교 논리는 일단 도쿄도의 책임에서 분리해 탄압하려는 구실에 지나지 않는다. 폐교되면 5천여 명의 아동과 학생들이 교육의 기회를 잃게 되는 것이며 인도적 문제로도 이어진다. 아이들의 행복과 양국 간의 장래를 생각해서 일·조 양국의 교사들이 충분히 대화하고 폐교 반대와 당면한 투쟁을 편성하는 운동을 펼쳐야만 한다. (방점 필자)

 이 정기대회가 1954년 언제쯤 열렸을까. 회의록에는 날짜 기록이 없어 여러 자료를 찾아봤는데, 딱 한 장 남은 대회선언문(안)에 1954년 9월 30일이라고 분명히 적혀 있었다.
 방점으로 강조한 것처럼 '불과 몇 곳뿐인 도립학교를 내년에는 폐교하겠다'라고 한 부분과 위에 적은 운동방침안 사이에는 1954년도 회계 보고가 있다. 1954년 4월 1일~1954년 8월 31일까지의 예산집행 보고에 75,252엔이라는 숫자가 있어서 대회 날짜가 9월 며칠이라는 기억은 있었다.
 한때 도쿄도 교직원조합에서 유행한 말로 하자면 이 4월부터 8월까지의 기간은 '책임 집행' 시기였던 것 같다. 안타깝게도 정확한 이유는 기억나지 않는데, '6개 항목 문제'의 충격으로 단순히 대회 개최가 늦어진 것이 아니었을까.
 여하튼 이미 20년 이상 지난 오늘 이 운동방침안을 다시 읽어 보니 가장 감개무량한 부분은 바로 서두 부분이다. 다시 한번 옮기자.

'우리는 교사이다. 아이들의 성장과 행복을 바라는 동시에 이를 방해하는 것은 묵과하지 않을 것이다.'

'아이들의 성장과 행복을 바란다'라는 말은 우리 일본인 교사들이 지금 써도 전혀 부자연스럽지 않다. 다만 현재의 우리가 '아이들의 성장과 행복'이라는 표현을 쓰면, 일본의 밝은 미래를 우리가 만들고 그 미래를 짊어질 일본 아이들이며, 그 올바른 성장을 보장받은 아이들의 행복이라는 의미로 이해할 수 있을 것이다. 그 '일본'을 '조선'으로, '일본 아이들'을 '조선 아이들'로 바꾸기만 하면 된다. 만약 전자를 잘 이해했다면 후자 또한 당당히 주장할 수 있고, 또 마땅히 주장해야 한다. 그래서 그 정당성을—이를 방해하는 것은 묵과하지 않을 것이다—라는 말로 표현한 것이다.

비록 서툴지만 20여 년이 지난 지금도 이 표현은 옳았다고 생각한다. 그 이유는 '묵과하지 않을 것이다'에 이어지는 부분, 즉 이 표현의 정당성 또한 잘 알고 있는 것으로 이해하고 읽어 주시기를 바라기 때문이다.

당시에 비하면 최근에는 조선인학교를 견학하러 가는 사람들이 상당히 많아졌다. 그리고 그 대부분이 '훌륭하다'라고 칭찬한다. 물론 나도 그 후 여러 차례 조선인학교에 가 보았다. '용케도 이렇게까지……' 이런 마음은 나도 다르지 않다.

그렇다고 해서 '폐교된다면 교육을 할 수 없게 됨은 말할 것도 없고, 경제적으로 생각해도 운영해 나갈 수 없다…'라는 주장은 잘못된 것인가, 나는 그렇지 않다고 생각한다. 하지만 독자들은, 특히 최근에 조선인학교를 견학한 사람들은 경제적으로도 운영이 어렵다더니 '지금까지 잘 운영되고 있지 않은가?' 어쩌면 이런 의문이 생길 것이다. 아주 자연스러운 의문이다. 내가 지금까지 쓴 내용에는 그 의문을 구체적으로 해명한 부분이 전혀 없기 때문이다.

나는 결코 그것을 잊은 것이 아니며, 또 뭔가 다른 이유로 해명하길

주저한 것도 아니다. 다만 그 의문을 해소하기 위해서는 다소 시간이 걸리더라도 당시 운동방침안 자체를 가능한 있는 그대로, 게다가 꼼꼼하게 읽어 볼 필요가 있었기 때문이다.

'경제적으로도 운영해 나갈 수 없다'라고 했는데, 현재 '경제적으로 잘 운영되고' 있음이 사실이기에, 바꿔 말하면 '폐교'라는 가혹한 조치를 받은 조선인학교가 당시 시점에서 '경제적으로도 운영해 나갈 수 있는' 기반을 갖추고 있었다는 의미가 된다. 그렇다면 그 의문은 '운영해 나갈 수 있는 기반'과 당시의 상황 설명이 없이는 해소되지 않는다. 그리고 이 부분을 명확히 하지 않으면 내가 이 회상기를 쓴 의미가 반감된다고까지 할 수 있다.

## 교육과 민족의 근원적 물음

'폐교 통달'이 지닌 무게는, 어차피 연도 내에 폐교 조치가 이뤄지리라 각오했으면서도 힘없는 우리의 어깨에는 엄청난 충격이었다.

'단호히 싸우자'라며 용감히 결의를 표명할 때 가장 중요한 '무엇을' '어떻게 싸워' '무엇을 얻을 것인가'라는 답을 다들 찾을 수 없었다.

'1955년 3월 31일을 끝으로 폐교'되면 그때부터 도쿄도와의 관계가 끊어진다는 것을 잘 알았다. 또 '경제적'이란 표현을 쓰긴 했지만 '폐교'='예산 삭감'이다.

'폐교되면 경제적으로 운영해 나갈 수 없다'라고 운동방침에도 명확히 썼지만, 그렇다고 1955년 4월 1일부터 도쿄도에 있는 조선인학교가 홀연히 사라진다고 생각하지는 않았다. 다만 당시 도쿄도가 조선인학교에 지원한 연간 수천만 엔의 예산이 하룻밤 사이에 날아가 버림은 부정할 수 없는 사실이었다.

그 금액을 현재의 화폐가치로 환산하면 어느 정도일지 나로서는 도무지 계산이 안 된다. 그 당시 6년간 교원으로 근무한 내 월급이 약 2만

엔 정도(독신이라)였고, 저축도 얼마쯤 했으니 수천만 엔을 도쿄도 내 약 5천 명 아동·학생의 학부형들이 부담하게 되면 엄청난 금액이다(제7표에 제시한 것처럼 예산 중 80% 이상이 일본인 교사의 급여였기 때문에 그 부담이 전부 학부형들의 몫이 되지는 않겠지만…).

더욱이 재일조선인에게는 최대의 조직이었던 재일본조선연맹(조련)이 강제로 해산당한 일을 생각하면 조선인학교가 안개처럼 흔적도 없이 사라지지는 않더라도 결국 가까운 장래에 대부분 파멸적 상황으로 치닫게 될 것이 당연했다. 그렇다면 '폐교 결정' 이후 도쿄도의 예산과 관련해 과연 현실적으로 해결할 방법이 있냐는 것이다. 또 하나는 '폐교'='면직'이라는 행정적 조치로 인한 우리 교직원들의 실질적인 해고를 어떻게 막을지의 문제다.

'폐교'라는 사태가 그리 흔한 일은 아니지만 나 또한 그런 경우를 잘 몰랐고, 또 실제로 이런 일이 발생했을 때 어떤 식의 처리가 가장 타당한가에 대해서도 당연히 아무 지식이 없었다. 나뿐만 아니라 다른 교사들도 거의 백지상태에 가까웠을 것이다. 만약 누군가가 구체적 사례를 알고 있다 하더라도 그것이 일본의 보통 공립학교의 경우면 대부분 아무런 참고도 되지 않을 것이다.

도립조선인학교의 폐교 문제는 행정구역상 학교를 통합하기 위해서라거나 인구수 변화에 따른 조치와는 달리 교육 내용의 문제이며, 사상적 문제이고, 또 국제 정세까지 얽혀 있어 완전히 정치적 문제이다.

그렇더라도 전후戰後 노동운동이 얼마나 혹독했는지를 생각하면, 폐교 조치로 인해 실직한 교직원의 구제가 임명권자의 의무가 아닌 이상 지극히 합법적인 적색분자 숙청이 이뤄질 위험성은 역시 있었다. 그러나 조선인학교 폐교는 본질적으로 다른 문제다.

예산이 삭감되어 PTA회비 등의 부담을 이기지 못하게 된 가정에서는 좋든 싫든 자녀를 부근 공립학교로 전학시킬 수밖에 없게 될 것이다. 그리고 그렇게 전학하는 조선의 아이들 앞에 냉랭하게 버티고 있는 것이 앞에서도 쓴 1953년의 문부차관 통달(전술한 서약서―의무교육권 박탈의 문제)대로 된다면 그것은 일본 국내에 있는 조선인이라는 민족의 상실을 의미한다. 만약―이라기보다 아마 틀림없다고 해도 지장이 없겠지만―통달대로 '폐교'가 강행되더라도 그 전에 어떻게든 최악의 사태를 피할 수 있는 조건을 만들어 둬야 했다.

통달의 마지막 부분은 '쇼와 30년(1955) 4월 1일 이후 재일조선인 자녀의 교육은, 조선인들의 힘으로 사립학교에서 실시할 것을 기대한다'라고 스마트한 표현으로 맺고 있는데, 과연 이 시기의 재일조선인 어느 부분에 그런 '기대'를 걸 만한 곳이 있었던가?

'2층으로 올라가라고 내몬 후 사다리를 치워버리고는 재주껏 내려와 보라는 말과 같다.'(『민족의 아이』)

이 표현은 좀 전에도 언급한 문부성 차관의 통달이 나왔을 때의 상태를 표현한 것으로 기억하는데, '폐교' 문제에 비춰보아도 완벽한 명언이다.

조선의 아이들을 지키고, 재일조선인의 민족교육을 존속시키고 발전시키기 위해서는 치워진 사다리를 다시 제자리로 되돌려 놓아야만 한다. 이미 몇 차례 있은 커다란 요동으로 기둥도 많이 기울어진 이 집(재일조선인 교육)의 2층에서 아이들과 부모들, 그리고 그들을 지키고 가르치는 교사들이 안전하게 내려올 수 있는 사다리를 준비해야만 한다. 그를 위해서는 아주 작아 보이는 문제라도 하나하나 꼼꼼하고 신중하게, 그리고 제대로 파악해 많은 이들의 힘으로 해결해야 한다. 더욱이 이 집(재일조선인 교육)을 덮친 마지막 요동의 한복판에서 말이다.

못 하나 박는 걸 잊어도 피해는 헤아릴 수 없는 크기로 찾아올지 모른다.

우리는 '폐교 반대' 깃발을 한편에 단단히 쥐고 눈앞에 있는 온갖 장해의 실체와 크기, 성질을 제대로 파악해 그것을 하나하나 제거해 나가야 했다. 게다가 어떤 재료를 어디서 찾으면 그 사다리를 만들 수 있을지, 못에 해당하는 것은 무엇인지, 판자 역할을 하는 것은 무엇인지도 거의 파악할 수 없는 정세 속에서 말이다.

이것이 조교조朝敎組의 마지막 정기대회, 즉 1954년 9월 30일의 상황이었다. 당일 대회 선언은 다음과 같다.

《(생략) 돌아보면 과거 5년간 우리 조합은 일·조 친선과 민족 고유의 전통문화를 존중하는 교육을 추진하기 위해 노력해 왔다.
그 결과 일본교직원조합, 도쿄도 교직원연맹의 여러 동료는 물론이며 많은 일본 국민도 조선인 교육에 대한 인식이 크게 확장되었다.
그러나 우리의 활동이 반드시 좋은 점만 있지는 않았으며, 한 사람에게 너무 의지하는 경우가 많고, 투쟁 방식이 외부로만 향해 있어서 조합원의 생계나 이익이 되는 활동이 적었음을 솔직히 비판해야 한다.
지금 우리 조합은 이 점을 극복하기 위해 완전히 처음으로 돌아가 직장의 실정을 직시하고, 눈앞의 문제를 제1의 목표로 삼아 투쟁해야 한다는 것을 통절히 느꼈다.
사상·종교·계급과 상관없이 누구에게나 친심으로 환영받고, 조합원은 물론 교사와 사무직원 모두를 위한 이익을 추구하고, 나아가 아이들을 구하는 방침은 무엇인가? 그 목적을 달성하기 위해서는 한 사람 한 사람의 교사와 동료들이 정말 인간적으로 이어져야 한다.
우리는 초조해하지 말고, 태만하지 말고, 자기 능력에 맞게 누가 봐도 납득할 수 있는 방법을 찾아야…(생략)》(방점 필자)

'폐교 통달'이 나오기 전이었지만 당국의 '폐교' 방침이 이미 명확해진 시기의 대회 선언, 이것이 전문의 대부분이다. 돌이켜보면 조교조朝敎組에게 가장 엄혹한 시련의 시기였는지도 모른다.
진심으로 조직을 생각하고 조합원을 소중히 한다는 것은 무엇일까. 진심으로 아이들을 지키고 교육을 지키는 것이 무엇인지 생각하고 또 생각한 끝에 도달한 결론에 따라 진지하게 나서는 것이야말로 교원조합으로서 무엇보다 중요했다.

## 단순명료한 저항의 근거

여하튼 1954년 10월 5일의 '폐교 통달'을 경계로 정세는 새로운 국면을 맞았다.

모두를 위하는 이익을 얻기 위해서라도 '폐교' 반대운동을 널리 확장하고 조금이라도 신속히 추진할 필요가 있었다. 바꿔 말하면 '폐교 통달'을 실질적으로 철회시키는 싸움이었으며, 구체적으로는 어떻게든 내년도 예산을 책정하게 만드는 싸움이기도 했다.

하지만 일단 공식적으로 나온 통달이 철회된 사례는 오랜 노동운동의 역사에서조차 그리 많지 않음이 분명했다. 이 두꺼운 벽을 돌파할 힘을 만드는 일이 불과 몇 개월이라는 짧은 기간에 과연 가능할까. 어떻게 하면 그 에너지를 축적해 발휘할 수 있을까. 게다가 아이들을 지키고, 민족교육을 지키고, 교사를 지킨다고 하지만 일본인 교사의 경우 자신이 해고될지 남을지 모를 벼랑 끝에 서 있는 상황이었다.

'모두의 이익'을 지키려면 역시 '폐교 통달'을 철회시키는 것밖에는 없었다. 만약 그것이 불가능해진다면 조선인 측과 일본인 교사 측 사이에 개개인의 사상이나 감정과는 상관없이 이해관계의 불일치가 그대로 드러날 우려가 다분했다.

조교조朝教組를 중심으로 비조합원인 일본인 교사들까지(물론 PTA도 포함해서) 굉장히 힘든 싸움이 또다시 시작되었다. 10월이면 이미 연말 투쟁이 시작되는 시기다. 게다가 도쿄도 교직원연합의 교육연구집회도 코앞에 닥쳐 있었다. 우리의 투쟁을 성공시키기 위해서는 모든 면에서 효과적으로 힘을 발휘해야만 했다.

만약 이사회 측이 '폐교'를 철회할 의도가 전혀 없다고 해도 '모두의 이익'을 지키는 싸움이 되려면, 내년도에도 도립조선인학교가 계속 존속한다는 전제 아래 추진해야 했다.

그 때문에 몸 상태가 여전히 좋지 않았던 나도 수수방관하고 있을 수는 없었다. 상태가 나쁘긴 해도 누워 있어야만 하는 병도 아니었고, 또 누워만 있는 것이 최고의 치료법도 아니었다. 정말 심할 때는 내 의지와 힘으로 팔다리를 움직이는 것조차 힘들었지만 그럴 때를 제외하면 평소처럼 일은 할 수 있었다.

이 무렵이 되자 수업이나 그 외 부분을 학교에서 커버해 주기도 했고, 전문의 치료를 받고 있다는 안도감도 작용해 잠들지 못하는 고통이 지속되는 것도 아니었다.

물론 몸의 피로는 과중했지만 나는 남는 시간을 이용해 맹렬하게 책을 읽었다. 원래 독서를 안 하는 편은 아니었지만, 이렇게 오래도록 증거품으로 남을 나의 회상기에 능청스레 쓸 만큼 '맹렬'했다는 표현이 어울린다. 아무튼 읽고 싶었던 책, 읽어야 한다고 생각했던 책을 전부 머리맡에 쌓아두고 잠이 올 때까지 닥치는 대로 읽었다.

평균적으로 필요한 인간의 수면시간을 대략 8시간이라 하면 내 경우는 약 4~5시간이 남았다. 그 시간을 충분히 활용해 읽었으니 '맹렬'했던 게 틀림없다.

지금 생각해도 우스운데, 보통은 주변 조건이 이렇게 힘들어지면 그 자체가 병에도 강한 영향을 줘서 아무리 시간이 남아도 잘 쓸 수 없게 된다. 그런데 이 무렵의 나는 소위 '딱딱한' 서적을 읽는 것조차 거의 거부감이 없었다.

그런 병에 걸릴 정도이니 결코 내 성격이 낙천적인 편은 아니지만, 신기하게도 나는 많은 일본인 교사가 걱정했던 신분보장 문제에 그다지 초조하지 않았다. 그렇다고 딱히 내 마음속에 재일조선인 교육에 일생을 바치며 후회 없이 살리라는 그런 고매한 정신이 생성되었던 것도 물론 아니다. '너는 미혼이고, 스물여덟의 젊은 나이니 그럴 수 있는 것이다'라고 하면 아니라고 단정하진 못해도 꼭 그런 이유만은 아니었음도 분명하다.

실제로 나에게는 당시 부양해야 할 처자식은 없었다. 하지만 만약 실직하면 다음 날부터 주변 사람에게 신세를 져야 하는 점에서는 다른 교사들과 별반 다르지 않았다. 신세를 질 상대가 부모 형제라도 해고당한 나의 위치가 얼마나 비참할지는 나로서도 상상해 볼 수밖에 없었다.

게다가 특기라고 할 뭔가가 있는 것도 아닌 내가 당시엔 의외로 그런 문제에 담담했던 것은 몇 가지 이유가 있어서다.

앞서도 잠깐 언급했듯이 '6개 항목을 지키는 교사의 신분보장은 고려하겠지만, 조선인 측에 협력하는 자는 보장할 수 없다'(방점 필자)라고 한 교육청 측의 태도 그 자체다.

인간이란 존재는 문제의 소용돌이 속에 내던져지면 스스로 판단하기가 가장 어려운 것 아닐까? 솔직히 말해서 나도 내가 어째서 그토록 느긋했는지 알 수 없다. 그러나 20년도 더 지난 지금, 그 당시 나를 분석하면 그게 맞는 것 같다.

그 무렵 만약 내가 교육청 측이 말한 '조선인 측에 협력하지 않는 훌륭한 교사' 안에 들어가는 한 사람이었다면 나는 역시 굉장히 동요했을 것이다. 그런 사람들조차도 구체적으로 신분보장을 확약받지 못했기 때문이다.

그런데 내 경우는 어떨까.

내가 당국의 심한 미움을 살 만큼 전위적이고 사상이 투철한 인간이 아니라는 걸 누구보다도 내가 잘 알았다. 다만 객관적 상황은 생각하기에 따라서 대단히 아이러니하다.

'일본의 아이들이 풍요로운 일본인으로 자라나야 하는 것과 마찬가지로 조선인 아이들도 역시 풍요로운 조선인으로 자라나야 한다. 게다가 그것은 과거에 대한 속죄로서 일본인 자신이 적극적으로 인정해야 마땅한 일이다.'

이토록 단순명료한 논리가 5년간에 걸친 조선인학교 생활을 지탱해 준 논리다.

그런 내가 어딘가에서는 마치 마르크스주의나 레닌주의로 강고히 무장된 활동가로 높이 평가되었던 모양이다. 즉 내 양심을 지키려는 행위가 해고로 이어진다면 그 또한 어쩔 수 없지 않나, 이런 마음이 나를 그다지 불안하게 만들지 않았던 것 같다.

지금까지 글로 쓸 기회가 없었는데, 분명히 말하면 6개 항목 문제가 결말로 치달았던 무렵은 이미 누구누구가 위험하다는 정보가 다양한 형태로 내 귀에도 들어왔다. 물론 그 단계에서 만약 PTA연합회가 'NO'라고 답변했더라면 곧바로 '폐교'가 되었을 테니 일본인 교사 전원이 그저 교육청 당국의 심중 여하에 따라 살길을 찾아야 할 지경에 몰렸을지도 모른다. 그런데 이미 그 당시엔 상당수의 교사가 블랙리스트에 올라 있다는 사실을 알고 있었다.

물론 그중에는 고령의 교사나 마흔이 넘은 여교사 등 지금도 구실만 있으면 해고 대상이 될 법한 사람들의 이름도 있었는데, 전혀 그럴 대상이 아닌, 게다가 이 사람이 정말일까 싶은 교사도 있었다.

누가 어떻게 모은 정보인지 알 수 없기에 나도 전부 신뢰한 것은 아니다. 어차피 당시 교육청 당국은, 그때까지 4년간 이유 없이 백안시해 온 도립조선인학교에서 타민족을 교육하는 어려움을 안고 각자 고뇌하며 필사적으로 견뎌온 많은 일본인 교사의 고통에 눈곱만큼의 성의조차 구체적인 형태로 보여주지 않았다.

후술한 것처럼 일본인 교사들이 1955년 2월 교육위원회에 제출한 청원서를 보면 명확히 알 수 있다.

## 역경 속의 낙천성

어쨌든 그 일에 관해서는 나중에 다시 언급하기로 하고…….

나에게 주어진 일은 역시 교육연구집회에 참석하는 것이었다. 우리는 무엇보다 고립되면 안 되었고, 또 사실 고립되어 있지 않았다.

1954년 11월 1일 자『신문 도교련都教連』은 <주목되는 도쿄대회—25일

부터 오우메시青梅市에서>라는 제목으로 도쿄집회(제4차)를 소개하면서 거의 비슷한 공간을 할애해 사진을 넣고 다음과 같은 기사를 실었다.

&lt;일·조 우호를 목표로 열린 평화로운 조선인학교 운동회&gt;
'……지난 10월 20일, 일·조 친선 만세라는 슬로건 아래 도립조선인학교(고1, 중1, 소13) 학생 5천 명은 폐교라는 암울한 통달에도 굴하지 않고, 무사시노武蔵野 운동장에서 연합대운동회를 열었다.

이날은 도쿄도교직원조합의 하세가와長谷川 위원장도 내빈으로 참석해 격려 인사를 했다. 이보다 앞서 열린 도내 각 학교의 운동회에는 히라노 요시타로平野義太郎, 시마가미 젠고로島上善五郎 대의원 외에 도의원, 구의원, 교육위원 등이 다수 참석했다. 특별히 놀이와 릴레이에 참가해 준 일본인 학교의 아동·학생이 3,500명 이상에 달해 고립감을 느꼈던 조선 아이들을 더할 나위 없이 기쁘게 했다.

내년 봄인 3월부터 조선인학교가 폐교된다는 암울한 뉴스도 활기차고 즐거운 운동회를 어둡게 만들지는 못했다. 힘껏 뛰고 달리는 아이들은 어떻게든 '폐교'의 암울함을 떨쳐내려는 듯 밝고 힘찬 표정이었다. 각종 프로그램도 막힘없이 진행되어 이날 가을 운동회는 아무런 사고도 없이 종료되었다.'

이것은 분명 당일의 표정을 아무 과장도 없이 표현한 것이고, 또 밝은 전망을 주는 것이기도 했다. 그러나 훨씬 더 많은 일본 아이들, 부모들, 교사들이 조선인학교를 올바로 이해해 내미는 친선의 손길이 있어야 '폐교'를 막을 수 있었다.

오우메青梅에서 열린 교연집회에 참가해 친선의 손을 먼저 내밀며 이해를 넓히고 다지기엔 내 힘이 지극히 미약했지만 나는 아픈 몸을 이끌고 참석했다. 당연히 나는 정회원 자격으로 보고서를 내고 참가할 수 있는 상태가 아니었다.

일단 몸을 생각해서 3일간의 집회에만 참석 자격이 주어지는 사회자 역할을 수락했다. 그 대신 조교조朝教組에서는 조선인 교사를 포함한 5명이 참가해 제각각 일본 교사들의 토론장에 들어가 조선인 교육 문제를 호소했다. 일개 조교조朝教組 정회원으로 내가 이 집회에 처음 참석한 1951년의 상황과 비교하면 아주 큰 변화였다. 조교조朝教組를 결성하고 그 이듬해가 되어서야 겨우 정회원을 이 집회에 보냈던 조교조朝教組 내부에서조차 과연 누가 이날의 상황을 상상이나 했을까.

게다가 나는 조선인학교 폐교 문제가 단순히 행정상의 문제가 아닌, 양국의 역사적 연장선 측면에서 올바른 교육의 모습을 토론하게 될 분과회의 사회자를 맡은 것이다.

후에 조선대학교에서 열심히 활동한 김호경金護經 씨가 쓴 <조선인학교 및 일본인학교에 있어서 조선인 아동의 성장 과정>이라는 당시 보고

<조선인학교 및 일본인학교에 있어 조선인 아동의 성장 과정>(1953.11 김호경 제작)

서가 지금 내 손에 있다. 10종 이상의 실태조사 보고를 바탕으로 조선인학교에 재적한 아이들과 일본의 공립학교에서 공부하는 조선인 아동의 성장 과정을 면밀하게 분석해 민족교육의 필요성을 호소한 보고서다. 이 보고서를 바탕으로 이뤄진 열띤 토론 모습을 지금 여기서 자세히 묘사할 방법이 없어 안타까울 뿐이다.

어쨌든 나는 무리를 해서라도 이 집회에 참석해 진심으로 다행이었다. 목전에 닥친 위기감과는 어울리지 않는 슬로우 페이스였는지도 모른다. 우리가 이런 일을 하는 사이에도 한편에서는 남아있는 사람들이 각각의 자리에서 가능한 활동을 하고 있었다.

당국에 직접 청원하거나, 교섭에 나서거나 혹은 외부로부터의 지원을 견고히 하기 위해 타 노조와 문화인 등에게 도움을 청했고, 또 조직 내부의 통일을 다지기 위해 쉼 없이 운동을 펼쳤다.

PTA도 그 나름대로 재일동포들의 마음을 하나로 모으려고 열심히 노력하는 것 같았다. 60만을 헤아리는 재일조선인 중에는 해체된 조선인연맹 조직에 참여했거나 혹은 그곳을 지지한 이들이 압도적 다수를 차지했다. 하지만 생활 기반이 없었던 그들 처지로서는 아이 하나를 조선인으로 키워내는 그 자체가—이것이야말로 부정할 수 없는 기본적 인권이 분명한데 비록 공안 관련 간섭이나 괴롭힘이 없었더라도—굉장히 힘든 문제였다.

조교조朝敎組의 일개 조합원인 나는 학교에서의 교육활동이 아니면 만날 기회가 없어 PTA 조직의 내부 문제를 깊이 알 수 없었는데, 개개인의 심정이나 사상이야 어떻든 PTA 역시 조직을 지키느라 상상도 못 할 어려움이 있었을 것이다. 그러나 우리 조교조朝敎組로서는 이 시기가 '폐교 반대' 투쟁의 역사 속에서 그 구체적인 방향을 찾기 위한, 말하자면 '산고의 고통'인 시기였다.

## 난항을 겪는 교사 전원의 신분보장

조교조朝敎組가 조직 명의로 도쿄도 교직원위원회에 정식으로 요청서를 제출한 것은 오우메青梅에서 열린 교육연구집회 후 2주가 지난 12월 11일이었다.

1955년 1월 15일 자 『신문 도교련都敎連』의 <폐교를 연기하도록 요청, 조교조朝敎組가 도쿄도 교육위에>라는 기사는 '……올해 3월을 기점으로 5천여 명의 재학생이 있는 15개 도립조선인학교를 폐교한다는 도쿄도 교육위의 통고에 대해 조교조朝敎組는 약 2개월에 걸쳐 대중 토론 및 PTA와 의견교환을 한 결과……'라고 적고 있다.

이 정도의 표현만으로는 내가 왜 '산고의 고통'이라고 썼는지 그 의도를 잘 모를 수도 있는데, 같은 해 1월 29일 자 『조교조朝敎組 뉴스』에는 다음과 같이 적고 있다.

《……일·조 우호 운동을 골자로 한 투쟁을 조직하면서도 역시 폐교 문제 때문에 초조해하는 경향을 항상 느낄 수밖에 없다. 제4차 교육연구 활동이 새로운 관점에서 활기를 띠기 시작해 지금까지 알려지지 않았던 부모와 아이들의 생활실태가 교연의 조사 활동으로 크게 드러났고, 부모들의 소박한 감정과 조국에 대한 애착 및 자녀들에 대한 기대가 여태까지는 보지 못한 광범위한 것임이 증명되었기에 자연히 민족교육의 내용도 큰 전환이 필요하다. 이 연구발표 과정에서 제기된 내용이 폐교 연기 투쟁으로 번진 중요한 이유이며 기초다.

부모들이 현재 원하는 것은 조선인학교를 10년간 변칙적으로 취급한 형태에서 벗어나 국교 조정과 전후처리에 의한 '완전한 외국인'이 되는 것이며, 조국 왕래를 자유로이 하게 해달라는 것이다. 우리는 이러한 기초 위에 '그때까지는 폐교를 연기하는 것이 마땅하다'라고 당국에 요청했다.》

위의 부분을 읽어 보면 '산고의 고통' 시기라는 의미도 이해되리라 생각한다. 중요한 문제이기에 이어서 요청서 전문을 여기에 싣는다.

### 폐교 연기 요청서(전문)

요청서
1. 일·조 양국의 국교가 정상으로 복구되는 시기가 올 때까지 도립조선인학교의 폐교를 연기할 것.

이유서
1. 재일조선인은 전후처리가 안 된 외국인이며, 이른바 중국으로 유학하는 일본인 거류민과 비슷한 성격을 띠고 있다.
2. 10월 30일, 구로카와黑川 학무부장이 '폐교 후 일본인 교원 전원을 퇴직시키고, 복직희망자는 재선별을 통해 합격한 이들을 채용할 학교가 있으면 채용한다'라고 명언했는데, 이대로라면 상당한 희생자가 나올 것이 분명하다.
3. 본교의 조선인 전임강사는 3개월 간격으로 계약을 갱신해야 하는데, 폐교 후엔 그대로 방치되어도 법적으로 저항할 수 없다. (일본인 측에도 전임강사는 있지만, 이른바 정원 부족의 공백을 메우는 조치로 채용—필자)
4. '조선인 교원의 신분은 전혀 고려하지 않는다'라고 명언했기에 폐교 후에는 경제적인 면으로도 사립 또는 각종학교 경영도 불가능해 다른 일자리를 찾을 수도 없이 완전히 실직자가 되어 거리를 헤매게 된다는 것.
5. 아동·학생에 관해서는 다음의 문제가 고려되지 않은 점.
(1) 국교 조정 후에 필요한 모국어·모국의 지리·역사를 배울 기회를 완전히 잃는 것.
(2) 비록 일부 다른 학교에 취학하는 학생이 있더라도 미취학 학생·아동 발생은 불가피하며, 이 일은 사회악을 초래하는 방향으로 치달을 우려가 있다는 것.

이런 점에 관해 신속히 성의 있는 답변과 더불어 우리와 해결을 위한 교섭에 나서 줄 것을 요청한다.

1954년 12월 11일

도쿄도립조선인학교 교직원조합

5장 조선인학교의 자립에 대한 고뇌

지금 다시 자세히 읽어 보니 요청서의 주문과 이유서가 반드시 일치한다고는 할 수 없다. 여하튼 이 시점에서 '폐교 반대' 투쟁은 말 그대로 출발과 동시에 종반전에 들어선 상황이라 할 수 있을 것이다.

이 단계에서는 교섭의 초점이 거의 두 가지로 좁혀졌다. 즉 한 가지는 일본인 교사와 조선인 교사의 신분보장이며, 또 하나는 예산지원을 지속함으로써 실질적으로 조선인학교 운영이 가능하게 하는 것(바꿔 말하면 비록 도립 간판을 떼어도 어떤 형태로든 조선인학교를 위한 예산은 책정한다. 사학진흥 보조금이랄까)이다.

그러나 상황은 좀처럼 진전되지 않았다. 몇 차례의 교섭에도 도무지 결말이 나지 않았고, 중요한 부분에 이르면 교육위 측은 매번 답변의 초점을 흐렸다. 게다가 교섭이 진행되는 동안에는 학교 독자적인 행사도 있었고, 연말 투쟁 등도 예정되어 있었다.

대량의 시간강사를 끌어안고 있는 조교조朝敎組는 예산 부분을 조금이라도 더 확보하려고 늘 막판까지 가지 않으면 보너스 투쟁 방법을 정할 수도 없었다. 마찬가지로 일본인 교사의 신분보장 문제를 요구하는 도쿄도 교육위와의 교섭도 이미 '폐교 통달' 직후인 10월 9일부터 이뤄지고 있었다. 당시 조합 측은 '여하튼 이런 불안을 떨치고 안심하고 수업할 수 있게 해달라. 조선인학교의 교사만을 차별하는 것은 납득할 수 없다. 처음부터 기한이 정해진 신분이라는 조건을 알리지도 않고 근무시킨 것은 사기나 다름없다. 일본학교에 있었다면 아무 일도 없을 텐데, 어쩌다 조선인학교에 있었기 때문에 도중에 해고된다니, 그런 어처구니없는 일이 어디 있나. 게다가 모두 교원 자격을 훌륭히 갖춘 사람들이다. 재선별의 의미를 도무지 알 수 없다. 무조건 교사 전원의 신분을 보장하라'라고 요구했다.

이에 교육청 측의 태도는(도쿄도 교육위와의 교섭이라지만 보통은 사무 당국이 응대했다) '폐교는 일부만 결정됐을 뿐이니 앞으로도 PTA 등과 협의하겠다. 하지만 신분을 전원 보장하라는 것은 터무니없다. 그건 이 시점에서

213

보장할 수 없다. 출근 상태가 어떠하든 전원이 같은 상황일 수는 없는 일이다. 연령 문제로 조건부인 사람도 있고, 법적으로는 효과가 없을지 모르지만, 애초에 본인도 양해하고 들어왔으니까……'(방점 필자)라며 도무지 어찌할 도리가 없는 상태였다. 교육청 측 답변의 문제점은 아마 어린아이라도 찾을 수 있을 것이다.

교사 전원의 신분을 보장하는 일이 어째서 '터무니없는지' 결국 설명하지 않았고, 도립조선인학교가 잠정적인 존재라는 것은 실제로 일본인 교사 모집 때 들었는데, 폐교되는 경우엔 신분보장의 책임을 지지 않는다는 얘기는 듣지 못했다. 게다가 일부 사람들과 어떤 밀약이 있었는지 모르지만 무슨 일만 있으면 법률을 들먹이는 교육청 측이 형편이 좋지 않은 때에는 주위의 시선도 아랑곳없이 '법적으로는 효과가 없을지도 모르지만' 같은 말을 지껄였다.

일본인 교사 중에 고령자가 많았던 것은 앞에서도 언급했다. 하지만 이 사람들 중에 도쿄도 교육위원회 측에 특별히 의심받을 만한 존재는 한 명도 없었다. 그렇다면 '연령'을 운운한 것도 우리 내부의 동요 상황을 살피기 위해 띄운 애드벌룬이었던 것인가.

여하튼 이런 식의 교섭이 제1차부터 폐교 직전인 3월까지 계속된다. 게다가 초기에는 조교조朝教組 단독교섭이었는데, 요청서를 제출한 이후로는 도쿄도 교직원연합본부·PTA연합회·조교조朝教組까지 3자가 하나가 되었고, 상대측도 부장이나 과장이 아닌 교육장(이때는 모토시마 히로시 本島寛 씨였다)이 나섰을 정도다.

도쿄도의회는 2월에 시작해 3월에는 종료된다. 이 기간에 어떻게든 해결하지 않으면 모든 노력이 물거품이 되고 말았다.

### 조선인에 협력한 일본인 교사 추방

우리 측에서, 특히 일본인 교사들의 초조한 기색이 차츰 짙어 갔다.

5장 조선인학교의 자립에 대한 고뇌

　1955년 2월 18일, 제4회 단체교섭 모습을 『조교조 속보』가 전면에 실었다. 제목은 <중요한 점은 말을 얼버무려—최대 고비는 23일의 단체교섭>으로 되어 있고, '신분 문제는 끝까지 구체적인 내용 제시가 없어', '지금까지는 이례적이라며 회피'라는 항목별 제목이 고투의 흔적을 생생히 말해준다.

　이 시점에도 모토시마本島 교육장은 한술 더 떠 '폐교로 인한 폐직 조치다. 전원 구제할 생각이지만, 재선별을 통해 재채용하는 형태를 취하겠다. 무엇보다 극히 소수자는 문제가 있으나…'라고 답변했다.

　'구제'라는 말은 고마운데 여기서는 굳이 따지지 않겠지만, '극히 소수자는 문제가 있으나'라는 발언은 매우 중대했다.

　생각해 보면 이 시기의 싸움은 한 사람 한 사람이 각자의 마음과의 싸움, 이른바 '신경전'이었다 할 수 있다.

　일본인 교사의 신분보장 문제와 조선인 측이 안고 있는 문제를 해결하기 위해 '폐교를 철회시켜야 한다'라는 구체적 방향으로 결집하는 데는 일치했지만, '폐교'가 현실적으로 확정되면 그 결과는 전혀 다른 것이 되고 말았다. 도의회가 개최되자 조선인학교와 관련된 예산이 단 한 푼도 책정되지 않은 것이다. 구체적인 요구가 나오면 나올수록 투쟁의 주체인 우리 측에 분열 위험성이 높아질 것은 불을 보듯 뻔했다.

　다들 생활이 걸린 문제였다. 아이들이나 학교가 어찌 되겠냐고만 할 수도 없고, 일본인 교사 전원을 구제하라는 말만 할 수도 없다. 나만 어떻게든 해결된다면—이러한 생각이 교사 개개인의 마음속에 굳어진다 해도 그것을 분열이니, 추이만 살핀다며 추궁하는 것도 가혹한 일이었다.

　이런 상황 속에서도 교육청 지도 주무관에게 '자네도 나이가 있는데 언제까지 조선인과 한편이 되어 요청 따위만 할 생각인가, 예전 같으면 몰라도 앞으로는 전혀 형편을 봐줄 수 없어.'라는 충고(?)를 들었다는 얘기가 끊이지 않았다.

투쟁에서 가장 중요한 점은 이러한 책동으로 조직 내부에 생기는 균열, 역시 그 부분일 것이다. 우리가 내놓은 요구는 모두 절실한 것들뿐이었다. 어느 한 가지도 소홀히 할 수 없었다.

비록 강한 힘은 아니어도 우리의 결속은 최후까지 거의 흐트러지지 않았다. 조교조朝敎組와 PTA연합회가 연명해 제출한 요청(2월 10일)을 항목별로 나열하면 다음과 같다.

《1. 조선인 아이들의 집단 교육을 계속하기 위해서

(1) 아이들의 집단 교육이 앞으로도 계속되도록 쇼와 30년도(1955) 지원예산을 책정해 지출하기를 바란다.

(2) 새로이 자주적인 학교 형태가 됨으로써 발생할 다음과 같은 사항을 모두 해결할 수 있도록 배려해 달라.

    a. 아동·학생의 상급학교 진학이 보장되도록 조치하기를 바란다(각종학교는 이 길이 막혀버린다).

    b. 교사, 부지, 설비를 계속 사용할 수 있도록 관계 당국의 선처를 바란다(학교의 부지는 대장성이 관할했다).

    c. 사학심의회에 학교 인가 접수 후 인허가가 지연됨에 따라 교육공백이 생기지 않도록 만전을 기해 주기 바란다.

    d. 학교교육법에 따라 학생·아동에 대한 특전제도가 적용될 수 있도록 강구 해 달라(예를 들어 학생 통학 할인권, 급식 등).

    e. 빈곤 학생·아동의 가정에 생활보호법이 적용될 수 있도록 조치해 달라.

    f. 학생들이 일반 학교의 학생들과 교류할 기회가 균등하게 주어지도록 지원해 달라(예를 들어 중학교·고등학교체육연맹 등에 가맹 및 참가 자격이 상실되지 않도록 할 것)

2. 교직원—사무직원, 잡무직원, 작업직원을 포함—의 신분에 대해 다음과 같은 사항이 갖춰지도록 선처를 바란다.

(1) 일본인 교직원 전원에 대한 재선별을 취소하고, 본인이 희망하는 지역 내 학교로 완전히 전임시키고, 전임 후에도 일절 차별 대우하지 않을 것.

(2) 조선인 교직원은 전원 '교직원' 신분으로 직장과 생활이 보장될 수 있도록 대책을 강구 해 달라. 》

이 가운데 어느 하나라도 결코 가벼이 다룰 항목은 없었다. 어느 요구도 트집 잡을 여지가 전혀 없음이 분명했다.

## 고뇌 끝에 나온 조선인 교사들의 진정서

그 후 우리의 싸움은 새로이 지원단체로 참여한 도쿄도 노동자연맹과 일찍부터 협력을 아끼지 않은 도쿄도 교직원연합본부와 그 밖의 산하 각 조합, 일교조日敎組, 문화인, 진보의원단 등의 지원을 받으면서도 마지막까지 난항에 난항을 거듭했다.

3월 9일 자 『조교조朝敎組 속보』의 제목만 보아도 그 당시 모습이 생생히 떠오른다.

○ 마지막까지 난항을 겪는 예산 문제
— 7일 문교위, 결론을 미루다!(5일에 열린 문교위원회에서 도립 간판은 떼어도 지원은 하겠다는 내용이 겨우 상정되었다) —
— 도쿄도 교직원조합 등 조직적으로 의원 로비 —
○ 낙관할 수 없는 문교위의 결론, 4~5일 만에 결정?
 도쿄도 교직원조합 지부위원, 단체행동에 나서다
— 8일 위원회, '9~10일 이틀간 해당 지역 도의원 로비' 결정 —
○ 11일 오후, 일교조日敎組·도교련都教連·조교조朝敎組 대책 회의
— 진학 문제 등의 법제도 대책 마련 —

그런데 1년 전에 있은 '6개 항목 문제'를 둘러싼 투쟁에 비하면 그때와 같은 살벌함은 없었다. 적어도 나에게는 그렇게 느껴졌다. 위의 요구에서도 볼 수 있듯이 투쟁 자체가 '폐교'를 전제로 한 것이 원인 중 하나라 생각하는데, 그와 동시에 운동의 확장에서 오는 일종의 유연함이라고도 할 수 있지 않을까.

  하지만 폐교 조치가 3주도 안 남은 시기에 또 과거와 같은 사태를 겪어야 한다는 사실이 당사자로서는 견디기 어려웠다. 도립학교 마지막 졸업식을 앞두고도 여전히 분명한 결론은 나오지 않았다.

  고통스러운 투쟁 속에 일본인 교사의 신분보장은 재선별을 안 하는 방향으로 굳어지긴 했지만 그래도 여전히 '위험한 사람이 5명이다, 아니 3명이다' 이런 정보가 들어오기도 했고, 예산 문제는 도의회 개회를 목전에 두고 답보상태가 계속되었다.

  여담이지만 신분보장이 위태로운 사람이 8명이라는 얘기가 나돌 때까지는 내 이름도 분명 그 안에 있는 걸 알았는데, 5명으로 줄었을 때는 들었는지 빠졌는지 기억에 없다. 여하튼 그 수가 줄어들수록 애초에 교육청 측이 노리고 있는 '조선인 측에 협력하는 교사'로 추려지고 있는 것만은 분명했다. 이 기회를 절대 놓치지 않겠다는 것이 교육청 측의 숨길 수 없는 속내였다. 그들에겐 당연할지 모르지만 어떤 이유로도 단 한 명의 희생자가 없도록 해야 했다.

  그러나 우리가 피를 토하는 활동을 했음에도 일본인 교사 전원을 그들이 희망하는 지역의 학교로 전임시키는 일은 불가능했다. 이미 2월 25일에는 도립조선인학교에 재직하는 일본인 교사 전원이 합의해 이 사태에 대한 청원서를 제출했다.

  그로부터 2주 후에는 조선인 교사 일동이 도쿄도 교육위에 일본인 교사의 완전한 신분보장을 요청했는데, 최종적으로 2명의 희생자를 받아들일 수밖에 없는 상황으로 끝을 맞이했다.

### 일본인 교사의 신분보장에 관하여, 조선인 교사들이 도쿄도 교육위에 보내는 진정서

우리는 지난 5년간 도립조선인학교의 교사로서 일본인 교사와 함께 오로지 교육을 위해 노력해 왔습니다. 그동안 많은 마찰과 부족한 조건 등으로 일시적인 혼란은 있었지만, 해를 거듭하며 정상적인 교육으로 발전시켜 이를 토대로 조·일 양국 국민의 우호친선을 위해 서로 깊이 이해함으로써 우호를 추진하는 큰 힘이 되었습니다.

이번에 조선인학교가 도립에서 사립으로 이관됨에 따라 특히 위와 같은 상호 연대가 일시적이긴 하더라도 단절되는 일이 몹시 안타깝습니다. 우리는 교육을 통한 우호와 친선을 앞으로도 강고히 할 수 있도록 여러 차례 우리의 의지와 요구를 제언해 왔습니다. 조선인학교에 대한 제반 문제를 원만히 해결해서 길고 긴 미래가 기다리는 아이들과 교사, 학부형들에게 화근을 남기지 않도록 부디 요청하는 바입니다.

특히 우리는 당면한 학교 예산의 책정 및 진학 문제와 더불어 교직원의 신분 문제에 관해 중대한 관심을 가질 수밖에 없습니다. 일본인 교사에 대해서는 전원 본인이 희망하는 학교로 전임 갈 수 있도록 책임을 다해주길 바랍니다. 한 사람이라도 희생자가 없도록, 한 직장에서 일해 온 교사의 인정으로 보아도, 도의적으로 보아도, 우리 조선인학교에 봉직해야 했던 교직원의 신분에 만전의 조치가 강구되도록 모든 조선인학교 교사는 간절히 바랄 뿐입니다.

목전에 있는 사태는 복잡한 부분이 있지만 조선인학교에 대한 학교인가를 신속히 해결해 아동과 교사들이 안심하고 교육할 수 있도록, 모든 문제가 선처될 수 있도록, 조선인 교사 전원의 신분 문제도 관련하여 진정합니다. 부디 귀 위원회 및 사무 당국의 배려를 부탁드립니다.

1955년 3월 7일
도쿄도립조선인학교 조선인교사 일동
대표 이동준

도쿄도 교육위원회 위원장 마쓰자와 잇가쿠松沢―鶴 귀하
도쿄도 교육위원회 교육청 모토시마 히로시本島 寛 귀하

* 필자 주 : 위와 같은 간청에도 아랑곳없이 일본인 교사 2명은 <1년간 병가휴직 후 퇴직>이라는 형태로 희생자가 되었고, 나머지는 겨우 전근은 되었는데 채용 당시의 약속은 완전히 쓸모없는 종잇장이 되어 전원 3호봉 삭감되었다.

이 일에 관해 같은 해 2월 25일, 일본인 교사(중·고교) 일동이 제출한 <신분 문제에 관한 청원서>에는 다음과 같은 내용이 적혀 있다.

'어느덧 쇼와 29년(1954) 학년말도 얼마 남지 않았습니다. 돌아보면 도립조선인학교에 근무한 우리 일본인 교사들은 과거 5년 몇 개월에 걸쳐 타 일본인 학교에서는 경험할 수 없는 괴로움을 줄곧 맛봐 왔습니다.

쇼와 24년(1949) 12월 20일에 조련 조직의 조선인학교가 도쿄도립학교로 출발할 당시에는 일본인과 조선인의 민족감정의 차이로 인해 학생들은 교사를 따르지 않고, 충분한 수업도 할 수 없는 나날들에 속수무책이었습니다. 당시 당국에서는 '3호봉 인상하고 1년이나 2년 후에는 일본인 학교로 전임 갈 수 있도록 할 것이며, 전근할 때도 인상된 3호봉은 절대 삭감하지 않는다'라는 조건까지 내놓으며 교사를 모집했습니다. 또 이러한 조건이 아니었다면 자진해서 조선인학교에 올 교사가 없었다는 걸 잘 알고 계시리라 생각합니다.'

조선인 교사 측에서 보면 조련朝連의 해산, 학교 폐쇄 등 잇따른 고통 속에서도 도립학교로서 민족교육을 지속하는 형태만은 갖추었음에도 일본인 교사의 수업 거부 사건의 부담은 물론이며, 교육 내용까지 간섭받는 등 비참한 수년간이었다.

조선인 교사들이 도쿄도 교육위에 제출한 요청서는 글자 수로 따지면 불과 7~800자의 간단한 요청서지만, 이 단계에 이르기까지 그들의 심정은 말로 표현할 수 없이 복잡했을 것이다.

도쿄도 교육위가 마지막까지 난색을 보인 희생자 2명의 구체적 처우 문제는 도교련都教連 본부를 중심으로 이뤄진 간부회의로 이관되었다. 그리고 결과는, 각각 1년간 적당한 학교에 적을 두고, 실제로는 병가휴직 상태로 있다가 기한이 만료되는 대로 퇴직시킨다는 내용이었다. 두 사람 모두 재일조선인의 민족교육을 누구보다 깊이 이해한 이들이며, 동시에 조교조朝教組의 뛰어난 지도자였다.

한편 '지원예산'은 도의회 개회 직전에 '밀어내기'(도립학교에 현재 재학 중인 아동·학생만 예산지원. 즉 도립학교가 폐교되면 입학생이 없어지니 결국 재적 학생들도 없어진다. 해마다 예산이 줄어들어 5년 후엔 모든 예산이 삭감되기에 우리는 이렇게 불렀다) 방식으로 예산지원이 결정되었고, 조선인학교는 '각종학교'로 인가하게 된다고 했다.

이 결말이 그 후 민족교육의 발전에 어떠한 영향을 가져왔는지 나로서는 아직 확실히 단정할 수 없다. 하지만 어찌 됐든 현재 조선인학교는 다양한 곤란을 이겨내고 몰라보게 발전해가고 있다.

투쟁이 끝나고 우리는 희생자가 된 2명을 위로할 말을 찾지 못했다. '신경 쓸 것 없어. 급여가 60%로 줄었지만 1년간은 안심하고 연구를 할 수 있으니까. 생각하기에 따라서는 예상치 못한 횡재인지도 모르지.'라며 웃었다.

그리고 그 표정에는 한 치의 그늘도 없었다.


4월 3일, 도쿄도 교육위원 명의로 나에게 한 통의 우편물이 내용증명과 함께 날아왔다.

---

도쿄도 공립학교 교원 카지이 노보루

지방공무원법 제28조 제1항 제4호에 따라 본직을 면한다.

쇼와 30년(1955) 3월 31일
도쿄도 교육위원회

---

처분의 종류와 정도에 대한 항목에는 '면직', 처분의 이유로는 '도립 조선인학교는 쇼와 30년(1955) 3월 31일을 기한으로 폐지, 4월 1일 이후는 예산도 책정되지 않음에 따라 폐직한다.' 이렇게 적혀 있었다.

나는 이미 도요시마구豊島區에 배속되기로 결정이 나 있었지만 나를 받아 줄 학교가 좀처럼 나오지 않았던 모양이다. 3, 4개교를 이리저리 돌게 만들더니 정확히 한 달간의 공백이 지나고 5월 1일이 되어서야 니시스가모西巢鴨 중학교로 전근하게 되었다.

원래 발령 날짜는 1955년 4월 1일이었다.

# 마지막 장
# 조선어를 공부하다

알기 쉬운 조선어
<기초·실력 편>　가지이 노보루 저

わかる朝鮮語
<基礎・実力編>　梶井陟 著

三省堂

필자가 1971년에 집필한 『알기 쉬운 조선어』<기초·실력 편> 표지(三省堂 출판사)

1955년 3월 31일을 끝으로 도립조선인학교는 그 격동의 역사에 마침표를 찍었고, 조선인학교 교직원조합에서 함께 힘써 온 동료들도 뿔뿔이 흩어지게 되었다.

나는 도요시마구豊島區, S씨는 기타구北區, 그리고 O씨는 시나가와구品川區, 이렇게 제각각 거주지에서 가까운 지역이 떠맡았다.

'떠맡았다'라고 했는데, 구 단위까지만 가리키는 의미이지 면직 처분된 일본인 교사 모두가 순조롭게 최종 근무지가 결정됐다는 의미는 아니다.

특히 내 경우에는 실제로 일하게 될 때까지 거의 한 달을 소비했다. 면직 명령이 집으로 날아온 무렵에는 내가 도요시마구豊島區에 배속된 걸 알고 있었는데, 어느 학교에 언제부터 출근하면 되는지 전혀 알 수 없었다.

짧은 봄 방학이 끝나고 시업식과 입학식이 열린다는 기사가 신문 지면을 떠들썩하게 장식했을 때도 내게는 어디서도 연락이 오지 않았다.

2명의 희생자를 제외한 다른 이들 모두(물론 고령자도 포함) 실질적인 전근을 보장받았다고는 하지만 어디까지나 간부회의 교섭에 따른 확인이었고, 새로운 직장에 임명 발령을 받은 것은 아니었다.

묘하게도 투쟁의 마지막 단계에 내 이름이 적색분자 리스트에 남아있다는 소식을 들었을 때는 아무런 불안도 느끼지 않았는데, 이때는 너무 불안했다. 나만 해고당하리라는 생각은 안 들었지만, 뭔가 하루하루 몸을 둘 곳 없는 기분이었다. 아침이 와도 주인이 들어주지 않는 내 가방은 덩그러니 책상 위에 놓여있었다.

자율신경 기능에 이상이 생긴 이후 이 가방을 드는 것 자체가 괴로운 심정일 때가 많았는데, 이제는 가방을 손에 들 의미가 없어진 하루하루가 몹시 괴로웠다.

조선인 교사들은 헤어질 때 '일본학교와 똑같은 급료는 줄 수 없겠지만 만약 갈 곳이 없다면 언제든 돌아와요.'라고 말해주었다. 그 말이 여러 번 머릿속에 떠올랐다 사라졌다.

'아아, 골 아프다. 나왔다 다시 들어가는 것도 그렇지만, 이런 묘한 기분으로 있을 바에야 그냥 조선인학교로 갈까.'

정말 괴로운 나머지 이런 생각을 한 적도 있다. 사정을 알고 있는 가족들은 누구도 내 일에 관해 묻지 않았는데, 그것이 오히려 견딜 수 없었다.

입학식 날이 지나자 나는 집배원이 오는 시간까지 기다렸다가 2, 3권의 책과 필기도구를 보자기에 싸서 집을 나섰다. 어디서 무얼 할지 계획도 없었지만, 여하튼 뭔가를 하며 해가 질 때까지 시간을 보내기 위해 그렇게 집을 나섰다.

S씨처럼 술도 잘 못 마시는 나는 알코올로 기분전환을 할 수도 없다. 또 잘 마신다고 해도 대낮부터 술집에서 술을 들이켜고 있을 수도 없는 노릇이다.

일단 찻집을 두세 곳 돌아볼까? 찻집에서 책을 읽거나 노트에 쓸데없는 내용을 끄적이기도 하고 그러다 피곤해지면 공원 벤치에 보자기를 베고 누웠다. 그러다 보면 어느덧 퇴근 '시각'이 되었다. 잠이 들면 분필을 손에 쥐고 교단 위를 천천히 오가는 내 모습이 여러 번 꿈에 나타났다. 꿈에서 나는 멋진 양복에 빳빳하게 풀을 먹여 눈부실 정도로 새하얀 가운을 걸치고 있었다. 학생들은 일본인인지 조선인인지 알 수 없다. 나는 그 학생들에게 말한다.

"어이, 거기 뒤에 있는 학생, 내 목소리 잘 들려?", "이 부분에 글씨를 써도 잘 보이나?"

나는 생후 6개월째 중이염을 앓고 양쪽 귀의 고막에 큰 구멍이 생겼다. 그로 인해 내 목소리의 크기를 가늠하지 못해서 처음 교단에 설 때부터 '잘 들리나?' 하고 묻는 게 버릇이었다. 예산이 턱없이 부족한 조선인학교는 칠판 대부분이 벗겨지고 닳아서 학생들이 어떤 위치에 앉아있든 글씨를 읽을 수 있도록 항상 판서에 신경을 써야 했다.

벤치에서 일어나면 드디어 자유시간이다. 나는 거리낌 없이 파친코에 들어가기도 하고, 새로 생긴 찻집에서 하루 업무의 피로(?)를 털어내고 집에 돌아왔다.

이런 상태가 정식으로 근무할 학교가 결정되는 4월 말 무렵까지 거의 매일 계속되었다. 그러다 도요시마구豊島區 지도실에서 처음으로 호출이 온 것은 4월도 중순에 들어선 때다. 학교는 달랐지만 나처럼 사범학교 출신이라는 지도실장은 이렇게 말했다.

'자네 일은 이것저것 신경 쓰고 있는데, 어느 학교도 아직 정원이 확실하지 않아서 정식으로 발령을 못 내고 있네. A학교 교장이 자네를 만나보고 싶어 하니 오늘이라도 찾아가 보게. 급료는 일단 A학교 직원 명분으로 지급할 것이니 근무가 결정되든 안 되든 급여일이 되면 A학교로 받으러 가게나……'

나는 감사를 표하고 지도실장의 방을 나왔다. 그는 약속을 지키려고 애를 썼다. 어쩌면 당당하게 약속을 저버린 이들의 잘못을 대신하려 했는지 모르지만 그래도 나는 기뻤다. 당장 내일부터라도 교단에 설 수 있을 것 같은 기분이었다.

'이 상황에서 설마 나만 해고되는 것은 아니겠지…'라고 앞에서 썼는데, 어쩌면 그 '설마'가 마음속 어딘가에 달라붙어 있었는지도 모른다.

그런데 곧바로 출근할 수 있을 거라는 나의 기대는 잇달아 깨지고 말았다. 불과 일주일도 안 되는 사이에 중학교 4곳을 소개받았고, 당연히 4명의 교장도 만났다. 만나서 뭔가를 한 것도 아니다.

'지도실장인 K선생의 소개로 왔습니다.'라고 접수대에 말하면 나를 정중히 교장실로 안내했다. 다과까지 내주지는 않았어도 담배를 권하거나 차가 식으면 새로 따라 주기도 했다. 그런데 대화 내용은 고작 세상사 얘기뿐이었다.

우스운 이야기다.

교장들은 나를 무엇 때문에 불렀는지 전혀 언급하려 하지 않았다. 그러니 나도 '저를 받아주시는 겁니까?'라고 묻지 않았다. 그런 얘기를 내

쪽에서 먼저 물어야 할 이유는 없다고 굳게 믿었기 때문이다.

말하자면 나는 '한국전쟁은 정말 비참한 일이죠.', '조선 아이들이나 일본 아이들이나 다 같잖아요?' 이런 말을 시작으로 뭔가 대화를 이어가며 4개 학교를 돌았던 셈이다. 그리고 대화 끝에는 어김없이 '아이고, 확실한 답변을 드리지 못해 죄송한데, 어차피 교사 정원이 결정되어야 선생님을 채용할 수 있는 상황이라 확정되면 K선생을 통해 연락드릴 테니 오늘은 이만……'이란 말로 작별을 고했다.

두 곳의 학교에서는 교장이 직접 현관까지 배웅도 해주었다.

이런 일이 거듭될수록 '일본인에게 조선인학교란 무엇이었나'라는 질문을 또다시 나에게 던질 수밖에 없었다.

교장들과 만나 세상사 얘기를 나눴다지만 사실 그것은 면접시험이었다. 신분을 보장하겠다는 얘기가 곧바로 교단에 설 수 있음을 의미하는 게 아니란 걸 나는 분명히 깨달았다. 채용 여부는 교장의 재량에만 달려 있었다. 물론 외부의 힘으로 그 재량을 강조하거나 변경시킬 수도 있을 것이다. 그래도 최종적으로는 교장의 보고를 바탕으로 채용이 결정된다.

내가 만난 교장들은 그저 세상사 얘기하듯 '조선전쟁(6.25)'이나 '조선의 아이들' 얘기를 넌지시 꺼내고 내 반응을 살피면서 어떤 생각을 하는지 교묘히 파악하려 했을 것이다.

나는 그때마다 '내 생각'을 솔직히 말했다. 아무래도 교육청 쪽에 나 같은 교사 한 명 한 명의 업적(?)에 대한 정보가 다 들어가진 않은 모양이었다. 그러니 교장들은 자기 학교로 발령받은 앞날을 알 수 없는 한 젊은 교사가 과연 위험인물인지 아닌지 모든 신경을 총동원해 확인했을 뿐이다.

4명의 교장 중에는 태도가 몹시 부드러운 사람도 있었고, 말투와는 달리 시종일관 나한테서 눈을 떼지 않은 사람도 있다. 어쩌면 초대할 수 없는 나 같은 손님의 침입으로 그들의 심경도 복잡했을 것이다.

당해 연도의 교직원 정원이 법적으로 정해지는 것은 4월 15일이다.

그런데 4월도 이미 열흘이나 지나서 어느 학교나 교직원은 물론이며 교내의 모든 조직이 자리를 잡은 상태였다. 도립조선인학교가 폐교되는 바람에 도쿄도 교육위원회가 실직한 교직원들을 책임져야 할 상황이 생겼는지 모르지만, 학교장들에게는 아무 상관도 없는 일이었다—그런 속내가 교장들의 얼굴에 그대로 드러났다.

나는 채용 면접이란 걸 알면서도 그들의 유도 질문에 걸린 척하며 내가 생각하는 조선에 대해 있는 그대로, 느낀 그대로 이야기했다.

사전에 지도실장이 귀띔하기를 맨 처음에 간 K학교는 구 안에서 손꼽히는 명문 학교라 했다. 그 점이 마음에 걸렸지만 '내일부터라도 곧바로 출근해 달라'라는 말만 들을 수 있다면…, 이것이 나의 솔직한 심정이었다. 그래도 나는 나를 속이면서까지 이 기분 좋은 울림의 말을 듣고 싶지는 않았다. 그렇게 나는 4개의 학교에서 거절당했다. 그래도 후회는 남지 않았다.

정확히 한 달간 책상 위에서 잠자고 있던 내 가방을 들고 새로운 근무지인 N중학교로 출근한 것은 4월 30일이다. 그동안 어떤 경위가 있었는지 몰라도 나는 이 학교의 교장과 한 차례의 면접도 없이 교문에 들어섰다. 친절하게도 지도실장이 나를 교장에게 소개한다며 자동차로 N학교까지 데려다주었는데, 차 안에서 잡다한 얘기가 끝나자 이런 말을 했다.

"카지이梶井 군, 자네는 조선인학교에서 조선어사전까지 만들고, 조선인들에게 신뢰도 두터웠던 모양이더군. 그건 좋은데 앞으로는 깊이 관여하지 않는 게 좋지 않을까."

등사 인쇄로 만든 보잘것없는 『조선어입문』이 어느 사이엔가 조선어사전이라는 엄청난 물건으로 탈바꿈된 것은 그렇다 쳐도, 일본인의 조선인에 대한 시선을 다시 생각하게 만든 장면이었다.

도립조선인학교에서 보낸 5년간은 현재까지 나의 교직 생활 중 5분의 1에 지나지 않지만 가장 밀도 깊은 세월이었다. 아마도 인생에서 유독 감수성이 풍부한 시기에 벌어진 일이라 그런지 더더욱 그런 생각이 든다.

여기까지 쓰고도 여전히 다 쓰지 못한 수많은 경험이 있다. 그것들을 독자들께 전하려면 앞으로 수백 장은 더 써야 할 것 같다.

지도실장의 충고에도 불구하고 나는 그 후로도 조선에서 완전히 떨어져 나올 수 없었다. N중학교에서의 11년과 현재의 학교에서 8년을 보내면서 일본의 교육 현장에서 만난 조선 아이는 불과 몇 명이었다. 조선인학교 시절에 만난 아이들 가운데 지금도 연락하는 사람은 거의 없다. 소문으로 들으니 그 아이들 대부분이 즐겁고, 씩씩하게 조선민주주의인민공화국으로 귀국[1]했다고 한다.

그런데도 조선은 나를 붙들고 놓아주지 않았다.

조선의 포로가 되어 버렸다고 바꿔 말해도 좋을 것이다. 조선인학교에서 보낸 5년간, 무엇이 그토록 나에게 강렬한 자극을 주었을까. 나도 확실하게 표현할 수 없는데 여하튼 조선은 그 후 내 생활의 가장 큰 토대에 단단히 자리 잡았다.

'조선을 좀 더 자세히 알고 싶다.'

이 마음은 조선인학교를 떠나온 날이 길어질수록 점점 더 강해졌다. 그래서 나의 생활 속에 구체적인 모습으로 조선에 관한 것들을 기둥으로 삼아야겠다고 생각했다.

그렇게 선택한 길이 조선어였다.

하지만 딱히 조선어를 나의 장래 직업으로 생각했다거나 어학으로 연구하려던 것은 아니다. 다만 조선과의 끈을 계속 이어가려면 이것밖에 없다고 직감적으로 느낀 것에 지나지 않는다. 과거 조선에서 지배자로

---

1 도립조선인학교 폐교 후 1955년 9월 29일, 김일성 주석은 이국땅에서 민족교육을 지켜온 재일동포의 노고를 위로하며 교육원조비와 장학금, 교재 등을 지원하고, 조국에서 공부하고 싶은 학생들을 받아들이겠다고 발표한다. 교육 원조는 1957년 4월 이후 현재까지 계속되고 있다. 도립학교 폐교 이후 자주적으로 운영을 시작한 도쿄조선인중고등학교에는 1956년에 '조국진학반'이 편성되었고, '조국 진학 시험'에 합격한 학생들이 조국으로 떠나기 시작했다.

군림한 일본이 조선인들의 민족성을 빼앗으려 최후의 표적으로 삼은 것이 조선어다. 또 나에게 조선인학교 교사로서 자격이 있는지 추궁한 것도 바로 조선어다. 나는 그 조선어를 조선에 대해 알아가는 길로써 택한 것이다. 대단한 이유는 아니지만 지금도 나는 이 선택이 옳았다고 믿는다.

그런데 조선어를 계속 공부한다는 것이 결코 쉬운 일은 아니었다. 조선인학교 시절에 조선어를 사용해 수업은 했지만, 생활 자체에 완전히 뿌리를 내린 언어가 아니다. 내 머릿속에 있는 조선어 어휘는 여전히 너무 빈약했고, 조금 복잡한 표현이 나오면 그 자리에서 얼어버리는 일도 자주 있었다.

조선인학교에 열심히 드나들며 실력을 쌓았다면 좋았겠지만, 5년 만에 일본학교로 돌아온 나로서는 N학교에서의 생활이 신입 교사의 그것과 다름없었다. 내 업무는 끝나도 근무시간이 정해져 있어서 교문을 나오는 시간은 해가 질 무렵이 되는 게 보통이었다.

그 후로 조선어로 쓴 것이면 뭐든지 사서 닥치는 대로 읽는 일상이 시작되었다. 논문이든 시든 소설이든 교재의 내용은 상관없었다. 여하튼 손에 잡히는 대로 서적들을 읽어 나갔다. 그런 다음 내 안에 무엇을 버리고 무엇을 남길까를 생각했다.

고맙게도—이렇게 말하면 이상할지 모르지만—시업식 이후 한 달이나 지나서 출근하게 된 나는 1학기 동안은 학급 담임도 맡지 않았고, 12~3시간의 교과담임만 맡았을 뿐 특별한 교무 분담도 없는 이른바 어중간한 교사였다. 빈 시간은 충분했다. 게다가 더 고마운 건 시간이 남아돌아 업무를 맡겠다고 해도 조선인학교에서 온 나를 경계해선지 선배 교사들은 '선생님은 익숙해질 때까지 느긋하게 계세요'라며 상대해 주지 않았다.

나는 빈 시간에 무조건 도서실에 박혀 있기로 했다. 도서실이라고는 하지만 2층 복도 구석에 덧대어 만든 2평 남짓한 공간에 정말 미안할 정도의 책이 놓여있고, 중앙에는 테두리도 없는 싸구려 책상 한 개와 딱딱한 학생용 나무 의자 하나가 있는, 말하자면 완전히 이름뿐인 도서실이었다.

나는 이곳에 문세영文世榮 씨가 쓴 두꺼운 『조선어사전』을 갖고 가서 하루 평균 3시간쯤을 조선어 공부에 충분히 썼다. 발음할 때도 힘을 잃지 않고 단어 전체의 분위기를 파악하기 위해 언제 어디서든 소리 내어 읽었다. 전차 안에서 읽을 때는 역시 소리를 줄이긴 했는데, 뭔가 정체를 알 수 없는 울림과 이상한 글자에 끌렸는지 양옆과 앞에 서 있는 승객이 귀를 기울이며 내 책을 들여다보기도 했다. 그래도 나는 전혀 신경 쓰지 않고 계속 소리 내어 읽었다.

도서실 안에는 아무도 없으니 마음껏 큰소리로 읽었다. 무엇보다 한 사람만 들어가도 꽉 차는 방이고, 게다가 나처럼 한가한 사람은 없는지 도서실에 오는 사람은 거의 없었다.

한번은 이런 일이 있었다. 어느 날 내가 늘 그렇듯 도서실을 점령하고 있는데 갑자기 문이 열렸다. 반사적으로 돌아본 내 눈과 문을 연 사람의 눈이 딱 마주쳤다. 사회과 젊은 여성 교사였다. 그 순간 그녀는 "앗, 미안합니다!" 하며 비명 같은 한마디를 남기고 후다닥 나가버렸다. 그 모습은 마치 봐서는 안 되는 것을 본 느낌이었다. 도서실 안에 혼자 있는 한, 멀리 떨어진 개인실에 있는 것처럼 완전히 나만의 성이었다.

지금 생각하니 이 무렵 내가 공부한 조선어는 실력을 발휘할만한 것도 아니었고, 간신히 붙기 시작한 실력이 몸에서 도망가지 않게 하는데 안간힘을 쓰는 정도였다. 누구든 일본인 동료를 찾아내서 함께 연구하고 싶었지만 어디서 누가 조선어를 공부하는지 전혀 알 수 없었다.

이전에 『조선어입문』을 만들었을 때였는데, 식민지 시기에 상당히 자세하고 실용적인 학습서 『조선어대성朝鮮語大成』를 쓴 시미즈 효조清水兵三라는 분이 친절하게 의견을 보내주었다. 그런데 소극적인 나는 정중히 감사 편지만 썼을 뿐 결국 접촉할 기회를 놓치고 말았다. 게다가 일본인

마지막 장 조선어를 공부하다

학습자는 찾지 못해도 조선인 교사들과 적극적으로 편지라도 주고받으며 지식을 얻으려 했으면 불가능한 일도 아니었는데, 게으름을 피우다 고독한 학습에 매몰된 것이 어떤 의미에서는 자업자득인지 모른다.

 그건 그렇고, 이런 나날을 보내는 가운데 나의 학습 내용은 차츰 문학 쪽으로 좁혀져 갔다. 언어가 가장 고도로 승화된 것이 문학작품이라 생각한 점과 난독 학습을 하다 보니 36년간의 식민지에서 해방되자마자 분단의 비극을 맞은 조선인의 마음을 헤아릴 수 있는 확실한 실마리가 문학 속에 훨씬 많다고 느꼈기 때문이다.

 그 무렵부터 다시 20년이 지났다. 나의 공부는 마치 소걸음처럼 느릿느릿하지만 지금도 계속되고 있다.

 나의 본직은 중학교 이과 교사다. 그러니 조선어나 조선 문학의 학습 성과가 나의 교육 현장에서 날개를 펼칠 일은 지극히 적다. 그래도 나는 그것이 교사로서 자격과 무관하다고는 생각지 않는다.

 조선을 알아가는 일은 어쩌면 나에게 남겨진 반생의 과제로서 앞으로도 계속 나를 뒤따라올 것 같다.

## 나가며

  내가 이 원고를 쓰기 시작한 동기는 해방 후 20여 년이 흐르는 동안 다양한 곤란을 극복하며 착실히 전진한 재일조선인 교육의 머리맡에 '학교교육법 일부 개정(1965년 12월 28일)'이라는 이름으로 또다시 큰 풍파가 닥칠 기운이 농후해졌기 때문이다.

  '재일조선인의 민족교육을 일본인이 어떻게 이해하면 좋을지, 좀 더 깊게 들여다보기 위해서라도 자료가 분산되기 전에 도립학교 5년간의 귀중한 경험을 정리해 둘 필요가 있지 않나.'

  <일본조선연구소>의 이런 의향을 받아들여 글을 쓰기 시작했다. 그런데 나는 이 원고가 한 권의 책이 되리라는 것을 예상조차 하지 않았다. 책으로 만들 생각이었다면 분명 나는 나보다 이런 내용을 쓰기에 적합한 사람을 찾았을 게 틀림없다.

  '어렵게 생각할 것 없이 어떤 체험을 했는지, 적당히 자료를 섞어가며 쓰면 된다.'

  연구소에서 이런 말을 들은 나는 고작 원고지 4~50매 분량의 기관지인 『조선연구』의 1회분 정도를 생각하고 아주 가벼운 마음으로 집필에 들어갔다. 그런데 약 40매 정도 쓰고 보니 조선인학교에 부임하고 초기 1년간의 체험밖에는 담지 못했다. 하는 수 없이 편집위원회에 사정을 말하고 이 원고를 <회상기·도립조선인학교—제1부>로 하여 『조선연구』 39호(1965년 5월호)에 실었다. 하지만 아무리 생각해도 도립학교 시절 5년간의 체험을 원고지 4~50매 정도로 끝내는 것 자체가 도저히 불가능한 이야기였다.

  처음부터 자료로서만 충실히 정리하려 했다면 그것도 어쩌면 가능했을지 모른다. 하지만 내 마음속에는 어차피 쓰는 것이니 비록 부족한 문장이라도 5년을 그곳에서 보낸 우리 일본인 교사의 모습을 생생하게 읽을 수 있는 글을 쓰고 싶었다.

제1부를 게재한 후 나는 몇몇 연구원에게 '그때 일을 처음 알았다. 다음 얘기를 계속해서 꼭 써 달라'는 격려의 말을 들었다. 나를 배려하는 마음이 절반인 격려였다고 해도 사실 그 시절의 일을 일본인 교사가 체험을 바탕으로 쓴 기록이 없었다.

타민족을 가르치는 일도 다양한 시각이 있겠지만, 도립조선인학교의 경우에는 일본인 교사 개개인의 책임 여부는 별도로 하더라도 지울 수 없는 죄를 짊어졌다는 엄혹한 조건이 있었다. 집필 시점에서 그 엄혹함이 재일조선인의 교육을 생각해 볼 때 어떻게 이어지고 있는가를 확인하고 싶었던 나는 연구원들의 격려를 좋게 받아들여 계속 써나갔다.

당시의 원고 300매 정도와 이 개정판에 추가로 집필하느라 400매가 넘는 원고지를 소비했는데도 왜 이토록 정리가 안 된 원고가 되었을까 한탄스러운 상태로 끝난 것이 안타깝다.

거듭 말하지만, 이 책은 어디까지나 나 개인의 체험을 바탕으로 쓴 도립조선인학교의 기록이다. 도립시절의 조선인학교는 내가 있던 도쿄 중·고교 외에도 13개의 소학교가 있었다.

당시 얘기를 모두 담으려면 중·고교처럼 일본인 교사가 많았던 학교뿐만 아니라 규모가 작은 소학교에서 전 교과를 맡고 담임 업무에 쫓기는 괴로움, 고민, 그리고 그 안에서 무언가 교훈을 얻어내려 했던 사람들의 모습이야말로 기록으로 남겨야 마땅하다. 그것을 못 한 것이 이 회상기의 최대 약점이라 생각하는데, 그 약점을 보완해 준 것은 이 책에 인용된 자료 대부분을 소중히 보관해 준 S씨의 귀한 노력 덕분이다.

과거 학교교육법 일부 개정안이 국회에 상정되려 했을 때 제안자는 다음과 같은 이유를 말했다.

'제아무리 자주성을 인정하라고 하지만 일본 국내에서 <반일 교육>이 실시되는 것을 묵인하고 넘어갈 수는 없다.'

조선인이 올바른 조선인으로 자라는 것, 그것이 어째서 반일 교육이 되는 것일까. 교육 내용에 의문이 있다면 정면에서 당당히 논쟁해야 마땅하다.

　현재 일본과 조선민주주의인민공화국은 정상적인 국교 관계가 수립되지 않았다. 그렇다고 해서 조선민주주의인민공화국을 자신들의 조국으로 생각하고, 언젠가 통일될 조국 조선을 짊어지고 나갈 조선인을 교육하려는 현재의 민족교육이 어째서 '반일 교육'과 연결되는 것일까. 도립조선인학교는 역시 '과거의 존재'가 되어야 한다는 소리다.

　인간이 인간의 기본적인 권리를 빼앗는 어리석은 행위를 우리는 또다시 범해서는 안 된다. 과거 문제는 지나간 일이라 생각할지 모르지만 '외국인학교 규제' 문제는 앞으로의 문제이다. 과거를 기록한 나의 보잘것없는 글이 향후 일본인과 조선인의 관계를 올바로 바라보기 위한 재료 중 일부라도 된다면 바랄 것이 없다.

　하지만 이 책을 다 쓰고 난 지금, 게다가 아키쇼보亜紀書房 출판사의 호의로 이렇게 개정판이 나오는 기회까지 얻게 되자 너무 많은 내용을 쓴 것 같아 후회스럽기도 하다.

　5년간 체험의 무게를 생각하면 나 이외에 다른 이가 썼어도 모든 것을 만족시키기엔 무리겠지만, 독자의 기대에 부응할 만한 글이 되지 못한 것 같아 다시 한번 깊이 사죄하고 싶다.

카지이 노보루

## [연표] 조선인학교를 둘러싼 내외 정세

(자료출처 : 도쿄도립조선인학교 교직원조합 편 『민족의 아이』 1954년)

| 연월 | | 국제 정세 | 조선인학교 및 조선인 | 일본 국내 정세 |
|---|---|---|---|---|
| 1945 | 8 | 건국준비위원회(남), 인민위원회(북) 결성. 미군의 남조선 상륙 | | |
| | 10 | 미군, 건국준비위 중앙위원회 및 인민위원회 부정, 해산 | 조련 결성. 이 무렵부터 각지에 조선인학교 생김 | 치안유지법 등 폐지 |
| | 12 | 모스크바 3국회의, 조선독립 원조를 위한 미·소 합동위원회 설치 결의 | 연말까지 조선인 귀국자 약 백만 명 | |
| 1946 | 1 | | 연합군, 조선인을 해방민족으로 선언 | |
| | 2 | | 연합군, 일본재판소의 판결을 받은 조선인이 연합군에 재심을 요구할 권리가 있다고 통보 | |
| | 5 | 합동위원회 무기한 휴회 | | 피의 메이데이 |
| | 6 | | | GHQ, 점령 목적위반 단속령 공포 |
| | 9 | 남조선 총파업(11월까지) | | |
| | 10 | | 도쿄에 조선중학교 설립. 이 무렵부터 각지에서 조련 조선인학교의 본격적 정비 지도에 착수 | |
| | 11 | | 연합군, 조선인의 재심 요구 권리의 상실을 발표 | 신헌법 공포 |
| | 12 | | 수상관저 데모 사건 | 6·3·3학제 결정 |
| 1947 | 1 | | | GHQ, 2·1 파업 중지 명령 |
| | 3 | 트루먼 독트린 발표. 남조선에서 재차 총파업 | | 교육기본법·학교교육법 공포 |
| | 5 | 미소 합동위원회 재개 | 외국인등록령 공포, 시행 | 신헌법 시행 |
| | 6 | | | 가타야마 내각, '경사(傾斜)생산'을 주요 정책으로 성립 |
| | 10 | 미소 합동위원회 결렬 | | 국가공무원법 공포 |
| | 11 | 유엔, 감시에 의한 조선 총선거 결의 | | |
| | 12 | | 재일조선인 처우에 관한 각의 결정 | |
| 1948 | 1 | 로얄 미 육군 장관, 점령정책 방향이 강력한 일본 정부의 육성이라 발표 | 조선인 자녀교육에 관한 민족교육을 부인하는 차관 통달 | |
| | 2 | 남조선 총파업(유엔 조선위원회 퇴거 요구). 유엔, 남조선 단독선거 결의 | GHQ 교육담당 뒤펠, 도쿄도 내 조선인학교에 위협적 시찰 | 가타야마 내각 총사퇴 |

| 연월 | 국제 정세 | 조선인학교 및 조선인 | 일본 국내 정세 |
|---|---|---|---|
| 3 | | | 미 드래퍼 사절단 방일 (극동의 공장화 정책 추진) 맥아더, 체신성의 파업에 중지 성명 |
| 4 | 제주도 4.3 사건<br>남북조선 정당 단체연석회의·통일선거 요구 | 고베·오사카 4.24 교육투쟁 | 일본경제연합 성립<br>도호(東宝) 파업 개시 |
| 5 | 남조선 단독선거 | 히다카 문부차관과 조선인대표, 조선인학교에 관한 각서 교환 | |
| 6 | 남북조선 정당 단체 지도자회의·통일선거 요구 | | |
| 7 | | | 정령(政令) 201 공포 |
| 8 | 대한민국 정부수립 선언<br>조선민주주의인민공화국 최고인민회의 대의원 선거 | | |
| 9 | 조선민주주의인민공화국 정부수립 | | |
| 10 | 소련 동맹군 북조선 철퇴 | | |
| 11 | 한국 국가공안법 공포 | | |
| 1949<br>2 | | | 도지 라인(Dodge Line) 작성을 위해 도지 방일 |
| 4 | 북대서양조약 체결<br>세계평화 옹호대회(파리) | | 단체 등 규정령 공포 |
| 5 | | 조선인 자녀에 대한 교육비 지급 청원 국회 통과 | 도쿄도 공안 조령 반대 데모 |
| 6 | 미군 남조선 철퇴<br>조국통일전선(남북조선 71개 정당 단체) | 문부성, 조선인학교에 원조금을 교부 불가하다고 통달 | 정원법 시행, 도쿄도 교통국 및 국철 파업<br>야마시타, 미카타 사건 |
| 8 | | | 마츠카와 사건 |
| 9 | 중화인민공화국 성립 | 조련 해산 | |
| 10 | | 우에다 법무총재, '조선인학교는 접수' 언명, 다음날 전국 조선인학교에 폐쇄 통고, 조선인 아동의 처우에 관한 각의 결정 | 전국교육장회의 교원 적색분자 숙청 결의 |
| 11 | 미국무성 대일 강화 기초안 발표 | | GHQ 민간정보교육국장 일즈(Eells), 오카야마에서 공산주의자 대학교수 추방 성명 발표 |
| 12 | 중화민국 정부 대만으로 이주 | 도쿄도조선인학교 도립으로 이관 | 연말, 행정정리·기업정비 총 1백만 명 |
| 1950<br>1 | 한미 군사협정 체결 | | 브래들리 미 합동참모본부 의장 방일 |
| 2 | 중·소 우호조약 | | 이승만 방일 |
| 3 | | 조선인 강제송환 통고 | |

[연표] 조선인학교를 둘러싼 내외 정세

| 연월 | 국제 정세 | 조선인학교 및 조선인 | 일본 국내 정세 |
|---|---|---|---|
| 5 | 남조선 선거, 여당 참패 | | |
| 6 | 조선조국통일전선 통일 선거 호소<br>조선전쟁 발발 | | 맥아더, 일본공산당 간부 추방 |
| 10 | 중국 인민의용군 조선 출정 | 출입국관리청 발족 | 정령(政令) 325호 공포 |
| 12 | 유엔군 평양 철퇴<br>트루먼 국가비상사태 선언 | 도쿄도조선인학교 교직원조합 결성 | 관청, 민간산업 적색분자 숙청 강행 |
| 1951<br>2 | 유엔, 중국을 침략자로 하는 결의에<br>아시아, 아랍국가들 기권<br>세계평화평의회 제1차 총회 | 도쿄조선중학교, 대규모 무장 경관 수색.<br>불법입국자 퇴거 규제령 공포 | 댈러스 특사,<br>'진공(真空)이론' 강조 |
| 3 | 조선전쟁 일진일퇴 | 도쿄조선중학교, 무장 경관 수천 명 난입 | |
| 4 | | | 맥아더 파면 |
| 6 | 소련의 말릭(Malik), 조선 휴전 제안 | | |
| 7 | 조선 휴전 회의 시작 | | |
| 9 | 샌프란시스코 강화회의 | 조선인 강제송환 재차 통고 | |
| 10 | | | 강화 안보2조약 중의원 통과 |
| 1952<br>3 | 휴전회담에 '자유 송환' 제안, 회담 교착상태 | | |
| 4 | | | 파괴활동방지법안 국회 상정. 대일강화조약 발효 |
| 5 | 거제도 사건<br>대통령선거 준비로서 남조선에 계엄령 | 에다가와를 비롯한 조선인 부락, 무장 경관 급습 | 메이데이 사건. 경찰법, 노동법 개정안 각의 결정 |
| 6 | 유엔군, 수풍댐 폭격 | 도교육장, 조선인학교 사립화 언명 | 파괴활동방지법안 반대 제3차 파업 |
| 7 | | 조선인 '강제격리' 각의 결정 | 파괴활동방지법 공포, 시행 |
| 8 | 아이젠하워 대통령 후보를 둘러싼 반격 정책 발표 | 도교련 대표자회의, 사립 이관 반대 결의 | |
| 9 | | 조선인 종합대책위원회 설치<br>도교육장, 조선인 자녀의 의무교육권에 관한 통달 | 정부, 아시아태평양 평화회의 여권 거부 |
| 10 | 휴전회담, 유엔 측 무기한 휴회 통고<br>아이젠하워, 아시아인끼리 싸우게 만들자는 발언 | 사립 이관 반대운동 전개 | 보안대 발족<br>제4차 요시다 내각 성립<br>탄광 노동·전기생산 파업(12월까지) |
| 12 | 아이젠하워 대통령 재선 | 조선인 자녀를 지키는 모임 결성<br>외국인등록 변경 | |
| 1953<br>1 | 댈러스 미 국무장관 반격 정책 언명 | 일교조 제2회 교연대회(고치) | 이승만 방일. 일한 회담 |
| 2 | 아이젠하워, 얄타협정 폐기 성명 | 조선인 자녀 의무교육권에 관한 차관 통달 | 파업규제법 의무교육법 국회 상정 |

| 연월 | | 국제 정세 | 조선인학교 및 조선인 | 일본 국내 정세 |
|---|---|---|---|---|
| | 3 | 주은래 중국 외무상 휴전회담 재개를 결의 | 일교조 중앙위원회, 문부차관 통달에 반대 결의 | 요시다 내각 불신임안 가결 |
| | 4 | 조선 휴전회담 재개 | | |
| | 7 | 휴전회담 성립 | | MSA교섭 시작 |
| | 10 | | | 이케다·로버트슨 회담 |
| | 12 | 조선 정치회의 예비회담, 유엔 대표 결렬 통고 | 도쿄육위, 도립조선인학교의 운영에 관한 6개 항목 제시 | |
| 1954 | 1 | 4개국 외무상 베를린 회의 시작(2월까지) | | 문부성, 정치적 중립에 관한 교육2법안 요강 결정 |
| | 2 | | 6개 항목 문제 중대화 | 교육2법안 각의 결정 |
| | 3 | MSA협정 체결 비키니 수소폭탄 실험 | 도립조선인학교 PTA, 6개 항목 수락 | 교육2법안 각의 결정 2법안 중의원 통과 |
| | 4 | 제네바 회의 시작 | 조선인학교 PTA, 도교육위의 '모든 제시에 따를 것'을 수락 | 교토 아사히가오카중학교, 교사 3명 전임 발령 |
| | 5 | | 일교조 삿포로대회, 조선인 자녀교육에 관한 결의 | 참의원 2법안 수정안 가결 |
| | 7 | 제네바 회의 종료(프랑스의 인도네시아령 휴전 실현) | | 자위대 발족 |
| | 8 | | 오다치 문부대신, 조선인 자녀의 집단 교육 인정할 수 없다고 언명 | |
| | 9 | | 도교조 총회, 조선인학교 폐교 반대를 결의 | |
| | 10 | | 도교위, 내년 3월로 조선인학교 폐교 통고<br>도교련 폐교 반대 성명<br>일교조 중앙위원회, 폐교 반대 결의 | 의원단 등 중국방문 |

* 필자 주 : 이 연표는 미흡한 부분이 많다. 하지만 일부 글자만 정정하고 일부러 손을 보지 않고 그대로 게재한 이유는 이 시기에 재일조선인 교육 문제를 중심에 놓은 연표를 달리 찾을 수 없었던 것과 특히 도쿄에서 있은 조선인학교를 둘러싼 움직임을 조교조朝敎組 스스로 투쟁 과정에서 정리한 연표라는 의미에서 굉장히 독특한 자료라 생각했기 때문이다. 더불어 『조선연구』(일본조선연구소) 제76호(1968년)과 『재일조선인 제반 문제』(동성사, 1971년)에 실린 <연표>(우츠미 아이코內海愛子 제작)는 이 연표의 부족한 부분을 보완하고도 남을 자료라 생각하기에 병기 해서 소개해 둔다.

## 해설- 전후 일본의 조선인 교육정책과 도립조선학교

히토츠바시─橋대학 명예교수
다나카 히로시 田中 宏

　1945년 8월 일본은 포츠담선언[1]을 수락, 긴 전쟁이 끝남과 동시에 조선 식민 통치도 막을 내렸다. '8·15'에 끝난 전쟁이 언제 시작되었는지 묻는다면 카이로선언[2]이 부상한다. 2013년은 '카이로선언' 70주년의 해였다.
　포츠담선언 제8항에서는 '카이로선언의 조항은 수행되어야 마땅하다'라고 했고 두 선언은 한 몸이다. 카이로선언에는 '조선 인민의 노예 상태에 유의하여 적당한 시기에 조선이 자유 독립할 것을 결의한다'라고 되어 있다. 카이로선언에는 대만을 중국으로 반환할 것도 강조했다. 따라서 일본은 청일전쟁으로 확보한 대만 영토에까지 거슬러 올라가 역사 청산을 추궁당했고, 이 선언의 수락으로 겨우 전쟁이 끝난 것이다.
　전쟁 종결 당시, 일본에는 약 230만 명의 조선인이 있었다고 하며, 전쟁 말기에 강제 연행된 사람들을 중심으로 대부분이 귀국해 약 60만 명이 일본에 잔류하게 되었다.
　전후 일본은 이 사람들을 어떻게 대해 왔을까. 맨 처음에 나타난 '변화'는 참정권 정지였다. 여성 참정권 부여로 유명한 1945년 12월의 중의원의원 선거법개정 때 '호적법의 적용을 받지 않는 자(구 식민지 출신자)의 선거권 및 피선거권은 당분간 이를 정지한다'라는 부칙이 붙어있다.

---

1　포츠담선언: 1945년 7월 26일, 제2차 세계대전 이후 전후 질서 구축 문제를 논의하기 위해 독일 포츠담에서 열렸고, 포츠담 협정으로 문서화 되었다. 태평양전쟁을 일으킨 일본에 항복 권고와 전후 처리 문제가 논의되어 포츠담선언으로 공포되었다.
2　카이로선언: 1943년 11월 27일, 미국·영국·중화민국 3개 연합국이 이집트 카이로에 모여 발표한 공동선언. 2차 대전 발발 후 최초로 일본에 대한 전략을 논의했다. 일본에 대해 1차 대전 후 타국으로부터 약탈한 영토를 반환하도록 요구했다. 특히 조선 반도를 독립 국가로 승인하는 안건이 결의, 조선이 국제적으로 독립을 보장받은 선언이며 이후 포츠담선언에서 재확인되었다.

다음에 나타난 변화는 외국인등록이 의무화된 것이다. 즉, 일본의 신헌법이 시행되기 전날(1947년 5월 2일), 역사상 천황의 마지막 칙령인 <외국인등록령>이 제정되어 '대만인 및 조선인은 이 칙령의 적용과 관련해 당분간 이들을 외국인으로 간주한다'라고 했다. 이들을 모두 '외국인'으로 취급한다는 것을 의미한다.[3]

### 1. '취학의무'와 1948년 1월 통달

한편 '교육'에 관해서는 반대로 그 외국인들을 '일본 국민'과 동일하게 취급한다. 패전 후 일본은 미국의 영향 아래 6·3·3·4 학제가 도입, 1947년 4월부터 신제도가 실시된다. 재일조선인은 빼앗긴 언어, 문화, 역사를 되찾기 위해 일본 각지에 '서당'과 같은 <국어강습소>를 만들었고, 그것이 차츰 학교로 발전되어 갔다.

1948년 4월에는 소학교 455개교(48,930명), 중학교 7개교(2,416명)로 아동·학생 총수가 50,134명에 달해 전체 재일조선인 아동·학생의 약 50%를 차지했다고 한다(박삼석, 『교육받을 권리와 조선학교(教育を受ける権利と朝鮮学校)』 일본평론사, 2011).

당시 문부성(현재 문부과학성, 이하 동일)은 1948년, 중요한 통달을 발표한다. 즉 <조선인 설립 학교의 취급에 관해>(1948년 1월 24일, 官學5호, 학교 교육국장이 도도부현 지사에게)이다.

이 통달의 가장 중요한 부분은 '조선인이라도 취학연령에 해당하는 자는 일본인과 마찬가지로 시정촌립市町村立 또는 사립 소학교 또는 중학교에 취학시켜야 한다'라는 점이다.

'취학의무', 즉 조선인은 '일본 국민'이며 학령기의 아이를 일본의 소·중학교에 취학시킬 의무가 있다는 논리로 조선학교에서의 교육을 부정

---

3  1952년 4월, 샌프란시스코 강화조약 발효 직후 '일본 국적'을 강제로 상실당할 때까지 '조선인' '대만인'은 모두 '일본 국적 소유자'였다. 이는 뒤에서 언급하는 '취학의무' 강제의 명분이기도 했다.

하는 방침을 분명히 한 것이다. 카이로선언이 보여주듯 일본에는 원상복귀 의무가 있음에도 그러한 인식이 없었다.

이 방침에 따라 내려진 조선인학교 폐쇄령을 둘러싸고 재일조선인이 많았던 한신(阪神, 오사카大阪, 고베神戸 두 지역을 묶어 부르는 명칭_옮긴이) 지역에서는 학교를 지키려는 부모들과 경찰 사이에 격한 충돌이 일어났고, 미점령당국(GHQ)이 전후 유일하게 <비상사태선언>을 발령한 것도 이때였다. 지금도 <4·24 한신교육투쟁>으로 기억되고 있다.(『역사와 고베(歷史と神戸)』 2권2호(특집, 자료 고베 조선인학교 사건), 1963년. 김경해『재일조선인 민족교육의 원점―4·24한신교육투쟁의 기록(在日朝鮮人民族教育の原点―4·24阪神教育闘争の記録)』타바타쇼텐, 1979년 참조)

5월이 되자 당국과 조선인 사이에 한 가지 타협안이 나왔고, 이를 수용한 문부성은 아래와 같은 <조선인학교에 관한 문제에 대해>(5월 6일, 發學200호, 학교 교육국장이 도도부현 지사에게)를 발표했다.

《5월 3일, 별지 <각서>에 가조인하고, 5일 정식 조인을 마쳐 기본문제에 관한 원만한 해결에 도달했다.

이번 조선인의 교육 및 취급에 관해서는 선의와 친절을 취지로 양국 민족의 향후 친선에 기여할 수 있도록 조치하고 싶다. 나아가 이번 조치에 있어 아래 사항에 유의한 다음 유감이 없도록 처리하고 싶다.

(별지) 각서
1. 조선인의 교육에 관해서는 교육기본법 및 학교교육법에 따를 것.
2. 조선인학교 문제는 사립학교로서 자주성이 인정되는 범위 내에서 조선 독자적인 교육을 전제로 하는 사립학교로 인가를 신청할 것.

쇼와 23년(1948) 5월 5일
문부대신 모리토 타츠오森戸辰男
조선인교육대책위원회 책임자 최용근崔瑢根

입회인 재일본조선인연맹 중앙총본부 문교부장 원용덕元容德》

　각서 내용 중 '사립학교로서 자주성이 인정되는 범위 내'란 다음의 두 가지를 의미한다.

　(ㄱ) 조선인 스스로 사립 소학교, 중학교를 설치해 의무교육으로서의 최소한도 요건을 갖추고, 그다음에 법령이 허락하는 범위 내에서 선택 교과, 자유연구 및 과외 시간에 조선어를 사용해 조선어, 조선 역사, 문학, 문화 등 조선인 독자의 교육을 할 수 있다. 단, 이와 같은 조선인 독자의 교육을 할 경우, 교과서는 연합국군총사령부 민간정보교육부의 인가를 받은 것을 사용한다.

　(ㄴ) 일반 소학교에서 의무교육을 받게 하는 한편 방과 후 또는 휴일 등에 조선어 등을 교육하는 것을 목적으로 설치된 각종학교에 취학시켜 독자적 조선인 교육을 하는 것은 지장이 없다.

　또 ①재단법인을 가졌고 동시에 설치기준에 맞는 조선인학교는 사립학교로서 인가한다. ②일본인 학교로 전학하는 조선인 학생은 '특히 편의를 제공하고, 일본학생과 동일하게 취급'한다. ③각 지방청은 조선인학교 책임자의 '의견을 충분히 청취'한다.

　등의 사항도 들어 있다.

　교육학자 오자와 유사쿠小沢有作 씨의 명저『재일조선인 교육론 역사편(在日朝鮮人教育論　歷史編)』(아키쇼보, 1973)에서는 이 통달을 소개한 후,

　《의무교육 연령인 재일조선인 학생의 교육이란, 일체 일본의 법령에 따르고 일본인과 구별하지 않는 교육을 할 것을 기본으로 하며, 과외 혹은 방과 후에만 '조선인 독자의 교육'을 인정한다는 취지였다. 이러한 5월의 통달은 기본적으로는 1월 통달의 반복과 다름없다. (중략) 문부성은 조선인에게 굴욕, 차별이나 다름없는 '일본인과 구별하지 않는 교육'이라는 행위를 '선의와 친절'인 것처럼 여긴다고 할 수 있다. 이와 같은 태도는 이후에도 재일조선인 교육정책 의식의 근간으로서 계속 존재한

다.》(『재일조선인 교육론 역사편』)

이렇게 지적하고 있다.

그리고 1948년 4월에 566개교, 48,930명의 아동이 다닌 조선인소학교는 4·24한신교육투쟁 사건을 거치며 1949년 7월에는 331개교, 34,415명으로 줄었다. 미 점령군과 일본 정부의 정책이 조선인학교의 발전에 타격을 준 것이 분명한데, 그중 약 15,000명이 조선인학교에서 일본학교로 옮겼거나 혹은 미취학 상태에 놓여있음이 위 숫자에서 추측된다는 사실을 간과해서는 안 된다. 교육용어와 교육 내용이 완전히 다른 일본인 학교로 간다는 것은 이 아이들이 조선인으로서 살아갈 길을 짓밟았을 뿐 아니라 일상적인 학습도 불가능하게 만들어 비행으로 내모는 원인이 되었다. (『재일조선인 교육론 역사편』)

오자와 유사쿠小沢有作 씨는 이렇게 설명하며 어디까지나 아이들에게 주목해 당시의 상황을 기록하고 있다.

카지이 노보루梶井 陟 씨가 쓴 이 책의 시각과도 겹친다.

## 2. 조련(재일본조선인연맹) 해산과 1949년 10월 통달

1948년 1월 통달로 인한 조선학교 폐쇄를 제1차로 본다면 제2차 폐쇄명령이라 할 수 있는 것이 1949년 10월에 나온 통달이다.

1948년부터 49년에 걸쳐 동아시아 정세는 크게 변화한다. 조선 반도는 우여곡절 끝에 48년 8월 남에는 '대한민국'이, 같은 해 9월에는 북에 '조선민주주의인민공화국'이 각각 건국되고, 중국에서는 국공내전을 거쳐 49년 10월에 중화인민공화국이 수립된다. 이들은 미국의 극동 전략에 큰 영향을 주었는데, 예를 들어 재일조선인의 집회 등에서는 조선민주주의인민공화국의 국기 게양을 금지했고, 게다가 위반한 자를 점령군 군사재판에 넘겨 중노동에 처하는 사건도 있었다.

대부분의 조선학교는 1948년에 시인 허남기가 묘사했듯이,

'교실은 단 하나뿐이고/책상은/너희들이 마음 놓고 기대노라면/삐

하고/금시라도/부서질 것 같은 소리를 내고/문창엔 유리 한 장 넣지를 못해서/긴 겨울엔/사방에서 살을 베는 찬바람이/그 틈으로 새여들어/너희들의 앵두 같은 두 뺨을 푸르게 하고/'('아이들아, 이것이 우리 학교다' 『허남기 시집』1969년) 이처럼 몹시 초라한 학교였다. '조선학교 거지학교'라는 추임새가 등장한 것도 이 무렵부터다.

 1949년 4월, 4·24한신교육투쟁 1주년 기념 투쟁 중앙위원회 위원장 이름으로 <조선인 아이들에 대한 교육비 지급의 명문화와 즉시 지급>이라는 '청원서'가 중의원에 제출되었다. 5월에는 중의원 문교위원회 및 중의원 본회의에서 이 청원이 채택되었는데, 문부성은 <조선인 교육비의 일본 정부 부담에 관해>(6월 29일, 地官25호, 관리국장이 도도부현 지사·교육위원회 위원장에게)에서 '일본의 일반 사립학교에 보조금이 교부되지 않는 현재, 조선인 사립학교에만 보조금을 교부하는 것은 불가능'하다며 거부한다고 답변했다.

 미 점령 당국(GHQ)과 일본 정부는 동아시아 정세의 격변을 의식해 1949년 4월, <단체 등 규정령(團體等規正令)>을 공포하고, 법무총재는 단체의 목적이나 행위가 점령정책에 위반되거나 혹은 폭력주의단체라고 인정되는 경우 그 단체의 해산을 명령할 수 있다고 했다.

 현재의 '파괴활동방지법' 전신에 해당한다. 그리고 그 첫 번째 적용 사례가 1949년 9월 8일(조선민주주의인민공화국 창건 1주년 기념일 전날), '전국 각지에서 점령군에게 반항·반대 혹은 폭력주의적 사건 범죄를 자주 일으켜서 포츠담선언을 충실히 이행해 평화로운 민주주의 국가를 재건하려는 우리 국민 생활의 안전에 중대한 위협이 되어 왔다'라는 이유로 재일본조선인연맹, 재일본조선민주청년동맹의 해산을 명령했다. 해산 명령은 중앙본부, 지부, 분회, 반에 이르는 전 조직을 대상으로 했고, 동시에 조직이 소유한 건물, 토지, 비품에서 집기, 전화까지 모든 재산의 몰수였다.

 그리고 1949년 10월 13일, <조선인학교에 대한 조치에 관해>(文官庶

69호, 문부성 관리국장·법무부 특별심사국장이 도도부현 지사·교육위원장에게)라는 통달이 나옴으로써 제2차 조선인학교 폐쇄가 시작된다.

오자와小沢 씨는 '48년에 있은 조선인학교 폐쇄 명령이 교육의 측면에 초점을 맞춰 재일조선인의 독립성에 공격을 가한 것이라면, 이번 경우는 재일조선인의 조직을 없애고 운동을 억압한 다음 학교 폐쇄를 강제하려는 것이다(『재일조선인 교육론 역사편』)'라고 정리했다.

1949년 10월 통달은 장문인데 그 골자는 다음과 같다.

먼저 학교 폐쇄에 관해서는 ①구 조련의 본부, 지부가 설치한 학교는 설치자가 상실되어 당연히 폐쇄되는 것으로 조치한다. ②무허가 조선인학교는 해산하도록 권고하고, 응하지 않는 학교는 2주 이내에 인가신청을 낼 수 있는데 신청하지 않는 곳은 폐쇄한다. 또 구 조련의 주의, 주장, 행동을 선전, 지지하는 일체의 경향을 불식시키고, 구 조련의 구성원을 학교경영의 주요 임원에서 배제할 것, 명칭 등도 조련을 상기시키는 글자를 삭제할 것 등을 제시했다.

이후로 조선학교의 교종별, 학교별 현황을 보여주기 위해 <표1>을 넣었다. (사카모토 이즈미坂本清泉 「공립 조선인학교의 자주학교 이행의 문제」 『오이타대학 교육학부 연구기요』 3권4호, 1969년에서 재인용).

<표1> 교종별·학교별 재일조선인 학교 수(1952년 4월) (조교조 자료)

|  | 소학교 | 중학교 | 고등학교 | 계 |
|---|---|---|---|---|
| 자주학교 | 38 | 4 | 2 | 44 |
| 공립학교 | 12 | 1 | 1 | 14 |
| 공립분교 | 17 | 1 |  | 18 |
| 특설학급 | 68 | 9 |  | 77 |
| 야간학교 | 20 | 1 |  | 21 |
| 계 | 155 | 16 | 3 | 174 |

더불어 <표1>의 특설학급은 조선학교를 폐쇄하는 대신 가까운 일본학교 안에 민족학급을 설치해 조선어 등의 민족 과목을 배울 수 있게 한 것이다. 즉 공립학교 15개교(이 가운데 1개교는 공립분교)는 모두 도쿄도립이며, 그 중 도쿄조선중학교에 카지이 노보루梶井 陟 씨가 재직했다.

또한 각 학교의 전국 분포현황 및 학생 수는 이 책 본문의 <제4표>와 같다. 그리고 도쿄도가 조선학교 15개교를 위해 쓴 비용은 연간 어느 정도의 예산이었는지를 보여주는 자료가 남아있다. (<표2>)(후지오 마사히토藤尾正人 「일본에서의 조선인학교」 『레퍼런스』 62호, 국립국회도서관, 1956년에서 재인용).

<표2> 도쿄도립 조선학교 개설 이후의 도쿄도 예산

| 연도 | 예산액(엔) |
|---|---|
| 1949 | 14,948,842 |
| 1950 | 46,673,256 |
| 1951 | 48,005,451 |
| 1952 | 58,620,621 |
| 1953 | 78,458,212 |
| 1954 | 85,288,844 |
| 1955 | 47,400,000 |

(도쿄도 교육청 학무부 작성)

후술한 것처럼 도쿄도에 있는 15개 조선인학교는 1955년 3월로 폐교되는데, 같은 해 4월 기준으로 소·중·고교 각각 2학년생이 졸업할 때까지만 도쿄도에서 보조금을 지출하기로 해 1955년도에는 4,740만 엔이 예산으로 책정되어 있다.

실은 카지이梶井 씨와 더불어 1950년 4월, 도쿄조선중학교에 입학했던 학생이 나중에 당시의 체험을 엮은 귀중한 자료가 출판되어 있다.

해설- 전후 일본의 조선인 교육정책과 도립조선학교

박기석, 『우리의 깃발, 너는 그 시절(도립) 도쿄 조고생을 알고 있나?』 上(중학시대 1950.4~1953.3), 中(고교시대 ①1953.4~1956.3), 下(고교시대 ② 1953.4~1956.3)(한알출판一粒出版(綜合企画舎ウイル 2008년/한국어판『보쿠라노 하타』우리들의 깃발①②, 도서출판 품 2018년)이다.

일본어판(一粒出版 2008)

한국어판(도서출판 품 2019)

위 책에서 카지이梶井 씨가 학교에 부임했을 당시의 모습은 다음과 같이 적고 있다. (본문에는 카지 선생으로 등장)

《 카지 선생님은 새 양복을 입고 우리 앞에 나타났다. 고개를 약간 숙이고 표정이 경직된 채 교단으로 올라왔다. 우리는 교실에 들어서는 선생님에게 인사도 하지 않고 끼리끼리 잡담만 하고 있었다. 반장인 남식

이가 "일어서!" 하고 구령을 하지 않은 결과가 그대로 이런 상황으로 이어졌다. (중략)

하지만 전혀 그럴 기미가 없는 우리의 불손한 태도에 선생님의 짜증은 곤두섰고 결국엔 얼굴까지 새빨갛게 상기되었다. 더 이상 참을 수 없었던지, "그만 떠들지 못해!" 하고 소리치셨다. 그때다. 마치 이 순간을 몹시 기다렸다는 듯 맨 앞자리에서 뒤를 돌아보며 떠들고 있던 남학생이 정면으로 휙 돌아앉더니, "선생님, 여기 있는 애들은 모두 조선인이라 일본어를 모른답니다. 선생님은 조선말을 아십니까? 조선말로 주의를 주면 곧바로 조용해질 텐데요."(중략)

"선생님, 조선말을 모르는데 조선인을 가르칠 수 있다고 생각하세요?" 한술 더 뜨며 카지 선생님을 몰아붙인 남학생은 아예 끝장을 보겠다는 듯 기세등등했다. "맞아. 나는 조선말을 모른다. 조선말을 알지 못하면 조선인을 가르칠 수 없다고 생각하는 사람은 손을 들어 봐라." 선생님은 애써 흥분을 가라앉히며 조용히 물었다. 전원이 일제히 손을 들었다. 》(『보쿠라노 하타』우리들의 깃발 ①권 39~40p)

또 도립학교가 폐교되는 해의 졸업식 날은 다음과 같이 묘사되어 있다.
《우리를 알아차린 (카지)선생님이 반갑게 인사했다. "석철이랑 태일이! 그리고 넌 승옥이 아니냐." "선생님, 제 이름을 기억하고 계시네요." 승옥이가 눈을 반짝인다. "잊을 수가 있겠냐. 이 학교에 와서 맨 처음 외운 것이 너의 이름이다. 무엇보다도 조선학교에서 조선말도 모르면서 무엇을 가르치겠냐고 했던 니 심술이 가장 가슴 아팠으니까." "선생님, 그 얘긴 이제 없던 걸로 해 주세요. 5년이나 지난 얘기잖아요." 민망해진 승옥이가 연신 머리를 긁적였다. "선생님, 불면증은 나으셨어요?" 뒤에서 끼어들어 말을 거는 여학생이 있다. "영순이랑 정숙이구나. 오오, 영희도 있네." 우리와 거의 동시에 영순이와 다른 애들도 선생님을 발견하고 달려온 것이다. 》(『보쿠라노 하타』우리들의 깃발②권 185~186p)

카지이梶# 선생님을 '곤혹스럽게 만든' 장본인인 승옥이는 또 다른 부분에서 다음과 같이 말한다.

"카지 선생님이 첫째 재일조선인의 교육은, 고등학교 이하는 의무교육으로 공비로 운영하고, 교육 내용은 조선인의 자주성에 맡겨야 할 것. 두 번째로, 재일조선인이 민족교육을 지키는 것을 일본인 자신들의 민족교육 확립의 문제로 봐야 한다고 했대."(『보쿠라노 하타』우리들의 깃발① 권 228p)

카지이 노보루梶井 陟 씨의 책과 박기석 씨의 책을 함께 읽어 보면 또 다른 각도에서 조선학교가 걸어온 역사의 증명을 발견할 수 있다.

## 3. 샌프란시스코 강화조약 발효와 1953년 2월 통달

연합군의 점령 아래 놓인 재일조선인의 위치는 한편으론 참정권이 '정지'되고 외국인등록이 '의무화'되는가 하면, 한편에서는 '일본 국민'과 마찬가지로 '취학의무'가 있어 자녀를 일본학교에 의무적으로 취학시켜야 했고 조선학교 취학은 인정되지 않았다.

'취학의무'는 부모에게 자녀를 취학시킬 의무를 부과하는 동시에 행정에도 자녀의 취학을 보장할 의무를 부과한다. 그것이 공립조선학교가 생겨난 이치라 할 수 있다.

1952년 4월 28일, 샌프란시스코강화조약이 발효되어 일본은 연합군 점령에서 벗어나 주권을 회복했고, 독립국으로서 국제사회에 복귀했다. 그런데 이 강화회의부터 조약발효까지는 한국전쟁 시기(1950.6~1953.7)와 겹친 이유도 있어 강화회의에는 남북 어느 쪽의 대표도(중국도 동일) 초청되지 않았다.

일본 정부는 조약 발효일에 구 식민지 출신자는 '일본국적'을 상실하고 '외국인'이 된다고 선고했다. 일본의 헌법 제10조에는 '일본 국민의 요건은 법률로 이를 정한다'라고 되어 있다. 즉 국적의 취득과 상실은 법무부(후에 법무성) 민사국장의 일개 통달로 결정되었다.

과거 동맹국이었던 독일은 주변국 오스트리아를 병합했는데, 독일이 패전함에 따라 오스트리아가 부활했다. 구 서독에서는 1965년 5월, 국적문제규제법을 제정해 문제해결을 도모했다. 동법 제1조에 따라 병합으로 인해 부여된 독일 국적은 오스트리아 독립 전날에 모두 소실된다고 정하는 동시에 동법 제3조에 따라 소실 당시까지 소급해 독일 국적을 회복할 권리가 있다고 규정했다. 즉 재독 오스트리아인에게는 국적선택권이 보장된 것이다.

일본의 경우 외국인이 된 재일조선인이 일본 국적을 취득하려면 '귀화'라는 문을 통과할 수밖에 없고, 그 결정권은 모두 일본 정부 손안에 있다. 한편 서독의 경우는 선택권이 있는 재독 오스트리아인에게 그 결정권이 있어 일본과는 '정반대'이다.

여하튼 재일조선인이 일본 국적을 상실했다는 의미는 종래의 '취학의무'를 토대로 한 정책에 결정적 변경이 동반된다. 1953년 2월 11일, 문부성은 <조선인의 의무교육학교 취학에 관해>(文初財74호, 문부성 초등중등교육국장이 각 도도부현 교육위원회에게)를 발표했다. 자료집에 따라 차이가 있으므로 아래에 전문을 싣는다.

《 이 사안에 관해서는 취급상 의무가 발생하는 경우도 있어 문의 중이기에 만일의 경우를 대비해 아래와 같이 당국의 견해를 알립니다. 또 이 사안에 관해서는 도도부현都道府縣 내 관련 시정촌市町村 교육위원회에도 주지시키도록 부탁드립니다.

記

1. (ㄱ) 조선인 자녀의 취학에 관해서는 지금까지 일본의 법령이 적용되어 모든 일본인과 동일하게 취급해왔다. 그런데 강화조약 발효 이후 재일조선인은 일본 국적이 상실되어 법령의 적용 면에서는 일반 외국인과 동일하게 취급하게 된다.

(ㄴ) 따라서 취학연령이 된 외국인을 학령부에 등재할 필요는 없고, 취학의무를 이행하도록 독촉해야 할 문제도 발생하지 않는다. 또 외국

인을 호의적으로 공립 의무교육학교에 입학시킬 경우는 의무교육의 무상원칙은 적용되지 않는다.

2. 그러나 조선인에 대해서는 지금까지의 특별한 사정도 있기에 당분간 다음과 같이 조치하는 것이 적당하고 생각한다.

(1) 일한 우호의 정신에 의거하여 가능한 편의를 제공하는 것을 취지로 할 것.

(2) 교육위원회는 조선인 보호자가 자녀를 의무교육학교에 취학시키고 싶은 취지의 신청을 하는 경우, 일본의 법령을 엄수하는 것을 조건으로 취학할 학교 교장의 의견을 구한 후에 사정이 허락하는 한 종전대로 입학을 허가할 것. 》

이 1953년 2월 통달은 일본의 문교 당국이 가진 외국인의 교육에 관한 기본자세를 분명히 한 것으로 현재까지도 건재하다. 즉 재일조선인은 외국인이 되었기 때문에 일본학교 '취학의무'는 없어진다. 그런 이치로 도립조선학교도 폐교되었고, 따라서 <표2>에 있는 예산도 이후로는 필요 없게 된다.

재일조선인은 취학의무가 없기에 '학령부'에 기재할 필요가 없으니 예를 들어 보호자가 자녀에게 집을 지키게 하거나 아이를 돌보게 하는 등의 이유로 학교에 보내지 않더라도 외국인의 경우는 취학의무를 이행하도록 독촉할 필요가 없다는 얘기다. 또 외국인이 공립학교에 입학을 희망하는 경우는 '법령을 엄수하는 것을 조건으로' 받아들일 수 있다고 했다. 그 때문에 당시 보호자에게 <서약서>를 받고 입학을 허가하는 일이 여러 곳에서 행해졌다.

본문 중에 도쿄 카츠시카葛飾 구의 사례가 소개되어 있는데, 덧붙여서 오사카에서의 사례를 소개해 둔다.

《 아래에 있는 자는 …중학교에 입학을 희망합니다. 입학이 허가되면 일본국의 법률을 엄수하는 것은 물론 교칙을 지키고 학교 당국에 폐를 끼치지 않겠습니다. 만일 학교장이 다른 학생의 면학을 방해하는 행위가 있었다고 판단했을 경우 퇴학 요청을 받으면 언제든 이의 없이 퇴학하고, 아무런 이의도 제기하지 않을 것을 서약합니다. 》(『「재일조선인과 그 교육」자료집』제1집, 일본교육학회교육제도연구회, 외국인학교제도연구소위원회, 1970년)

게다가 외국인이 공립학교에 입학했을 경우 의무교육의 무상원칙은 적용되지 않는다고도 했다. 이 점과 관련해 공립 소·중학교가 외국인에게 수업료를 징수했다는 얘기는 듣지 못했으나 원리적으로는 그렇게 되어 있다.

요컨대 외국인에게는 '공부할 의무'도 없고 '배울 권리'도 없는 것이다. 있는 것은 은혜를 베푸는 차원에서 입학은 인정하지만, 그것은 '일체 불만이 없는, 좋지 않은 일이 생겨 퇴학을 명령받더라도 이의가 없다'라는 서약이 붙은 것뿐이다.

강화조약 발효를 계기로 '외국인'임을 선고받은 것이 재일조선인의 교육에 어떤 '결과'를 가져왔는지 한 단면을 살펴봤다. 실은 '외국인' 선고는 다른 분야에서도 결정적인 '결과'를 초래했다. 여기서는 약간의 예시만 해두고자 한다.

강화조약 발효를 기다렸다는 듯이 제정된 또 하나의 법률이 <전상병자전몰자유족원호법(戰傷病者戰歿者遺族援護法 1952년)>이다.

'전상병자'와 '전몰자 유족'에게 국가보상을 실시하는 것인데, 여기에는 '국적 조항(호적조항)'이 있어서 일본의 전쟁에 동원된 구 식민지 출신자는 철저히 대상에서 제외되었다. 그 후 수없이 제정된 전쟁희생자 원호입법도 모조리 '일본 국민'만을 대상으로 하고 있다.

또 복지국가를 목표로 제정된 국민연금법(1959년), 아동수당3법(1961~71년)도 모두 국적 조항이 들어있어서 이러한 사회보장도 일본 국민만을 그 대상으로 했다.

이 모두가 1952년 4월 '일본 국적' 상실을 기점으로 했음은 말할 것도 없다. 후반에 나온 사회보장에서의 국적 조항은 베트남 난민 수용 문제를 계기로 일본이 어쩔 수 없이 국제인권 제반 조약을 비준한 것이고, 그때 이러한 국적 조항이 삭제되어 겨우 내외국인 평등이 실현된 것임을 첨부해 둔다. (전쟁희생자 원호 관련은 종전과 동일)

## 4. 한일조약 체결과 1965년 12월 통달

1965년 6월, 한일기본조약(및 부속 협정)이 체결되어 한일 국교가 정상화되었다. 같은 해 12월 28일, 문부성이 발표한 통달 <조선인만을 수용하는 교육시설의 취급에 관해서>(文官振210호, 문부사무차관이 각 도도부현 교육위원회, 각 도도부현 지사에게) 또한 중요한 통달인데, 두 가지 부분으로 되어 있다.

한 가지는 공립조선학교(분교)는 앞으로 설치를 인정하지 않기로 한 것이다. <표3>에 있는 도쿄의 15개교는 곧바로 1955년 3월에 폐교되었고, 오사카의 1개교는 1961년 9월에 폐교되어 각각 자주학교가 되었다.(고용수「오사카시립 조선인학교가 있었던 것을 아십니까」『민족교육기금 뉴스』4호, 2013년)

그런데 그 외에 가나가와神奈川 5개교, 아이치愛知 3개교, 그리고 효고兵庫의 8개교는 한일조약 직후 나온 통달을 계기로 1966년 3월 전부 폐교되어 공립조선학교는 그 역사의 막을 내렸다.

다음의 자료는 <한일회담 문서의 전면 공개를 요구하는 모임>이 입수한 일본 외무성 문서의 일부이다(1965년 3월 현재).

덧붙여서 가나가와현神奈川懸과 아이치현愛知懸의 경계선은 오류이며, 스와諏訪소학교까지가 가나가와현神奈川懸이다.

더불어 아이치현愛知懸의 마키노牧野소학교 분교에 관해서는『우리들의 걸음』(私たちの歩み, 1954년(1982년 재간행))이 출간되어 있다.

**조선인 아동·학생만을 수용하는 공립학교 분교 일람(1940.3.30)**

| 지역 | 학교명 | 설치자(시정촌) | 소재지 |
|---|---|---|---|
| 가나가와<br>神奈川 | 사쿠라모토桜本소학교 분교 | 가와사키川崎 | 사쿠라모토초(桜本町) |
| | 다카즈高津소학교 다카츠 분교 | 가와사키 | 미조노구치362(溝ノ口362) |
| | 아오키青木소학교, 사와타리沢渡 분교 | 요코하마横浜 | 가나가와시 사와타리21(神奈川区沢渡21) |
| | 시타노야下野谷소학교 오노小野 분교 | 요코하마 | 쓰루미구 오노초(鶴見区小野町) |
| 아이치<br>愛知 | 스와諏訪소학교 분교 | 요코스카横須賀 | 오노마치(小野町) |
| | 마키노牧野소학교 분교 | 나고야名古屋 | 나카무라구 마키노초(中村区牧野町) |
| | 야마토大和소학교 분교 | 나고야 | 치쿠사구 호넨초(千種区豊年町) |
| | 니시츠키지西築地소학교 분교 | 나고야 | 미나토구 쿠반초(港区九番町) |
| 효고<br>兵庫 | 무코武庫소학교 모리베守部 분교 | 아마가사키尼崎 | 모리베코마츠도오리(守部小松道) |
| | 오쇼大庄소학교 분교 | 아마가사키 | 오쇼나카도오리(大庄中道5) |
| | 오시마大島소학교 오시마 분교 | 아마가사키 | 이마기타(今北) |
| | 소노다園田소학교 분교 | 아마가사키 | 코나카지마(小中島町) |
| | 다치바나立花소학교 다치바나 분교 | 아마가사키 | 산탄다하마(三反田浜) |
| | 카미츠神津소학교 쿠와즈 분교 | 이타미伊丹 | 히가시쿠와즈(東桑津) |
| | 하야시林소학교 후나게船上 분교 | 아카시明石 | 후나게오츠보(船上大坪) |
| | 다카사고高砂소학교 키소木曾 분교 | 다카사고高砂 | 다카사고초키소마치(高砂町木曾町) |

또 한 가지는 '민족성 또는 국민성 함양을 목표로 하는 조선인학교는 일본국 사회에서 각종학교 위치를 부여할 적극적 의의를 지닌 것으로 인정되지 않기 때문에 이를 각종학교로 인가하는 것은 마땅하지 않다'라고 한 점이다.

당시 일본의 학교제도는 정규학교(학교교육법 제1조에서 규정한 학교로 '1조교'라고도 함)와 각종학교 2종류이며, 각종학교로서도 인정하지 않는다는 것은 모든 의미에서 '학교'로는 인정할 수 없다는 얘기다.

이 통달의 뒷부분에는 또 '더불어 조선인을 포함해 일반적으로 일본국에 재류하고 오로지 외국인만을 수용하는 교육시설에 대해서는 국제친선의 견지에서 새로운 제도를 검토해 외국인학교의 통일적 취급을 도모하고 싶다'라고 했고, 이듬해부터 외국인학교법안(당초에는 '학교교육법 일부 개정안'으로)이 등장했다.

이 법안은 외국인학교의 인가권, 시정·폐쇄 명령권 등을 지자체 '지사'로부터 '문부대신'에게로 이관한 것이 최대 요점이었다. 14조로 이루어진 법안은 규제에 관한 조항뿐이며, 이들 학교를 수료한 자의 대학 입학 자격 부여나 사학 조성의 대상으로 하겠다는 등의 조성·진흥책은 단 한 가지도 없다. 문부성의 '통달' 및 '법안'이 가진 <사상>은 조선학교 적시 정책 외에는 그 무엇도 아니다. 이러한 배경에는 한국 측 의향도 작용했음이 나중에 밝혀졌다. 한국에서는 2005년 8월까지 한일회담 문서가 전면 공개되었고 거기에는 다음과 같은 내용이 있다.

제7차 한일회담 법적지위협정위원회 제26차 회합(1965년 4월 23일)에서 한국 측(이동호 대표, 후에 법무차관 등 역임)은 '적화를 목적으로 한 공산 교육을 하는 조총련계 학교를 폐쇄해야 마땅한 것 아닌가. 그런 당연한 일은 하지 않고 한국인이 설립한 정당한 학교를 그런 것들과 동일시함으로써 상급학교 진학 자격조차 인정하지 않는 것은 이해할 수 없다'라고 발언, 일본 측(문부성대신 관방 이시카와 지로 참사관)은 '이것은 일본 측이 책임지고 해결할 내정 문제다'(중략)

일본 측─'만약 일본 정부가 조총련계 학교를 정리한다고 하면 재외국민 보호 차원에서 외교적으로 항의는 안 할 것인가?'

한국 측─'그런 항의는 없을 것이다'

미리 입을 맞춘 것 같은 일치된 줄거리가 보인다.

중앙정부의 이러한 조선학교 적시 정책에 '따끔한 일침'을 가한 것은 미노베 료키치美濃部良吉 도쿄도지사였다. 미노베 도지사는 법이 정한 학교인가권에 따라 1968년 4월, 조선대학교를 각종학교로 인가했다(각종학교 인가는 도지사의 권한).

전술한 '통달'에 반한다는 점은 말할 것도 없다. 이 인가로 인해 외국인학교법안이 큰 타격을 받게 되는 것도 사실이다. 현재는 전국에 있는 모든 조선학교가 각종학교로 인가받아 전술한 '통달'은 '유명무실'해졌다고 할 수 있다(외국인학교법안도 성립되지 않은 상태).

각종학교 인가와 더불어 지자체(도도부현, 시정촌)에서는 보조금이 지급,

JR통학 정기할인권 도입, 각종 스포츠대회 등에 참가할 수 있는 자격이 조선인학교를 포함한 외국인학교도 인정[4]되었다. 현안이었던 대학원 입학 자격과 대학 입학 자격도 문호가 개별적으로 개방된다.
　이러한 프로세스는 다른 면에서 보면 외국인학교의 교육이 '보통교육'이며, 일본의 정규학교(1조교) 교육과의 '동등성'이 인정됨을 의미한다. 위와 같은 역사를 잇는 형태로 2010년 4월에 시행된 고교무상화제도는 그 대상에 '각종학교인 외국인학교'도 포함되어 '공비'로 학생들에게 취학지원금이 지급하도록 한 것은 획기적인 제도이다. 이미 39개교 외국인학교는 대상으로 지정되었는데, 조선고교 10개교만 지정이 계속 미뤄지다 아베 신조 내각이 출범하자 2013년 2월, 최종적으로 조선고교가 제외되었다. 이 문제에 관해서는 졸고 「조선학교의 전후사와 고교무상화」(『<교육과 사회>연구』23호, 히토츠바시대학 2013년, 55p 이하)를 참고하시기 바란다. 한 가지만 지적해 두고 싶은 것은 고교무상화의 대상이 된 외국인학교 가운데 도쿄 한국학원 고등부[5]가 있다.
　앞서 언급한 한일회담 협상에서 한국 측은 한국계 학교를 조선학교와 동일시해 대학 입학 자격을 인정하지 않는 것은 이해할 수 없다고 일본 측을 비난했는데, 일본 측은 받아들이지 않았다. 그런데 고교무상화에서는 어이없게도 당시 한국 측이 말한 대로 한국학교는 대상이 되고 조선학교는 제외된 것이다.
　한국에서는 현재 일본에 있는 조선학교에서 실시하는 민족교육에 공감하는 움직임이 생겨나고 있다. 홋카이도의 조선학교에서 숙식하며 제

---

4　지자체장이 각종학교 인가 권한을 갖고 있었지만, 보조금, JR통학 할인권(1994), 스포츠대회 참가(1996), 대학수험 자격(1998) 같은 권리들은 모두 조선인학교 측의 끈질긴 투쟁으로 얻은 것들이며, 결코 일본 정부나 지자체가 알아서 제공해준 혜택이 아니다.

5　신주쿠구 소재 초중고등학교. 1954년 재일민단 중앙본부가 동포 자녀들의 모국 연계 교육 및 현지 적응 교육을 위해 설립한 학교. 1962년에 한국 정부의 인가를 받음. 일본교육법 제1조가 규정하는 정규학교이며 이외에도 한국계 학교는 '오사카 금강학교', '오사카 건국학교', '교토국제학교'가 있고 한국 정부가 매년 예산을 지원한다.

작한 김명준 감독의 영화 <우리학교>는 부산국제영화제에서 수상작으로 선정되어 한국에서도 큰 반향을 일으켰다고 한다.

일본에서 고교무상화를 요구하는 시민집회(2011년 6월)에 김명준 감독이 달려와 주었다. 그의 메시지 일부이다.

"재일조선인으로서 일본에 살면서 자신의 아이덴티티를 유지시켜 줄 교육기관은 조선학교밖에 없습니다. 조선학교가 완벽한 교육기관이라고는 아무도 말하지 않습니다. 그러나 아이들에게 있어 조선학교는 자신이 누구인가를 가르치고, 이 땅에서 조선인으로 살아갈 방법을 가르치는 유일한 학교입니다. 이것은 일본학교는 절대로 할 수 없는 일입니다. 일본학교가 할 수 없는 것을 조선학교가 하고 있는 것입니다."

이 글을 마치면서 카이지梶井 선생의 제자였던 학생의 말을 다시 한번 언급해 두고 싶다.

"카지(이) 선생님은 이렇게 말했대. 첫째, 재일조선인의 교육은 고등학교 이하는 의무교육으로 공비로써 운영하고, 교육 내용은 조선인의 자주성에 맡겨야 할 것. 두 번째로, 재일조선인이 민족교육을 지키는 것을 일본인 자신들의 민족교육 확립의 문제로 봐야 한다."

카지이梶井 선생이 부임한 첫날에 '조선학교에서 조선어도 모르면서 무엇을 가르칠 수 있겠나'라고 '일침'을 놓았던 학생이 한 말이다. 선생이 조선인학교에서 5년간 농밀하게 보낸 나날이 이 책에 응집되어 있다.

마지막으로 카지이 노보루梶井陟 씨의 약력을 첨부해 둔다. (도야마대학 인문학부 조선어·조선문학과정 편『도야마대학 부속도서관장 카지이 문고 목록』1994년에 게재된 약력을 바탕으로 일부 수정)

1927년 6월 21일 아버지(카지이 시게루梶井滋), 어머니(카지이 후데梶井筆)의 3남으로 출생(에바라군荏原群 마고메무라馬込村 1859번지)

1940년 3월 도쿄시 엔잔延山소학교 졸업

1942년 3월 도쿄시 히라츠카平塚국민학교 고등과 졸업
　　　　 4월 도쿄부립 아오야마青山사범학교 예과 입학
1949년 3월 도쿄부립 제1사범학교 본과 졸업(학제 개혁에 의한)
　　　　 4월 도쿄도 네리마練馬구립 샤쿠지이石神井중학교 근무
1950년 4월 도쿄도립 조선중학교 근무
1955년 4월 도쿄도 도요시마豊島구립 니시스와西諏訪중학교 근무
1966년 4월 도쿄도 도요시마豊島구립 아사히朝日중학교 근무
1970년 4월 도쿄도립대학 비상근 강사 겸임(77년 3월까지)
1978년 4월 도야마富山대학 인문학부 조선어·조선문학 코스 주임교수
1988년 9월 9일 서거, 61세

관련한 자료집으로 다음의 3가지를 첨부한다.
(1) 우치야마 카즈오·조박 편『재일조선인 민족교육 옹호투쟁 자료집』(内山一雄·趙博 編 『在日朝鮮人民族教育擁護闘争資料集Ⅰ, Ⅱ, 明石書店 1988, 89).
(2) 박경식 편『재일조선인 관계자료집성(전후편)』(전10권 2000년) 가운데 제7권, 도립조선인학교 관계.(朴慶植 編『在日朝鮮人関係資料集成』(戦後編 全10巻 不二出版 2000)
(3) 사노 미치오 편『재일조선인 교육관계자료』(佐野通夫編『在日朝鮮人教育関係資料」1, 2, 3, 綠蔭書房, 2012)

(1)과 (2)에는 모두 이 책에서 자주 인용된『민족의 아이(民族の子)』(도쿄도립조선학교 교직원조합 편, 1954년 11월 간행)의 전문이 수록되어 있다.
(2)에는 일본교직원조합의 고치高知대회(1953년)에서 발표한 카지이梶井 씨의 <보고>가 수록되어 있다.
또『조교조 뉴스』도 수록되어 있고, 조교조 1주년 기념호에는 카지이梶井 씨의 글「두 개의 문제(二つ問題)」가 실려 있다.
(3)에는『이른바 '외국인학교'제도 연구』(いわゆる「外国人学校」制度の研究)(민

주주의과학자협회법률부회, 1967년) 및 일본교육학회교육제도연구위원회·외국인학교 제도연구소위원회 편 『「재일조선인과 그 교육」자료집』(『「在日朝鮮人とその教育」資料集』)제1집 및 제2집(1970년, 72년)이 수록되어 있다.

모두 오자와 유사쿠小沢有作 씨가 집필에 참여했다.

# 한국어판 출간에 부쳐

다나카 히로시田中 宏

이 책은 귀중한 기록이지만 오랫동안 절판 상태였고, 저자인 카지이 노보루(梶井 陟 1927~1988) 씨도 타계했다. 나는 이 책의 재출간을 간절히 바랐다. 그러다 2014년에 岩波現代文庫 출판사에서 내가 자세한 해설을 써주면 재출간을 하겠다는 연락을 받았다. 개정판에서는 초판 제목인 『조선인학교의 일본인 교사』를 『도립 조선인학교의 일본인 교사』로 변경했다. (한국어판은 초판 제목과 동일)

현재 내가 활동하고 있는 시민단체 <조선학교 '무상화' 배제에 반대하는 연락회>와 한국의 시민단체인 <조선학교와 함께하는 사람들 몽당연필>은 같은 목적 아래 다양한 교류를 해왔다. 이 책의 한국어판 출간도 그러한 교류의 하나라 할 수 있다. 더불어 한국어판에도 짧은 해설을 의뢰받아 추가로 덧붙인다.

(1) 1945년 8월, 일본제국이 <포츠담선언>을 수락함으로써 오랜 침략전쟁과 식민 지배는 막을 내렸다. 이 선언의 제8항에는 '카이로선언의 조항은 이행되어야 마땅하다…'라고 되어 있고, <카이로선언>에는 '만주, 대만을 중화민국으로 반환할 것, 조선 인민의 노예 상태에 유의하여 조선을 자유 독립국으로 할 것'이라고 되어 있다.

'조선 인민의 노예 상태'는 어떻게 만들어졌을까.

일본제국은 전쟁이 열세로 치달은 1943년, 기사회생을 위해 미얀마, 필리핀에 '독립을 허용', 같은 해 11월에는 도쿄에서 대동아회의를 소집해 <대동아 공동선언>(1943.11.6)을 출발시켰다. 이른바 '대동아를 미국과 영국의 질곡에서 해방하여…대동아 각국이 상호 자주독립을 존중하자…'라는 것이었다. 연합국은 일본의 도의적인 도전에 대항해 대동아 선언의 '약점'인 대만, 조선을 일본제국으로부터 해방시킬 것을 오히려 <카이로선언>(1943.11.27) 안에 집어넣었다. 포츠담선언과 카이로선언은 한 몸이며, 이 두 선언문서에 일본이 어떤 식으로 대응할지가 전후 일본의 출발점이 된다.

(2) 전쟁이 끝나고 도쿄대학의 초대 총장이 된 난바라 시게루南原 繁는 '외지의 다른 종족이 모두 사라진 순수한 일본으로 되돌아왔다, 지금 이것(천황제)을 잃게 되면 일본 민족의 역사적 개성과 정신의 독립은 소멸하고 말겠지요.'라고 말했다(천황절 기념 축전에서 발언, 1946.4.29).

2대 총장인 야나이하라 타다오矢内原忠雄는 '<식민정책론>이라는 강의 명칭을 앞으로는 어떻게 하면 좋으냐고 묻는데, 일본은 더 이상 식민지가 없기도 하고 식민정책도 없기에 식민정책론 강좌를 <국제경제론>이라는 강의로 바꾸었다. 이건 내가 제안한 것이다. 그랬더니 전국의 대학에서도 우리를 따라서 <국제경제론>이라는 강의를 만들었다(웃음).'(도쿄대학신문 1958.2.12)

두 명의 도쿄대학 총장이 카이로선언과 포츠담선언 선언문을 어떻게 받아들였는지는 알 길이 없다. 그런데 야나이하라 총장이 발언 마지막에 한 '웃음'은 어떤 의미였을까.

(3) 1948년 1월, 문부성은 전국에 통달을 내려 <조선인이라도 학령기에 해당하는 자는 일본인과 마찬가지로 시정촌립市町村立 또는 사립의 소학교 혹은 중학교에 취학시켜야 한다>라고 규정하고 조선학교 폐쇄에 나선다. 자력으로 만든 조선학교를 지키려는 조선인 학부모들이 격렬히 저항하자 점령 당국(GHQ)은 전후 유일한 <비상사태(계엄령)>를 한신 지역(효고현 일부, 고베시, 오사카시 일대)에 발령해 김태일 소년이 목숨을 잃은 사건은 아시는 바와 같다.

제2차 대전이 끝나고 새로이 '국제연합(UN)'이 탄생, 1948년 12월 10일 UN총회는 <세계인권선언>을 채택하고 인권의 주류화에 나섰다. 일본은 4·24한신교육투쟁이 있은 해에 세계인권선언도 채택했다는 점에 더욱 주목해야 마땅하다.

(4) 미국 샌프란시스코에서 열린 대일 강화회의(1951.9)에는 일본의 '과거'와 깊은 관련이 있는 중국과 조선의 어느 쪽 정부도 초청되지 않았고, 그 자리에서 서명된 대일 평화조약의 발효로 일본은 연합군의 점령에서 벗어나 주권을 회복했다. 그리고 법무부 민사국장 명의의 한 통의 '통달'에 의해 샌프란시스코강화조약 발효일(1952.4.28)에 조선인·대만인의 '일본 국적'을 상실시켰다. 법학박사이자 국제법 전문가인 사와키 다카오(沢木敬朗 1931~1993)는 '평화조약의 정신은 그야말로 원상회복 이외에 그 무엇도 아니다'라고 말했다(「평화조약의 발효와 국적」 JURIST 228호, 1961). 그렇다면 일본 정부는 '원상' 회복에 걸맞게 조선인의 민족교육권을 마땅히 보장할 의무를 져야 하는데, 일본에서 그러한 토론을 찾아볼 수 없다.

(5) '<백만의 모든 조선인이여, 쌀이 넘쳐나는 낙원의 땅으로 돌아가라> 이런 전단은 어느 시기나 있는 일부 과격분자의 책동에 지나지 않는다.'(법무성 입국관리국장 스즈키 하지메鈴木一의 아사히신문 논설_1954.4.9), '재일조선인은 이유도 없이 살상되고 있다'(재일조선인의 인권을 지키는 모임_1963), <조선학교 고교생에 대한 습격 사건 조사보고서>(재일조선인의 인권을 지키는 모임_1970), '외국인은 삶아 먹든 구워 먹든 자유다'(출입국관리국 참사관 이케가미 쓰토무池上 努), 『법적 지위에 대한 200개의 질문(法的地位200の質問)』(京文社 1965). '조일 수뇌회담에서 납치사건 문제가 알려진 것을 계기로 조선학교와 재일조선인 등을 괴롭히거나 협박, 폭행하는 사건이 보도되는데, 이것은 인권옹호 상 간과할 수 없는 행위다.'(법무성 인권옹호국·도쿄

법무국·도쿄도의 인권계발 팸플릿, 2002). 『만화 혐한류』(2005), <재일 특권을 용납하지 않는 시민 모임(재특회)>가 교토조선학교를 습격한 사건(2009), 도쿄도지사 이시하라 신타로石原真太郎와 오사카부지사 하시모토 토오루橋下徹는 모두 조선학교에 지급되던 보조금을 동결(2010).

이처럼 일본에서는 민관이 연동해 조선인·조선학교 차별을 이어가고 있다.

(6) 1965년의 한일조약으로 한일 국교 정상화가 실현된다. 이를 계기로 나온 문부차관 통달(1965.12.28)에서 '민족성 혹은 국민성을 함양하는…조선인학교는 각종학교로 인가해서는 안 된다'라고 했는데, 인가권은 정부가 아닌 지자체의 '지사'가 갖고 있기에 현재는 모든 조선학교가 각종학교로 인가되어 있다.

<세계인권선언>이 나온 후 UN총회에서 첫 번째 조약으로 <인종차별 철폐조약>이 채택된 것도 1965년 12월이다. 조약 전문에는 '국제연합은 식민지주의 및 이에 따른 격리 및 차별의 모든 관행을 비난해왔다…'라고 적고 있다. '식민지주의에 따른 차별'이라는 새로운 콘셉트가 제시된 것이다. 일본에서 조선학교의 존재는 문자 그대로 식민지주의의 산물이다.

(7) 정권 교체로 탄생한 민주당 정권의 고교무상화법(2010년)은 외국인학교도 그 대상으로 하는 획기적인 법이었다. 그런데 간 나오토菅直人 수상은 북한이 연평도 포격 사건을 일으키자 곧바로 조선학교에 대한 심사를 동결시켰다.

민주당이 총선에서 패배하자 2012년 12월, 아베 신조 정권이 컴백한다. 아베 정권의 첫 번째 업무는 고교무상화에서 조선학교를 제외한 것이었다. 문부과학대신 시모무라 하쿠분下村博文은 조선학교를 제외한 이유를 '납치 문제 해결에 진전이 없다, 조선총련과 밀접한 관계가 있다

…'라고 밝혔다.

고교무상화 재판은 결과적으로 1승 4패(나고야, 오사카, 히로시마, 후쿠오카, 도쿄에서 패소)로 끝났다. 오사카 지방법원의 원고(조선학교 측) 승소 판결(2017.7.28)에는 '교육의 기회균등과는 무관한 정치적, 외교적 의견을 바탕으로 조선고교를 대상에서 제외하기 위해 규정(ハ)을 삭제한 것이며, 위임의 범위를 일탈한 것이기에 이는 위법, 무효로 간주한다'라고 했다.(규정 (ハ)는 각종학교인 조선고교를 심사하는 근거 법령 규정)

원고인 조선학교 측이 패소한 판결의 공통점을 지적하자면 규정(ハ)을 삭제한 것은 재판부가 판단하지 않고, 조선학교를 무상화 대상으로 지정하지 않은 처분을 문부대신의 재량권 내로 인정하는 '촌탁(忖度) 판결'이라고 밖에 할 수 없다.

(8) 고교무상화에서 조선학교가 배제된 내용이 UN에서 처음으로 언급된 곳은 사회권규약위원회(2013.4)였다. 위원회는 '일본인을 납치한 일은 무서운 범죄이나 그것과 조선학교에 다니는 아이들 사이에는 아무런 관계도 없다, 교육받을 권리를 빼앗는 일이다…'라고 말했다. 일본에 대한 심사가 끝난 후 위원회가 발표한 <총괄 의견>(2013.5.17)에는 '조선학교 배제는 차별을 만드는 일이며, 취학지원금 제도가 조선학교 학생에게도 적용되도록 요구한다'라고 권고했다.

인종차별 철폐위원회(2014.8)가 일본을 심사한 후 발표한 총괄 의견에는 '조선학교에 대한 취학지원금 제도의 이익이 적절히 향유되어야 하고, 지자체에는 조선학교에 대한 보조금 지급과 동결된 보조금을 재개, 유지를 요청할 것'이라고 권고했다. 나아가 동 위원회의 차기 심사가 있은 다음에 나온 총괄 의견에서는 '직접적, 간접적인 인종차별을 금지할 구체적이고 포괄적인 법률을 채택하도록 촉구한다'라고도 권고했다.

일본 정부는 UN 인권조약 기관의 권고에 귀를 기울일 생각이 전혀 없다.

(9) 최근에 나는 졸고「일한의 입관법과 외국인 정책—구량옥 변호사의 '한국의 입관법, 헌법재판소에서의 위헌판결'을 통해 비교를 시도」를 썼다. (Life Crossing 74호, 2023 가을호)

재일 3세인 구량옥 변호사가 잡지『世界』8월호에 쓴 논고를 바탕으로 쓴 것이다. 구량옥 씨는 헤이트 범죄자가 방화 사건을 저지른 교토의 우토로마을 출신이며, 게다가 <재특회>가 습격했던 교토조선제1초급학교 출신이기도 하다.

일본에서도 출입국관리소의 장기수용이 문제가 되어 '입관법 개악 반대' 시위의 현수막에도 'Long Detention is Torture(장기수용은 고문)'이라 쓰고 있다. 구량옥 변호사에 의하면 '2023년 3월 23일, 한국의 헌법재판소는 강제퇴거명령을 받은 외국인에 대해 수용 기간의 상한선을 정하지 않은 현행 출입국관리법(63조1항)에 대해 위헌 판단(헌법불합치결정)을 내렸다. 이 판결로 대한민국 국회는 2025년 5월 31일까지 동 조항을 개정할 의무가 있다'라고 했다. 그리고 '한국에서는 인권침해가 일어났을 때 그 구제를 위해 활용할 수 있는 루트가 크게 4가지 있다. 법원, 헌법재판소, 국가인권위원회 또는 인권조약기관에 개인이 통보할 수 있는 루트이다. 재판소밖에 없는 일본과는 대조적'이라고도 했다.

(10) 매우 중요한 지적이다. 한국의 <국가인권위원회>는 유엔이 각국에 설치를 요구하고 있는 '국내 인권기관'에 해당하며, 이미 130개국에 개설되어 있는데, 일본은 아직도 마련되어 있지 않다. 2002년에 <인권옹호 법안>이 일본 국회에 제출되었고, 그 후에도 두 차례 제출되었지만 거의 논의가 이뤄지지 않고 방치된 상태이다.

<개인 통보> 제도는 9개의 중핵적 인권조약에 들어있는 중요한 제도이다. 국내에서 모든 구제 절차를 거치고도 해결되지 않을 경우, UN의 인권조약위원회에 <개인 통보>를 함으로써 전문가 위원회에서 심사받을 수도 있고, 그 견해(review)도 제시된다. <개인 통보> 제도는 국가

가 개개인의 인권조약을 비준한 다음에 <개인 통보> 제도를 수락하는 절차를 별도로 밟아야만 한다.

자유권 규약은 116개국이, 여성 차별 철폐조약은 115개국이, 장애인 권리조약은 104개국이 각각 채택했는데(2023년 2월 현재), 일본이 수락한 규약은 전혀 없다. 그로 인해 고교무상화 재판은 일본 내 절차가 종결되었음에도 UN의 <개인 통보> 제도를 활용할 길이 일본 정부에 의해 막혀있다. 게다가 한국은 자유권 규약, 여성 차별 철폐조약, 인종차별 철폐조약, 고문 금지 조약에서도 <개인 통보> 제도를 허용하고 있다.

일본에는 헌법재판소가 없다. 다만 나카소네 야스히로中宗根康弘 전 수상이 전후 60년이 된 2005년 1월에 발표한 <헌법 개정 시안>에 일본국 헌법에서 '국민'이라는 표현이 자취를 감추고 그 대신 '누구라도' '모든 사람은'이라는 표현으로 바뀌었고, 나아가 <헌법재판소의 설치>가 담겨있다. 그러나 헌법 개정이 논의되고 있음에도 나카소네의 개헌 시안이 주목받는 일은 전혀 없다.

## [한국어판 부록]

### 『민족의 아이(民族の子)―조선인학교 문제』 전문
도쿄도립조선인학교 교직원조합 정보선전부 편집 발행(1954년 11월 30일)

◆ 내용 목차 ◆
들어가며
제1장 과거와 현재(아동의 정신생활)
제2장 전전戰前에 있어 조선인의 생활과 교육
제3장 '해방'부터 한신교육사건까지
제4장 전국 학교 폐쇄 사건(1949년 10월)을 둘러싸고
제5장 2·28사건/ 3·7사건
제6장 강제송환 문제
제7장 사립 이관 문제
제8장 인권은 어디에-의무교육권 박탈 문제
제9장 <6개 항목> 문제
제10장 <6개 항목> 수락이 초래한 것
제11장 폐교 통고를 둘러싸고
제12장 조선인학교와 일본 국민과의 결합 발전

**들어가며**

10월 5일, 도쿄도 교육장 명의로 도립조선인학교를 내년(1955) 3월을 기해 폐교한다는 취지의 통달이 나왔다(제11장 참조).

도쿄도 내 5천 명에 이르는 조선인학교 학생들의 운명에 결정적 영향을 주는 한 장의 종이-통달-를 봤을 때 우리 학교 관계자들은 마치 비명을 지르고 싶은, 형언할 수 없이 괴롭고 격한 감정이 끓어오르는 것을 느꼈다. 아울러 이날 조선인학교가 놓인 상황은 단순히 호소 등으로 길이 열릴 만큼 간단하지 않았다. 무엇보다 일본 국민과 재일조선인이 서로를 근본적으로 이해하고, 그 위에 불굴의 결합이 실현

되지 않는 한, 조선인학교에 덮친 비정상적 사태는 막지 못할 것이다.

우리는 통달이 나온 이후 분노하고 싶은 마음을 억누르며 양 국민의 근본적인 이해를 도울 수 있는 일에 힘써 왔다. 여기에 작성한 내용도 그중 하나이며, 조선인 자녀교육의 연혁에 관해 가능한 계통적으로 그리고 정확하고 객관적으로 설명해 일본 국민이 아시아 우호의 입장에서 조선인 자녀교육과 일본의 앞날에 플러스가 되는 판단과 이해를 할 수 있도록 정리한 것이다.

다만 충분한 여유를 갖고 조사를 거듭하지 못했고, 내년 3월 이후로는 과거에 없을 정도로 학교의 운명이 매우 위태로운 속에서 날마다 잡무에 쫓기는 몇 명의 일·조 양 교직원(도쿄 거주)이 합작해 만든 것이니 조사 부족이나 기억의 차이로 인해 전체적인 통일성과 전국적인 전망이 부족한 점 등을 미리 양해 말씀드린다.

## 제1장 과거와 현재(아동의 정신생활)

다음 장부터 조선인학교의 연혁이 다양한 각도에서 극명하게 서술될 텐데, 이 과정에서 놓치기 쉬운 아동의 정신생활, 즉 학교의 존재 형태가 아동들에게는 어떤 정신생활을 낳았을까. 특히 해방 전 일본인 학교에 다녔을 때와 해방 후 조선인학교에서 배우면서 나타나는 정신생활의 변화야말로 조선인학교 문제의 핵심이라 여기기에 학교의 연혁을 다루기 전에 먼저 정신생활의 변화를 중심으로 아동의 작문을 통해 소개하고 싶다.

조선인학교에서 공부하게 되어 지금은 조선인으로서의 자각을 몸에 익히고 있는 학생들의 지난날을 살펴보면, 한명 한명이 여린 마음의 상처와 가슴이 먹먹해지는 고통을 겪었음을 알 수 있다.

단지 조선인이라는 이유만으로 일생 잊지 못하는 일—지우려 해도 너무나 생생한 정신적 그림자로 새겨져 지금도 마음속 어딘가에 남아있다. 일본인 행세를 한, 혹은 애써 일본인이 되려고 했던 이야기나, 일본인으로 태어나지 못하고 왜 하필 조선인으로 태어났는지 부모를 원망하거나, 일본학교에 다닐 때 화려한 조선옷을 차려입은 어머니가 운동회에 온다고 하자 어머니의 소맷자락에 매달려 울었거나 애원한 일, 학부형회에 아버지가 출석해 아무 말도 안 하면 좋을 텐데, 서툰 일본어로 마구 얘기해서 느닷없이 일본인 학부형들의 화젯거리가 되면 어쩌나 전날 밤 이불 속에서 잠들지 못했던 일 등—이 생각할수록 원망스럽고 자신을 속이며 비굴하게 굴었던 얘기들 뿐이다.

일본 학생이라면 생각지도 못하는 이런 특수한 사정을 학생 한명 한명이 오랜 마음의 상처로 가슴속 깊이 감춘 채 조선학교 교문에 들어선다. 어떤 아이는 무의식적으로 희망에 부풀었고, 어떤 아이는 표현할 수 없이 일그러진 슬픔을 간직한 채 조선인학교 입학시험을 보았는데, 학생들의 속사정은 저마다 다양하다.

내신성적을 확인한 시험감독관이 그런 학생 한 명에게 물었다.

"다나카 하루코田中春子 맞지?"

"네, 그렇습니다."

"조선 이름은 뭐지?"

"………"

"일본학교에 다니는구나."

"네에."

"일본학교에서는 국어를 안 배웠지?"

"아니요, 배워요."

"그래? 지금 배우는 국어책이 이거지?"(일본어 독본 6권을 보인다)

"네, 맞아요."

"그럼, 이런 책은 본 적이 있어?"(모국어 독본 6을 보인다)

**"처음 봅니다."**

"이것은 어느 나라의 국어인지 아나요?"

"조선의 글입니다."(바닥을 내려다보며 어쩐지 불편해한다)

"어떻게 조선의 글자인 걸 알아?"

"우리 집에 조선의 신문이 옵니다. 그것과 글자가 닮았습니다."

"그 신문은 누가 읽지?"

"아버지가 읽습니다."

"너는 안 읽어?"

"못 읽습니다. 글자를 배운 적이 없어요."(제3회 전국교육연구대회 발표 자료)

이 신입생의 말하기 테스트 한 구절 속에 비통한 역사와 생활이 숨어 있다.

결국 이러한 학생들이 과거에 느낀 민족차별, 비굴함 등 다양한 감정에 휩싸인 채 책상에 앉게 되는데, 모국어인 조선어를 모르는 아이는 먼저 조선 민족 고유의 생활 감정을 익히고, 민족적인 애정을 배양하고, 그리고 정상적인 인간성을 되찾기 위해 이른바 민족교육을 받게 된다. 처음으로 접하는 고귀한 향을 지닌 조선의 문화유산, 유서 깊은 모국어, 조선 인민의 정신적 역사, 민족 고유의 습관 등을 배우며 처음으로 정신적인 안정을 찾게 되고, 학교에 다니는 즐거움을 느끼고, 학교 전체가 민족적인 습관을 경멸하지 않는 낙원이라고 느끼게 된다. 그리고 지난날을 돌아보고, 스스로 놀랄 정도로 아무런 응어리도 없이 자신의 역사를 새롭게 살아간다. 그러면서 자신의 지난날과 현재를 정확히 이해하기 위해 과거를 깊게 통찰하는 글을 자주 쓰게 된다.

"내가 3학년이 막 되었던 봄, 친구 4~5명과 마당에서 놀고 있는데, '다카사고高砂'에서 할머니가 오셨습니다. 할머니는 새하얀 상의와 땅바닥까지 닿는 긴 치마에 배 모양의 이상한 신발을 신고 있었습니다. 내가 들어가자 알 수 없는 말로 마구 말하기 시작했습니다. 친구는 재미있다는 듯 흉내를 냈습니다. 근처에 사는 아이들이 궁금해하며 많이 모여들었습니다. 나는 그저 창피해서 방에 들어가 문을 닫고 벽장 안에 숨어버렸습니다. 벽장에 들어가자마자 나는 울고 말았습니다. 창피해서 견딜 수 없었기 때문입니다. 어찌할 바를 모르겠고, 부끄러워서 애들 앞에 나갈 용기가 없었습니다.

나는 태어나서 지금까지 내가 어느 나라 사람인지 생각해 본 적이 없었습니다. 나는 조선인이었습니다. 나는 '다카사고高砂'에서 온 할머니가 미웠습니다. 이런 창피를 당하게 만든 할머니가 정말 얼마나 미웠는지 모릅니다. 심술쟁이 단코団子는 싸울 때마다 '조센징, 포코펜 아루 요로시이(ポコペンアルヨロシイ. 모자라다, 하찮다는 의미의 일본어 속어. 청일전쟁 시기에 일본군이 중국인을 멸시해 부른 중국어 단어에서 기원_옮긴이)'라고 놀렸습니다. 나도 안 지려고 '당고(경단) 당고(경단), 얼마냐?' 하고 놀렸지만, 속으로는 왜 나는 일본인으로 태어나지 않았을까, 정말 싫다, 마늘 냄새나는 조선인이라니…"(중3, 여학생)[1]

"일본인 어머니에게서 태어난 나는 일본인 어머니가 있어서 슬프다고 생각한 적은 한 번도 없다. 그런데 조선인이라는 세 글자를 갖고 태어난 나는 슬프고 괴롭고 억울했던 수많은 기억이 아지랑이처럼 머릿속에 맴돈다.

어느 날 어머니가 근처 소학교의 운동회에 할아버지를 데려가라고 하셨다. 작은

---

1   이 학생의 글은 1954년 3월에 발표된 영화 <조선의 아이(朝鮮の子)>에도 등장한다. 이 영화는 재일조선인 각 단체와 일본공산당계 기록영화 집단이 중심이 되어 1954년 10월의 폐교 통지를 계기로 반대운동의 일환으로 기획되었다. 다만 제작과정에서 각본 수정, 예산 부족 등 어려움이 겹쳐 결국 완성이 늦어졌다. 결국 폐교 반대운동보다는 각종학교 지위를 획득하는 운동에 초점을 맞춰 공개됐다.

바구니에 삶은 감자를 담아 할아버지의 손을 잡고 나갔다. 그때 나는 나를 조선인으로 볼까 봐 정말 싫었다. 지나가는 사람도, 소학교에 모인 사람도, 키가 큰 할아버지를 신기하게 쳐다봤다. 할아버지가 '미아'가 되면 좋겠다고 생각했는데, 너무 씩씩한 걸음으로 따라왔다. 그때 나는 정말 할아버지가 귀찮았고, 함께 걷는 것이 몸서리쳐질 정도였다."(중3 여학생)

"나는 일본학교에 있을 때 잊지 못할 만큼 온몸에 사무친 경험을 했다. 사회과 시간이었다. 선생님이 자연스럽게 고향 얘기를 꺼냈을 때다. '너희들 고향은 일본이다. 다들 본적 정도는 알고 있지? 본적을 아는 사람은 손 들어봐.' 물론 나는 내 본적쯤은 알고 있었다. 하지만 나는 손을 들지 않았다. 만약 손을 들었다가 말해보라고 하면 그 공포감이…나는 슬펐다. 나의 본적도 당당히 발표할 수 없다니…평소 같으면 쉽게 말했을 것이다. 하지만 '조선'이라는 것을 '조선인'이라는 말을 나는 애들 앞에서 할 수 없었다.

어째서 나는 말하지 못했을까. 어릴 때부터 조선인이라는 민족은 가장 야만적이며 머리가 나쁜 사람들만 있고, 더러운 옷에 더러운 음식만 먹는 천한 민족이라고 배웠고, 또 그렇게 믿어 왔다. 실제로 그렇게밖에 생각할 수 없었다."(고교 1학년, 여학생)

이런 글이 헤아릴 수 없을 만큼 많다. 다만 이렇게 괴로움과 어두움과 분노를 떠안고 있던 아이들이 드디어 감정도 의식도 정상적인 인간으로 성장하게 되고, 잃었던 민족의식과 생활 감정도 되찾아 정신적 불구에서 벗어났다는 자랑찬 기록을 당당히 보여주며 사죄하는 글도 있다. 어쩌면 그토록 찾아 헤맨, 끝없이 찾았던 안주할 땅을 이제야 얻은 것 같은 글이다.

"…민족의 언어가 어째서 이리도 나의 마음속에 강하게 살아 있었을까. 국어와 역사를 배우고 처음으로 내 민족을 알고, 또 보지 못한 조국에 대해 그리움을 갖게 된 나는 정말 제대로 된 조선인이 되자고 굳게 마음먹었다. 나는 더 이상 예전의 내가 아니다.

1분, 2분, 전차가 점점 집을 향해 간다. 나는 망설임 없이 곧바로 말할 수 있도록 몇 번씩 몇 번씩 인사말을 연습했다. 예전엔 한 번도 모국어로 '아버지, 어머니'라고 해본 적이 없는 나, 그런데 정말로 그것을 말할 수 있을까. 서툴러도 좋으니 말할 거야. 정말 말해야 한다고 속으로 맹세했다. 집에 도착하려면 앞으로 30분 남았다. 나는 일본학교에서 도망치듯 몰래 조선학교로 왔는데, 지금은 당당하게 친구들을 만날 자신이 생겼다. 그래도 할아버지를 만나는 것은 여전히 어렵다. 할아버지는 내가 조선어로 쓴 편지를 보고 '틀린 곳이 많아 뭐라고 썼는지 모르겠지만 어쨌든 조선말 공부를 하는 것만은 알았다'하시며 용돈을 오백 엔이나 보내주셨을 때는 정말 기뻤다….".(중2, 남학생)

위의 글은 집으로 돌아가는 학생이 차 안에서 각오와 감격과 감상이 뒤섞여 흥분된 마음을 쓴 기록이다. 또 다른 얘기도 있다.

"…나는 날이 갈수록 지금까지의 내 생각이 너무나 터무니없었다는 것에 놀랄 수밖에 없었습니다. 나는 역사를 배우면서 왜 조선인인 내가 이국땅에서 태어날 수밖에 없었는지 알게 되었습니다. 우리 아버지, 어머니는 결코 게을러서 조국을 버린 사람들이 아니었습니다. 우리 아버지, 어머니는 고향이 싫어서 일본에 온 것이 아니었습니다. 옛날 일본의 나쁜 아저씨들이 우리 아버지와 어머니를 노예처럼 부리고, 내 나라말을 할 자유조차 빼앗고 말았습니다. 무심코 조선말을 하면 경찰에게 두들겨 맞거나 감옥에 갇히기도 했습니다. 나는 정말 바보였습니다. 우리 부모가 어떤 고생을 했는지도 모른 채 조선인이라 경멸하고, 조선인을 천하게 생각했다니…. 나는 역사와 국어를 배우면 배울수록 내가 너무 부끄러웠습니다. 나는 이제 예전과 같은 바보가 아닙니다."(중3 여학생)[2]

이렇게 비굴한 감정에서 벗어나는 과정을 호소하기도 했다.

또 다른 아이는 "… 나의 학교생활은 차츰 안정되고 있다. 낡은 학교지만 많은 희생자를 내면서까지 지켜온 학교, 수많은 탄압 속에서 지켜온 민족교육의 위대함을 하나씩 알게 됐다. 교내에서도 조국을 사랑하자! 학교를 지키자! 이런 말을 듣는데, 조국을 사랑하고 지키는 것은 무엇일까? 나는 궁금했다. 조선어를 공부하면 조선인인데, 또 무언가를 해야만 되나? 다만 나는 깨닫게 됐다. 고추와 마늘을 먹어야만 조선인이 아니라는 것을. 나라가 있어야 그 민족의 발전이 있고, 문화를 널리 알리고, 국가의 한 사람으로서 국가에 도움이 되는 학습을 해 나라를 지키는 것이 조국애라는 것을 알게 됐다. **조국애**는 먼 곳에 있지 않고 날마다 생활 속에서 만들어진다는 것, 가장 쉽게는 학생의 의무를 지킴으로써 얻어진다. 더 이상 과거의 내가 아니라 조선인이라는 긍지를 가진 강한 소녀. 무슨 말을 들어도 부끄럽지 않다. 나는 민족교육을 받음으로써 이처럼 올바른 민족의식을 배우게 됐다. 나는 조선인이라는 강한 자각과 미래에 대한 희망을 목표로, 외국에 있어도 머릿속에 언제나 조국의 산하를 그리며, 조국에서 불어오는 바람을 가슴 가득 흡수하는 심정으로 살아가자. 기타하라 하쿠슈北原白秋의 시

---

2    이 작문 또한 영화 <조선의 아이(朝鮮の子)>에 수록되었다.

'장미 나무에/ 장미꽃이 피네/아주 당연하지만' 이 구절을 생각하며 나를 단련해 가자. 그래서 온화한 인간, 정열 있는 사람이 되자."(중3, 여학생)

이렇게 쓰며 샘솟는 감격과 정열을 쏟아냈다.

부끄럽게 여기고 멸시당하고 비통했던 과거의 역사와 생활로 인해 민족 본연의 일상적 감정조차 갖지 못했던 아이들이, 무국적의 상태에서 드디어 정상적인 인간으로서 성장하게 된 귀한 기록이다. 지금은 이 학생들이 부모와 선생님을 진심으로 사랑하는 인간, 그리고 그로 인해 사회를 변혁시킬 수 있는 사람이 되어 과거의 뒤틀렸던 차별감, 비굴함을 떨치고 맑고 부푼 희망을 품고 당당히 성장하는 모습은 국가와 민족의 구별을 뛰어넘어 모든 이들의 심금을 울릴 것이다.

## 제2장 전전戰前에 있어 조선인의 생활과 교육

전후戰後 조선인은 자력으로 조선인학교를 만들고 온갖 압박과 악조건을 견디며 학교를 지켰고, 앞으로도 지키려 한다는 것을 알기 위해서는 1910년~45년까지의 일본과 조선의 역사적 관계의 언급이 꼭 필요하다. 제2장은 제3장에서부터 언급할 조선인학교의 연혁을 이해하기 위해 최소한으로 필요한 부분이다. 전전戰前 시기 조선인의 생활상, 교육상태의 윤곽을 설명해두자.

### 첫째, 조선인은 언제 어떻게 일본에 왔나

표1은 재일조선인의 급격한 인구증가를 보여준다. 제1차 세계대전 당시 일본 자본주의의 급속한 발전기인 1915년~1918년까지, 식민지 정책의 기저가 된 <토지조사사업>이 완료되자 소작농, 고용인 증가에 따른 이농이 격화된 1922년~1924년의 세계 공황이 일본으로 확산, 만주사변이 일어난 시기인 1928년~1931년, 더불어 중일전쟁으로 확대되어 태평양전쟁이 벌어진 1941년 전후, 이처럼 일본의 자본주의 전쟁으로 인한 팽창과 거의 보조를 맞추고 있음을 브여준다.

표2, 3은 앞서 언급한 토지조사 등에 의해 조선 농민의 토지가 어떻게 급격히 일본 정부의 손에 들어가게 되었는지를 말해준다.

표4는 토지를 잃은 농민들이 가능한 고향 근처에서 생계를 이어가려 해도 너무 낮은 임금 때문에 때로는 배 밑바닥에 숨어 상자처럼 쌓인 채, 혹은 일신의 위험을 안고서까지 밀항을 감행해 일본으로 넘어올 수밖에 없었던 사정의 일단이며, 표 5~8은 조선인 도항자 대부분이 돈벌이라는 말조차 어울리지 않을 정도로 궁핍한

사람들이었음을(특히 도항, 귀국자가 소지한 금액) 보여준다.

"얼마 안 되는 밭에 심은 보리조차도 다 익을 때까지 기다릴 수 없어서 익지도 않은 것을 베어내 빻아서 가루로 만들어 죽을 쒀 먹는 지경이다. 다시 보리가 자라려면 얼마간은 견뎌야 하는데 4, 5월경의 이른바 보릿고개에는 풀을 뜯어 먹고, 나무뿌리를 캐 먹고, 나무껍질을 벗겨 먹거나 아카시아꽃을 따먹으며 겨우 목숨을 부지한다. 그러니 4, 5월쯤에는 다들 힘이 없고 몸이 부어 영양실조가 되고, 더럽고 초라한 방에서 물만 마시고 누워 있다. 어느 농업지도원한테 '농민이 가장 바쁜 모내기 철인 지금조차 밥밥이라도 세끼 먹는 사람이 불과 몇 안 된다'라는 말을 듣고 놀랐다."(1933년 6월 21일, 오사카, 최악을 거듭하는 농민의 실상)

게다가 태평양전쟁 전후로 조선인 강제징용이 실시되었다. 표9에서 보는 것처럼, **1939년~45년**에 걸쳐 약 66만 8천 명의 징용자와 그 외 육해군 군인·군속으로 **약 13만 명**의 청년을 포함해 총 100만 명이 끌려왔다. 이른 아침에 아직 자고 있거나 낮에 일하고 있을 때 갑자기 순사가 찾아와 행방도 모르는 채 끌려간 경우도 많고, 남자뿐만 아니라 수천 명의 여성도 강제로 끌려와 전쟁터의 위안부로 만들었다.

### 표1 재일조선인의 인구 변천 (내무성 통계)

| 연도 | 인구 | 연도 | 인구 |
|---|---|---|---|
| 1913 | 3,635 | 1929 | 275,206 |
| 1914 | 3,542 | 1930 | 298,091 |
| 1915 | 3,917 | 1931 | 311,247 |
| 1916 | 5,624 | 1932 | 390,543 |
| 1917 | 14,502 | 1933 | 456,217 |
| 1918 | 22,411 | 1934 | 537,695 |
| 1919 | 26,605 | 1935 | 625,678 |
| 1920 | 30,189 | 1936 | 690,561 |
| 1921 | 38,651 | 1937 | 785,689 |
| 1922 | 59,722 | 1938 | 799,878 |
| 1923 | 80,415 | 1939 | 961,591 |
| 1924 | 118,152 | 1940 | 1,190,444 |
| 1925 | 129,870 | 1941 | 1,469,230 |
| 1926 | 143,798 | 1942 | 1,625,054 |
| 1927 | 165,286 | | |
| 1928 | 238,102 | 1945 | 약 2,400,000 |

### 표2 토지세 납세의무자 감면별 인구표 (1929)(<조선의 경제> 제작)

| 1町步 = 3.3㎡/1段=9,917㎡ | 일본인 | 조선인 |
|---|---|---|
| 100町步 이상 | 533 | 380 |
| 50町 | 679 | 1,572 |
| 10町 | 4,951 | 46,709 |
| 1町 | 28,240 | 1,139,679 |
| 1段 | 31,912 | 1,986,904 |
| 1段步 미만 | 20,543 | 742,478 |
| 합계 | 86,858 | 3,917,722 |

### 표3 토지 소유 면적 비교(1931) 일본인 소유 경작지

| 국유지 | 93,034町步 |
|---|---|
| 동양척식주식회사 소유지 | 123,749 |
| 일본인 농장 | 257,260 |
| 일본 이민자 소유지 | 70,920 |
| 저당지 | 785,200 |
| 합계 | 1,330,163 |
| 조선인소유지 | 3,126,332 |
| 총합계 | 4,456,495 |

### 표4 일본과 조선의 노임 차(단위:엔)

| 연도 | 일본 | 조선 |
|---|---|---|
| 1932 | 1.30 | 0.63 |
| 1933 | 1.23 | 0.71 |
| 1934 | 1.31 | 0.69 |
| 1935 | 1.33 | 0.75 |
| 1936 | 1.33 | 0.74 |

### 표5 도항 원인 조사(교토시)(1935년)
(대일본제국 통계연감 및 조선총독부 통계 연보에서)

| 원인 | 인원 | % |
|---|---|---|
| 생활 곤란 | 2,778 | 34.1 |
| 구직활동 | 2,547 | 31.2 |
| 돈벌이 | 1,149 | 14.1 |
| 학업 | 746 | 9.1 |
| 생활 향상 | 390 | 4.8 |
| 친인척 부름 | 399 | 4.9 |
| 기타 | 147 | 1.8 |
|  | 8,156 | 100 |

### 표6 도항자 직업조사(오사카 상륙) (1929년 1월~6월)

| 직업 | 인원 | % |
|---|---|---|
| 농업 | 10,182 | 53.9 |
| 노동 | 6,130 | 32.6 |
| 상업 | 231 | 1.8 |
| 잡업 | 2,216 | 11.4 |
| 학생 | 140 | 1.3 |
|  | 18,899 | 100 |

### 표7 도항자 소지 금액 조사 (1927년 경상남도 경찰부 조사)

| 소지 금액 | 인원 | % |
|---|---|---|
| 50엔 이상 | 23 | 1.43 |
| 50엔 미만 | 33 | 2.48 |
| 40엔 미만 | 131 | 8.54 |
| 30엔 미만 | 440 | 28.86 |
| 20엔 미만 | 688 | 44.85 |
| 10엔 미만 | 133 | 8.67 |
| 없음 미만 | 82 | 5.35 |
|  | 1,534 | 100 |

### 표8 귀국자 소지 금액 조사 (1927년 경상남도 경찰부 조사)

| 소지 금액 | 인원 | % |
|---|---|---|
| 100엔 이상 | 122 | 8.0 |
| 50엔 이상 | 234 | 15.2 |
| 25엔 이상 | 475 | 31.0 |
| 10엔 이상 | 279 | 18.2 |
| 10엔 미만 | 259 | 16.9 |
| 없음 | 165 | 10.7 |
|  | 1,534 | 100 |

### 표9 조선인 징용 노무자(후생성 발표)

|  | 석탄 | 금속 | 토건 | 공장 외 | 합계 |
|---|---|---|---|---|---|
| 1939 | 24,279 | 5,042 | 9,379 | 0 | 38,790 |
| 1940 | 35,431 | 8,069 | 9,898 | 1,546 | 554,944 |
| 1941 | 32,099 | 8,987 | 9,540 | 2,865 | 53,492 |
| 1942 | 74,576 | 9,483 | 14,848 | 13,100 | 112,007 |
| 1943 | 65,208 | 12,660 | 28,281 | 15,089 | 122,237 |
| 1944 | 85,953 | 30,507 | 33,381 | 130,462 | 280,304 |
| 1945 | 1,000 |  | 2,000 | 3,000 | (추정) 6,000 |
| 합계 | 318,546 | 74,748 | 107,327 | 166,062 | 667,774 |

### 둘째, 조선인의 생활은 어떠했나

일본으로 이주한 조선인은 표10과 같이 주로 도시 및 광산지역에 집중되었는데, 일부는 다양한 과정을 거쳐 소작농으로 정착해 전국에 분산되어 있었다. 그리고 전 인구의 약 50%가 노동자이며, 약 30%가 무직(배우자, 유아 포함)이며, 직업인구의 70% 이상이 노동자였음은 표11과 같다. 이것을 표12의 조선에 거주한 일본인의 직업과 비교해 봐주시라.

또 표13에서 보듯 노동자의 약 반수가 토목공사(자유노동자), 광산 노동자이며, 공장 노무에 종사하는 직공이라도 유리, 섬유, 화학공업 등 불결하고, 고되고, 쾌적하지 않은 육체노동이었다. 게다가 이들 조선인 노동자는 표14에서 보듯 모든 노동에서 임금 차별을 당했다. 조선인 노동자의 임금은 일본인 노동자의 약 절반이다. 조선인이라는 이유로 취직이 어려워 실업률도 높았다. 1932년의 통계에 따르면 조선인 일용노동자 110,596명 중 28%에 달하는 31,205명이 실직했고, 실업 기간도 1개월인 자가 전체의 61%에 이른다. 또 일본으로 건너와도 취직할 수 없어 귀환하는 자도 많았고, 게다가 자유노동자는 불안정한 직업 특성상 일거리만 있으면 유목민이 풀밭을 찾아다니듯 철도 설비공사, 수력발전 토목공사 현장을 떠돌았다. 오사카를 예로 들면 1925년에 31,860명의 이주자가 있었는데, 1930년에는 14,911명만 재류한 것을 보면 이동의 격심함을 알 수 있다. 게다가 조선인의 비참한 생활은 직업과 임금 등의 원인만이 아니었다. 통계에 의하면 집을 구해 가정을 꾸린 사람이 1931년에 53%, 1934년에 66%, 1942년에 68%이며, 그 밖에는 조선인 싸구려 숙소, 판잣집, 공원 등에서 살았고, 전 인구의 25%(1942년)에 이르는 독신 노동자가 이른바 함바飯場라는 곳에서 집단생활을 했다.

또 집을 마련해 가정을 꾸린 사람도 오사카시 히가시나리구東成區의 속칭 조선인 거리의 경우 가구당 평균 1~2명으로, 다다미 크기도 1인 평균 0.55조(0.3평)로 당시 오사카시 일본인 노동자 1인 평균인 1.5조에 비해 훨씬 좁다. 조선인 노동자는 셋집, 셋방조차 뜻대로 빌릴 수 없었다. 셋집을 빼앗기는 사건도 곳곳에서 발생했다. 또 징용된 광산 노동자는 항상 경찰의 감시 아래 엄격한 군대식 훈련과 아침저녁으로 황국신민교육을 강요받아 노예 같은 노동을 강요당했다. 일본 권력 집단은 특고경찰을 곳곳에 배치해 재일조선인들이 사회주의 사상은 물론 민족 독립 같은 자유주의 사상을 갖는 것을 일절 허용하지 않았다.

### 셋째, 조선인 자녀의 교육은 어떠했나

일본은 조선을 병합한 후 조선어로 된 신문이나 서적 발행을 억압, 학교에서 조선어 한국어판 부록_「민족의 아이」

표10 부현별 재일조선인 인구 비율
(1938년, 내무성 조사)

| 오사카 | 30.2% |
|---|---|
| 효고 | 9.8 |
| 도쿄 | 8.0 |
| 아이치 | 7.7 |
| 후쿠오카 | 7.5 |
| 교토 | 6.7 |
| 야마구치 | 5.7 |
| 히로시마 | 3.1 |
| 가나가와 | 2.1 |
| 홋카이도 | 1.5 |
| 기후 | 1.4 |
| 오카야마 | 1.3 |
| 기타 | 15.0 |
|  | 100 |

표11 재일조선인 직업조사
(1934년 내무성 조사)

|  | 인구 | 비율 |
|---|---|---|
| 유흥직업 | 1,040 | 0.2 |
| 상업(대부분 노천상인) | 26,745 | 5.5 |
| 농업(대부분 소작인) | 2,586 | 0.5 |
| 어업 | 266 | 0.05 |
| 노동자 | 258,929 | 48.1 |
| 학생 | 6,093 | 1.1 |
| 소학교 아동 | 32,243 | 5.9 |
| 접객업 | 5,055 | 0.9 |
| 기타 직업 | 10,749 | 2.0 |
| 재류자 | 2,365 | 0.4 |
| 무직자 | 191,359 | 35.6 |
| 합계 | 537,695 | 100 |

표12 재조선 일본인의 직업
(1942년)

|  | 인구 | 비율 |
|---|---|---|
| 농업 | 29,216 | 3.9 |
| 수산업 | 9,093 | 1.2 |
| 광업 | 23,265 | 3.1 |
| 공업 | 141,063 | 18.7 |
| 상업 | 136,801 | 18.4 |
| 교통업 | 53,874 | 7.2 |
| 공무 | 297,235 | 39.5 |
| 기타 직업 | 32,651 | 4.3 |
| 소학교 아동 | 98,832 | 13.1 |
| 학생 | 42,862 | 5.7 |
| 무직 | 29,661 | 3.9 |
| 합계 |  | 100 |

표13 재일조선인 노동자 직종별 비율
(1934년 내무성 조사)

| 직종 | 비율 |
|---|---|
| 섬유공업 | 12.3 |
| 금속 기계 | 7.5 |
| 화학공업 | 10.9 |
| 전기업 | 0.5 |
| 출판업 | 0.6 |
| 식품제조업 | 0.7 |
| 토목건축 | 33.0 |
| 광산노동 | 3.5 |
| 교통 운수 | 2.3 |
| 짐꾼 | 3.4 |
| 일반 사용인 | 9.6 |
| 기타 노동 | 15.2 |
|  | 100 |

표14(A) 재일조선인과 일본인의 노동임금 비교
(1923년 오사카시 조사)

|  | 일본인 | 조선인 |
|---|---|---|
| 농작(남) | 2.00엔 | 1.60엔 |
| 농작(여) | 1.30 | 0.85 |
| 세탁(남) | 2.00 | 1.80 |
| 염색공 | 2.10 | 1.20 |
| 메리야스 공 | 2.20 | 1.30 |
| 방직공 | 1.70 | 1.20 |
| 유리공 | 1.69 | 1.20 |
| 짐꾼 | 2.50 | 1.70 |
| 인부 | 1.90 | 1.00 |
| 공사 일용 | 2.50 | 1.70 |
| 갱부 | 2.50 | 2.10 |
| 평균 | 2.02 | 1.54 |

표14(B) 직종별 비율 통계
(1930년 오사카시 조사)

|  | 일본인 | 조선인 |
|---|---|---|
| 요업 | 2.14엔 | 1.08엔 |
| 금속공업 | 3.03 | 1.71 |
| 기계기구 제조 | 2.83 | 1.66 |
| 화학공업 | 2.00 | 1.49 |
| 섬유공업 | 1.22 | 1.08 |
| 식품제조업 | 1.67 | 1.07 |
| 토목건축 | 19.8 | 1.51 |
| 가스 전기업 | 2.68 | 1.84 |
| 평균 | 2.05 | 1.22 |

사용금지, 조선 역사, 지리 수업을 금지했다. 기존 사립학교를 잇달아 폐쇄하고, 교과서는 대부분 인가하지 않고 몰수했다. 1911년 조선교육령 제1장 강령은 다음과 같다.

제2조, 교육은 교육에 관한 칙어의 취지에 따라 충성스러운 국민을 육성하는 것이 근본이다.

제5조, 보통교육은 보통의 지식 기능을 익혀, 특히 국민다운 성격을 함양하고 국어보급을 목적으로 한다.

제6조, 실업교육은 농업, 상업, 공업에 관한 지식 기능을 배움을 목적으로 한다.

충성스러운 일본의 황민 육성, 일본어 보급, 실업교육의 장려 및 조선 글 사용금지, 민족문화 억압 등은 일본이 조선을 통치하는 동안 일관된 교육정책이었다.

초등교육인 보통학교는 만 8세 입학, 4년제(토지 소유상황에 따라 3년) 수업료를 납입하고, 수신(도덕), 국어(일본어), 조선어 및 한문, 산술을 필수과목으로 하며 매주 수업 시간은 표15와 같다. 국어(일본어), 조선어 및 한문은 학교장이 도지사의 인가를 받아 2시간 이내로 증감할 수 있기에 조선어 및 한문은 3, 4시간으로 줄고 일본어는 12시간으로 늘어났다. 그리고 일본어 학습 편의를 위해 학생과 합의 혹은 교사가 장려해 교내에서는 필요한 경우를 제외하고 모두 일본어를 사용하게 했다. 얼마나 일본어 보급에 힘을 쏟고 조선어를 말살하려 했는지 알 수 있다.

조선어 사용을 금지하기 위해 징벌제도, 벌금제도도 유행했다. 또 이과, 창가, 체조, 미술, 공작, 재봉 및 수예, 농업 초보, 상업 초보는 선택과목이었지만, 역사, 지리는 전혀 가르치지 않았다. 중등교육인 고등보통학교는 4년제, 여자고등보통학교는 3년제로 운영하며 교과목과 수업 시간은 표15와 같다. 고등보통학교에서는 영어를 선택으로 하고, 공작, 창가 수업 대신에 국어(일본어), 수학, 이과, 법제 경제 등의 과목을 추가할 수 있게 했다. 이들 남녀 고등보통학교는 이 기간에 불과 총 3~10개교, 학생 수는 1,700명 정도였고, 가장 힘을 쏟은 것은 실업교육으로 2년~3년제 실업학교이며, 보통학교에 재학하지 못하는 사람을 위한 간이 실업학교도 단기로 운영했다. 이런 학교가 50개교~100개교에 달해 학생 수가 약 3,500명 정도였다. 그 밖에 경성전수학교, 경성의학전문학교, 경성공업전문학교, 수원농림전문학교 등이 있었는데, 이들 대부분이 일본인 자녀를 위한 학교였다. 전술한 보통학교, 고등보통학교는 결국 일본 정부에 충실한 협력자의 자손이나 지주 재산가의 자녀를 위한 것이었다. 농민 대부분은 '재래 서당이면 충분하다. 보통학교에 자녀를 보내다니 쓸데없는 짓'이라며 일본 신민을 만드는 동화교육에 반대했다. 이처럼 보통학교에 자녀를 보내는 것을 꺼리자 헌병이 취학연령 아동을 억지로 끌고 가기도 했다.

1922년에는 구 교육령을 폐지하고 다음과 같은 조선어교육령을 발표했다.

제2조, 국어(일본어)를 상용하는 자의 보통교육은 소학교령, 중학교령, 고등여학교령에 따른다.

제3조, 국어(일본어)를 상용하지 않는 자를 위한 학교는 보통학교, 고등보통학교 및 여자고등보통학교로 한다.

제4조, 보통학교는 아동의 신체 발달에 유의해서 도덕교육을 베풀고, 생활에 필수적인 보통의 지식 기능을 배워 국민다운 성격을 함양하고, 국어(일본어)를 습득하게 함을 목적으로 한다.

제5조, 보통학교의 수업연한은 6년으로 한다. 다만 토지의 소유상황에 따라 5년 또는 4년으로도 할 수 있다.

제6조, 고등보통학교는 남학생의 신체 발달에 유의해서 도덕교육을 베풀고, 생활에 유용한 보통의 지식 기능을 배워 국민다운 성격을 육성하고 국어(일본어)를 숙달시키는 것을 목적으로 한다.

제8조, 여자고등학교는 여학생의 신체 발육 및 부덕의 함양에 유의해서 도덕교육을 베풀고, 생활에 유용한 보통의 지식 기능을 배워 국민다운 성격을 육성하고 국어(일본어)를 숙달시키는 것을 목적으로 한다.

1919년 3.1운동이 일어난 후였기에 위의 조문처럼 표현은 누그러졌지만 실제로 이러한 학제의 신체제는 일본 신민을 만들기 위한 전진이었다.

보통학교는 1개 군에 3, 4개교밖에 없었기에 초등교육을 받기 위해서는 하숙을 시켜야 했고, 또 수업료도 있었으며 게다가 60명 모집에 200명 이상 지원하기도 해 초등교육을 받을 의지와 능력이 있어도 입학이 쉽지 않았다. 중등학교는 1개 도에 2, 3개교 밖에 없고, 실업학교 입학도 일본인에게 우선권이 있었고, 전문학교, 사범학교, 대학도 결국은 조선인을 위한 것이 아니었다.

또한 보통학교, 고등보통학교의 역사교육은 조선의 변천과 관련된 사적지의 개요를 알리도록 규정했는데, 청일, 러일 전쟁에서 일본이 이겼기에 조선이 병마에서 구출되었고, 메이지 천황은 아버지가 아들을 생각하듯 깊은 애정으로 조선 인민의 행복을 위해 병합했다고 가르쳤기 때문에 노기乃木대장[3]은 알아도 이순신은 배울 수 없는 꼴이었다.

---

3 노기 마레스케(乃木希典, 1849~1912) 러일 전쟁 당시 활약한 일본 육군. 1912년 메이지 일왕이 죽자 장례일에 도쿄의 자택에서 부인과 함께 자결했다.

수신(도덕)을 가르치는 일본어 교과서도 황실 중심의 충군애국 사상을 배양시키기 위한 것들이었다. <텐노헤이카(천황폐하)> <코우고헤이카(황태후폐하)> <忠君愛國> <明治天皇> <皇大神宮> <教育勅語> <皇室と臣民> 등(보통학교 도덕책) <富士山> <乃木將軍の国旗> <紀元節> <血染の日章旗> <日の丸の旗> <楠公父子> <愛国朝鮮号> <水兵の母> <爾靈山> <水師営の会見> <磐石の勳> <この一戰> <明治天皇御製> <日章旗> <肉彈3勇士の歌> <朝鮮統治> <東鄕平八郞[4]> <新日本> 등(보통학교 국어독본)의 내용이 대부분이다.

1937년에는 아동·학생들에게 **<황국신민 서사>** 같은 구호를 강요했다.

1. 우리는 대일본제국 신민이다.
1. 우리는 마음을 합쳐 천황폐하께 충의를 맹세합니다.
1. 우리는 인고 단련해 훌륭하고 강한 국민이 되겠습니다.

1938년에는 '육군특별지원병령'이 공포되고, 이어서 이른바 국체명징國體明徵, 내선일체內鮮一體, 인고단련忍苦鍛鍊의 교학 방침에 따라서 개정된 조선교육령이 시행되었다. 이는 종래의 일본어 상용과 일본어를 상용토록 한 학교 제도 구별을 철폐해 일본 '내지'와 똑같이 소학교령, 중학교령, 고등여학교령에 의한 완전한 일본인을 만들기 위한 획일적인 교육이었다.

소학교 규정 제18조에는, 1. 교육에 관한 칙어의 취지에 따라 국민도덕 함양에 힘쏟고 국체의 본의를 명징하게 하고, 아동들이 황국신민으로 자각하게 해 황군을 돕는 길에 철저함을 기하는 힘을 기른다. 7. 국어(일본어)를 습득시켜 정확히 사용하고, 자유자재로 응용하게 하는 철저한 국어교육을 하며 황국신민다운 성격을 함양시키는 데 힘을 쏟을 것. 8. 교수용어는 국어(일본어)를 써야 하며 또한 소·중·고 각 여학교 모두 조선어는 선택과목으로 만들었다.

소학교에서는 주로 문부성 저작의 교과서를 사용하고, 다른 학교도 문부성 혹은 총독부가 인정한 교과서를 사용하게 해 일본인 자녀가 사용하는 교과서와 완전히 동일한 것이 되었다. 그리고 표16처럼 조선어 시간은 선택과목으로 규정되어 있는데, 실제로는 전면적으로 폐지해 교내에서 조선어 사용을 엄금했다.

또 1940년에는 조선어신문을 폐지, 창씨개명을 강요해 완전한 신민화를 시도했다. 1941년에는 국민학교령이 시행되어 소학교가 국민학교가 되었고, 1942년에는

---

4 토고 헤이하치로(東鄕平八郞, 1848~1934) 메이지 시대 군인. 최종 계급은 원수, 해군대장(제독)이다. 청일전쟁, 러일전쟁 때 활약했다.

<조선청년 특별속성 제도>가 공포되어 17세 이상 21세 미만의 청년은 의무, 30세 미만의 청년은 지원제로 군사교련을 실시했고, 1943년에는 교육령이 개정되어 전시교육 비상조치로서 수업연한이 단축, 사립전문학교를 전시체제로 재구성, 중등학교 이상의 학생들에게 군사교련과 전시 노무 동원을 실시했다.

더불어 학생들은 학교뿐만 아니라 가정, 사회에서도 일절 조선어 사용이 금지됐다. 1942년에는 징병제와 의무교육제 실시 요강이 발표되었고, 1944년에는 징병제만 실시하고 의무교육제는 실시되지 않았다. 표17, 18은 조선에서의 일본인 자녀 교육과 조선인 자녀에 대한 교육을 비교한 것이다. 학교 수, 아동·학생 수를 비교해 보면 일본인 자녀의 교육에는 얼마나 많은 힘을 쏟았는지 알 수 있는 반면에 조선인 자녀는 식민지 문맹정책이었음을 명확히 알 수 있다. 이는 표19, 20처럼 1930년에 92%, 1944년에도 77%에 이르는 문맹률이 증명하고 있다.

### 표15 매주 시간 수(1911년)(주요 과목)

| | 보통학교 | 고등보통학교 | 여자고등보통학교 |
|---|---|---|---|
| 학년 | 1 2 3 4 | 1 2 3 4 | 1 2 3 |
| 도덕 | 1 1 1 1 | 1 1 1 1 | 1 1 1 |
| 일본어 | 10 10 10 10 | 4 8 7 7 | 6 6 6 |
| 조선어 및 한문 | 6 6 5 5 | 4 4 3 3 | 2 2 2 |
| 산술 및 수학 | 6 6 6 6 | 4 4 4 4 | 2 2 2 |
| 역사 | | 2 | 1 |
| | | 2 2 | 2 1 |
| 지리 | | 2 | 1 |
| 이과 | 2 2 | 4 3 4 3 | 2 |
| | | | 4 4 |
| 실업 또는 가사 | | 2 3 4 5 | |
| 재봉 및 수예 | | | 10 10 10 |

### 표16 매주 시간 수(1931년)

| | 소학교(심상과) | 소학교(고등과) | 중학교 | 고등여학교 |
|---|---|---|---|---|
| 학년 | 1 2 3 4 5 6 | 1 2 | 1 2 3 4 5 | 1 2 3 4 5 |
| 수신(도덕) | 2 2 2 2 2 2 | 2 2 | 2 2 2 1 1 | 2 2 2 1 1 |
| 일본어 | 10 12 12 12 9 9 | 6 6 | 7 7 6 5 5 | 6 6 6 5 5 |
| 조선어 | 4 3 3 2 2 2 | 2 2 | 2 2 1 1 1 | 2 2 1 1 1 |
| 산술 및 수학 | 5 5 6 6 4 4 | 4 4 | 3 3 5 5 4 | 2 2 3 3 2 |
| 일본사 | | 2 2 | 2 2 | 3 3 3 3 3 | 3 3 2 2 2 |
| 지리 | | | 3 3 3 3 3 | 3 3 2 2 2 |
| 이과 | 2 2 2 | 2 2 | 3 3 3 4 4 | 2 2 3 3 3 |
| 외국어 | | | 5 5 6 5 5 | 3 3 3 2 2 |

|  | 소학교(심상과) | 소학교(고등과) | 중학교 | 고등여학교 |
|---|---|---|---|---|
| 직업 및 실업 | 남 2 3 3<br>여 1 1 1 | 남 6 6<br>여 2 2 | 2 2 2 2 3 | 1 1 1 1 1 |
| 공민 |  |  | 2 2 | 1 1 |
| 가사 및 재봉 | 3 4 4 | 6 6 |  | 5 5 6 7 8 |

표17 조선에서 일본인, 조선인 아동학생 비교(1930년)(조선총독부 통계연보)

|  | 인구 | 초등학교 수 | 아동수 | 중학교 | 학생 수 |
|---|---|---|---|---|---|
| 조선인 | 19,685,589 | 1,831 | 459,457 | 70 | 21,289 |
| 일본인 | 501,867 | 483 | 67,426 | 50 | 11,952 |

표18 조선에서의 전문·대학·학생 조사(1930년)

|  | 관립전문 | 사립전문 | 관립사범 | 경성대 예과 | 경성대 | 관립교원양성소 | 계 |
|---|---|---|---|---|---|---|---|
| 학교수 | 5 | 8 | 3 | 1 | 1 | 1 | 19 |
| 일본인 | 835 | - | 612 | 261 | 381 | 10 | 2054 |
| 조선인 | 346 | 1335 | 683 | 86 | 190 | 20 | 2569 |

표19 읽기·쓰기의 정도(1930년 조선국 정세조사) 보고(피조사자 수: 20,438,108명)

|  | 남 | 여 | 계 |
|---|---|---|---|
| 일본어·조선어 모두 가능 | 11.4% | 1.9% | 6.7% |
| 일본어 히라가나만 가능 | 0.04% | 0.01% | 0.03% |
| 조선어만 모두 가능 | 24.5% | 6.0% | 15.4% |
| 양쪽 모두 불가능 | 63.9% | 92.0% | 77.7% |
|  | 100% | 100% | 100% |

표20 문맹 조사표(1944년 5월) 인구 대비 문맹 비율(피조사자 수: 15,400,884명)

| 13세~17세 | 55% |
|---|---|
| 18세~45세 | 77% |
| 46세 이상 | 91% |
| 총계 | 77% |
| 남 | 64% |
| 여 | 90% |

### 넷째, 일본에 있는 조선인의 교육

일본에 이주한 조선인의 교육 정도는 표21에 있는 것처럼 약 60%가 문맹이며, 실제로 일본어를 전혀 이해하지 못하는 이가 상당히 많았다. 이와 같은 부모를 둔 조선인 자녀들도 일본 내에서 일단 의무교육을 받을 수 있는 권리가 주어졌다. 그러나 표22처럼 **전체 학령아동 중 40% 정도**만 취학할 수 있었다. 전술한 것처럼 직업이 유동적이고 불안정한 자유노무자는 자녀를 취학시키고 싶어도 불가능했다. 표23은 오사카의 야간 소학교에 통학하는 아동이 전체의 약 반수를 차지하고 있음을 보여주는데, 야간 소학교에 통학이 가능한 것도 대도시뿐이었다.

또한 일본에 거주하는 조선인 자녀교육은 조선인이라는 출신을 전혀 고려하지 않았다. 단순한 조선어, 조선 글자는 물론 조선의 역사와 문화도 배울 수 없었다. 조선어를 쓰고, 조선옷을 입는 것조차 군중의 웃음거리가 되었고, 학교에서는 항상 일본 민족의 우수성을 강조하고, 황실을 존경해야 마땅하다고 가르쳤고, 조선인의 선조는 일본인이었다며 조선은 필연적으로 일본과 하나가 되는 것이 행복하다고 말했다. 그때마다 아이들은 온몸을 움츠리며 시간이 가기만을 기다린 것이다. 결국에는 일본인이 될 수 없을까, 어떻게 일본인 행세를 할 수 있을지 고민했다.

위와 같은 교육 내용 때문에 당연히 배워야 할 것을 배우지 못하고, 일본 사회에서 얼마나 비굴하고 비참한 정신생활을 맛보았을지는 이미 앞 장에서 언급했기에 반복하진 않겠지만, 한 가지 예를 들면 어느 학생은 소학교에 들어갈 때 **앞으로는 절대로 마늘을 먹지 않겠다고 맹세**한 다음 입학을 허가받았다. 그 아이는 성적이 좋아 반에서 1등을 했는데, 급장은 될 수 없었다. 너무 억울해서 그날 집에 오자마자 아버지에게 왜 자신을 조선인으로 낳았냐고 달려들었다. 아버지도 그 말에 화가 나서 아이를 때렸지만 이내 그만두고 눈물을 쏟았다고 한다.

모든 사람에게 가장 즐거운 기억으로 남아야 할 소학교 생활은 조선인 아이들에게 있어 때때로 고통이었고, 그 때문에 많은 아이가 소학교조차 만족스럽게 마치지 못하고 항상 자신을 창피해하고, 일본을 두려워하고, 부모와 가정이 있음에도 부랑아 같은 성격을 가진 이가 지극히 많았다.

의무교육인 소학교가 이러했기에 중등학교 이상은 조선인이란 이유로 쉽게 입학할 수도 없을 뿐만 아니라, 어려운 생활 형편 또한 공부를 허락하지 않았다. 도회지에서 정원을 채우지 못한 사립학교 혹은 야간부 예비학교를 제외하면 일본의 모든 중등학교, 전문학교, 대학은 조선인의 입학을 거부했다. 재일조선인 중에서 일본의 중등학교, 전문학교와 대학에 다닌 것은 지극히 소수이며, 표24에서 보듯 학생 대부분이 조선에서는 입학할 수 없어 열심히 공부해 향학열을 불태우며 현해탄을 건너온 이들이었다. 또 표25의 오사카 사례처럼 낮에는 신문 배달, 우유배달을 하면서 야간부에서 공부하는 학생이 약 반수를 차지한다. 대부분 여자이며 학교 교육을 받은 이는 소수였다.

1942년, 조선 내 일본인 자녀의 아동·학생 수와 일본 내 조선인 자녀의 아동·학생 수를 비교해 보면 흥미롭다. 즉 조선에 있는 총 75만여 명의 일본인 중에 아동 수 9만8천8백여 명, 중고교생 수 3만7천백여 명, 대학생 수 4천5백여 명(대학생 수만 1938년도)인 데에 비해 일본에 있는 조선인 총 162만5천여 명 중 아동이 17만8천4백여 명이었다. 이 학생들은 밤낮없이 특고경찰에 쫓겨야 했다. 조선어를 공부하거나 조선어 서적을 들고 다니면 곧바로 투옥되고 몰수되었다.
　또 소위 학도출병이 결정되면 조선인 학생들에게도 특별지원병이 되라고 강하게 요구했는데, 요구에 응하지 않은 학생은 관할 경찰서장이 그들을 소집해 '너희들처럼 지원하지 않는 자는 일본에 대한 반항자로 간주'한다고 협박하며 조선인 학생들을 모조리 전쟁터로 동원하려고 했다.

표21 재일조선인 교육 정도 조사(1931년 내무성 경보국 조사)(피조사자수: 1,404,848명)

| 학력 | % | 일본어 이해정도 | |
|---|---|---|---|
| 대학 졸업 | 0.4 | 일상생활에 불편 없음 | 36% |
| 전문학교 졸업 | 0.4 | | |
| 중등학교 졸업 | 2.0 | 약간 이해 가능 | 37 |
| 소학교 졸업 | 37.4 | | |
| 문맹자 | 57.5 | 전혀 이해 불가 | 27 |
| 불명 | 2.0 | | |
| | 100 | | 100 |

표22 재일조선인 학생아동수(내무성 경보국 조사)

| | 1931년 | 1934년 | 1942년 |
|---|---|---|---|
| 소학교 아동 | 7,380명 | 32,243명 | 178,451명 |
| 중등학교 학생 | 3,138명 | 3,684명 | 22,044명 |
| 전문·학교 학생 | 1,924명 | 2,409명 | 7,625명 |
| 전 인구 | 311,248명 | 537,695명 | 1,625,054명 |

표23 재일조선인 아동 조사(1931년 내무성 경보국)

| | 남 | 여 | 합계 |
|---|---|---|---|
| 주간부 | 3,164명 | 1,222명 | 4,386명 |
| 야간부 | 2,248명 | 259명 | 2,407명 |
| 주야 합계 | 5,412명 | 1,481명 | 6,793명 |
| 그중 졸업자 | 1,075명 | 150명 | 1,225명 |

(별도 표의 총수와 다른 것은 조사자가 다르기 때문)

표24 재일조선인 학생과 대학생 수 조사
(1931년 내무성 경보국 조사)

| 관립대학 | 168명 |
|---|---|
| 사립대학 | 1,324명 |
| 전문대학 | 532명 |
| 중등학교 | 3,138명 |
| 합계 | 5,062명 |
| 남 | 4,762명 |
| 여 | 300명 |

표25 오사카 거주 조선인 학생 수
(1931년 내무성 경보국 조사)

|  | 대학전문학교 | 중학교 | 합계 |
|---|---|---|---|
| 주간부 | 25명 | 340명 | 365명 |
| 야간부 | 13명 | 244명 | 257명 |
| 합계 | 38명 | 584명 | 622명 |

## 제3장 '해방'부터 한신교육사건까지

　1945년 8월 15일, 이윽고 해방이라는 말이 어울리지 않는 사태가 조선에서, 그리고 일본에서도 일어났는데, 여하튼 포츠담·카이로 두 선언에 따라 반세기에 걸친 식민지 생활에서 해방되어 독립을 약속받았다고 생각한 재일조선인들이 이 날을 일생 최대의 기쁜 날로 느낀 일은 앞장에서 서술한 8월 15일 이전의 그들의 생활을 생각하면 당연한 일이었다.

　그리고 그들은 8월 15일 이후, 독립을 약속받았을 조국으로 앞다퉈 귀국하려 했다(1945년 내 귀국자 약 100만 명). 오로지 그리운 조국으로 돌아가기 위해 여비를 마련(일본 정부는 이 비용을 지급하지 않았다)했을 뿐만 아니라, 앞 장에서 서술한 사정 때문에 조선인으로서 거의 교육을 받지 못한 자녀들에게 무엇보다 신속히 교육이 필요했다.

　그렇게 자연발생적으로 조선인 자녀교육의 장소가 만들어지기 시작했다.

　민가는 개조되어 국어강습소가 되었다. 아동의 수는 10명 전후~100명 전후인 곳도 있었다. 교사는 대학을 나온 젊은 청년이 맡고, 교육비는 전액 학부형들이 부담하고, 교사의 봉급은 월 5백 엔이며, 교과서는 교사가 등사 인쇄한 것이며, 교과 내용은 조선의 언어, 조선의 문자, 조선의 역사, 지리였고, 조선어로 노래하는 조선의 창가였다. 전쟁을 겪었다고는 하나 문화 수준이 높아진 도회지에서 이러한 전근대적 교육시설과 방법에도 불구하고 대다수 조선인은 감격에 넘쳐 학원을 경영했다.

　당시 주로 조선인의 귀국을 도울 목적으로 만들어진 조선인연맹도 적극적으로 이들 학원의 지원에 나섰는데, 45년 말까지 만들어진 하부조직에는 반드시 교육담당계가 설치되었다.

　오로지 귀국을 서두른 조선인들의 희망에 이윽고 어두운 그림자가 들기 시작했다. **45년 9월**, 하지 사령관이 이끄는 미군이 남조선에 상륙해 경성에 만들어진 건국준비위원회, 중앙인민위원회, 각지 인민위원회 등 조선 민중의 손으로 만든 독립을 위한 준비조직을 해산시키고, 영어를 공용어로 하는 엄격한 군정을 시행했다.

1945년 중에 서둘러 귀국한 사람들은 대부분 광산, 공장의 노무자였는데, 이들이 귀국할 때 경영주들은 퇴직금, 적립금 등의 지급을 거의 거부했기에 무일푼에 가까운 상태로 귀국한 후 38선을 넘는 것도 허락되지 않았고, 엄격한 군정 아래 갑작스러운 생활의 곤궁으로 남조선에는 일본에서 돌아온 실업자가 넘쳐났다. 게다가 조선 독립의 구체적 방법을 결정해야 할 미소 공동위원회는 46년 5월 무기한 휴전회담에 들어갔고, 이어서 9월에 동맹파업이 일어나 해방과는 먼 상태의 격렬한 항의가 시작되었다.

한편 일본에서는 46년 6월, 연합군사령부가 조선인 송환에 대해 구체안[5]을 내놓았는데, 현금 소지는 1천 엔 이내이며 물품은 손에 들 수 있는 것, 민간단체는 송환에 관여하지 않는다, 일단 귀국한 자는 일본으로 다시 오는 행위를 용납하지 않는 등 대부분 십수 년간 일본에서 일한 조선인에게 지극히 불리한 조건이었다.

이러한 사정이 더해져 46년에는 잔류한 조선인들(대부분은 10년 이상, 십수 년 일본에 거주한 사람들)은 조속한 귀국이 곤란하다고 느끼기 시작했다. 그와 더불어 자녀의 교육도 제대로 할 수 없게 되어 본격적인 학교가 절실히 필요했다.

이러한 요구에 응한 조련은 각지 조선인학교의 본격적인 정비 및 지도와 교원양성에 나섰고, 46년 10월에는 최초의 중학교가 도쿄에 설립되었다. 이렇게 점진적으로 성장해 나간 조선인 교육기구는 아동·학생들이 증가하자 민가에서는 운영이 어려워 공장을 개조해 사용하거나, 인보관[6]을 이용하거나 유치원, 아파트, 사원, 생활보호 고령자 시설, 사무소 등을 수리해 학원으로 이용하며 1947년을 맞이했다. 지방 소도시는 대도시의 사례를 배워 교육의 장이 착실히 정비되어 갔다. 이처럼 유람기의 조선인학교는 가난했지만 오로지 행복했다.

더불어 1947년 신학년도를 맞아 학부형들이 절실히 희망했던 것은,

---

5 계획 수송·계획 송환: 계획 수송은 1945년 9월 1일에 각 지방 지사에게 통달했다. 일본의 패전 직후 조선인 군인, 군속 및 전시동원 노동자를 우선적으로 수송했다. 1945년 11월 이후는 연합국 사령부 지령으로 일반 재일조선인의 송환이 시작되었는데, 1946년 2월부터는 본문과 같이 까다로운 조건을 달기 시작했다.

6 인보관(隣保館): 빈곤, 교육, 차별, 환경 문제 등으로 열악한 상황에 놓인 지역에 전문적인 지식을 갖춘 자가 상주하며 지역 주민에게 적절한 원조를 제공하기 위한 시설.

① 전국적 반영구적 교육정책의 수립 ② 교육시설의 확충과 교육 내용의 민주화 ③ 체계적인 교육 내용의 확립 ④ 대중적 기반의 교육재정 확립 ⑤ 일본 민주 교육자와 적극적 제휴·협력에 따른 교육을 해야 마땅하다.

이에 따라 1947년 여름, 학교 관리조합이 조직되어 조련에서 학교경영 모체가 독립한다. 관리조합의 주목적은, 이전까지는 학비를 학부형들 부담으로 한 것을 학구 내에 거주하는 일반 조선인이 부담하기로 된 것이다. 도회지의 학원들이 잇달아 통합되어 도쿄에는 13개 초등학교와 1개의 중학교가 생겼다. 학원에서 초등학교로 바뀌면서 드디어 학교 모습을 갖추게 되었는데, 초등학교를 만들기까지 조선인들은 교사 신축과 수리를 도맡아야 했다. 한 학교에 140~150명인 아동들의 학부형 수는 100명 내외였으며, 100여 명의 가난한 부모들이 당시 100만에서 300만 엔의 금액으로 학교를 만들어야 했기 때문에 1인당 1만~3만 엔은 기부해야 했다. 학부형들 중에는 일용인부도 있었고, 무일푼에 병을 앓고 있는 이도 있었음은 어디나 마찬가지였다. 기부금을 내려고 주머니를 모두 털었고, 코트를 팔거나 부녀자는 미싱이나 반지, 비녀까지 팔아 교사 건설에 협력했다. 이렇게 돈은 마련했지만, 통제경제가 심각한 시기라 관청의 허가 없이는 판자 한 장, 못 하나도 살 수 없었다. 관리조합은 서류를 만들어 도쿄도교육청에 여러 차례 찾아갔는데, 공무원들은 어물쩍대며 허가하지 않았다.

당시 일본인 학교에서는 이미 급식이 이뤄졌는데, 조선인학교는 아무리 신청해도 감감무소식이었다. 그때까지 교과서는 전국적으로 통일되어 조련의 중앙총본부 문교부가 교과서 용지를 배급받아 미 점령군의 검열을 받고 대량으로 인쇄, 출판하게 되었다. 당연히 행정 당국의 원조와 보호 아래 이뤄져야 마땅한 초등교육은 오히려 검열까지 받으면서 1948년 3월 말까지 북쪽으로는 홋카이도에서 남쪽으로는 가고시마까지, 전국에 566개의 초등학교, 7개의 중학교가 설립되었다. 그 외 청년학교[7] 등을 더하면 학생 수는 **총 5만여 명**에 이른다.

1946년 11월, 연합군은 앞선 통달(2월)에 따라 일본재판소가 조선인에게 내린 판결에 대해 연합군에 재심사를 요청할 수 있는 권리(이것은 종래 피압박자였던 조선인이 일본재판소에서 부당한 취급을 당하는 일이 없게 하려는 취지였음에도)를 상실한다고 발표했다. 일본에서 사는 조선인의 운명이 위험해짐을 예상하게 한 일이

---

7    청년학교: 15세 이상을 대상으로 한 학교. 초등, 중등학교와 같이 조선어, 문화를 가르쳤으며, 재일조선인 활동가 양성도 목적이었다.

었는데, 학교 내부에 대해 말하면 1945~47년은 조선인 자녀들이 처음으로 교내에서 즐거움을 느끼며, 순조로운 성장의 궤도에 오른 조선인학교의 목가적 시기였다.

1947년, 48년의 경계 무렵은 조선에서도 일본에서도 전후의 역사에서 하나의 획기적인 시기였다. 47년 10월, 미소 합동위원회가 최종적으로 결렬되자 11월에는 유엔의 감시 아래 조선의 전국 선거가 결정된 것은 많은 조선인에게 조선 통일이 중대한 장해에 부딪혔음을 느끼게 했다. 1948년 1월, 미 육군 로얄 장관의 '점령정책의 방향은 강력한 일본 정부의 육성…'이라는 언명은, 일본 점령의 '밀월 시대'에 종지부를 찍는 발언이었다고 할 수 있다. 이처럼 내외에서 혼란스럽게 '해방'을 역주행하는 가운데 때를 맞춘 것이 **1948년 1월**, 문부성 히다카 차관은 '조선인 자녀는 일본의 공립 소·중학교에 입학해야 한다. 조선인학교는 학교교육법에 따라 사립학교가 되어야 마땅하다'라는 취지의 통달을 발표했다. 이 통달은 일본어를 수업용어로 하고, 문부성이 검정한 교과서를 쓰고, 또 일본어를 국어로 해야 함을 의미한다. 각종학교(종전의 조선인학교는 각종학교였다)는 인가하지 않는다고 했다.

분명한 식민지 시기 동화정책의 부활이었다. 학교교육법 같은 일본의 교육법은 비판할 점도 있지만, 적어도 과거 군국주의 교육을 부정하며 만든 것이 아니었나. 그러한 교육법이, 1910년 이후 처음으로 일본 땅에서 독립한 민족인 조선인이 만든 조선학교를, 게다가 일본 정부의 아무런 지원 없이 온전히 자주적으로 설립·운영된 조선인학교를 탄압하기 위해 쓰일 줄 누가 알았겠나(교육법·학교법은 공포된 지 채 1년도 안 되었다). 조선인학교의 본질을 부정하는 예상치 못한 통달로 인해 각지에서는, 특히 야마구치, 오카야마 등의 조선인 학부형들은 대중적인 항의운동을 일으켰다. 다만 우리에게 이미 점령의 '밀월 시대'는 끝나 있었다.

그 무렵 도쿄도 내 조선인학교를 시찰하러 온 GHQ 도쿄군東京軍 교육담당 장교 **듀펠**은 군홧발로 교실에 들어와 김일성 초상화를 보며 "개 잡듯이 죽여야지."라고 지껄였다. 그 말은 그들이 조선인학교에 품고 있던 감정이었는지도 모른다. 얼마 후 4월 23일부터 26일에 걸쳐 고베, 오사카에서 사건이 일어났다. '고베, 오사카 사건' 혹은 '4·24사건'이라 부르는 이 사건[8]은 몇몇 사건의 총칭이다.

4월 7일, 고베 조선인학교에 대한 폐쇄 지령, 이에 항의한 65명 검거, 4월 24일 고베 현청에 대규모 항의(조선인 학부형 및 일본인 노조원), 기시다岸田 현지사가 폐쇄 명령 철회 및 검거자 석방을 승인한다고 서명. 4월 25일, 효고현 군정부가 점

---

8   현재는 '4·24교육투쟁' 또는 '한신阪神교육투쟁'으로 부른다.

령 후 최초의 비상사태선언, 조선인 1,000여 명과 일본인 100여 명 체포. 23일, 오사카부청에 대규모 항의, 항의자 가운데 100여 명 검거. 4월 26일, 오오테마에大手前 공원에서 항의 집회, 경찰이 사격하며 폭력적으로 진압해 김태일 소년이 사망하고 그 외 중상자 10명 등. 도쿄에서는 4·24 사건으로 사상자가 나오지는 않았지만, 경찰 수천 명이 동원되어 학교 관리조합 이사장, 교장 등 16명을 체포했다.

1월 통달 이후 4·24 사건에 이르기까지, 전후 최초의 조선인학교에 대한 대규모 탄압은 5월 3일 모리토 문부대신과 조선인대표가 '조선인 자녀의 교육은 교육기본법 및 학교교육법에 따를 것, 사립학교로서 자주성이 인정되는 범위 내에서 조선인 독자적 교육 실시를 전제로 하여 사립학교로 인가를 신청할 것' 이러한 취지의 각서를 교환, '향후 조선인 교육 문제에 관해서는 조선인학교의 책임자 및 문교 책임자의 의견을 충분히 들은 후에 해결을 위해 노력한다'라는 내용을 확인하며 일단은 사태가 정리된다. 이후 1949년 9월, 조련이 해산될 무렵까지 약 1년간은 본질적으로 4·24 이전과 다름없는 학교생활을 할 수 있었다. 4·24 이후 약 1년간 아이들을 조선인으로서 교육받을 수 있게 하기 위해 1천여 명의 체포자와 중형, 금고형(둘 다 일본인 포함)을 받은 10여 명과 한 소년의 죽음이라는 큰 대가를 치러야만 했다.

## 제4장 전국 학교 폐쇄 사건을 둘러싸고

4·24 사건이 정말 귀중한 희생을 바탕으로 일단 해결되고, 학원에 평화가 회복된 후로 조선인학교는 교육 내용을 정비하는 데 더욱 힘을 쏟았다. 각급학교 규정(소·중학교 등)이 만들어져 각 학교의 교육목표가 다음과 같이 정해졌다(49년 4월).

<소학교는 참된 민주주의 원칙에 따라 아동의 건전한 신체 발육을 도모하고, 인민적 생활에 필요한 기초적 지식 기능을 습득하게 하고, 조직적 사회적 훈련을 실시해 민주 사상과 민족적 자존심을 배양하고, 민주주의 조선 국가의 발전과 세계평화에 공헌할 참된 애국자를 양성하는 것을 목적으로 한다.>(소학교 규정 총칙 제8조)

<중학교는 참된 민주주의 원칙에 따라 전문 및 고등보통교육의 기초가 될 학술 기능을 습득시키고 정치적 교양을 쌓아 과학적 세계관을 수립하고, 민족적 자존심과 애국심을 배양함으로써 민주주의 조선 국가의 발전과 세계평화에 공헌할 유능한 애국자를 양성하는 것을 목적으로 한다.>(중학교 규정 총칙 제8조) (물론 이것은 48년, 49년 당시에 학교 관계자들만으로 정한 것이며, 오늘날 더욱 발전된 형태의 교육목표가 일본 국민의 의견을 널리 참조해 만들어져야 한다.)

다만 목표는 정했지만, 학교 설비 면에서는 여전히 말할 수 없을 만큼 빈약했다. 가장 큰 학교였던 도쿄중고교에서도 학생은 천여 명인데, 이과(과학)실이 하나뿐인 상태였다. 이 학교에서 처음으로 납세의무자의 자녀인 조선인 자녀에게 교육비를 지급해야 마땅하다는 운동이 시작되었다(49년 4월). '강화조약 발효 전까지는 일본인 자녀와 동일하게 일본 정부가 교육의 책임을 져왔지만, 강화조약 발효 후에는…' 이런 생각이 52년 무렵부터 교육 당국의 상습논리였는데, 책임은커녕 교육비 지급을 처음으로 요구한 때가 이미 49년 4월이었음은 앞으로 서술할 각 장과도 관계 깊은 중요한 사실이다. 4월 18일, '4·24사건 1주년 기념 투쟁 중앙위원회 위원장' 이름으로 국회에 제출된 <조선인 자녀에 대한 교육비 지급의 명문화와 즉시 지급>이란 청원서는 5월에 중의원과 참의원 두 곳을 통과했다. 관련해서 각지 학부형들도 같은 요구를 지자체에 제출하고, 도쿄 오오타太田, 아이치현 치타知多, 나가사키, 오카야마현 쿠라시키倉敷, 사이타마현 가와구치川口 등에서 교육비 지급이 승인되었다. 다만 이때의 일본 정부가 전전戰前의 일본 정부와 본질적으로 변하지 않았음을 통감하게 된 사건이 일어난다.

6월, 문부성은 전국 도도부현 지사들, 교육위원회 교육장에게 <조선인 사립학교에만 보조금을 교부하는 것은 불가능하다>라는 통달을 보냈다. 48년 4월에는 유혈 사태까지 유발하며 조선인의 희망과 민족적 권리를 압살하려 대규모로 강압했던 문부성이, 이번엔 조선인들이 희망을 실현하지 못하도록 오히려 국회법 81조(동회에서 통과시킨 안건은 중앙지방을 통해 행정기구에서 이행할 의무가 있다)에 위반하는 것도 불사했다.

그로 인해 교육비는 지급되지 않았고, 부족한 설비도 개선되지 않고, 게다가 학부모들의 생활도 이 무렵 급속도로 나빠졌지만, 학원 내는 의외로 평화로워서 제1장에서 언급한 대로 정신생활에 큰 변화를 느낀 아이들은 행복했다. 48년 5월의 각서에 따라 제출된 사립학교 인가신청은 모두 서류 미비를 구실로 불허되었고, 결국 이것은 49년 말 폐쇄 통고의 한 구실이 되었는데, 아이들에겐 당시의 사태를 꿈에도 생각 못한 즐거운 학교생활이었다.

한편 48, 49년에는 내외 정세도 점점 어려워지기 시작했다. 48년, 남북 조선 정당 단체회의가 통일선거를 요청하는 가운데 남조선 단독선거가 강행되어 대한민국이 수립되었다. 이어서 조선민주주의인민공화국도 수립되었다.(이것은 조선(북)뿐만 아니라 남조선 민중도 지하 선거의 형태로 수립에 참여했다) 다만 통일에 대한 요구는 끊이지 않았는데, 제주도를 비롯해 남조선 각지에서 반란, 한국 국방군의 반란이 잇달아 일어났고, 한국 정부는 이들에게 국가공안법[9](치안유지법적 조치)을 공포하기에 이른다. 48년 말부터 중국에서 일어난 국공내전은 중국인민해방군의 우세로 49년 봄까지 남경, 상해가 함락해 대세가 결정됐다.

더불어 남과 북의 71개 정당 단체가 참가한 조국통일민주전선이 만들어져 조선인 스스로 통일을 이룰 가능성이 커지게 되었다. 위와 같은 형세는 일본의 전략적 지위를 높이게 되었고 종전 직후의 일본 사회를 사람들의 예상과 달리 반대 방향으로 이끌려는 거센 움직임도 급속도로 진행되었다. 48년에 <경사傾斜생산 방식>-대자본의 부활 강화, 군사공업 보존, 정령 201호, 경제 9원칙, 49년 돗지 라인(Dodge Line), 단체 등 규정령, 공안조령, 행정기업 정리, '시모야마下山 사건, 미타카三鷹 사건, 마츠카와松川 사건[10]'등이 일어난다. 이러한 움직임의 하나로서 49년 9월, 우에다植田 법무총재가 조련을 '폭력단체로 인정', 단체등규정령(団体等規程令)에 따라 해산을 명령했다.

조련은 전후 일본에서 민주주의 단체 중 가장 급진적인 단체이며, 종전 직후라 경험이 부족한 일본의 민주단체처럼 적지 않은 결점을 내포했음은 오늘 우리가 솔직히 인정할 부분이다. 동시에 잊어서는 안 되는 것은 연합군사령부도 날카롭게 지적했듯 종전 직후 몇 개월 만에 약 백만 명에 가까운 조선인이 일본 정부의 성의 없는 수송 방법에 따라 귀국할 수 있었던 것은 다름 아닌 조련이 있어서였다. 처음으로 조선인 자녀에게 그들의 본래 교육을 제공하고, 조선인 아이들 본연의 궤도에 올려놓은 것도 조련이었다. 이 두 가지 사업만 봐도 조련은 일본 정부가 당연히 해야 했던 곤란한 사업을 대행했다고 할 수 있다. 그와 더불어 중요한 점은 조련이 종전 후 혼란 속에서도 일관적인 시민적 질서 유지자였다는 사실이다. 종전 직후 무뢰한 같은 행위를 보인 조선인이 있었던 것은 지금도 기억되지만(그들 대부분이 전쟁 징용자이며 탄광 등에서 전쟁 기간 중 고된 생활의 반동으로 그랬다고는 해도) 조련은 그들의 그런 행위를 일관적으로 반대했고 적극적인 단속자 역할을 했다. 그런 사람들은 조련 조직으로서도 모두 끌어안지 못한 이들이었다. 당시 지방

---

9     국가보안법을 말한다. 여수, 순천 사건 이후 1948년 12월 1일 제정되었다. 국가보안법은 제정 당시 일제 강점기의 치안유지법과 보안법을 기반으로 했다.

10   연합군 점령 시기에 일어난 일본국철 3대 미스터리 사건. 모두 일본의 공권력이 일본 노동조합, 좌파 세력, 일본공산당에 누명을 씌운 사건이다. 한편 시모야마 사건은 일본국철 총재 시모야마 사다노리下山定則가 실종된 후 변사체로 발견된 사건이다. 이 사건의 배후에 일본공산당이 있다는 추측이 있었으나 밝혀지지 않았다.

경찰서장이 조련에 치안유지 협력을 요구하며 조련에 감사의 뜻까지 표명한 사례도 있다. 그러니 당시 조련을 '폭력단체'로 인정한 사람들로 구성된 정당이 연출하는 국회 난투극 뉴스를 보고 아직도 새록새록 분노를 느낌과 동시에 쓴웃음을 금할 수 없다.

사람은 어떠한 불행사태를 만나더라도 적어도 아이들만큼은, 학교생활의 평화만은 지켜주고 싶은 마음이 있다. 조련 해산 당시 학부형들도 그것을 열망했는데, 일본 정부는 48년 5월의 양해 사항[11]도, 49년 10월 법무총재가 언명했던 '조련 재산이라도 학교는 접수하지 않는다…'라는 약속까지도 아무렇지 않게 내팽개치고, 이튿날 전국 조선인학교의 폐쇄와 개조를 통달로 지시해 전국적으로 수많은 무장 경관을 동원, 대부분의 학교를 강제로 접수했다.

이처럼 전국적인 학교 폐쇄 사건에서 가장 강조되어야 할 점은 4·24사건 이후 조선인 교육에 커다란 공백 기간을 초래한 점, 나아가 전술한 48년 5월 3일의 협정문 또한 미흡하지만 일단 제시된 재일조선인 자녀교육에 대한 권리, 즉 자주적으로 민족교육을 할 권리가 뿌리째 뽑혔다는 것이다. 4·24사건의 수습 형태로 이뤄진 5월 3일의 협정에서 '이후 재일조선인 자녀의 교육은 사립학교 법규에 따라 실시한다'라고 하고 특수한 형태로 조선인학교에서 민족교육 과목(국어, 조선역사, 지리 등)을 자주적으로 교육해도 지장이 없다고 분명히 명시되어 있기 때문이다. 따라서 학교 폐쇄 사건으로 인해 재일조선인 교육에 미친 영향은 실로 크며, 4·24와 같은 큰 탄압을 받은 직후에도 3만5천 명 이상의 아동·학생을 수용해 주야로 민족교육에 힘써 온 조선인학교 대부분은 완전히 조선인의 손에서 벗어나게 되었고, 아이들도 대다수는 강제적으로 일본의 공립학교에, 다른 일부는 미취학, 얼마 안 남은 이들이 정부의 압력에도 굴하지 않고 지켜낸 조선인학교(후술하는 자주학교)로… 이런 식으로 학교의 경영자인 단체가 해산당해 '자주적인 민족교육'까지도 빼앗긴 비참한 상태에 몰릴 수밖에 없었다.

이어서 이러한 '개조와 폐교'로 인해 무리하게 꺾인 조선인 교육이 어떻게 분포되었는지 52년 4월에 정리된 통계를 제시해 주요 부분에 관한 설명을 첨부한다.

---

11  1948년 1월부터 5월까지의 4·24교육투쟁 후 일본 정부와 재일조선인 대표 사이에 5·5각서가 교환된다(5월 5일 조인). 사립학교로서 자주성을 인정한 범위에서 조선인의 독자 교육을 인정한다는 내용이다.

## 제3표 전국 조선학교 아동 및 학생 수 조사표(학교 폐쇄 후 1952년 4월 현재)

| | 소학교 | | | | | | |
|---|---|---|---|---|---|---|---|
| | 자주학교 | 공립학교 | 공립분교 | 특설학급 | 야간 | 소계 | 아동수 |
| 도쿄東京 | | 12 | 1 | | | 13 | 2,705 |
| 가나가와 神奈川 | | | 5 | 2 | | 7 | 1,144 |
| 사이타마 埼玉 | | | | 5 | | 5 | 150 |
| 지바千葉 | 1 | | | 5 | | 6 | 188 |
| 이바라키 茨城 | | | | 11 | | 11 | 300 |
| 아이치 愛知 | 9 | | 3 | 3 | | 15 | 1,540 |
| 기후岐阜 | | | | 4 | 5 | 9 | 150 |
| 시즈오카 静岡 | 1 | | | | | 1 | 78 |
| 히로시마 広島 | 4 | | | | | 4 | 310 |
| 오카야마 岡山 | 2 | | | 2 | 2 | 6 | 300 |
| 야마구치 山口 | | | | | 3 | 3 | 150 |
| 에히메 愛媛 | 1 | | | | | 1 | 40 |
| 교토京都 | 1 | | | 8 | 9 | 18 | 980 |
| 미에三重 | 1 | | | | | 1 | 80 |
| 시가滋賀 | | | | 18 | | 18 | 720 |
| 오사카 大阪 | 3 | | | 4 | | 7 | 1,130 |
| 효고兵庫 | 14 | | 8 | 1 | | 23 | 3,583 |
| 후쿠오카 福岡 | | | | 4 | | 4 | 591 |
| 야마가타 山形 | | | | 1 | 1 | 2 | 77 |
| 이와테 岩手 | 1 | | | | | 1 | 50 |
| 합계 | 38 | 12 | 17 | 68 | 20 | 155 | 14,266 |

| | 중학교 | | | | | | |
|---|---|---|---|---|---|---|---|
| | 자주학교 | 공립학교 | 공립분교 | 특설학급 | 야간 | 소계 | 학생수 |
| 도쿄東京 | | 1 | | | | 1 | 1,088 |
| 가나가와 神奈川 | 1 | | | | | 1 | 221 |
| 사이타마 埼玉 | | | | | | | |
| 지바千葉 | | | | | | | |
| 이바라키 茨城 | | | | | | | |

| | 중학교 | | | | | | |
|---|---|---|---|---|---|---|---|
| | 자주학교 | 공립학교 | 공립분교 | 특설학급 | 야간 | 소계 | 학생수 |
| 아이치 愛知 | 1 | | | 1 | | 2 | 260 |
| 기후岐阜 | | | | 1 | | 1 | 15 |
| 시즈오카 静岡 | | | | | | | |
| 히로시마 広島 | | | | | | | |
| 오카야마 岡山 | | | | | | | |
| 야마구치 山口 | | | | | | | |
| 에히메 愛媛 | | | | | | | |
| 교토京都 | | | | | | | · |
| 미에三重 | | | | | | | |
| 시가滋賀 | | | | 3 | | 3 | 100 |
| 오사카大阪 | | | 1 | 1 | | 2 | 500 |
| 효고兵庫 | 1 | | | 1 | 1 | 3 | 620 |
| 후쿠오카 福岡 | | | | 2 | | 2 | 92 |
| 야마가타 山形 | | | | 1 | | 1 | 7 |
| 이와테 岩手 | | | | | | | |
| 합계 | 3 | 1 | 1 | 10 | 1 | 16 | 2,903 |

*고등학교는 도쿄(공립 1) 473명, 오사카(자주 1) 48명, 효고(자주 1) 50명.

표에서도 알 수 있듯이 자주학교라 부르는 조선인만의 학교에 취학한 불과 7, 8천 명의 아이들을 제외하고 대부분 아동·학생이 일본인을 키울 목적으로 만든 일본 교육법에 따라 교육받아야 하는 결과가 되었다.

**자주학교**

앞에서도 잠깐 언급한 것처럼 전국의 조선인학교를 접수하기 위해 다수의 무장경관이 동원되어 각지에서 학교를 지키려는 학교 관계자(물론 학생도 포함)와 충돌이 일어났다. 간사이 지역에서는 특히 저항이 거세 헬멧과 곤봉, 권총을 찬 경관들이 이미 손을 써 물러설 수밖에 없었던 학교가 40개교였다. 그것이 자주학교이다. 그리고 이들 학교는 완전히 조선인만의 힘으로 운영, 자주적으로 민족교육을 실시했는데, 일본 정부의 인가는 나오지 않았고, 동시에 학부형들의 극단적인 궁핍한 사정으로 1년 후에는 30% 가까운 이탈자가 나왔다고 한다. 최근의 자세한 모습은 아직 듣지 못했기에 이 자료만으로 결론을 내릴 수는 없지만 현재 상태를 대략 상상하는 것은 어렵지 않을 것이다.

## 공립학교

1953년 12월부터 54년 4월에 걸쳐 6개 항목 문제, 또 54년 10월 5일의 폐교 통고 문제(모두 후술)로 지식인들의 이목을 끌고 있는 것이 공립학교 형태이기에 조금 자세한 설명이 필요하다.

폐쇄 명령에 따라 학교를 강제로 접수하려 하자 전국 각지에서 조선인학교 측과 관헌 사이에 마찰이 일어났다. 이런 형국에 재일조선인 4만~5만을 헤아리는 도쿄에서는 조련이 운영한 15개 소·중·고교를 둘러싸고 양자의 충돌이 피할 수 없는 상태였다. 그런데 당시는 4·24 한신교육사건 후 1년 탓밖에 지나지 않아서 비슷한 사태를 염려한 탓인지 도쿄도에서는 교육위원회가 문부성과 조선학교 관리조합 사이에 중재에 나섰다(다만 어째서 교육위원회가 나섰는지 분석하기에는 여전히 많은 문제가 있다. 도립 이관 이후 오늘에 이르기까지 교육위원회가 취했던 방침 전체를 통계적으로 분석해야 하고, 후술하는 오카야마현 미즈시마水島 소학교처럼 공립 이관-폐쇄-일본인 교사만 있는 상태로 폐교된 경우도 고려해야 함).

양측이 여러 차례 교섭한 결과 일단 아동·학생을 도내 일본 공립학교로 분산 수용하는 것을 포기하고, 일본의 교육법에 따르는 조건으로 소학교 13개교(분교 1개 포함), 중학교와 고등학교 각 1개교가 도립학교로서 조선인 자녀의 집단교육 형태로 재출발하게 되었다. 그러나 여기에는 교육위원회가 같은 해 12월 20일 자로 발표한 <조선인학교 취급 요강>이라는 엄중한 조건이 붙어있었다.

주요 항목을 살펴보면⋯ (1) 조선인 아동은 원칙적으로 자기 거주지 있는 일본 공립학교로 분산 입학해야 하지만, 잠정적인 조치로서 기존의 각 조선인학교 아동·학생들은 1949년 11월 2일 현재 도립학교로 운영되는 각 조선인학교에 입학시킬 것. (2) 조선어·조선 역사 등은 과외수업으로 한다. 교육 용어는 원칙적으로 일본어로 한다. 단 중학교·고등학교를 제외한 학교에서는 학생이 조선어를 외국어 과목으로 선택할 수 있게 한다. (3) 학교장은 원칙적으로 일본인 유자격자에게 맡긴다. 그 밖에 교원 조직은 학교장의 의견을 듣고 편성하는데, 조선인은 교직원 적격심사에서 적격 판정을 받았거나 그와 동일한 자격이 있는 자 가운데 선발을 거쳐 채용할 수 있다.

더불어 그 후 1951년 4월 11일에는 위의 항목 외에도 더욱 강조된 통달이 나온다. 그 주요 항목은, (A) 조선어, 조선 지리, 역사 등을 담당하는 시간강사가 일반 교과 수업을 맡아서는 안 된다. (B) 조선어, 조선 지리, 역사 등을 지도하는 시간강사에게 정해진 시간 이상의 근무를 명령해서는 안 된다.

이상에서 언급한 항목이 무엇을 의미하는지 더 설명할 필요도 없지만, 여하튼 도쿄도 내에서 이런 형태로 도쿄도에 거주하는 재일조선인 자녀의 집단교육 현장이 확보된 것 외에 조선인으로서 받는 교육은 일절 부정되었다. 그러나 사실은 다음에서 언급할 공립학교, 특수학교 등과 달리 원칙적으로 말하면 인허받은 민족 과목이 과외수업이 아닌 정규과목 안에 들어가 있다(그렇지 않으면 아무런 도움도 되지 않기에). 또한 조선인 교사 문제도 정규전임이 일본인 교사 수의 4분 1, 또 시간강사도 일본인 교사와 거의 같은 수의 인원이 채용되어야 하는 결과가 되었다.

### 그 밖의 형태

표에 제시된 공립학교, 특수학교, 야간학교 등은 명칭은 달라도 실질적으로는 일본의 교육법에 규정된 시간 수만 일본인으로서 교육받고, 방과 후 야간 등의 시간을 이용해 민족 과목을 배운다는 점에서 일본의 공립학교와 큰 차가 없다고 할 수 있다. 왜냐하면 이러한 학교에서는 방과 후나 야간에 민족교육을 하지 못하는 곳이 사실상 많기 때문이다. 한 예를 들자면 오카야마현의 미즈시마水島 소학교처럼 집단교육의 형태는 취했어도(공립학교) 조선인 교원을 1명도 채용하지 않았기 때문에 보통의 일본인 학교에서 배우는 것과 (본질적으로는) 다를 바가 전혀 없는 상황이다.

이상은 학교 폐쇄 직후의 재일조선인 교육의 형태(직후이긴 해도 대부분이 오늘까지도 당시의 형태가 유지되고 있다)에 관해 서술했다. 재일조선인의 힘의 결집에 따라 끝까지 지켜낸 자주학교도 학교 수 44개, 학생 수 7~8천 명 전후인 것을 보면, 폐쇄 사건으로 인해 재일조선인 자녀의 90%를 웃도는(실제 수는 아직 명확하지 않지만 총 약 12만 명, 이 숫자는 대체로 맞다고 본다) 다수가 민족교육을 받을 권리를 박탈당해 일본 공립학교로 분산 취학하거나 아니면 미취학 형태로 몰렸다는 사실이다. 이전까지 겨우 민족 과목 수업을 인정했던 조선에서조차 이미 조선어 사용이 일절 금지되었기에 식민지 시대 조선인 교육이 재현되었다고 보기에 충분하다.

일본 정부는 학교 폐쇄 조치에 대해 강화조약이 발효될 때까지는 조선인을 외국인으로 볼 수 없기에 일본의 교육법에 따라 교육한다고 언명했는데, 한편에서는 공민권을 부정하는 외국인 대우(납세의무는 있다)가 엄존했다. 강화조약 발효와 교육 법규는 조선인들이 어렵게 쌓아 온 민족적 재산이라 할 민족교육의 장을 없애기 위해 적당히 사용된 구실이라고밖에 생각할 수 없다. 단순히 언어 면만 보더라도 가족과는 국어(조선어)로 대화하고, 밖에 나가면 길에서도 학교에서도 일본어를 써야 하는 조선인 자녀가 향후 어떠한 사람으로 자라 나갈지를 생각하면 이 문제는 일본과 조선의 근대사적 관계와 높은 교육적 양심으로 파악해야 하며, 비판받아야 마땅하지 않을까.

현재 조선인학교는 과거에 없는 위기(오다치 문부대신의 거듭된 담화에서도 분명하듯이 조선인 자녀의 집단교육 체제를 말살하려 함)에 직면해 있는데, 돌이켜 봐도 학교 폐쇄 사건의 중요성을 절절히 통감할 수밖에 없다. 왜냐하면 당국은 조선인 교육을 부정하는 이유로 외국인, 강화조약 발효, 교육법을 운운하지만, 실은 이 49년 10월의 학교 폐쇄 사건이야말로 오늘날 위기의 결정적인 출발점-불가분의 토대가 되었기 때문이다.

## 제5장 2·28 사건과 3·7 사건

1951년 2월 28일 이른 아침, 갑자기 들이닥친 무장 경관들의 "밀어붙여!"라는 호령에 아직 깊은 잠을 즐기고 있던 조선중학교 기숙사는 순식간에 화재 현장과 같은 광경으로 변하고 말았다.

완전 무장을 갖춘 경찰, 경찰예비대 5백여 명과 사복형사 60여 명이 들이닥쳐 아이들이 자는 틈을 타 흙발로 기숙사에 침입해 교과서, 노트, 서적은 물론 서랍을 샅샅이 뒤지고 다녔고, 여학생 기숙사에서는 음주 상태인 일부 경관이 뻔뻔한 언동으로 여학생을 희롱했고, 또 교실에 흙발로 들어가 유리창을 부수고, 벽에 붙여놓은 그림, 작문 등 학생들의 작품을 뜯어내 준비해 온 주머니에 쑤셔 넣었고, 또 직원실 문을 부수고 침입해 서랍을 뒤지고 책상 위의 교과서, 숙제 노트, 학기말 시험 답안, 교재, 작품 등과 선생의 수첩까지 압수하는 불법을 감행하면서까지 평화로운 학원의 신성함을 철저히 짓밟았다.

도대체 왜 이런 불상사가 일어났을까, 그들이 내세운 구실은 한 고교생이 반전 삐라를 소지했는데 그 학생이 기숙사생이었다. 당시 학생은 가와사키에서 통학했는데도 그의 가택 수색이라며 이토록 대규모 부대가 교육청과 학교장에게 한마디 양해도 없이 동원된 것이다. 반전 삐라를 소지했다는 진상은 사실 이러하다. 이 학생은 학비를 벌기 위한 아르바이트로 암시장 물건 등을 사서 친구들에게 팔러 다녔다. 그날도 친구들의 반대를 무릅쓰고 바지 한 벌을 몰래 빼내 와 보자기에 싸서 밤

늦게 역 플랫폼에서 전차를 갈아타려고 기다리던 중 검문하는 경찰이 보자기를 열어보라 했는데, 열지 않아서 실랑이를 벌이다 경찰에 연행되던 중 보자기를 다리 위에서 강으로 던진 것이다. 그리고 내던진 보자기 속 바지 한 벌이 어느새 반전 삐라로 둔갑해 이러한 기습이 벌어졌다.

당시 교직원조합은 이 사건에 대해 '도립학교로서 출발한 이후, 많은 곤란을 극복하고 현재는 각 학교 모두 일·조 양 교사의 밀접한 연락 아래 교육이 진행되며 즐겁게 공부에 임하게 된 학생들은 졸업 학기를 목전에 두었는데, 생각해 둔 즐거운 계획도 엉망이 됐고, 날마다 조금씩 견디며 쌓아온 교육 성과도 완전히 물거품으로 느껴질 정도로 충격을 받았다. 우리는 경찰이 벌인 불법행위에 대해 조금도 위축됨 없이 일·조 우호를 위해 노력한다'라고 말했다.

한 벌의 낡은 바지-반전 삐라-에 5백여 명의 무장 경관 동원이라는 어처구니없는 사건과 다음에 서술할 3·7사건에서도 일개 중학교에 무려 5천 명이 동원된 도쿄도 경찰사에 유례가 없는 이 사건은 당시 우리로서는 꿈에서조차 상상하지 못한 일이다. 이해하기 어렵겠지만 오늘 이 두 사건을 되돌아보니 당시의 혼란한 내외 정세의 변화를 살펴보는 것이 필요할 것 같다.

먼저 조선을 보면 50년 말 중국 의용군의 참가로 전황이 급변해 연합군은 이미 38선 이남으로 후퇴, 트루먼 대통령은 국가비상사태를 선언하기에 이르렀고, 미국 내에서조차 조선전쟁의 실패를 격하게 비난하는 목소리가 나왔다. 51년 초에는 미국과 그 외의 출병국 사이에 미묘한 대립상황이 발생, 전황은 38도선을 경계로 일진일퇴의 상태로 돌입했고, 맥아더 사령부와 패전사령부 사이에서도 대립이 발생했다. (연표 참조)

한편 일본 국내에서는 50년 6월 이후 반전 활동에 대한 단속이 강화되어 50년 10월에는 정령325호[12]가 공포되어 전후 최대의 공산주의자 숙청의 바람이 관청과 민간산업에 불어닥친다. 51년 1월, 요시다 총리와 회담한 댈러스 특사가 이른바 '진공 이론[13]'을 발표하며 전후 일본 사회의 역코스(reverse course) 변천에 한 획을

---

12   점령목적 방해행위 처벌령: 일본의 정령(政令). 연합국군 최고사령관 총사령부(GHQ)의 목적에 반하는 행위 처벌을 목적으로 제정된 포츠담 명령.

13   진공이론(眞空理論): 미일 공동방위체가 존재함으로써 공산 세력의 침입을 방지한다는 댈러스 특사의 논리. 군사적 진공상태인 일본에 반드시 공산분자가 진출할 것이라는 이론으로 여기에는 찬반이 엇갈렸다. 정부 당국과 당시 집권당인 자민당은 대부분 반대하고, 좌파정당과 지식인들은 찬성했다.

그은 시기였다. 이 사건을 보도한 각 신문이 수차례에 걸쳐 당시 본격적으로 발동이 예상되었던 정령325호와 연결하려는 움직임이 있던 것도 사건의 배경을 살피는 데 간과할 수 없는 부분이다.

학교에서는 2월 28일의 경찰난입 사건으로 인한 학부형들의 불안을 해소하기 위해 3월 7일, PTA총회를 열었다. 하지만 교내에서 열린 학부형회를 불법집회라 규정하고 오전 9시 반 경부터 5백여 명의 경관이 동원되어 학부형들의 출입을 방해하기 시작했다. 이에 분개한 학부형들과 실랑이가 벌어져 학부형 가운데 약간의 체포자, 부상자가 나오기에 이르렀다. 중학생들은 학부형회를 무사히 끝낼 수 있도록 교문에서 경관들에게 저항했다. 그 사이에 경관들은 점점 늘어나 오우지王子, 아카바네赤羽 경찰서 이하 21개 경찰 약 5천 명이 동원되어 학교는 무장 경관으로 완전히 포위당하고 말았다.

한편 학부형회가 무사히 끝나고 2·28사건에 항의하기 위해 오우지王子, 이타바시板橋 경찰서로 향했는데, 묘하게도 경관대는 학부형들을 그냥 집으로 돌려보내는 대신 학부형이 한 명도 남지 않은 교내에 다시 들어와 권총 한 정이 없어져 수색한다는 구실로 일제히 곤봉을 휘둘렀다. 도망치는 아이들을 때리거나 짓밟는 폭행을 저지르고 학생들을 교내 한쪽으로 몰아넣은 후 갑자기 교문 쪽으로 몰려가 또다시 폭행을 반복했다.

이보다 앞서 열린 교직원회의는 사태를 수습하고 학생들을 교실로 유도해 충돌을 막으려 했는데, 경관대는 교직원의 의사도 무시했다. 학생과 경관 사이에서 진정시키려 했던 교직원들에게도 "교사면 다야?" "국가 권력에 불만을 품어?" "조선인은 싹 다 죽여야 해" 등 전율이 느껴지는 고함을 지르며 덤벼들었고, 결국 교직원과 학생들을 교문 밖으로 몰아냈다. "학교에서 나가, 나가라" 소리치는 학생들을 학교에서 한 블럭 떨어진 곳까지 쫓아냈다.

그사이에 폭행당한 이는 학생, 직원뿐만 아니었다. 이 광경을 찍으려고 달려온 일본뉴스 카메라맨의 사진기를 부쉈고, 촬영하던 그는 반신마비가 될 정도로 두들겨 맞았다. 교내에 남은 경관대는 권총 수색 명목으로 교내 변소까지 샅샅이 수색했다. 기숙사에서는 서랍 속이 수상하다며 억지로 열기도 했는데, 하모니카가 들어 있었다는 등 웃지 못할 장면을 연출하다가 오후 4시경에 돌아갔다. 학생 부상자는 중경상자가 2~3백 명에 이른다(당일 너무 혼란했기 때문에 정확한 수를 조사하기가 불가능했는데, 다음날부터 전교 교실마다 붕대를 감은 학생이 여럿 있어서 당일의 희생이 얼마나 심했는가를 말해준다). 현장에서 병원으로 수용된 20여 명, 중상자로 전해진 이가 3명, 검거자 9명이라는 너무 참혹한 희생자를 냈다. 당시 조합 기관지는 입원한 이의 다음과 같은 증언을 게재했다.

"경관들과 실랑이를 벌이는 사이에 한 차례 맞았다. 그리고 정신을 잃었다. 일어나려고 애를 썼는데, 그대로 의식을 잃고 말았다. 8일 오전 2시경 잠에서 깨니 머리가 지끈지끈 아프기 시작했다. 그리고 전날 있었던 일을 떠올리고 분해서 참을 수 없었다. 그놈들은 인간이 아니다. 의식이 회복된 후에도 2, 3일은 전혀 식욕이 없어 기운을 차릴 수 없었다."

일본인과 비교해 조선인은 슬픈 과거 때문에 관헌의 폭압에는 어느 정도 익숙하다고 하지만 이 3.7사건 만큼 너무나 갑작스럽고 너무나도 야만적인 형태의 압박은 보기 드문 것이었다. 2·28 사건과 3·7 사건이 지닌 의미에 대해 우리는 아직 충분한 결론을 내리지 못했지만, 전전戰前에 일본 전국의 학원가에 불어닥친 광풍[14]이 자유와 진리를 꿈꾸는 어린싹을 짓밟았다고 하면, 전후戰後에는 결국 도쿄대, 와세다대학(52년) 사건[15]으로 번진 그 광풍이 조선인학교를 덮친 것이라 하겠다. 그것도 도쿄에 있는 공립 조선인학교를 전술한 것처럼 일본 사회의 역코스(reverse course) 변천의 한 시기에 덮쳤다는 것. 그에 대해 좀 더 자세히 분석해 보고자 한다.

## 제6장 강제송환 문제

여기서 교육 문제가 아닌 강제송환이라는 문제를 언급하는 이유는 전후戰後 오늘에 이르기까지 재일조선인에게 가해진 가장 주요한 압박이 학교 문제와 강제송환 문제이며, 양쪽은 늘 겉과 속처럼 같이 등장해 학교에서 공부하는 학생들이나 부모들에게도 학교 문제와 더불어 이 문제가 머릿속을 떠나지 않은 공포였기 때문이다. 거의 알려지지 않았는데, 46년 1월 연합군은 조선인이 해방 민족이라고 발표하며 같은 해 2월 이를 뒷받침하듯 조선인은 일본재판소의 판결에 불만이 있을 경우는 연합군에 재심을 요구할 수 있다고 발표했다.

다만 일본에서 점령의 '밀월 시대'는 일본인보다 조선인에게서 더 빨리 끝난 것

---

14 태평양전쟁 전에는 군국주의와 황국신민화의 분위기로, 전쟁 후에는 GHQ의 반공주의와 냉전 분위기가 짙어지며 학원의 민주화를 억압했다.

15 1952년은 동아시아의 냉전이 심화한 시기로 일본에서도 레드퍼지(공산주의자 숙청)가 심각했다. 이에 전일본학생자치회총연합회(전학련)이 반대운동을 펼쳤으며, 일본 경찰의 대대적인 진압이 대학가에 휘몰아쳤다.

같다. 같은 해 11월, 서둘러 위의 재심 요구 권리가 상실됐다고 발표했고, 같은 해 12월, 조선인 생활권옹호위원회가 주최한 데모가 수상관저에서 경관대와 충돌했을 당시 교섭위원 10명이 검거되어 이듬해 3월, 강제 송환되었다. 이어서 1947년 5월, 일본 정부는 포츠담 정령(제207호) <외국인등록령>을 공포하고 같은 해 8월 1일부터 재일조선인에게 '외국인'으로 등록하라고 강요했다.

당시 재일조선인을 대표하는 조선인연맹이 '외국인등록령'을 강력히 반대한 이유는 1945년 8월 15일 이후 재일조선인은 해방된 민족으로서의 당연한 요구가 완전히 묵살당했고, 반대로 거주, 생활권 등의 자유를 침해하려는 의도가 명백했기 때문이다. 또 외국인등록령에 대해 법률적 지식이 없는 대중들도 해방 이전에 시행된 '협화회 수첩' 등이 서류상으로 여러 효능이 있다고 들었지만, 결국은 징병과 징용 노무를 위한 등록이었으며, 헌병·경찰의 감시를 한층 강화하기 위한 것일 뿐 이익을 주기는커녕 자유와 기본적인 인권을 극도로 박탈당한 경험이 있었기에 외국인 등록을 강하게 반대했다.

이 등록령의 의의는 날이 갈수록 명백해졌다. 등록증-이면서도 일본군이 점령지에서 발행한 주민증을 연상시키는-한 장짜리 종이를 조선인은 늘 소지해야 했다. 예를 들어 저녁 외출로 목욕탕에 갈 때도 몸에 지녀야만 검거의 이유가 되지 않았다. 이러한 등록령이 일본의 신헌법과 때를 같이해 공포된 것도 의미 깊다.[16]

1947년 12월, 일본 정부는 재일조선인을 일본 헌법에 따르게 하려고 일본인 취급을 각의 결정하는데, 이후 정부는 그때그때 상황에 따라 조선인에게 외국인과 일본인 취급이라는 양날의 칼을 써온 것이다.

예를 들어 48년의 4·24사건 때, 한편으로는 조선인학교에 학교교육법에 따른 일본인으로서 교육할 것을 강제하고 유혈 참사까지 일으키면서, 한편으로는 당시 한신 지역에 급히 비상사태를 발령한 제8군 사령관 아이첼 버거가 조선인을 전부 퀸 엘리자베스호에 태워 송환시키겠다고 기자단에게 말했다(사실은 조선인보다도 아이첼 버거 쪽이 먼저 본국으로 돌아갔지만).

---

16　1947년 5월 3일, 연합국 점령 당시 일본의 신헌법이 시행된다. 바로 전날인 5월 2일, 천황의 마지막 칙령으로서 <외국인등록령>을 시행한다. 재일조선인을 당분간 외국인으로 취급하고 등록란에 '조선'으로 기입하도록 지시한 것이 주요 내용이다. 그러나 이는 어디까지나 잠정적 조치이며 일본 국적을 박탈하지는 않았다. 따라서 재일조선인은 이중의 상태에 놓여 상황에 따라 외국인으로도 일본인으로도 취급할 수 있었다. 일본 정부는 샌프란시스코강화조약 발효일인 1952년 4월 28일을 기해 외국인등록법을 공포, 즉시 시행해 재일조선인의 일본 국적을 박탈한다.

이 무렵까지가 이른바 강제송환 문제의 서막이었을까. 드디어 49년에는 단체등 규정령 공포 및 조련의 해산, <출입국관리에 관한 정령>의 공포 및 그 조치와 함께 '강제송환'을 공공연히 선언, 50년부터 이른바 송환 문제가 본 무대에 오른다.

50년 1월, 한미 군사협정 체결과 때를 같이 해 조선인의 등록 갱신이 시작됐는데, 국적란에 '대한민국'으로 기입하도록 만들기 위해 맹렬한 선전과 심각한 매수 공작이 행해졌고, 2월에는 이승만이 방일, 3월에는 아사히신문이 맥아더 사령부와 일본 정부가 '강제송환' 방법을 협의한 것을 보도했다. 얼마 후 6월, 한국전쟁이 발발한 것을 생각하면 만약 이때 조선인들이 단호히 국적을 선택할 자유를 지키려고 자국민의 이익보다 외국의 이익에 봉사하듯 행동한 일본 정부에 굴복했다면, 어쩌면 이때 한국전쟁의 일환으로서 '강제송환'도 실시되었을지 모른다.

결국 '강제송환'을 위한 준비는 면밀하게 진행되었다. 50년 9월 출입국관리청 설치, 51년 2월 <불법입국자 퇴거강제 수속령>이 공포된다. 이것은 '밀입국자'의 송환이 표면상 목적이었지만, 실은 51년 11월부터 시행되어 지금도 여전히 '강제송환'을 위한 법률적 근거가 되고 있다. <출입국관리령>(52년 4월 개정되어 외국인등록법이 되었다) 시행을 위한 준비였음은 당시 하카타博多에 설치된 조선인 귀국사무연락소가 '강제송환'을 위한 수용소로 바뀌고, 나가사키長崎의 오무라大村에 동일한 수용소가 설치된 것에서도 알 수 있다.

같은 해 10월 제1차 한일회담에서 재일조선인의 국적을 '대한민국'으로 하는 데 양자의 의견이 일치한 것을 복선으로, 11월에는 앞서 언급한 '출입국관리령'이 실시된다. 그 제24조에는 생활 빈곤자, 일본 정부에 반대하는 자 또는 그런 단체에 가입한 자, 정신장애자, 부랑자, 신체장애자 등은 남조선으로 추방할 수 있게 되어 있다. 그러나 해당 여부 결정은 출입국관청의 공무원들이 일방적으로 판단한다. 물론 '밀입국자'는 추방하게 되어 있다. 유엔의 인권선언까지 언급하지 않더라도 타국의 망명자를 정부가 보호해야 할 의무가 있음이 국제법상 관례임에도 불구하고, 본국으로 추방하는 것이 당연한 듯 말한다. 그뿐만 아니라 '밀항'해 온 조선인 대부분은 과거 일본에 거주했던 이나 혹은 부모가 일본에 재류하는 소년·소녀이며, 인도적으로 봐도 허용할 수 없는 경우도 포함되어 있고, 게다가 무슨 이유인지 '외국인등록' 수속 절차를 '위반한 자'까지도 포함해 강제적으로 추방하려 했다. 이 관리령은(52년 4월, 외국인등록령과 함께 국내법이 되었고, 이후 부분적으로 수정되어 오늘에 이르렀다) 추방되는 당사자의 범위를 막연하고 지극히 폭넓게 만듦으로써 어떤 조선인이라도 추방 해당자로 인정할 수 있게 한 것이다.

이 법률을 무기로 이듬해 52년부터는 이전과 비교할 수 없을 만큼 '강제송환'이 증가한다. 52년 3월 13일, 중의원 외무위원회에서 일본 정부는 당시 1만3천 명의 조선인을 추방하는 계획을 발표했다. 5월에는 오무라 수용소의 조선인 410명이 부산에 있는 대한민국 경찰에게 넘겨졌다. 이 사람들은 일본에서 반전운동과 조선인의 권리 옹호 운동을 한 활동가였는데, 그중 김보성 씨는 한국 법정에서 사형을 선고받아 '강제송환'이 무엇인지 온몸으로 재일조선인에게 알려줬다.

7월 각료회의를 전후로 '강제송환' '강제격리'와 관련해 전국 13개소에 비밀리에 조선인수용소를 건설하기로 결정됐다. 언론들은 구 조련계 좌익분자 모두를 수용소에 넣어 격리시킨다고 전했다. 결국 10월~11월, 제3차 외국인 등록실시 때 정부는 범죄자 취급하듯 조선인들에게 지문을 날인하게 하고, 일본에서의 거주기간을 마치 가석방 범죄자처럼 취급했다.

다만 이에 대해 조선인은 그때까지 반비합법적 조직이었던 '재일조선통일민주전선(민전)'을 공공연히 정면에 내세워 이를 중심으로 조선인 운동의 '2·1 총파업'이라 할 활발한 운동을 전개해 결국 정부가 '민전' 대표에게 회담을 제안, 앞서 말한 범죄자로 취급하는 모든 조건을 철회하고 집단으로 외국인등록을 할 수 있도록 했다.

이후 최근까지 공공연한 대량 '강제송환, 격리' 문제는 일단 자취를 감추었다(다만 뒤에서는 52년 5월 이후, 30여 차례에 걸쳐 비교적 소규모의 강제송환이 이뤄졌고, 격리도 부분적으로는 진행되었다). 이 일은 역시 휴전회담이 성립된 국제 상황의 변화, 일본 국내에서 평화와 아시아 우호를 요구하는 목소리가 과거와 다르게 높아진 것과 불가분의 관계일 것이다.

다만 '강제송환' 문제의 뿌리가 사라진 것은 아니다. 올해 7월경, 10월~11월 사이에 실시될 제4차 외국인등록을 앞두고 일본 정부가 조선인을 거주권조차 인정하지 않는 여행자 같은 외국인으로 취급하려 한다는 사실이 밝혀졌다. 이를 전후해 중대한 사회문제가 된 필로폰 전파자가 조선인이라는 선전이 시작되었다. 지방에는 북조선-재일조선인이 일본 내 필로폰 유통의 주요 루트이며 일본 적화정책의 일부라고 선전하는 과대 정당까지 나타났고, 경찰이 스파이=조선인=필로폰 업자를 조선인조직에 침투시켜 체포하겠다는 치밀하고 무서운 방법까지 쓰기 시작했다. 주목할 만한 일은 이 필로폰과 조선인의 연결-조선인은 일본의 국민 생활에 파괴적 영향을 준다는 선전-이 최근에는 획기적인 중·일 우호 운동의 주변에도 교묘히 배치되고 있다. 만약 이 선전이 성공하면 일본 국민과 아시아 우호 운동에 교묘한 방해가 되고, 일·조 양 국민의 우호 감정을 저해할 것이다. 그리고 그것이 성공했을 때 일본에서 이용할 가치가 없어진 조선인을 또 한 번 남조선에서 이용하기 위해 이전보다 더 대규모의 '강제송환'이 다시 실시되지 않을까.

더불어 만약을 위해 언급하자면 우리는 재일조선인 중에 안타깝게도 필로폰 업자가 있음을(만약 그들이 빈곤 때문에 그것을 생업으로 한다고 해도) 일본 국민에게 깊이 사과하고 싶다.

우리는 하루라도 빨리 일본 사회에서 필로폰, 마약 같은 나쁜 사태가 사라지길 간절히 바라고, 그를 위해서도 일본 국민과의 협력을 간절히 원한다. 그리고 또 마약 유통 사태를 진정으로 해결하기 위해서는, 예를 들어 후생성이 필로폰의 원료인 에페도린 수입에 우선적으로 외화를 할당해 미국과 그 외 국가에서 국산품을 웃돌 정도로 수입한다는 사실에 주목함과 더불어 소규모 필로폰 업자의 배후가 있는 홍콩에서 하네다羽田로 들어오는 루트, 다치카와立川 루트를 통해 다양한 마약을 대량으로 밀수입하는 세력의 정체를 밝히는 것이 대단히 중요하다고 생각한다.

## 제7장 사립 이관 문제

1952년 4월, 샌프란시스코 강화조약 후 얼마 지나지 않은 무렵, 조교조에서 새로이 뽑힌 집행위원회가 당시의 교육장 가와사키川崎 씨와 제1차 회견을 가진 자리에서 갑자기 그가 개인적 견해(요청)라며 다음과 같은 말을 했다. "종래—점령 당시에는 재일조선인을 일본인과 동일하게 취급한다는 각의 결정(47년 12월)에 따라 재일조선인 자녀의 교육을 일정한 형태로 실시할 책임이 일본 정부에 있었는데, 강화조약 발효와 함께 대등한 독립 국민—외국인이 되었기에 자녀교육의 책임도 조선인이 맡아야 마땅하다. 본래 외국인 자녀교육의 책임을 일본 정부가 지는 것은 정상이 아니며, 자민족 자녀교육의 책임은 그 민족의 손에 돌려줘야 하는 것이 정상이다."

도립조선인학교 사립화 소문은 전년도 9월~10월 무렵 서서히 유포되고 있었다(제12장 참조). 또한 52년도 신학기부터는 교육청의 책임 있는 사람들의 입에서도 나오기 시작했다. 우리는 결코 사태가 간단치 않다는 것을 알고 있었지만, 가와사키 씨의 말에 놀라지 않을 수 없었다. 왜냐하면 그는 관료로서 비교적 이해가 빠른 사람이라 생각했고, 과거 2년간 조선인 자녀 집단교육의 책임자였고, 일본 정부 관료로서는 최초이며 드문 경험자라서 다소 조선인 교육의 역사, 현실, 조선인 자녀교육에 대한 바람 등을 잘 알고 있을 만한 사람인데, 너무도 현실을 외면한 관료적 논리였기 때문이다.

점령 시기에는 일본 정부가 어떤 형태로든 조선인 자녀교육의 책임을 져왔다고 한 실태를 살펴보면, (1) 45~47년은 아무 책임도 지지 않았다. (2) 48년 1월의 문부차관 통달, 또 같은 해 4·24사건 이후 49년의 전국 조선인학교 폐쇄까지 시기는 정부가 경영책임을 질 필요도 없이 학교교육법 준수가 강제되었다. (3) 학교 폐쇄 이후~52년까지 시기는 폐쇄 이전의 조선인학교 전체 학생 수의 3분의 2가 일본인 학교로 분산되어 전교하거나 미취학해 약 5분의 1만이 공립학교 특설학급 등에서 민족 과목을 과외수업으로 하는 것만 용인했다.

따라서 종래 일본 정부가 어떤 책임을 졌다는 말을 정확하게 바꿔 말하면 (1)과 같이 아무 책임도 안 졌거나, (2)처럼 책임지지 않고 조선인으로서 교육에 부정적 태도였거나 (3)처럼 일본인으로서 교육받게 하는 책임만 진다(다만 미취학 아동은 전혀 고려하지 않음). 일부 예외적으로는 조선인으로서 받는 교육을 부분적으로 용인할 책임이 있었다. 따라서 전후戰後~52년까지 일본 정부의 조선인학교 교육에 대한 주요 방침은 일시적 방임과 격심한 압박(4·24 사건, 학교 폐쇄)을 동반한 동화정책(45년 이전과 같은 일본인으로서 교육을 강제)이며, 극히 일부였던 공립조선인학교는 조선어와 조선 역사를 가르쳐달라는 부모들의 역사적 배경에 따른 열망을 부분적이나마 일본 정부가 인정했다는 의미에서 귀중한 예외다.

강화조약이 발표되고 종래 점령하에서는 마음대로 하지 못한 교육 권리의 보호에 힘을 쏟아 이 귀중한 예외를 확대하고 일반화하는 것이야말로 진정한 독립 국가의 태도라고 생각하는데, 그러지 않고 강화조약 발효를 구실로 이 귀중한 예외를 사립화, 즉 보다 더 경영이 곤란한 상태(이것은 단순히 재정상의 곤란뿐만이 아니라, 더불어 관헌의 압박이라는 중대 문제가 있다. 종래 공립학교라도 일반 일본인 학교에서는 상상도 못 하는 2·28사건, 3·7사건 같은 노골적인 관헌의 압박이 가해졌고, 그것은 당국이 책임지지 않는 사립학교가 되었을 경우 이전보다 더한 압박이 가해질 것이 뻔했다. 당시 피의 메이데이 사건(1951년 5월 1일)을 구실로 무장 경관대가 세 차례에 걸쳐 에다가와枝川 조선인 부락을 급습했고, 그 때문에 한때 후카가와深川 조선인학교에는 조선인 교사가 한 사람도 남지 않았던 사례가 사립화되었을 경우를 암시한다)로 만들려는 것은 아무리 봐도 교육장 가와사키川崎 씨 개인의 의지가 아니다. 그 뿌리 깊은 곳에 당시 일본의 유식자들이 우려했던 일-단편적인 샌프란시스코 조약에 즉각 응해 일본 사회 체제는 더 일그러져 갈 것이다-이 일찍감치 드러난 것이라 생각한다. 전년도에 소문으로 돌아 조선인을 괴롭힌 '강제송환', 같은 해 11월부터 시행된 출입국관리령(병자, 생활 궁핍자 등은 재판 없이 강제퇴거를 명할 수 있는 법령) 등과 같이 생각해 보아도, 과거의 역사에 비춰봐도, 불과 몇 안 되는 권리밖에 없는 조선인을 더 권리가 없는 상태로 만들려는 정책의 하나이기에 이것의 본질을 일본의 많은 양식 있는 사람들에게 빨리 호소하는 것이 급선무라고 생각했다.

7월, 당시 일본의 저명한 작가, 교육자, 저널리스트, 사회운동가, 종교지도자들인 아베 요시시게安部能成, 야마노우치 이치로山之内一朗, 가미치카 이치코神近市子, 마쓰오 다카시松尾隆, 후쿠시마 요이치福島要一, 세노오 기로妹尾義郎, 구리바야시 다미오栗林農夫 등 수십 명에게 요청해 조선인 자녀교육에 관한 간담회가 열렸다. 여기서 아베 씨는 "만약 조선인 측이 사립 이관 문제를 단순히 재정적으로 곤란한 이유만이 아니라 일·조의 역사적 관계에서, 윤리적 도덕적 입장에서 반대하는 것이라면 일본인으로서도 원조해야 마땅하다."라고 말해 큰 감명을 주었다. 이어서 8월 도교련 대표자 회의에서 결의된 사립 이관 반대는 일본 교직원조합 측이 최초로 조선인 자녀교육에 대해 표현한 역사적이라 할 격려였다.

한편, 사태는 점점 험난해졌다. 7월, 일본교육신문은 강화조약 발효 후 문부성과 법무부가 협의해 공립조선인학교의 사립화를 곧 발표한다고 보도해 사립 이관 정책이 전국적 규모가 될 것임을 명확히 했다. 같은 달 7월, 조선인의 '강제격리' '강제송환'에 관해 각의 결정이 이뤄졌다. 나아가 9월에는 치안 각료 간담회의 직결 기관으로서 조선인 종합대책위원회가 설치되어 관방부장관, 보안청차장, 입국관리국장, 국경본부 경비부장 등이 주요 멤버로 참여해 조선인학교 문제, 강제송환 문제 등을 검토할 것을 발표, 조선인은 강제송환, 학교 사립화라는 두 가지 공포에 시달리게 되었다. 게다가 이 당시에 일본 정부의 조선인에 대한 노골적인 공격에 측면적 지원 역할을 한 것이 대형신문사 Y신문이었다. 이 신문은 이 무렵 수차례에 걸쳐 격하고, 공격적이고, 폭로적인 시각으로 조선인학교 문제를 빅뉴스로 취급했다. 지금 그 기사의 내용을 문제 삼고 싶지는 않지만 무장 경관의 학교 수색을 따라온 것 외에는 한 번도 학교를 취재하기 위해 찾아온 적이 없다. 게다가 전쟁 중 포로 노동의 감독관이었으며 군국주의와 민족멸시에서 벗어나지 못한 인물을 영웅적으로 취급하고, 그의 수기와 담화를 통해 조선인, 조선인학교를 정신이상자, 정신병원처럼 묘사한 행위는 상호이해라는 국민적 우호의 대의에 앞장서야 할 대형신문이 오히려 그 반대 역할에 충실한 것이며, 사회 공공기구인 Y신문에 진심으로 유감이다.

우리는 이렇게 험악해지는 사태를 보다 신속하고 널리 일본 국민에게 호소할 필요를 통감했다. 다행히도 조교조와 PTA연합회의 요청에 <공립조선인학교 사립 이

관 반대 서명운동>의 발기인을 수락한 분들이 10월에 260명에 이르러 이노우에 요리토요井上頼豊, 하타다 다카시旗田 巍, 핫토리 시소服部之総, 신무라 다케시新村猛, 혼고 신本郷新, 누마자키 이사오沼崎勲, 오오조라 힛토大空ヒット, 칸 타다미치菅忠道, 다나카 소고로田中惣五郎, 나와 토이치名和統一, 우에하라 센로쿠上原專禄, 우치다 이와오内田厳, 쿠사노 신페이草野心平, 야스다 도쿠타로安田徳太郎, 야가와 도쿠미츠矢川徳光, 카마타 켄지鎌田研二, 마츠시마 에이치松島栄一, 콘도 야스오近藤康男, 고쿠분 이치타로国分一太郎, 아베 코조阿部行蔵, 미마사카 타로美作太郎, 아사쿠라 세츠코朝倉攝子, 시오타 쇼베이塩田庄兵衛, 히라노 요시타로平野義太郎, 호리 마코토堀真琴, 쿠루마 타쿠도來馬琢道, 유종묵柳宗默, 카츠타 슈이치勝田守一, 오타 타카시太田堯, 미야카와 미노루宮川実, 야마모토 후미마루山本二三丸, 노마 히로시野間宏, 아카마츠 토시코赤松俊子, 이시모다 타다시石母田正, 미시마 하지메三島一, 이이즈카 코지飯塚浩二, 다카츠 마사미치高津正道, 이와자키 히데유키岩崎秀之, 오야마 이쿠오大山郁夫, 오카 쿠니오岡邦雄, 토자와 테츠히코戸沢鉄彦, 스에카와 히로시末川博, 마에시바 카쿠조前芝確三, 시마 야스히코島恭彦, 나라모토 타츠야奈良本辰也, 혼마 키이치本間喜一 씨 등 저명한 학자, 문화인, 예술가, 종교인, 정당인들이 나섰고, 게다가 도쿄뿐만 아니라 나고야, 교토, 오사카, 고베 등 지방에 계신 분들까지 이 운동을 지원해주셨다. 이후 서명운동은 학자, 문화인을 주요 대상으로 착실히 발전해서 53년 초에는 발기인을 포함해 약 600명에 이르렀다.

이처럼 반대운동이 진전되는 가운데 한편에서는 카츠타勝田, 오타太田 두 교수가 도쿄, 간사이, 주고쿠 각지에서 조선인학교의 실태를 조사해 그 성과를 일본문화회의에 보고했고, 또 지방에서는 다카츠高津, 세노오妹尾 교수와 야마노우치山ノ内 씨 등이 주요 멤버로 참여해 52년 11월에 <조선인 아이들을 지키는 모임>을 결성하는 등 조선인 교육의 원조와 이해가 전에 없이 넓고 깊게 번지기 시작했다(서명운동 실태조사, 아이들을 지키는 모임 등에 관해서는 12장 참조).

또 당시 조선인학교 학생들도 거리에 나가서 지나는 사람들에게 사립 이관 반대 서명을 요청해 52년도에만 실제로 삼십수만 명의 서명을 받기도 했다. 솔직히 53년 초 우리는 일단 안심했었다. 전년도에 도교육장이 강화조약 발효와 함께 조선인의 의무교육권이 상실됐다고 운운한 통달을 내렸다는 소문을 우리가 못 들은 건 아니지만, 그 통달은 조선인학교에도 보내지 않았고 일반에 공표하지도 않았기에 우리도 그저 소문이라 여기고 설마 중대한 문제가 될 줄은 예상조차 하지 않았다. 이토록 많은 사람의 반대를 무릅쓰고 가장 당면한 위협인 사립 이관을 설마 당국에서도 강행할 수 없으리라 생각하고 오랜만에 안도감을 느끼며 우리는 고치高知에서 열릴 예정인 일교조 교연대회에서 처음으로 조선인 교육의 실태를 일본의 교직원들에게 발표할 준비에 힘썼다.

다만 어처구니없는 형태로 사립 이관이 일시 중지되고 연기되었다고는 하지만 우리가 일단 안도한 사이, 학교를 사립으로 이관해야 마땅하다며 가장 대규모이자 전국적으로 영향을 미칠 사태가 소리 없이 준비되고 있었다.

## 제8장 인권은 어디에? 의무교육권 박탈 문제

별항에서 상세히 서술한 것처럼 도쿄도 측의 조선인학교 사립화 공세가 집요하게 이어지고 있을 때, 비밀리에 추진된 것이 우리 관계자들이 말한 '재일조선인 자녀의 의무교육권 박탈 문제'였다. 사건의 발단은 1년 전(1952년) 9월 27일, 당시 교육장 가토 세이치 씨의 명의로 나온 통달 <조선인 자녀의 공립 소·중학교 및 고등학교 취학에 관하여>인데, 그 내용은 다음과 같다.

'……법적으로는 다소 의문이 있으나 샌프란시스코 강화조약 제2장 제2조에 의해 일본국은 조선의 독립을 승인하고, 조선에 대한 모든 권리, 권한을 포기한다고 규정하고 있으므로 조선인은 당연히 일본의 법령에 따른 의무교육을 받을 권리를 상실함과 동시에 조선인 자녀의 취학에 대해서는 아래에 기술한 내용이 적절하다고 생각한다.'

記

1. 학령부學齡簿 조정 : 지금까지 의무교육 대상 아동은 일본인과 똑같이 취학의무가 있었지만, 앞으로는 그럴 필요가 없고, 학령부를 조정하지 않아도 된다.

2. 현재 공립소·중학교 및 고등학교에 재학 중인 아동과 학생의 취급은 해당 학생이 학교를 졸업할 때까지는 재학시킬 수 있으나 보호자의 임의에 맡긴다.

3. 새로 공립소·중학교 및 고등학교에 입학을 희망하는 학생의 취급은 그 학교의 설립자가 다음의 조항에 따라 학교장에게 의견을 내 입학을 허가해도 지장 없다.

① 입학 후에는 일본의 법률에 따라 교육받는 것을 승인한 자에 한할 것.

② 조선어, 지리, 역사 등 소위 민족 과목은 교육하지 않음을 승인한 자에 한할 것.

③ 학교 설비에 여유가 있거나 학교 운영에 지장이 없음을 인정한 경우.

④ 입학희망자를 입학시켜 학교 질서가 어지러워지지 않음을 약속한 경우.

이전까지는 여하튼 의무교육을 받을 권리만은 어떻게든 인정했다.(실질적으로 조선인으로서의 교육을 조금이라도 받은 아이들은 재일조선인 자녀의 10분의 1도 되지 않으며 주로 도쿄에 집중되어 있었는데, 나머지 10만 명 이상의 아동, 학생은 모두 일본의 공립·사립학교에 입학해 있었다)

재일조선인으로서는 물론이며 간접적인 의미로는 일본 국민으로서도 실제로 중대한 문제였다. 다만 이 통달은 관계자가 거의 모르는 사이에 나왔고, 아직은 당시 학교 관계자들이 중요하게 여기지 않았는데, 이 해(52년)가 끝나갈 무렵 갑작스러운 이 통달의 영향을 받은 몇 가지 구체적인 정보가 다행히 PTA연합회에 들어왔다. 예를 들어 도쿄 카츠시카구葛飾區의 모 구립소학교에서는 입학원서에,

1. 입학 후에는 일본의 법령에 따라 교육을 받는 것을 승인합니다.
2. 조선어, 조선 역사, 조선 지리 등 소위 민족 과목은 일절 교육하지 않음을 승인합니다.
3. 학교의 질서를 어지럽히는 일은 절대 하지 않겠습니다.
4. 학교 관리·운영에 지장을 초래하는 경우 퇴학을 명령받더라도 이의는 없습니다.

위와 같은 서약서를 제시받아 모욕을 참지 못해 서명을 거부하자 입학을 거부당했다는 사례가 실제로 일어난 것이다. 게다가 통달이 나온 이후 일본인 학교에 조선인이 입학을 희망한 경우, 형사가 일부러 학교장을 찾아가 '조선인 자녀를 입학시키지 마라'라고 하거나 혹은 형사가 가족 한명 한명의 사상까지 조사하고 다니는 등 지극히 불쾌한 사례도 보고되었다. 그런데 도쿄도교육청 당국은 이 문제에 관해 교섭에 나선 조선인 대표에게 '조선인 자녀의 교육을 좀 더 유리하게 만들려는 조치'라는 말만 되풀이할 뿐 구체적인 조사 등은 물론이며 분개하는 학부형들을 상대조차 하지 않았다.

그런데 문제는 여기서 끝나지 않고 이듬해 53년 2월에 들어서자 이번에는 더욱 본격적인 문부성 통달이 나왔다. 즉,

1. (ㄱ) 조선인 자녀의 취학에 관해서는 지금까지 일본의 법령이 적용되어 모든 일본인과 동일하게 취급해왔다. 그런데 강화조약 발효 이후 재일조선인은 일본의 국적이 상실되어 법령의 적용 면에서 일반 외국인과 동일하게 취급하게 된다.

(ㄴ) 따라서 취학연령에 달한 외국인을 학령부에 등재할 필요는 없고, 취학의무를 이행하도록 독촉해야 할 문제도 발생하지 않는다. 또 외국인을 호의적으로 공립의무교육학교에 입학시킬 경우는 의무교육의 무상원칙은 적용되지 않는다.

2. 그러나 조선인에 대해서는 지금까지의 특별한 사정도 있기에 당분간 다음과 같이 조치하는 것이 적당하고 생각한다.

(1) 일한 우호 정신에 의거 하여 가능한 편의를 제공하는 것을 취지로 할 것.

(2) 교육위원회는 조선인 보호자가 자녀를 의무교육학교에 취학시키고 싶다고 신청한 경우, 일본의 법령을 엄중히 따를 것을 조건으로, 취학할 학교 교장의 의견을 구한 후에 사정이 허락하는 한 종전대로 입학을 허가할 것.

위의 내용이 그것이다. 문장이 다소 다른 부분도 있으나 내용은 앞서 나온 가토 교육장의 통달과 아무런 차이가 없다고 할 수 있다.

이 통달이 사실임이 확인되자 재일조선인은 물론 당시 사립 이관을 반대했던 사람들을 포함해 많은 일본 문화인들, 각종 민주단체가 강하게 반대 의사를 표시했음에도 불구하고(일교조에서도 제2회 전국교육연구대회 제8분과회에서 이 문제가 진지하게 토론되어 재일조선인 자녀의 교육을 지키자는 결의가 정식으로 회의에서 승인되었다), 결국 통달은 철회되지 않아 1953년도 신학기에 취학해야 할 전국의 만 명을 헤아리는 조선인 아동, 학생이 가장 먼저 피해를 당하게 되었다.

그렇다면 왜 이 통달이 그토록 중요했을까. 일본 헌법은 일본 국민을 대상으로 의무교육을 규정한 것이니, 강화조약이 발효되어 정식으로 외국인이 된 조선인에게 의무교육권이 없다는 일본 정부의 논리가 옳다고 생각하는 사람도 있을 것이다. 그러나 아무리 외국인이라 해도 재일조선인 자녀의 교육을 법률적 입장 운운하며 끝낼 성질의 것인가, 특히 다른 외국인(예를 들어 재일미국인 자녀 등) 등의 처지와 달리 조선인들이 한·일 합병으로 인한 식민지 정책의 일환으로서, 혹은 전쟁 정책의 일환으로서 반강제적/강제적으로 일본에 이주하게 된 역사적 조건을 고려했다면, 본국이 분단되어 돌아가려 해도 돌아갈 집조차 없는 재일조선인 자녀에 대한 교육정책은, 설사 법률적으로 다소 어려운 점이 있더라도 따듯한 인도적 관점에서, 진정한 교육적 도리를 선택하는 것이 위정자로서 옳은 태도라 할 것이다.

다만 이 통달은 단지 인도적 관점만 빗나간 것이 아니라 만약 장래에도 계속 효력을 갖는 경우에 다음과 같은 우려 사태가 발생할 것이다.

(1) 일본 공립학교에 입학을 거부당한 이 중에서, 혹은 조선인이라며 열등시, 백안시당하는 자 중에서 미취학 아동·학생이 상당수 나올 것이라는 사실. 그럼 조선인학교에 가면 되지 않냐는 의견도 있는데, 그것은 옳지 않다. 왜냐하면 현재 1만 명도 수용하지 못하는 전국의 조선인학교에 계속해서 증가하는 입학생을 전부 수용한다는 것은 불가능하기 때문이다.

(2) (1)에서 제시한 것처럼 아동·학생 가운데 몇몇은 일본학교 코스를 밟아 성장해 갈 것인데, 아이들 대부분은 필연적으로 부랑아가 되어 거리로 방출되게 된다. 특히 극도로 가난한 생활을 이어가고 있는 조선인 가정이 너무 많음을 생각하면 이를 단순한 상상이라 하기에는 너무 충분한 조건이 아닌가.

(3) 과거 학교가 폐쇄되기 전(정확히는 4·24 이전)에는 전국에 5만이 넘는 아동·학생이 조선인학교에 취학하고 있었는데, 그 대부분이 4·24와 학교 폐쇄, 두 가지 큰 사건 때문에 강제적으로 일본 공립학교로 흩어졌다. 이 상태는 전쟁 시기 황민화교육과 전혀 다르지 않은데, 그래도 일단 기초적인 교육을 무상으로 받을 권리만은 주어졌었다. 그러나 이번의 경우는 그것조차 잃는 중대한 의미가 있다. 따라서 이 통달에 따라 발생할 상황도 완전한 일본인화, 무국적 인간화 중 하나라는 것이다. 학교에도 가지 못하고 거리를 헤매는 아이들의 장래에 어떤 생활이 기다리고 있을지는 더 말할 필요도 없을 것이다.

거듭 말하는데 사립 이관 문제나 방금 말한 문제도, 조선인은 외국인이 되었기 때문에 자유로이 하라고 해놓고는(그동안에도 끊임없이 강제송환과 외국인등록 문제로 겁박당하는 외국인 취급을 받아왔기에), 그 자유로운 민족교육의 장을 1949년 10월, 일본의 법규를 따르게 하라—일본인과 똑같은 취급이라는 이유로 조선인학교를 폐쇄했다. 비유하자면 계단 밑에 살던 이를 2층으로 올라가라고 내몬 뒤에 사다리를 치워버린 다음 도로 쪽으로 뛰어내리라는 짓이 아닌가.

또 지금 시기에 사립 이관 정책에 이어서 위와 같은 정책이 나온 것은 1952년 말부터 53년 초에 걸친 내외 정세—아이젠하워 대통령 당선, 반격 외교정책, 아시아인들끼리 싸우게 하라, 얄타협정 폐기 등의 연이은 성명, 이승만 대통령의 방일과 한·일·대만 3국 군사블록 결성 시도, 보안대(육상자위대 전신) 설치, 파업금지법 국회 상정 등의 일환으로서 1952년에 재차 실시하려다 뜻대로 안 되었던 강제송환, 외국인등록 문제 등이 조선인들의 귀에는 비교적 느슨하게 들리는 의무교육권 박탈 문제로 둔갑해 다시 등장했다고 보는 건 지나친 생각일까.

## 제9장 <6개 항목> 문제

1953년 12월 8일, 도쿄도 교육위원회는 도립조선인학교 PTA연합회 대표를 교육청으로 출두시켜 아래 6개 항목을 구두로 전하며 문서로 회답하라고 요구했다.

(1) 이데올로기 교육은 하지 마라.
(2) 민족 과목은 방과 후 수업으로 하라.
(3) 학생 정원제를 지키라.
(4) 학생들의 집단 진정을 막아라.
(5) 미발령 교사를 교단에 세우지 마라.
(6) 교직원이 아닌 자를 교직원회에 들이지 마라.

'이건 어디까지나 교육위원회 희망 사항이지, 강요는 아니니 그저 형식적 절차라 생각하고 가능한 빨리 답신을 주면 좋겠네.' 이처럼 다정한 말투였다고 한다.

지금 생각하면 어이없는 얘기지만, 당시에는 PTA연합회가 문서로 회답을 거부한 일이 도립조선인학교를 폐교 직전까지 몰아넣을 거라고는 꿈에도 생각하지 못했다. 왜냐하면 교사의 정치활동을 금지하는 교육 2법안의 구체적 내용이 결정된 것은 좀 더 지난 1954년 1월이다. 조선인학교에 관해서는 거의 연중행사처럼 큰 정치적 압박이 가해졌는데, 1953년 4월~12월은 의외로 학교 존립에 관한 문제가 일어나지 않았다. 그 때문에 간만의 여유를 이용해 학교 설비 마련 방법과 이듬해 입학생들에 대한 고민 등을 했던 시기다. 매년 반복된 일이지만 일본학교와 마찬가지로 (다양한 이유에서 그보다 더 많이) 신학기에는 입학희망자가 급격히 늘어났다. 그런데 도쿄도교육청 당국은 조선인학교를 도립으로 이관할 때 정한 학생 수 정원이 초과하는 것을 허용하지 않았다. 그러니 1954년도에는 어떻게 해야 할지 머리를 싸매고 있었다.

'6개 항목' 문제가 제기된 무렵에는 문부성대신 오다치 시게오大達茂雄의 담화도 나왔다. '조선인 학생의 집단교육은 인정할 수 없다'라는 취지였다. 문교 당국의 조선인학교 정책이 명확해지고 있음에도 불구하고 도쿄도 교육위원회 마쓰자와松沢 위원장의 다정한 말을 그대로 받아들여 사태의 중대성을 파악하지 못했다.

이듬해(1954년) 1월 11일, PTA연합회가 도교육위원회에 '6개 항목은 헌법위반이며, 회답은 불가능하다'라는 취지를 전달했는데도 재차 문서로 회답하라고 요구했다. 이에 PTA연합회 대표는 만일을 염려해 도교육위원회 내 교직원조합 출신인 이토伊藤, 가와노河野 두 위원에게 6개 항목의 진의를 물어보았다. '그건 어디까지나 형식적 절차이니 그리 걱정할 일은 아니고, 우리 체면도 있으니 승인 회답을 보내라'라고 귀띔했다. 우리는 이것이 무얼 의미하는지 알아채지 못하고 앞서 언급한 학내 문제에만 힘을 쏟고 있었다.

당시 우리는 6개 항목에 대해 다음과 같이 생각했다. 당연한 제6항을 제외하고

제1항은 포인트가 빗나간 것이며, 제2, 3항은 도무지 실정을 무시한 것이며, 제4, 5항은 제3항의 부수적인 문제라고 봤다. 이것을 간단히 설명하면,

제1항, 교육기본법의 '양식 있는 공민에게 필요한 정치적 교양을 제공한다' 이것을 조선인 자녀에게 적용할 때 무엇을 어떻게 가르칠 것인가, 이것이야말로 당국이 공립조선인학교에 지시해야 마땅하다고 생각하는데, 과거 4년간 한 번도 구체적 지시가 없다가 정치활동을 금지하는 교육 제2법안 문제가 논란이 되는 이때 단순히 '이데올로기 교육을 하지 마라'라니, 그러면 교육위원회는 대체 무엇을 위해 존재하는 것인지 의심조차 들었다.

제2항, 도립 이관 이후 교육위원회가 49년 12월 20일 자로 내놓은 조선인학교 취급 요령 중에 민족 교과(조선어, 역사, 지리)는 과외수업으로 하라고 했지만, 학교장 이하 교직원은 만약 이것을 완전히 과외로 하면-조선인 자녀는 그것을 배우기 위해 곤란을 견디며 조선인학교에 오는 것이기에-조선인학교의 존재 의의가 희미해진다고 여겨 정규과목처럼 취급해 왔다. 이는 교육위도 충분히 인지하고 있었고, 가와사키 교육장도 조합대표와 교섭할 때 이 점을 포함해 현 상황을 묵인한다고 분명히 말했다. 4년간 계속 묵인하다가 왜 지금 와서 학교의 본질을 위협하는 말을 해야만 했을까.

제3항, 도립 이관 당시 현재 시설 범위 안에서라고 조건을 달았는데, 교육위원회는 이관 당시의 학교 수를 영구적으로 규정해 학생들의 자연증가를 절대 허용하지 않겠다는 태도였다. 해마다 입학생이 증가하는 것은 일반적 현상인데, 특히 조선인학교의 경우 45년 이후에 신설되었기 때문에 나이가 어릴수록 입학희망자가 많았다. 그들이 단순히 좋은 학교에 갈 생각에 오는 것이견 거절할 수도 있겠지만, 조선인으로서 교육받기 위해 오는 학생을 예산이나 정원 문제로 거부한다면 조선인학교 스스로가 조선인 자녀의 교육을 부정하는 자살적 행위이다. 그 때문에 어쩔 수 없이 정원 외 학생을 특별교실이나 기존 교실을 칸막이로 나눠서 수용하며 버텨온 것이다. 정원을 늘려달라는 요청을 여러 번 거부하면서도 교육위도 이런 사정은 묵인했고, 우리도 어떻게든 소·중학교는 희망자 전원을 수용할 수 있게 하고, 고교도 일본인 고교와 같은 비율의 증가라도 인정하라고 계속 요청해왔다.

제4항, 위의 3항과 관련된 일인데, 너무 비참한 학교 설비에 대해 학생들이 집단으로 고충을 제기하는 것에 화를 내기 전에 적어도 학교라는 이름에 맞는 설비가 제공되어야 마땅하다.

제5항, 이것은 제3항에 있듯 정원 이상의 학생을 수용하기 때문에 발생하는 교원

부족을 보충하기 위해 PTA가 경비를 부담해 교원으로 채용한 이를 가리키며, 반드시 조선인학교에만 있는 일은 아니다. 제3항이 해결되면 자연히 해결되는 문제이다.

위와 같은 생각으로 2월 9일, '우리는 교육기본법의 정신에 따라 귀 위원회가 운영하는 도립조선인학교에 아이들을 맡기고 있으니, 우리에게 제시한 6개 항목은 교육기본법 및 헌법에 위반된다고 생각하기에 이를 수락할 수 없다'라고 문서로 회답했다. 이에 대해 마쓰자와 위원장은 '이런 추상적인 문서는 받을 수 없으니 좀 더 구체적으로 써 달라'며 문서를 돌려보냈다. PTA연합회 대표가 이토伊藤 위원에게 다시 물어보니 "아직도 답신을 안 보내다니, 교육위원회를 무시하는 것이냐. 교육위원회가 무리한 것을 요구한 게 아니다. 그걸 수락하지 않으면 내년도 예산 책정이 어렵다."라고 했다. 비공식이긴 하지만 처음으로 예산 삭감 의도를 내비쳤다(이 당시 아마 도의회에서는 1954년도 예산심의가 진행 중이었다. 신년도 예산 삭감은 곧 폐교를 의미한다).

그제야 우리는 당시 의무교육 공립학교 교사의 정치활동을 규제하는 교육2법안 요강이 각의 결정된(54년 2월 9일) 것에 비추어 사태가 심각한 것을 깨닫고, 일단 1월 15일에 '예산과 학교 운영 문제를 묶어서 도교육위원회 측의 요구를 수락하지 않으면 예산을 삭감하겠다는 위협적인 태도는 부당하다. 두 문제를 명확히 구분해서 충분히 대화해 운영 문제를 해결하고 싶다'라고 전했고, 얼마 후 도교련도 같은 취지의 요청서를 보냈다. 그 결과 도쿄도 교육위원회도 양자를 별개의 문제로 보고 6개 항목에 관해 교섭하기로 해 2월 9일부터 교섭이 시작됐다. 다만 그 후로는 '예산은 책정하겠지만, 사태에 따라서는 언제라도 삭감할 수 있다'라며 교육위 측이 법복 속에 갑옷을 감춰 입고 나선 형국의 교섭이었다. 이하 교섭의 경과를 추이에 따라 요지만 기록하면,

 (도쿄도 측-교육위원회, 학교 측-PTA대표)

2월 19일 ― 교육위 - 6개 항목에 관한 첫 번째 대화. 도쿄도 교육위원회 측은 6개 항목의 무조건 수락을 요구했고, PTA연합회 측은 실정을 거의 무시한(제2항~5항) 항목이며, 어떤 목적으로 요구하는지 이해하기 어려운 항목(제1항)이다. 다음 회차는 항목별로 심의하기로 결정.

2월 23일 ― PTA 측, 제6항목은 물론이며 제4, 5항은 어쩔 수 없는 사정이 전혀 고려되지 않았는데, 학교로서 생명선에 해당하는 여타 항목은 실정에 따라 해결하도록 하겠다. 양측이 양해한 사항으로는 제1항 : 교육기본법의 정신을 존중한다. 제2항 : 원칙은 방과 후 수업으로 하지만 탄력적으로 운영한다. 제3항 : 교육위원회는

앞으로도 예산 증액을 위해 노력한다.

3월 2일 ─ 마쓰자와 위원장은 '도의회의 모 거대 정당(자유당)이 조선인학교의 예산편성을 강하게 반대하니 예산을 통과시키려는 우리를 돕는다 생각하고 문서로 회답해 주기 바란다'라는 취지로 애원(?), PTA 측도 이를 승낙한다.

3월 4일 ─ 도쿄도 교육위원회 측이 도의회의 양해를 얻기 위해서는 6개 항목의 수락이 반드시 필요하다고 강조. 게다가 부대 조항으로 30여 개 항목을 추가한 <서약서>를 제시(이 부대 조항에는 조선인 교사는 과외수업 이외에는 정규과목을 가르칠 수 없다. 교내에서 사용하는 모든 용어는-수업은 물론 학생자치회의, 운동회, 학예회 등에서도-일본어를 사용할 것 등. 제2장에서 언급한 구 총독부의 황국신민화 교육을 연상케 하는 내용이 포함되어 있다), PTA 측은 격분해 협상 자리에서 퇴장한다.

당시 교섭 외에도 이 무렵의 주요한 사건으로 드디어 각종 단체가 민족교육에 대한 압박에 항의하기 시작했고, 교육위원회에는 호리堀 대의원(노농당)의 부인처럼 어머니들의 항의가 제기되기도 했다. 반면 3월 11일, 무장 경관 500명을 동원해 분쿄文京조선인학교 교원 전원을 체포(공문서-입학 통지서-위조를 구실로)했고, 동시에 교사들의 숙소와 학교를 수색했다(위의 구실은 사실무근이며, 얼마 후 전원 석방되었다).

3월 9일, PTA 측 ─ 앞선 교섭에서 나온 서약서 철회와 2월 23일에 양해한 사항의 재확인을 요구, 교육위는 서약서 철회는 인정하고, 양해 사항의 확인은 말을 흐리다 결론 없이 끝난다.

여기서 당시 정치활동 금지 교육2법안의 상태를 살펴보면, 3월 1일에 중의원은 2법안의 심의를 개시, 3월 3일에 문부성이 소위 편향교육의 사례를 제출, 이후 문부위원회가 각지로 현지 조사를 나감, 12일 무렵부터 결과 보고가 이뤄지기 시작했다. 문부성이 제출한 사례는 '사실무근 혹은 악의에 찬 것'(교토 아사히가오카 중학교 PTA결의문 표현)임이 명백해졌다. 문제가 되었던 아사히가오카 중학교도 교토시 교육위가 15일 중의원 조사단에게 '편향교육은 없다'라고 단언했는데, 이로써 오다치 문부대신이 2법안을 만들기 위해 조사 결과를 이용하려 한 의도가 보기 좋게 무너지고 말았다.

그러한 정세 속에서,

3월 16일 ─ 도쿄도 교육위원회, 객관적 정세가 불리하니 20일까지 각서(후술)를 제출하지 않으면 예산을 삭감하겠다고 일방적으로 통고.

3월 20일 ― (오후 1시 50분부터 다음 날 새벽 0시 50분까지) PTA 측, 준비한 각서안(후술)을 제시. 도교육위는 이를 무시하고 교육위에 제출할 각서를 둘러싸고 격론, 한밤중에 이르러 새로운 양해 사항 각서와 6개 항목 무조건 수락을 요구. PTA 측, 만약 교육위가 선의를 갖고 고려해 준다면 제3항의 학생 정원수 문제 외에는 모두 원칙적으로 승인할 용의가 있다고 밝혔지만, 이것도 거부당함. 22일까지 무조건 회답하라고 하고 교섭을 끝낸다.

3월 24일 ― 도쿄도 교육위원회 측은 모든 검토를 거부, YES인지 NO인지 즉답 요구. PTA 측은 마지막까지 학생 정원수 문제를 별도로 고려해달라 요청했지만 받아들여지지 않았고, 결국 6개 항목을 전면 수락(상세항목은 3월 중에 교섭하기로 했다).

< 3월 16일, 도교육위원회가 제시한 각서 >

1. 이데올로기 교육에 관해

교육기본법의 정신에 따를 것은 물론이며 한쪽으로 치우친 정치교육을 한다는 오해를 불러일으킬 만한 교육은 하지 않는다.

2. 민족과목 취급에 관해

교육 법규에 따라 도립으로 이관 당시의 원칙에 입각해 방과 후 수업으로 실시한다.

3. 아동, 학생 정원수에 관해

학교발족 당시의 사정도 있기에 교육위원회의 지시에 따르고, 임의 증가는 하지 않는다.

4. 학생들의 집단 진정에 관해

교육위원회가 학부형 대표와 대화해줄 것을 믿고 학생들의 집단 진정이 없도록 노력한다.

5. 미발령 교원에 관해

법규에 따라 미발령 교원은 교단에 세우지 않는다.

6. 교직원 회의 구성에 관해

정규 교직원 이외는 참가시키지 않는다.

< PTA 측이 제시한 각서 >

1. 이데올로기 교육에 관해

교육기본법의 정신에 따라 오해를 불러일으키지 않도록 노력한다.

2. 민족과목 취급에 관해

교육 법규에 따를 것을 원칙으로 하고 학생들의 현실에 맞춰 취급한다.
3. 아동, 학생 정원수에 관해
자연증가를 고려해 별도로 정한다.
4. 학생들의 집단 진정에 관해
교육위원회가 학교 실정을 존중해줄 것을 믿고 학생들의 집단 진정은 피한다.
5. 미발령 교원에 관해
교원 정원수는 학교의 실정에 따라 별도로 정하고, 미발령 교원이 교단에 서지 않도록 노력한다.
6. 교직원 회의 구성에 관해
정규 교원 외의 교사는 교장의 양해 또는 요청 없이는 참가하지 않는다.
위의 모든 사항을 원활하게 운영하기 위해 더욱 협조한다.


< 3월 20일, 도교육위원회가 제시한 양해 사항 >
(1) 세목은 1954년 3월 말까지 결정하기로 하고, 각서는 원칙적으로 4월 신학년부터 실시, 세목이 결정되기까지는 각서에 따라 충실히 실행하고, 위배할 경우는 교육위원회의 조치에 따른다.
(2) 각서의 원칙 및 세목이 충실히 실행된다고 인정되면 교육위원회도 아동 증가에 따른 조치를 할 수 있도록 가능한 노력한다.
(3) 이데올로기 교육에 관해서는 편향된 정치교육에 해당하는 그림, 사진, 강령 등을 사용하지 않도록 한다.
(4) 민족 과목의 실시에 관해서는 세목에서 정하기로 한다.


3월 28일과 30일, 세목 협정에 관한 교섭이 이뤄졌지만, 도교육위원회 측은 나머지는 사무적인 일이라 사무관이 담당한다며 출석하지 않았고, 가토 교육청장을 중심으로 한 교육청 직원과 PTA대표가 대신 교섭에 나섰다. 적어도 세목 협정에서 조금이라도 실정에 맞는 해결 방법을 얻으려는 PTA 측에게 교육청 측은 3월 4일에 제시했던 부대 조항과 같은 취지의 세목을 다시 제시했다. PTA측이 이를 승인하지 않자 교섭은 결렬됐다. 게다가 교육청은 30일, 신학년 개교(4월 5일 예정)를 무기한 연기하라고 각 조선인학교장 앞으로 통달을 보냈다.
긴박한 상황을 전해 듣고 달려 온 사회당을 비롯한 진보 국회의원단은 교섭 자리에 들어가지도 못했다. 4월 3일, 다시 교섭에 나선 PTA대표에게 가토 교육장은 '일체 대응을 거부한다'라며 자리를 뜨고 말았다.

    교육위 측의 심한 폭거에도 어떻게든 길을 만들어 보려고 중·고등학교 전체 일본인 교사 38명과 소학교 교원 십수 명이 '폐교만은 하지 말라. 정원 문제만은 고려해 주기 바란다'라고 교육위에 청원하고 마쓰자와 위원과도 만났는데, 마쓰자와 씨는 '일본인 교사가 그동안 고생이 많았다. 잘 참아 주었다'라며 당국의 의도를 짐작하게 하는 미묘한 인사말을 하고, 오히려 교사들에게 '그건 과거에나 가능했고, 지금은 그런 일이 있을 수 없다'라며 부정하는 장면도 있었다.

    그리고 4월 7일, 도교육위원회는 '4월 9일 오후 5시까지, 앞으로 교육위의 지시에 무조건 따라라. 그렇지 않으면 폐교한다'라는 최후통첩을 보내왔다.

    4월 9일 오후에는 경시청 산하 경찰예비대가 도청 주변에 대기해 있었고, 교육청 청사 앞을 장갑차가 막아섰다. PTA 대표가 교육청 안으로 들어가려면 청사를 가득 메운 무장 경찰관들을 헤치고 들어가야만 했다. 국회의원단과 민족교육의 앞날을 염려하는 각 단체의 간부들이 입회한 가운데 신문기자와 마이크, 카메라에 둘러싸여 마지막 회견이 시작되었다. 마쓰자와 위원장은 PTA 측이 발언하는 동안 시계만 쳐다보며 무조건 5시까지 YES냐 NO냐 답하라고 대꾸할 뿐이었다. 도쿄도 내 모든 조선인학교에 다니는 5,000명에 가까운 학생들이 학교를 빼앗기고 또다시 1945년 이전으로 돌아가게 될 사태였다. 어떻게든 그 사태만은 피하려고 PTA 대표가 수락 의사를 말하려 했는데 목이 메어 목소리가 나오지 않았다. 대신 다른 대표가 눈물을 흘리며 "교육위원회의 선의를 믿고 수락합니다."라고 대답했다.

    그러자 가토 교육장이 "선의를 믿는다니 무슨 말인가. 무조건 수락하는 게 아닌가?"라고 위압적으로 묻자 갑자기 조선인 측의 T 대의원이 고함쳤다. "이놈아! 이렇게까지 하고 아직도 부족해!" 그의 목소리는 분노에 떨고 있었다.

    학교 관계자들로서는 여전히 인상 깊은 일이라 교섭의 세세한 경과를 너무 세세히 언급한 것은 아닌지 모르겠다. 당시는 너무나 어이없었는데, 지금 우리는 문제의 본질을 다음과 같이 생각한다.

    53년 12월, 6개 항목 제시=이를 전후해 오다치 문부대신이 조선인학교 취급에 관해 언명.

    54년 2월 초, 처음으로 도교육위원회가 폐교 가능성을 언급=1월 말에는 문부성에서 정치활동 금지 교육2법의 대략적 내용을 결정하고 비밀리에 도도부현 교육위원회에 교원이 정치적 중립성을 침범한 사실을 보고하라고 요구했다.

    3월 16일, 도교육위원회가 6개 항목 수락할지 아니면 폐교를 선택할지, 그동안의 교섭 내용을 인정하지 않고 강경 자세를 보인다=이달 중순, 문부성이 제시한 편향교육의 사례가 근거 없음이 드러나는 한편 주요 쟁점이었던 아사히가오카 중학교에서는 교토 교육위원회(2법안에 반대하고 중의원 조사단에게도 편향교육은 없다고 단언, 비교적 양심적으로 평가되다)가 24일에 아사히가오카 학교의 교원을 갑자기 전근시킨다고 비공식으로 발표한 것은 강력한 압력을 받은 것으로 보인다.

3월 24일, 6개 항목에 관한 최후 교섭=중의원에서 2법안이 통과된 것은 이날부터 이틀이 지난 26일이었다.

3월 30일, 개교 연기 통고, 4월 9일에 교육위원회 및 교육장은 야마시타 토모유키山下奉文 장군을 연상시키는 무례한 태도를 보임=요시다 내각 참의원에서 4월 1일부터 2법안 심의에 들어갔는데, 아사히가오카 중학교의 교원 3명을 정식으로 전근 발령한 것도 4월 1일이었다.

이처럼 주요 경과를 다시 생각하면 4월 9일에 PTA대표가 6개 항목을 수락한 직후 교육청의 한 과장이 문득 말했던 '설마 PTA 측이 6개 항목을 수락하리라고는 생각지 못했다.' 또 나중에(8월) 오다치 문부대신의 '조선인학교는 올해 4월을 기점으로 폐교할 생각이었는데, 여러 사정으로 할 수 없었다. 다만 내년 4월에는…'라는 담화, 4월 9일은 주조+条역 도쿄도립중학교 주변에서 영어를 쓰는 헌병들의 지휘에 따라 무장 경관이 새까맣게 배치됐던 일 등등의 의미가 분명해지는 것 아닐까.

당시 우리는 6개 항목 문제를 글자 그대로 학교 운영 문제라고 생각했다. 뼈와 살을 깎는 것 같은 일이지만, 당국의 요구를 수락하면 당연히 학교는 유지된다고 생각했다. 다만 당국이 6개 항목을 제시한 것은 그저 그것을 수락시키기 위해서가 아니었다. 일본의 교육에도 조선인 교육에서도 가장 중대한 일을 그들은 기획하고 있던 것이다.

## 제10장 <6개 항목> 수락이 초래한 것

4월 9일, 헌병과 무장 경관의 포위 속에서 중학교 교정에는 8천여 명의 사람들이 모여 교육청에서 있은 마지막 회견의 보고를 기다리고 있었다. 드디어 학교로 돌아온 대표단이 6개 항목을 전면 수락했다고 전했을 때 사람들은 분노하거나 눈물을 흘렸다. 과거 반세기에 이르는 경험을 통해 6개 항목을 수락하면 학교가 없어짐은 물론 조선인을 위한 학교로서의 본질이 사라질 사태를 직감했기 때문이었다. 그 직관은 옳았다. 4월 9일 자로 <조선인학교의 운영에 관하여>라는 통달이 각 학교로 내려왔다. 예상은 했지만, 통달의 내용을 본 우리는 아연실색했다.

통달의 요점을 살펴보면,

▶ 고교는 6학급으로 하고 학생정원은 741명(따라서 1학급에 100명 이상).

▶ 중학교는 22학급, 1,280명, 다만 1학년은 250명(이미 3월에 학교장은 전년도와 비슷하게 입학 희망자를 모집했고, 입학예정자가 550명이었다. 따라서 3백 명은 입학이 불가능)

▶ 입학지원자가 정원을 초과한 경우는 추천 등으로 선별할 것(따라서 3백 명의 중학교 입학지원자는 선별된다) 조선인 아이들이 조선인학교에 입학을 거부당하는 일이 무엇을 의미하는지 다시 언급할 필요는 없을 것이다.

▶ 정규수업은 일본인 교원이 담당한다(종래는 일본인, 조선인 교사가 반반씩 시간을 나눴다. 통달을 따르게 되면 일본인 교사는 2배의 부담을 지게 되고, 조선인은 자격, 면허장, 발령장 모두를 겸비해도 정규과목 수업을 할 수 없다. 심한 경우 일본인 담당 교사가 없는 과목도 있었다).

▶ 조선어와 조선 역사, 지리는 과외수업으로 하고, 시간은 일주일에 소학교 6~8시간, 중학교 8시간, 고등학교 10시간(물론 정규과목 시간은 학습지도요령에 따른다).

▶ 학급 담임은 일본인 교사만 맡는다(원래 일·조 교사가 협동해서 조선인 교사가 중심이 되어 맡아왔는데, 만약 일본인 교사만 담임을 맡으면 학생은 물론이며 언어, 풍속, 습관이 다른 부모들과 충분한 접촉이 가능할까. 하물며 일본어를 잘하지 못하는 부모들은 어떻게 하면 좋은가)

▶ 정규과목의 수업용어는 모두 일본어로 한다.

▶ 학생자치회 용어는 원칙적으로 일본어로 한다.

이를 제2장과 대비해 보면 구 총독부 시절보다도 더 노골적인 동화정책이 보일 것이다(일본 정부가 재차 강조한 일본의 교육법에 따라 운영되니 실체는 다를 바 없다).

우리는 1학기에 학생들에게 죄스러워 한동안 얼굴을 들 수 없었다. 도쿄에 조선인 아이들이 집단으로 공부하는 학교가 한 곳도 존재하지 않게 된 것이다. 그것은 결국 필연적으로 전국적인 사태가 될 것이기에 그것만은 피하려고 애썼다.

예를 들어, 중학 입학지원자 중에서 3백 명을 추려 입학이 안 된다고 통보하는 것은 도저히 불가능했다. '여하튼 수용만 하게 해주면 모든 경비는 우리가 부담한다'라고 한 PTA의 청원도 교육위 측은 들어주지 않았고, 중·고 일본인 교사들의 '우리가 직접 아이들을 쫓아내야 하는데, 어쩌면 좋은가'라는 비통한 요청도 구체적인 답을 얻지 못했다. 그 때문에 오늘까지도 550명의 입학지원자가 입학식도 치르지 못하고 정식 수업도 받지 못하는 상태이다.

　정규과목을 전부 일본인 교사가 맡게 된 결과, 소학교에서는 일본인 교사가 학급 수보다 적은 곳도 있어서 이른바 대기 학급이 생겨 4, 5명의 교원이 돌아가며 들어갔는데, 모든 교과를 가르치는 형태라고 하면 듣기는 좋겠지만 소학교에서 교사가 전과목 수업을 하는 것은 그저 때우기식 수업을 의미한다. 일본인 교사가 병으로 결근하더라도 조선인 교사에게 대리 수업을 맡길 수조차 없기에 점점 더 상황이 심각해진다. 이를 피하려고 일본인 교사에게 무리하게 맡긴 곳은 한 학급에 80명 이상이 편성된 곳도 있었다.

　조선어로 하는 수업은 과외수업만 되고 학생자치회 용어조차 일본어를 강요해서 조선어 실력이 저하된 것은 물론이며 소학교 1, 2학년은 간단한 조선어 인사말조차 잊어버리는 비참한 사태가 일어났다. 과외수업 교재는 모두 도교육위원회의 허가를 받아야 했는데, 전전戰前의 검열을 연상하게 하는 삭제 사례도 나타났다. 예를 들어 소학교 조선어 6학년용 <퀴리 부인>의 이야기(일본어로 원고용지 3장 정도)가 전부 삭제되었다. 사실의 오류가 전혀 없음에도 불구하고….

　비참한 것은 학생들 뿐만이 아니다. 암울한 그림자가 직원실을 급속히 덮치기 시작했다. 일본인 교사 사이에는 무심코 잘못 말했다간 당국의 눈 밖에 난다는 불안으로 동료조차 믿지 못하는 분위기가 생겨났다. 조합의 회합을 공공연히 방해하는 교무주임도 나왔다.

　지극히 곤란했던 1학기가 끝날 무렵 우리는 매우 중요한 조선인학교의 본질을 잃고 있는 것은 아닌가 우려될 정도였는데, 도교육위원회의 지시를 따르는 이상 폐교를 운운할 이유는 거의 없어졌다고 생각했다. 하지만 그렇지 않았다. 일본 정부가 종래부터 애용해 온 두 개의 칼날, 일본의 모든 법규에 따르라-일본인 취급, 그리고 외국인이니 책임 없다-(이는 언제나 상황에 따라 압박의 구실로 사용되어왔다). 일본의 모든 법규에 따르라는 칼날이 효용을 다했다고 생각되면 곧바로 또 다른 칼날(외국인이니까)을 휘두를 것이다.

## 제11장 폐교 통고를 둘러싸고

　조선인학교의 본질이 소멸될 것이라는 불안을 억누르며 6개 항목 수락과 함께 도교육위원회의 지시에 따라 조선인학교가 시작된 이래 처음이라 할 대폭적인 운영의 전환이 겨우 마무리되자 폐교를 운운하는 이유만은 없어졌다며 학교 관계자가 한숨 돌릴 때 또다시 학교의 존속을 위협하는 움직임이 나타나기 시작했다.

8월 6일, 오다치 문부대신은 <조선인학교는 폐교해야 마땅하며 조선인의 집단교육은 인정할 수 없다>는 담화를 발표하고, 9월에 들어서자 각 언론이 나서 도교육청의 조선인학교 폐교 결정을 센세이셔널하게 보도하기 시작했다. 대체 무엇을 근거로 하는 것인지 알 수 없었다. 폐교만은 면하기 위해 견디기 힘든 6개 항목을 수락하고 지시대로 따른 것 아닌가 생각했는데, 모토시마 도쿄도 교육장과 시부야 차장, 쿠로가와 학무부장 등이 문부성과 초등·중등교육장, 경찰청, 경시청, 공안조사청, 내각 조사실의 각 대표와 협의해 10월 5일 PTA연합회에 <도립조선인학교는 1955년 3월 31일을 기한으로 폐교하기로 결정됐다>라는 통고를 보내왔다.

(1) 폐교의 이유

도쿄도교육청의 통달(<도립조선인학교에 관하여>)에 의하면 폐교의 이유는 다음과 같다.

《도쿄도는 쇼와 24년(1949) 10월 23일, 재일조선인 아이들의 교육에 관한 각의 결정에 근거해 도립조선인학교 설치 운영에 관한 방침을 세우고, 쇼와 24년(1949) 12월 20일에 조선인 아이들만을 집단 수용해 교육하는 도립조선인 소·중·고교를 설치했다.

그런데 이 조치는 어디까지나 연합군 점령상황이라는 비정상적인 사회정세 속에서 매우 특수한, 게다가 어쩔 수 없는 잠정조치였다. 본래 도립학교에서 외국인만을 수용해 외국인을 위한 특수교육을 하는 것은 지극히 변칙이며, 강화조약이 발효된 쇼와 27년(1952) 4월 28일 이후로는 조선인 아이들을 위한 특수교육도 하루빨리 조선인이 부담과 책임을 지고 실시되어야 하기에 도립조선인학교는 폐지되어야 마땅했다.

강화조약 발효 후 벌써 2년 반이 지났는데 여전히 종래처럼 도쿄 도민의 부담으로 과거와 다름없이 도립조선인학교를 운영하는 것은 더 이상 허용될 수 없는 것이라 하겠다.》

이 폐교 이유의 특징점은 올해 4월 이후 그토록 세간을 떠들썩하게 만든 당국의 지시(6개 항목과 세목)에 대해 한마디도 하지 않은 것, 즉 '1항목이라도 지시를 위반했을 경우 즉시 폐교 조치한다'(도립조선인학교의 운영에 관하여)라는 말은 당국이 직접 언명한 것인데, 이 통달은 폐교 사유가 지시위반이 아니었으니 당국이 무슨 의도로 대부분 이행 불가능한 6개 항목과 세목의 엄수를 지시한 것인지, 지금도 그 진의가 의심스럽다.

게다가 당국이 말하는 폐교 이유는 결코 새로운 것이 아닌 모두 과거에 여러 차례 썼던 '조선인은 외국인이며 공비로 외국인의 특수교육을 하는 것은 정상적인 형태가 아니다. 자민족 자녀교육의 책임은 그 민족의 손에 돌려줘야 당연하다'라는 말의 반복에 지나지 않고, 52년 사립 이관 문제, 53년 의무교육권 박탈 문제는 실로 당국이 이것을 유일한 버팀목으로 삼아 재일조선인 교육을 압박한 것이었다. 당시는 조선인과 일본의 진보적인 여론의 반격으로 당국의 의도대로 할 수 없었다.

다시 언급할 일도 아니지만 같은 외국인이라도 60만의 조선인은 미 점령군 또는 소수의 재일 외국 사신과는 사회환경 면에서 처한 상황이 너무나 다르다. 무엇보다 조선인이 일본에 살고, 게다가 자녀교육에 정상적이지 않을 만큼 열의를 보인 이유도 모두 전술한 것처럼 재일조선인의 특수한 역사적 필연 때문이다. 점령에서 벗어난 일본으로서는 과거 36년에 걸친 조선 식민지 정책이 준 영향을 생각해서라도 조선인의 생활과 교육을 지키고 그것을 육성하는 것이야말로 도의적이지 않을까.

또 폐교 이유의 하나인 '도민에게 부담'을 운운하는 것은 방대한 학교 경비(8천만 엔이라고 보도)는 도민의 혈세가 조선인학교로 유용되는 것 아니냐는 인상을 주는데, 조선인학교의 예산이 7천만 엔이었던 1952년 당시의 조사를 소개해 학교 운영 경비를 분명히 밝히고 싶다.

표1은 52년도 예산, 표2는 같은 해에 예산 총액 및 총액에서 인건비를 제외한 순수 경영비, 각각 학생 한 명당 금액을 제시한 것이다. 학생 한 명당 금액과 구와 도에서 도내 일반 공립학교 학생 한 명에게 지출하는 금액과 대비해 보면 결코 학교 경비가 과대한 것이 아니라 오히려 보통 이하인 것을 알 수 있을 것이다.(학교의 경비가 많고 적음을 말할 경우, 학생 수를 생각하지 않고 총액만을 언급하는 것은 무의미하다. 그 무의미한 것을 조선인학교의 예산만 두고 반복해 말하는 사람들이 있다. 심한 예로서 52년의 총예산이 약 5천8백만 엔이었는데, 모 신문과 모모 교육위가 연간 7천만 엔이라고 멋대로 증액시킨 경우다)

구체적인 예를 들면 중학교의 경영비 중 비품비는 316,860엔(예산)으로 학생 1인당 약 311엔이며, 당시 교실에는 난방장치도 전혀 없고, 직원실에 교원용 도서 창고를 만들 경비도 없었고, 그뿐 아니라 날마다 마주해야 하는 직원과 학생의 관계에 대해서도 고민해야 했다.

다음으로 예산 총액 중 인건비가 80% 이상을 차지한 것도(총액 49,023,883엔) 표3에서 보듯 이 가운데 조선인 교직원의 평균 급여액은 일본인의 불과 3분의 1에 해당한다. 게다가 전 교직원 수의 비율은 일본인 107명_49%, 조선인 112명_51%인데 비해 지급되는 급여의 비율은 일본인_73.3%, 조선인_26.7%의 크게 모순된 사태의 원인은 어디에 있을까. 도립 이관 당시 당국은 다음과 같은 구성을 제시했다. 교직원의 정원 중 조선인은 4분의 1을 넘길 수 없다('단체등규정령'에 의해) 동시에 '외국인은 공립학교의 교원이 될 수 없다'라고 강변하고, 이 4분의 1 이하의 조선인에게 '전임강사' '3개월마다 채용 갱신'이라는 비정상의 대우를 했다. 다만 조선인학교에는 어쩔 수 없이 일정 수의 조선인 교사가 필요한데, 전술한 4분의 1 이하는 모두 정원 이하의 시간강사라서 도립 이관 전부터 근무했다 하더라도 교내에서 사실상 교원으로서 업무를 하는 조선인은 모두 전임 혹은 시간강사로 두고 4분의 3을 일본인 교사로 메꾼 것이다(학교 폐쇄 및 도립 이관이 학생들을 일본인 취급한다는 각의 결정에 따른 것이었겠지만, 사안에 따라서는 적당히 얼버무리며 조선인 교사를 외국인 취급한 것은 상습적인 방법이기도 했다).

이처럼 정치적 이유로 인해 불합리하게 이뤄진 직원구성은 예산구성의 불균등(인건비 비율의 과다, 일·조 교사 급여의 불균형, 사실상 학생들을 위해 지출되어야 할 금액의 과소)이 실제 원인이었다.

도쿄도에 거주하는 조선인의 납세는 약 10억 엔에 이른다. 그것도 조선인의 경우 공비를 지원하는 경우는 교육비 및 생활보호비에 불과하다. 그 교육비조차 결코 과대한 것이 아니라 오히려 과소하다 해야 하며, 그조차도 납득하기 어려운 불합리가 포함된 것 등을 모두 고의로 무시하면서 일본인 도민의 부담으로 방대한 경비를 조선인을 위해 사용하는 것 같은 인상을 주려 한 것은 말 그대로 파멸적 전쟁에 국민을 끌어들였던 사람들이 즐겨 사용한 선전 방법이 아닐까.(52년도 통계를 제시한 이유는 비교적 정확한 조사였기 때문이며, 이후 예산액은 증가했어도 위에서 언급한 것처럼 예산의 성질은 변하지 않는다.)


(2) 폐교 후의 조치- 각종학교란 무엇인가

당국은 '도립학교 폐지 후에는 사립학교를 설립해 아동 학생의 교육에 이용할 수 있기를 희망한다'라고 폐교 후의 조선인학교의 형태를 시사했는데, 이 사람들은 정말 건망증이 대단하다. 민족 교과를 가르치려는 조선인학교가 과거 학교교육법에 의해 사립학교로 인가받은 일은 없었다(48년 5월까지는 각종학교, 그 이후 사립학교의 인가신청은 전국에서 한 개교도 허가받지 못했다. 현재 '자주학교'라 부르는 곳은 각종학교의 허가조차 얻지 못한 무인가 학교이다) 그러니 사립학교의 경우 각종학교만 법적으로 허용된다. 이 각종학교에 대해 7년 전에 가해진 탄압이 48년의 1월 통달 및 4·24 사건이었다. 독립한 지금은 아메리칸 스쿨이나 양재학교처럼 각종학교에서도 자유롭게 민족교육이 가능하다고 생각할지 모르지만, 미국인도 일본인도 아닌 조선인은 그 각종학교 운영조차 거의 절망적인 곤란이 예상된다.

왜냐하면, 외국인등록증 하나만 보더라도 최근에는 아무것도 모르는 소학생까지 '이것은 목욕탕에 들어갈 때는 머리에 올리고, 잘 때는 배 위에 올려놓고 자는 것이다'라고 경찰에게 위협받거나 어쩌다 등록증을 깜빡하고 가까운 곳에 아이를 심부름 보낸 어머니가 그대로 경찰에 끌려가는 등 과거의 특고경찰을 연상케 하는 비인도적 단속 대상이 되었기 때문이다.

이것도 올해 11월에 등록을 갱신할 때는 거주권조차 인정되지 않는-외국인 여행자와 같은 대우로 바꾸려고 한다(이미 올해 광산권, 선박권은 상실시켰다). 이와 같은 상태의 조선인이 학교경영을 맡아 출발하면 어디까지 이어질 수 있을까. 외국인등록 문제까지 얽혀 교사들이 체포되면 어떻게 될까. 또 학생들을 봐도 48년 1월 이후 조선인학교의 학생들이 학교의 운명과 관련한 큰 압박을 받지 않은 해는 1년도 안 되고, 학교의 앞날에 대해 마음 졸이는 일 없이 지나가는 해는 없었다. 그동안 무장 경관의 학교 수색은 더 이상 특별한 일도 아닐 정도로 실시됐고, 학생 개인에 대한 관헌의 압박은 셀 수도 없다. 예를 들어 학생의 귀교를 기다리던 경관이 어린 학생에게 '정보'를 제공하도록 협박하고, 또 상급학교의 진학 편의를 봐주겠다며 반협박적으로 학생자치회 신문부터 시험 답안까지 '정보'로 제공하도록 경시청 형사에게 강요당한 학생도 있다.

아이들이 제아무리 과거의 고통을 떨쳐내고 독립 민족으로서 자각하고, 조선인으로서 교양을 익히기 위해 굳게 결의한다고 해도 이처럼 오랜 기간의 심적 고통은 그 어린 마음에 강한 타격으로 남았다. 게다가 만약 폐교되어 각종학교의 길을 걷는다면 안심하고 공부할 수 있는 환경만을 찾아 조선인학교를 떠나가는 비극도 생길 것이다.

또한 경제적 상태만 보아도 그렇다. 표4는 도쿄에서 가장 큰 이른바 조선인 거리 후카가와深川, 에다가와枝川에서 1950년 12월에 실시한 조사이다. 총 116세대 가운데 직업안정, 생활보호자, 부업, 고령 질환이 전체의 60% 이상을 차지한다.

그럭저럭 상업이나 근로로 생활하는 것은 40%에 지나지 않는다. 표5는 53년에 전국적인 재일조선인의 실태를 일본 정부의 일부 통계와 조선인 측의 여러 자료로 추정한 것이다. 표에 따르면 직업안정소, 생활보호자, 자유노동, 부동浮動 등의 인구 수가 전체의 70% 이상인 420,000명을 차지한다. '부동浮動'이란 유동이 심해 안정도가 없는 생활을 하는 만성적 실업자(양조, 도매업자, 넝마주이, 행상, 숯공, 담배, 사탕 제조, 감자 굽기, 자전거 택시), 자유노동이란 토목건축 인부, 하역 인부 등이다. 나머지 30%는 기업·상업·농업이다. 기업은 대부분이 노동자 10인 이하의 영세

기업이며, 고무 제품, 미싱 가공, 금속가공, 전기기구, 철제 제조 등 대부분이 이중 삼중의 하청업이다. 상업은 거의 파친코업, 고물상, 음식점, 여관업, 기타상업은 자금, 신용, 판로이며 그 외는 다른 사정으로 전혀 일할 수 없는 이들이다. 농업은 전국적으로 보면 대체로 소규모의 빈농이다. 이상과 같이 조선인의 70%는 오로지 하루하루를 버티는 것이 최대였기에 학교가 각종학교가 되면 학교 경비의 부담을 모두 학부형들이 짊어져야 하니 그 부담을 견디는 가정이 얼마나 될까.

다음으로 9월 8일 일간지에 실린 문부성 모 고관의 말을 인용하면 도립조선인학교 폐쇄는 '전국의 테스트 케이스'였다. 따라서 이 문제는 도쿄도에 그치지 않고 전국적으로 파급된다는 것이다. 제4장의 조사표에서도 제시한 각 지역의 공립분교, 특설학급도 같은 운명이 될 것이다.

위와 같이 '각종학교'는 운영 면에서 조선인의 집단교육을 불가능하게 만들어 도쿄뿐만 아니라 일본에 있는 조선인학교 모두를 소멸에 이르게 하는 길을 연 것인데, 이것이 조선인 아이들에게 미칠 영향은 헤아릴 수 없다. 도내 14개의 조선인학교가 수용하고 있는 아동 학생은 약 5,400명인데, 앞으로 이들은 어떠한 길을 걷게 될까.

49년 10월, 전국 학교 폐쇄 후 아이들 대부분은 이전처럼 강제적으로 일본학교로 전학해야 했다. 그런데 한 번 조선인으로서 교육받는 즐거움을 맛본 아이들로서는 이전과는 다르게 일본학교 생활은 견디기 어려울 수밖에 없다. 오사카의 경우는 모든 조선인 학령아동의 50%가 학교에 가지 않게 되었고, 부랑아처럼 거리를 헤매고, 조선인학교 폐쇄 이후 조선인 소년 범죄가 놀랄 정도로 늘어났다. 일본인 학교로 옮긴 아이도 자국의 언어, 역사, 문화를 모르는 인간이 되는 것이다. 그들은 조선인인가, 일본인인가. 민족의식을 상실한 인간, 그런 상황이 향후 일·조 양국의 친선과 우호에 어떤 그림자를 드리울까. 교육 문제, 사회문제를 넘어 나라 간의 문제로까지 발전할 것이다.

나아가 당국의 조선인학교 폐교 결정에 대해 곧바로 도쿄조, 도쿄련은 연일 성명을 발표하고 도교육청과 문부성에 항의했다. 9월 10일 한 일간지의 여담은 다음과 같이 보도했다. '조선인도 도민과 똑같이 세금을 납부' 하물며 연합군 점령 당시 조선인학교를 무리하게 도립으로 만든 것은 다름 아닌 도쿄도청이다. 상황이 안 좋아지자 이번엔 아예 폐교하겠다는 뻔뻔스러운 논리를 내세웠다.

위의 여담은 우리가 알기로는 대형신문이 조선인학교에 대해 동정적 태도를 보인 최초의 사례이다.

우리는 조선인학교의 폐교가 부당하다는 여론이 양식 있는 일본 국민들로 인해 각계각층에 넓고 깊고 강력하게 퍼질 것이라 믿어 의심치 않는다.

## 표1

| | 1952년 | | |
|---|---|---|---|
| | 금액(엔) | 내역 | |
| 소학교(12개교) | 41,925,267 | 급료 | 19,280,000 |
| | | 수당 | 14,660,765 |
| | | 경영비 | 7,884,462 |
| 중학교(1개교) | 11,669,217 | 급료 | 6,394,800 |
| | | 수당 | 4,082,768 |
| | | 경영비 | 1,191,639 |
| 고등학교(1개교) | 5,026,337 | 급료 | 2,860,800 |
| | | 수당 | 1,614,770 |
| | | 경영비 | 520,837 |

## 표2

| | 학생수 | 예산액 | 학생 1인당 경비 | 인건비를 제외한 경우의 경비 |
|---|---|---|---|---|
| 소학교 | 2,702 | 41,925,267 | 15,516 | 2,918, |
| 중학교 | 1,016 | 11,669,217 | 11,485 | 1,172 |
| 고등학교 | 412 | 5,026,337 | 12,199 | 1,264 |

### 표3 도내 조선인학교 교직원별 평균 월급액(단위:엔)(1952년 11월 조사, 괄호 안은 인원 수)

| | 교장 | 교사 | 전임강사 | 시간강사 | 사무원 | 작업원 | 잡무원 | 평균 |
|---|---|---|---|---|---|---|---|---|
| 일본인 | 21,365 (13) | 21,861 (93) | 21,650 (5) | | 11,055 (15) | 10,951 (7) | 10,951 (7) | 19,271 |
| 조선인 | | | 13,589 (32) | 5,992 (54) | 9,125 (3) | 9,281 (12) | 10,207 (11) | 7,645 |

### 표4 도쿄, 후카가와深川, 에다가와초枝川町의 실태(1951년 조사)

| 직별 | 부업 | 광업, 철제 제조, 상업, 음식업 | 사무원, 공장직, 교원 | 하역 인부, 잡역 인부 | 피생활 보호자 | 병자, 노인, 미망인, 주류 제조 |
|---|---|---|---|---|---|---|
| 호수 | 4 | 19 | 5 | 5 | 9 | 10 |
| % | 3.4 | 16.5 | 18.2 | 4.3 | 7.8 | 8.6 |

### 표5 직업별 조선인 인구분포표(1953년)

| 직별 | 직업안정소 | 자유노동 | 농업 | 기업 | 상업 | 부동(浮動) | 생산직 | 피생활 보호자 | 합계 |
|---|---|---|---|---|---|---|---|---|---|
| 호수 | 11,644 | 25,000 | 500 | 10,000 | 20,000 | 42,000 | 9,000 | 15,156 | 131,200 |
| 인구 | 53,308 | 112,500 | 2,250 | 45,000 | 90,000 | 189,000 | 40,500 | 69,555 | 601,203 |
| % | 8.4 | 19 | 0.3 | 7.5 | 15 | 15 | 6.7 | 11.5 | 100 |

## 제12장 조선인학교와 일본 국민과의 결합 발전

21세기에 일본인과 조선처럼 이웃 나라이면서도 불행한 관계인 나라는 거의 예가 없지 않을까. 재일조선인과 일본인의 관계도 양국의 불행한 관계를 그대로 반영한 것이었다. 이 불행한 관계가 패전 후에도 근본적으로 달라지기는 쉽지 않았다. 종전 직후, 제6장에서 언급한 일부 조선인의 행위처럼 일시적인 것은 별도로 하더라도 일본 측을 보면 외부의 힘에 의해 구) 군국주의가 붕괴한 까닭에 일본 국민의 한 가지 약점인 아시아 국민-특히 조선 국민에 대한 멸시감은 쉽게 불식되지 않은 데다, 조선인 측이 전쟁이 끝난 후 가장 먼저 힘을 쏟은 것이 일본인에게 느낀 비하감에서의 탈출이었다 해도 좋을 것이다.

이 장에서 서술하는 내용은 재일조선인과 일본 국민이 위와 같은 불행한 관계를 어떻게 극복하고(오늘까지도 여전히 충분하게 극복되었다고 할 수 없지만), 양측의 결합이 어떻게 발전해 왔는가를 조선인학교를 중심으로 돌아보고 싶다.

조선인학교가 드디어 본격적으로 정비되기 시작했을 무렵, 당시 조련이 경영한 청년학교에 마츠오 다카시松尾降, 다카하시 아츠지高橋圧治, 고토 준지後藤順二 씨 등을 강사로 초청했는데, 이들과 조선인 사이에 자라난 우정은 오늘까지도 오랫동안 변함없이 이어지고 있다.

이어서 48년 4·24한신교육투쟁 사건 때 당국의 학교 폐쇄 지령이나 검거자 석방을 두고 한신 지역의 조선인이 항의하는 집회에는 반드시 일본 노동조합원이 참가했고, 특히 조선인에게 격려 연설을 했다는 이유로 체포되어 조선인과 함께 중노동형에 처해진 전국체신노동조합 오사카협회회장 무라카미 히로시村上弘 씨의 이름은 한신지역 뿐만 아니라 전국의 조선인이 잊지 못한다. 또 이 사건의 검거자 석방을 요구한 서명이 약 250만 명에 이르고, 故후세 타츠지(布施辰治 변호사), 카지 와타루(鹿地亘 소설가), 나카노 시게하루(中野重治 작가, 정치인) 씨 등은 조사단을 조직해 여러 현장을 조사했고, 5월에 교육회관에서 열린 이들의 보고회에는 사람들이 가득했다.

그러나 45년~49년 시기의 조선인학교와 일본 국민과의 결합은 대체로 어떤 특정한 사정 아래 특정한 사람들이 이른바 일시적 결합의 영역을 넘어서지 못했다. 양자의 관계에 새로운 국면이 나타나는 것은 전국 조선학교 폐쇄 이후이다. 새로운 국면이 가장 집중적이고 복잡한 형태로 나타난 도쿄의 경우를 살펴보면, 도립 이관 이후 일본인 교사가 조선인학교로 부임해 왔는데, 조선인 교사와 학생은 전국의 학교를 폐쇄한 당국이 파견해 온 손님으로서 그들을 닮이했다. 한편 일본인 교사들은 이민족의 교육이라는 곤란한 사업을 위한 준비가 되어 있지 않아서 '학생들이 말을 듣지 않으면 수업을 안 해도 된다' '생명에 위험을 느끼면 곧바로 알리라' 등 교육청의 선동적인 말만 듣고 부임해 왔다.

일본인 교사와 조선인 교사 간에 냉랭하고 대립적인 공기가 뒤덮였고, 일본인 교사와 학생 간에도 '진짜 이름을 불러 달라(일본어식 이름이 아닌)' '선생님은 도대체 이 학교에 뭘 하러 왔습니까?' 등등 학생과 교사의 언쟁이 끊이지 않아 수업이 멈추는 일이 적지 않았다. 때때로 경찰이 일본인 교사의 자택에 찾아가 학교의 정보 제공을 요구한 것도 위의 대립 감정을 조장하는 것이었다.

지금 생각하면 이 시기에는 실로 위험한 가능성이 잠재되어 있었다. 만약 학내에 일본인 대 조선인의 대립이 격화되어 어떤 충돌사건이 일어났다면 그것을 이유로 당국이 개입해 조선인학교의 본질을 뿌리 뽑는 재구성이 이뤄졌을지도 모른다. 이것은 단순한 공상이 아니다. 오카야마현 미즈시마水島소학교, 시모노세키시 무코야마向山소학교 분교의 예는 공립 이관이 얼마나 비참한 가능성을 내포하고 있는지를 보여준다. 미즈시마는 49년의 폐쇄령 이후 공립학교가 되었기에 일·조 교사가 함께 가르치고 있었는데, 얼마 후 폐쇄되어 일본인 교사만으로 수업이 재개되었다. 무코야마의 경우는 공립 이관 당시부터 일본인 교사만으로 출발해서 재학생이 졸업하면 자연 폐교하게 되어 있었다(53년 폐교). 이 경우 아무리 일본인 교사가 선의를 갖고 근무하려 해도 '교내가 냉랭한 지옥 같다'(시찰했던 카츠타勝田 교수의 말) 이런 상태였다. 예를 들어 부근에 도난 사건이 발생하면 경관이 수업 중에 교실에서 아동을 끌어내 조사하는 일이 일상적으로 일어났다.

공립 이관이 품고 있던 위와 같은 위험 가능성에 빠지지 않고 도쿄조선인학교가 오히려 반대 방향으로 나아간 한 가지 이유로는 일·조 교사가 교사로서의 양심에 따라 대립 감정을 극복했기 때문일 것이다.

1950년 5월 무렵부터 중학, 고교의 소수 일본인 교사들이 '이렇게는 교육이 되지 않는다. 아무리 서로 잘 참는다 해도 손을 대야 할 곳에 손을 대지 않으면 교육다운 교육이 될 수 없지 않은가.' 이런 생각으로 조합결성을 제창하기 시작했다. 어떤 일이 있어도 조합만은 만들자는 조선인 측의 의향과 도내의 모든 공립학교 교사가 대부분 조합에 가입해 있었기에 비슷한 성질의 조합이면 참여하겠다는 일본인 측의 의향으로 조합결성 준비위원회가 만들어졌다. 그러나 어쩌면 일본에서 최초라 할 국제적 조합(조합원 반수는 일본인, 반은 조선인)의 진로는 녹록하지 않은 것이었다.

준비위원회에서 도교조 가입을 신청하자 도교조 위원장 이토 씨(현 교육위원)의 답변은 '일본인만이라면 어떻게든 하겠는데, 조선인이 들어오면 부하들에게 불만이 나올 것이다'였다. 하지만 위원회와 도교조 간부의 여러 차례에 걸친 간담회의 결과, 도교조 간부가 도교련(도교련의 외부에 대학교조, 고교조, 그 외 연합체) 가입을 알선하기로 정리된 것이 50년 10월이었다. 여기에 가세해 12월 조합결성대회가 열려 '교원의 생활보호'와 '직장의 민주화'라는 두 가지 운동 목표를 정했다. 다들 조합을 만든 경험이 없었기에 조합규약은 만들었어도 운동방침 작성을 잊고 있었다 할 정도로 어쨌든 목가적인 조합이 탄생했다.

이렇게 조선인학교 및 조선인과 일본 국민과의 결합 위에 한 획을 그은 조선인학교 교직원조합이 만들어진 것인데, 이후로도 양자가 결합한 조합이 전체적이고 질적인 발전을 거두는 일은 쉽지 않았다.

같은 해 4~8월경, 세계평화평의회의 요청으로 학생들이 전개했던 5대국 평화협정 서명운동은 중학, 고교생만으로도 30만여 표라는 거대한 숫자를 기록해 평화운동에 관심 있는 사람들의 호응을 얻었는데, 아직 학생들이 처한 복잡한 환경이나 고민의 이해가 동반되지 않은 단순히 학생의 행동력에 대한 칭찬으로 끝났다.(이 평화운동에서 주목할 만한 내용은 학생들이 서명운동을 통해 일본의 학생, 소년들과 이후에도 넓고 단단한 우정을 맺는 계기가 된 것이다. 예를 들면 서명을 부탁한 한 일본인 학생과의 대화를 통해 처음으로 최근 일본인 학교 모습을 듣게 되었고, 이후로 오랫동안 교류를 이어온 일 등이다. 서명에 적극적으로 힘을 보태준 우에노 공원의 한 구두닦이 소년-전쟁고아-에 대한 감사 등등)

51년 후반에는 전혀 성질이 다른 두 가지 사건이 일어났다. 샌프란시스코 회의가 끝나고 얼마 후 조선인학교는 곧 사립이 되니 당시 조합원으로 있으면 전근이 어려워진다는 소문이 일본인 교사(특히 중학교)들 사이에 돌기 시작했다. 그것은 양측이 아직 완전히 벗어나지 못한 대립 감정과 결합해 결국 중학, 고교에서 십수 명의 일본인 교사가 조합을 탈퇴하는 사건으로 번졌다.

또 하나는 당시 조선인에게 두렵고 중대한 문제였던 '강제송환'에 대해(제6장 참조) 10월, 각 노조와 단체의 대표와 이마나카 츠기마로今中次麿, 쿠라하시 후미오倉橋文雄, 코자이 요시시게古在由重, 미시마 하지메三島一, 야나기타 켄주로柳田謙十郎, 단도쿠사부로談德三郎 씨 같은 학자와 문화인 약 60명이 출석해 악법반대 간담회를 열고 조선인 강제송환에 관한 성명을 발표한 것은 당시 한국전쟁의 시작과 함께 일본의 민주적 언론이 격하게 박해받은 것을 생각하면 주목할 만한 일이었다.

그러나 조선인학교 및 조선인과 일본 국민의 결합이 질적인 발전을 보인 것은 역시 52년에 있은 사립 이관 반대운동을 통해서이다.

이 운동이 과거에 없었던 광범위한 학자와 문화인의 도움을 받은 것은 제7장에서도 언급했는데, 중요한 것은 단순히 많은 사람의 원조를 받았을 뿐만 아니라 도와준 분들이 그저 동정, 과거의 책임 등의 입장을 뛰어넘어 일본 사회에서의 소수민족 문제로서 일본인 자신들의 문제로 생각했다는 것, 또 <사립 이관 반대 서명 발기인>, <조선인 자녀를 지키는 모임>처럼 일본의 지식인이 주체가 되어 민족교육을 원조하는 운동이 진행되었다는 것, 또 카츠타, 오오타 두 교수의 실태조사로 조선학교의 실상과 현실에 대해 학교 관계자가 깊이 배울 수 있었다는 것, 이렇게 발전된 형태로 원조를 받으며 제2회 교연대회에서 처음으로 조선인 교육의 실상을 전국의 교원들에게 알리며 '공비로 조선인학교를 설립하고 조선인의 희망에 따라 민족교육이 이뤄져야 마땅하다'라는 일본의 교육 역사상 한 획을 그을 만한 결의가 이뤄졌다.

사립 이관 반대운동에는 몇 가지 놓칠 수 없는 면이 있었다.

1952년 5월, 조교조 주최로 교육회관에서 개최된 문화제에 상연된 허남기 원작의 '물결濤'을 관람한 한 교사는 '아무것도 몰랐는데, 우리가 이 정도로 조선인을 억압했다니!'라며 비통한 감정을 토로, 과거 일반적인 일본인 노동자에게 쉽게 들을 수 없었던 감상을 말했다. 같은 해 가을, 도내 각 조선인학교의 운동회에는 많은 일본인 학교의 아동, 학생이 처음으로 놀이와 경주에 참여하는 광경이 펼쳐졌고, 메이지신궁에서 열린 연합조선인학교 운동회에는 일본인 중고교생뿐만 아니라 요코하마 중국인학교 학생까지 참가해 이른바 아동, 학생들이 국민 외교의 첫발을 내딛게 된 것이다.

조합 운동이 지역적으로 확장된 것에 대해 말하면 52년 11월, 조교조는 간사이關西, 주고쿠中國 각지로 대표를 파견, 나고야, 교토, 오사카, 고베 지역에서는 현지 교직원조합(현교조, 시교조)의 협력을 얻어 조선인 교육에 관한 간담회를 열었고, 나고야에서는 시장대리 학무과장, 또 교토에서는 교육위원까지 나서서 모두 민족교육의 적극적 원조를 언급했다. 나아가 종래 도쿄에만 한정되었던 학자 문화인과의 결합이 간사이 지역까지, 특히 아이치대학, 나고야대학, 교토의 각 대학, 오사카시립대학, 고베대학에까지 확대된 것도 중요하다. 오사카시립대 칸바야시上林 교수는 '교원 회의 결론인데, 소수민족의 문화를 지키는 교육은 평화교육을 위해 불가결합니다'라고 말해 우리에게 무한한 격려가 되었다.

사립 이관 반대운동을 통해, 제8장에서 언급한 53년 2월의 문부차관 통달 반대운동을 통해, 결합의 발전을 통해, 53년 4월 이후 조선인학교에는 다양하고 새로운 상황이 나타나기 시작했다. '일본인 교사=초대받지 못한 손님'이라는 감정은 사라졌고, 교내에는 도립 이관 당시에는 예상하지 못한 평화로운 분위기가 감돌았다. 처음으로 일반 일본인이 참관하는 공개수업이 열린 것도 이해 연말이었다. 일교조 제3차 교연대회에는 도쿄뿐만 아니라 오사카 조선인학교 대표의 보고도 있었다.

53년 5월, 일본강제日本鋼製 아카바네赤羽 공장 파업 당시 중학교 고등학교 기숙사생은 매일 점심을 거르고 대신 그 빵을 노동자에게 보냈다. 최초로 주둔군 기지에서 파업에 나선 노동자들은 '처음으로 조선인의 마음을 알게 됐다'라고 말했다. 이런 일은 결합을 통해 한 발 더 발전하기 위한 싹틔우기였다고 할 수 있다.

54년 초에는 6개 항목 반대운동을 통해서 많은 단체, 개인의 원조를 받았는데, 4월 9일의 비참한 결과를 본 모두의 가슴 속에 이때까지의 관계 맺음 방식에 대한 반성이 이뤄졌다. 특정한 압박에 대해서만 반대운동을 펼쳐 관계를 맺은 것은 아니었지만 오직 우리에게만 원조를 요청한 것은 아니었나 하는 반성이다.

교육2법안에 만족하지 못한 사람들이 점점 맹위를 떨치는 상황 속에서 일본 국민과 함께 길을 열어나가기 위해서는 먼저 일본 국민이 자신의 문제로 여겨야 하고, 학생으로서 교사로서 민족으로서 다양하고 복잡한 환경, 고민과 기쁨을 서로 나누고, 소위 진보·비진보를 따지지 않고 결코 끊을 수 없는 인간적 우의를 모든 사람과 맺어야 한다는 걸 겨우 깨달았다.

그로 인해 4월 이후 공개수업은 상시적인 일이 되었다. 민족교육의 구체적인 모습을 일본 국민의 여론과 비판을 충분히 들으며 진행하려는 경향도 일반화되었다.

이전에는 반대운동 때만 이웃 일본학교를 찾아간 교직원들이 부근 학교와의 스포츠 시합에 적극적으로 참여해 즐기게도 되었다. 조선인학교에 처음으로 야구 시합을 위해 찾아온 한 일본인 교사는 말했다. '교문을 들어설 때 조선인학교라는 간판을 보고 순간 멈칫했어요. 그러나 시합 때 학생들의 정중한 접대를 받고 집으로 돌아갈 때는 그런 생각을 다 잊었습니다.'

묘기야마妙義山 기지화 반대 집회가 있던 날, 저녁에 민족무용을 준비한 조교조 직원들은 갑자기 부락민들의 격려를 받자 늘 가장 먼저 얘기하는 민족교육 문제를 언급할 여유도 없이 돌아왔다. 얼마 후 부락민들에게 감사의 말과 함께 학교의 실태를 묻는 따뜻한 편지를 받았을 때 조합원들이 얼마나 감격했던가.

한편 학생들은 원자수소 폭탄 금지 운동에 적극적으로 참여하는 동시에 조선 영화와 스퀘어댄스에 일본 학생을 초대하는 일에도 힘썼다. 소년소녀들끼리의 교류가 차츰 확산해 친구로서 편지를 주고받는 일도 활발해졌다. 일본 친구(학생들은 일본 학생을 이렇게 불렀다)에게 받은 편지는 지장이 없는 한 교실에 붙여서 모두가 볼 수 있게 했다. 그중에는 '스퀘어댄스를 함께 추고 있을 때는 일본인과 조선인이라는 걸 잊었다. 반 친구들이 부러워해서 다음에는 꼭 함께 가려고 합니다.… 그런데 교내를 둘러보고 같은 도립인데도 우리 학교에 비해 정말 빈약한 설비밖에 없는 것이 너무 안타까웠습니다.'라는 글도 있었다.

4월 이후 오늘까지의 상황을 요약하면 지식인들뿐만 아니라 실제로 일본인 서민들도 조선인에 대한 뿌리 깊은 멸시감 대신에 대등한 우정이 생겨났고, 조선인들은 진보적인 일본인만이 아니라 일반 일본 국민에게도 진정한 신뢰가 급속히 생겨나고 있다고 하겠다.

### 후기

지금 우리가 진정으로 바라는 것은 서두에서도 언급한 것처럼 일본 국민과 조선인이 근본적으로 서로를 이해하는 일이다. 정말 보잘것없는 내용이 되고 말았지만, 이 글은 어디까지나 교육 문제를 중심으로 한 재일조선인 문제에 관해 어느 정도는 체계적이며 최초의 자료이다. 만약 이 글에서 재일조선인들이 엄청난 열의로 그들의 자녀교육을 지켜왔다는 것을, 또한 그 열의는 때와 상황에 따라 입맛대로 사용된 일본 정부의 양날의 칼날-일본인이니 일본 법규에 따라라, 외국인으로 취급한다-에 의해 끊임없이 민족교육이 짓밟혀 왔음을 이해하셨다면 더 바랄 것이 없다.

나아가 이 자료에 대해 또는 그 외 조선인 교육, 조선인 문제에 대한 의견, 비판을 독자 여러분께서 해주시기를 모든 학교 관계자의 바람을 담아 부탁드린다.

## 조선인학교의 일본인교사 — 1950~1955

초판1쇄 | 2023년 11월 11일
글 쓴 이 | 카지이 노보루(梶井 陟)
옮 긴 이 | 정미영, 박소영

펴 낸 곳 | 조선학교와 함께하는 사람들 몽당연필
주 소 | 서울시 마포구 월드컵로 94 명빌딩 6층
등 록 | 2021년 7월 5일(제2021-000212호)
  Tel: 02-322-5778  Fax: 02-322-5768
E-mail | mongdangpen21@gmail.com

편 집 | 강샘크리에이션
표 지 | 이지선
인 쇄 | 다해종합기획

이 책의 일본어 초판은 1966년 1월 亜紀書房에서 출간되었고, 岩波現代文庫 출간은 1974년 1월에 간행된 개정판이다. 한국어판은 岩波現代文庫 출판사의 『都立朝鮮人学校の日本人教師 一九五〇一一九五五』을 한국어로 완역한 것이며, 본문의 사진과 부록을 추가했다.

책값 : 20,000원
ISBN  979-11-981168-1-9

※ 잘못 만들어진 책은 구입하신 서점에서 교환해 드립니다.